Monika Leske

Philosophen im »Dritten Reich«

Studie zu Hochschul- und Philosophiebetrieb im faschistischen Deutschland

Dietz Verlag Berlin

Leske, Monika: Philosophen im »Dritten Reich« :
Studie zu Hochschul- u. Philosophiebetrieb
im faschistischen Deutschland / Monika Leske. – Berlin :
Dietz Verl., 1990. – 318 S.

ISBN 3-320-01362-9

Lizenznummer 1 · LSV 0165
Typograph: Uwe Niekisch
Umschlag: Jutta Geyer
Printed in the German Democratic Republic
Gesamtherstellung:
INTERDRUCK Graphischer Großbetrieb Leipzig III/18/97
Best.-Nr. 738 636 9
13,80 DM

Einleitung

»Es hat einen abscheulichen Gegenstand, dieses Buch.« Mit diesen Worten führte Thomas Mann im Jahre 1938 in die Untersuchung ein, die seine Tochter Erika über die Erziehung der Jugend in Nazi-Deutschland verfaßt hatte. Solchen Gegenstand hat auch die folgende Studie. Sie gibt Einblicke in die Gedankenwelt jener, die sich eilfertig und skrupellos an der Ausarbeitung der Erziehungspläne beteiligt und maßgeblich an dem »unerbittlichen Entwurf des deutschen Menschenbildes von morgen« mitgewirkt haben, daran, daß an Schulen und Hochschulen objektiver Wahrheitssinn abgetötet und der Menschlichkeit abgeschworen wurde, »um ein Volk für die Weltherrschaft in Form zu bringen«.[1]

Sichten wir die kaum noch überschaubare Literatur, die sich mit dem deutschen Faschismus und seiner Ideologie auseinandersetzt, so stoßen wir auf den merkwürdigen Tatbestand, daß trotz tieflotender Untersuchungen vieler gesellschaftlicher Bereiche – angefangen von Wirtschaft und Staat über Kunst und Kultur, Parteigliederungen und Verbände bis zu Bildung, Erziehung und einzelnen Wissenschaftsdisziplinen – bei uns bisher keine neuere Publikation greifbar ist, die sich eingehend mit dem Schicksal der für die Ideologie so maßgeblichen Philosophie im faschistischen Deutschland befaßt hätte. Möglicherweise ist dies zu einem guten Teil auf den noch immer verbreiteten Standpunkt zurückzuführen, der deutsche Faschismus habe infolge seiner Wissenschaftsfeindlichkeit philosophisches Denken vernichtet, ausgerottet, ausgemerzt. Was den Namen Philosophie verdiene, sei nach 1933 im Eklektizismus der Naziideologie untergegangen, sei der nationalsozialistischen Weltanschauung anheimgefallen. Eine Naziphilosophie habe es nicht gegeben.

1 Anmerkungen am Schluß des Bandes.

Diese antifaschistisch motivierte, besonders dezidiert von Georg Lukács vertretene Meinung folgt der Vorstellung, Philosophie gehe prinzipiell mit Vernunft, im Sinne von Rationalität und Humanität, zusammen. Die Philosophiegeschichte zeigt jedoch: Zerstörung der Vernunft ist keineswegs identisch mit dem Verschwinden von Philosophie. Auch der Sieg antihumanistischer und irrationalistischer Konzeptionen, der Sieg der Unvernunft auf breitester Front, wie er für den deutschen Faschismus so charakteristisch war, bedeutete nicht das Aufhören von Philosophie, ihr Aufgehen in Ideologie.

»Nicht als ob nicht auch die Philosophie skandalös sein könnte. O doch, sie kann es«, erklärt der mephistophelische Saul Fitelberg im »Doktor Faustus« von Thomas Mann.[2] Gehen wir vom philosophischen Denken nicht nur als von einem spezifischen Gattungsvermögen des Menschen aus, sondern betrachten wir die Philosophie auch in ihrer Funktion und Klassengebundenheit, so müssen wir zugestehen, daß die Mittel und Methoden des philosophischen begrifflichen Denkens zu keiner Zeit davor gefeit waren, bewußt als Waffe *gegen* Wissen und Weisheit eingesetzt zu werden. Die so vollzogene »Zerstörung der Vernunft«, die für das Zeitalter des Imperialismus eindringlich von Georg Lukács beschrieben wurde, ist nicht mit dem Verschwinden von Philosophie gleichzusetzen.

Auch die Historie des »Dritten Reichs« legt Zeugnis davon ab: Der Nazismus zeitigte nicht den faktischen, sondern den moralischen Exitus der Philosophie. Hintertreppenphilosophie bemühter Klippschüler, Schund- und Schandphilosophie nennt sie Thomas Mann, mit deren geistigen Wegbereitern und Schildträgern, den Philosophastern, Geopolitikern, Kriegsgeographen, Wehr- und Rasseprofessoren, Schreibdienstboten der Gestapo, nun abgerechnet werden müsse, »um Deutschlands Rückkehr zur Menschlichkeit zu ermöglichen«.[3]

Antifaschisten ganz unterschiedlicher weltanschaulicher Position, bürgerliche Humanisten, Christen, Marxisten haben seither Beachtliches geleistet, damit es nie wieder zu einem solchen Niedergang des Denkens komme. Doch diese Aufgabe ist nicht beendet.

Erst jüngst hat Ulfried Geuter für die Psychologie nachgewiesen, daß die generell richtige Feststellung, der Faschismus habe die Wissenschaft in Deutschland nahezu vernichtet, einer Ergänzung bedarf: Nicht weil die Wissenschaftsfeindlichkeit des deutschen Faschismus so extrem nicht gewesen wäre (das war sie vom Grundsätzlichen her auf jeden Fall), sondern weil es zwischen 1933 und 1945 nachweislich objektiv erzwungene Modifikationen in der Haltung des Nazismus zur Wissenschaft gegeben hat, die zu berücksichtigen sind, wenn unser Wissen um den deutschen Faschismus auch in dieser Frage mit der Wirklichkeit nicht nur im Generellen, sondern auch im einzelnen übereinstimmen soll.[4]

Trotz des massiven ideologischen Drucks, den das Hitlerregime auf alle Bereiche des geistigen Lebens ausübte, und trotz der frontalen Angriffe auf das wissenschaftliche Denken insgesamt existierte an den akademischen Einrichtungen auch zwischen 1933 und 1945 ein bestimmtes Spektrum philosophischer Konzepte und ein entsprechendes Angebot philosophischer Publikationen. Neben den in hohen Auflagenzahlen erscheinenden nazistischen Machwerken reichten diese von philosophischen Klassikertexten über eine scheinbar im rein Akademischen verbleibende Philosophiegeschichtsschreibung und Textexegese bis zu solchen Arbeiten, die in einem allgemeinen Sinne am Zeitgeist orientiert waren, ohne sich vordergründig der Naziideologie und ihren Prämissen anzupassen. Äußerlich dürfte für das Tolerieren dieser vorwiegend lebensphilosophisch, existentialistisch oder neuhegelianisch geprägten Arbeiten von Belang gewesen sein, daß sich die Verfasser zumeist jeder kritischen Stellungnahme der herrschenden faschistischen Ideologie gegenüber enthielten. Der tiefere Grund jedoch liegt darin, daß sie allesamt ihrem Wesen nach der grundsätzlichen Interessenlage des Imperialismus entsprachen, ihr zumindest nicht entgegenstanden und somit keine ernstlichen Konflikte mit dem faschistischen Regime provozierten. Zwischen dem in ihnen gewöhnlich vertretenen politischen bzw. philosophischen Konservatismus und den sich radikal gebärdenden Ideologen und akademischen Apologeten des »Dritten Reiches« gab es eine, wenn auch mitunter schwer durchschaubare Übereinstimmung.

In diesem Zusammenhang sei Nicolai Hartmann erwähnt, der einen jener Sonderfälle darstellt, die gewöhnlich die Gemüter besonders bewegen. Im Jahre 1932 an die Berliner Universität berufen und zugleich zum Direktor des philosophischen Seminars ernannt, ist Hartmann ein prominenter Vertreter jener Gruppe von Geisteswissenschaftlern, die – im Gegensatz zum Beispiel zu Martin Heidegger – auch nach 1933 kein öffentliches Bekenntnis zum Nationalsozialismus ablegten, überhaupt ihr politisches und philosophisches Denken weitgehend aus den Kämpfen der Zeit herausgenommen sahen und dennoch von den Nazis unbehelligt blieben. Bei

Hartmann ist das zunächst insofern besonders erstaunlich, als er versuchte, in der Philosophie eine möglichst weitgehende wissenschaftliche und rationalistische Haltung zu bewahren, womit er in Opposition zum immer stärker werdenden irrationalistischen, subjektivistischen, ja mystifizierenden lebensphilosophischen Trend im deutschen Geistesleben nach dem ersten Weltkrieg geraten war. Wolfgang Wächter veranlaßt das zu der Feststellung: »Sein Denken war gegenüber anderen philosophischen Strömungen kaum dazu geeignet, die Ziele des reaktionären, zum Faschismus drängenden Teils der deutschen Bourgeoisie philosophisch zu rechtfertigen.«[5]

Dennoch befriedigt es nicht ganz, wenn Hartmanns Überdauern in der Zeit des Faschismus mit der Formel von der »inneren Emigration« begründet wird.[6] Besonders seine Ethik und seine geschichtsphilosophischen Auffassungen »tragen apologetischen Charakter und machen deutlich, daß Hartmann kein den gesellschaftlichen Auseinandersetzungen seiner Zeit gänzlich fernstehender rein ›akademischer‹ Denker war«.[7] Die bei ihm, ungeachtet bestimmter zum Materialismus tendierender Elemente, vorhandene idealistische Grundposition, seine letztlich konservative Einstellung sowie die Tatsache, daß er in den Augen der faschistischen Machthaber »den ersten zeitgeschichtlichen wirksamen Gegenschlag ... gegen die beiden Hauptrichtungen der jüdischen Philosophie in Deutschland« – den Neukantianismus und die Phänomenologie – geführt hatte, schufen ihm reichlich Raum, weiter zu arbeiten. Zwar blieb er für die Nazis ein etwas unsicherer Kandidat, nicht zuletzt aufgrund seines Rückzugs aus der Öffentlichkeit, doch galt er zu keiner Zeit in irgendeiner Weise als ein politischer Opponent der Hitlerdiktatur. Aus einem Gutachten aus dem Jahre 1937, welches verfaßt wurde, als Hartmann dem NSDDoB beitreten sollte, geht sowohl die Ambivalenz seiner Haltung dem Regime gegenüber wie auch die Ambivalenz der Einschätzung Hartmanns durch die Nazis recht deutlich hervor. »Dem Nationalsozialismus gegenüber hat er sich zwar freigehalten von der Überheblichkeit, der die Bewegung vor 1933 vielfach begegnete, aber er ist auch von sich aus nicht zum Nationalsozialismus gekommen. Und es ist zwar anzunehmen, daß er auch 1933 weniger Widerstand in sich zu überwinden hatte als viele seiner Amtsgenossen, aber politisch aktiv ist er auch jetzt nicht geworden. Die nationalsozialistischen Studenten stoßen bei ihm nicht auf politische Opposition, finden im Gegenteil Verständnis, aber keine politische Initiative und Führung.«[8]

Sicher waren Hartmann und andere sich ähnlich verhaltende Hochschullehrer und Professoren keine Sympathisanten des Nazireichs (wie viele auch keine Sympathisanten der Weimarer Republik gewesen waren), dennoch konnte die von ihnen praktizierte Methode des Neutralismus, wie das zitierte Gutachten belegt, sie nicht davor bewahren, als Konformitätsfaktor zu wirken. Indem sie sich in vorgeblich unpolitische »reine Wissenschaft« zurückzogen, in praxi aber doch – wie Hartmann zum Beispiel den Studenten gegenüber – ein »gewisses Verständnis« zu erkennen gaben und zu den Verbrechen schwiegen, verstrickten sie sich durch ihre Passivität in Schuld. Ich halte es für eine notwendige Aufgabe künftiger philosophie- und wissenschaftshistorischer Forschung, die unterschiedlichen Haltungen der Fachphilosophen zwischen 1933 und 1945 genauer zu beleuchten, die Lebensläufe und wissenschaftlichen Zeugnisse der Emigranten, der Verweigerer, der Mitläufer und der konzeptiven philosophischen Ideologen des Nazireichs zu vergleichen. Dabei ist auch der Zeit nach 1945 größte Bedeutung beizumessen, gibt doch gerade diese Periode Auskunft darüber, in welchem Teil Deutschlands auch auf dem Gebiet der Geisteswissenschaften antifaschistische Grundsätze durchgesetzt wurden und in welchem Teil Deutschlands sich die Karrieren faschistisch belasteter Wissenschaftler nahezu ungebrochen fortsetzen konnten.

Zum Problemkreis der faschistischen Ideologie ist seit 1945 eine beachtliche Reihe von Arbeiten erschienen. Historiker, Philosophen, Sozial- und Literaturwissenschaftler haben sich eingehend mit den geistigen, namentlich auch den philosophischen Quellen der Naziideologie auseinandergesetzt, ihre Entstehungsgeschichte untersucht und ihr Wesen bestimmt. Doch kann damit das Thema Philosophie und Philosophen im »Dritten Reich« nicht als erledigt angesehen werden. Abgesehen davon, daß heute eine zeitgemäße, auf dem Vorhandenen aufbauende Darstellung der Beziehungen des deutschen Faschismus zur Philosophie und der spätbürgerlichen Philosophie zum Faschismus dringlich wäre, steht auch eine Untersuchung der spezifischen Naziphilosophie noch aus – ihrer Inhalte, ihres Wesens, ihrer gesellschaftlichen Bedeutung und Wirkung wie ihrer einzelnen Vertreter.[9] Die von Hans Günther 1934, von Georg Lukaćs in den dreißiger bis fünfziger Jahren, von Wolfgang Heise 1964 begonnene Arbeit muß fortgesetzt werden.

Fragen der Faschismusanalyse sind nach wie vor Fragen von großer Aktualität, und sie werden es bleiben, solange die sozialökonomische Grundlage des Faschismus, der Imperialismus, zu unserer geschichtlichen Realität gehört.

Entstanden als aggressive Antwort auf die Oktoberrevolution und den mit ihr einsetzenden Prozeß der demokratischen Erneuerung und sozialistischen Umgestaltung der Welt, wurde der Faschismus zu einer Waffe des Imperialismus bei der Sicherung und Ausweitung seines Herrschaftsbereiches.[10] Seit der Stunde seiner Geburt erwies er sich als der grausamste und gefährlichste Feind aller revolutionären, demokratischen und friedlichen Kräfte. Und das ist bis heute so geblieben. Wo immer der Faschismus an die Macht kam, zuerst in Ungarn, Italien und Bulgarien, darauf in Deutschland, wo er zu einer tödlichen Gefahr für eine ganze Menschheit wurde, oder später in Lateinamerika, Südafrika und anderswo[11], dort suchte und sucht er durch rücksichtslosesten blutigen Terror die revolutionäre Vorhut der Arbeiterklasse zu vernichten und alle demokratischen Regungen zu ersticken. Darin besteht sein politischer Auftrag, der im imperialistischen Klassenwesen faschistischer Herrschaft begründet liegt. Die Tatsache, daß sich mit den veränderten Existenzbedingungen der Menschheit die Gewichte beträchtlich zugunsten des Antifaschismus verschoben haben, setzt diese Erkenntnis nicht außer Kraft.

Der Umstand, daß die bisher nicht gekannte nukleare Kriegsgefahr inzwischen die ganze Menschheit mit Untergang bedroht, zwingt zwar auch die imperialistische Bourgeoisie zum Umdenken, so daß sich in jüngster Zeit auch in ihren Reihen Kräfte der Vernunft und des Realismus formieren, die an positiven Veränderungen in den internationalen Beziehungen, an politischer Entspannung und Festigung des Friedens interessiert sind. Doch parallel dazu registrieren wir in zahlreichen kapitalistischen Staaten eine Rechtsentwicklung, die mancherorts alarmierende Züge annimmt. Allein in der Bundesrepublik Deutschland agieren über 150 rechtsextremistische Organisationen und Gruppierungen. Es erscheinen regelmäßig mehr als 130 Zeitschriften und Zeitungen rechtsextremistischen Inhalts. Weit entfernt von jedem historischen Lernprozeß wird diesen Kräften dortzulande nach wie vor Gesetzesschutz gewährt, werden um sich greifende rassistische, revanchistische und antikommunistische Umtriebe vom Staat toleriert, werden starke Polizeiverbände aufgeboten, um Rechtsextremisten vor antifaschistischen Protesten zu schützen, mehren sich neuerlich offizielle Äußerungen hochrangiger Politiker und Militärs, die erkennen lassen, wie weit sich deutsch-nationalistische Gesinnung von heute mit den Ideen des NS-Staates deckt.

Um in der jüngsten Vergangenheit zu bleiben: Noch war der weltweite Protest über die Jenninger-Rede vom 10. November 1988 nicht verstummt, da wurde Ende Januar 1989 die demokratische Weltöffentlichkeit von der Tatsache schockiert, daß zum erstenmal nach 1945 eine rechtsextreme Partei ins Westberliner Parlament Einzug hielt – geführt von einem ehemaligen Freiwilligen der »SS-Leibstandarte ›Adolf Hitler‹«.[12]

Es sind also nicht allein die offen terroristischen Diktaturen der reaktionärsten, chauvinistischsten, aggressivsten Teile der Monopolbourgeoisie, die zeigen, daß wir nicht aus der Pflicht entlassen sind, gegen die mörderischste Form imperialistischer Herrschaft zu kämpfen. Als jederzeit mobilisierbare politische Reserve stehen die verschiedenen Spielarten rechtsextremer Organisationen und Ideologen zum Kampf gegen fortschrittliche Kräfte im Innern und für revanchistische Ziele nach außen bereit.

In unserem Kampf gegen diese Kräfte und die von ihnen ausgehenden schleichenden Faschisierungsprozesse wissen wir uns einig mit den fortschrittlichen und demokratischen Kräften in der BRD und anderen kapitalistischen Ländern, wo sich in letzter Zeit ebenfalls die Auseinandersetzung mit Faschismus und Neofaschismus auch auf theoretischem Gebiet verstärkt.

Marxistische Faschismusforschung greift heute wie damals unmittelbar ein in die Kämpfe zwischen Fortschritt und Reaktion, in die Klassenkämpfe unserer Zeit, in den auf Frieden und Sozialismus gerichteten antiimperialistischen Kampf der Völker.

Die Aufdeckung des Klassencharakters des Faschismus in den zwanziger Jahren, die 1935 auf dem VII. Weltkongreß der Kommunistischen Internationale in Moskau auf das Niveau einer theoretischen Analyse seiner Entstehungs- und Entwicklungsbedingungen, seiner sozialen Basis und politischen Funktion, seiner Ideologie und Praxis gehoben wurde, zählt zu den bemerkenswertesten Leistungen der marxistischen Gesellschaftswissenschaften.[13] Die Erfahrungen der Kommunisten und der anderen Antifaschisten haben die außerordentliche Bedeutsamkeit auch der methodologischen Hinweise unterstrichen, die Georgi Dimitroff in seinem Schlußwort auf dem VII. Weltkongreß unterbreitet hatte. »Keinerlei allgemeine Charakteristik des Faschismus«, so sein Resümee, »mag sie an sich noch so richtig sein, enthebt uns der Pflicht, die Eigenart der Entwicklung des Faschismus und der verschiedenen Formen der faschistischen Diktatur in einzelnen Ländern und in verschiedenen Etappen konkret zu studieren und zu berücksichtigen ... Es wäre ein grober Fehler, irgendein allgemeines Entwicklungsschema des Faschismus für alle Länder und alle Völker aufstellen zu wollen. Ein solches Schema würde uns nicht helfen, sondern uns hindern, den wirklichen Kampf zu führen.«[14]

Dieser Forderung hat sich die marxistische Faschismusforschung stets verpflichtet gefühlt. Wichtige Arbeiten liegen vor zur Geschichte des deutschen Faschismus insgesamt und speziell zur Geschichte der Nazi-Partei. Bedeutende Publikationen verfolgen die Expansions- und Kriegspolitik des faschistischen Deutschlands, erhellen die vielgestaltigen Zusammenhänge von imperialistischer Wirtschaft, faschistischer Politik und ihr entsprechender politischer Ideologie, setzen sich mit bürgerlichen Faschismustheorien auseinander, untersuchen Literatur, Kunst und Ästhetik des deutschen Faschismus, analysieren die Genese der Naziideologie und die Mechanismen ihrer Wirksamkeit.[15]

Gerade zur Ideologieproblematik sind in jüngerer Zeit eine Reihe von Publikationen erschienen, die unser Bild vom deutschen Faschismus im Sinne der Forderung Dimitroffs ergänzt und präzisiert haben. Unter anderem tragen sie dazu bei, zwei besonders von der jungen Generation immer wieder aufgeworfene Fragen zu beantworten: *Wie gelang es den Nazis, die Mehrheit des deutschen Volkes mit Blindheit zu schlagen und gegen die eigenen Interessen, für die barbarischen Ziele der imperialistischen Bourgeoisie in Bewegung zu setzen?*

Wie konnte es geschehen, daß die bürgerliche Intelligenz im ganzen gesehen dem Gift der Naziideologie so wenig geistige Abwehrkräfte entgegenzusetzen hatte?

Auch die vorliegende Studie berührt diese Fragen. Von ihrem Gegenstand her versucht sie, einige spezifische Aspekte zu beleuchten, weshalb nur so wenige Vertreter der bürgerlichen Intelligenz zu aktiven Positionen des Widerstandes fanden, die übergroße Mehrheit hingegen in Amt und Würden blieb, sich »gleichschalten« ließ und nicht wenige aktive Parteigänger des faschistischen Regimes stellte, die als beredte Propagandisten der Naziideologie und als Rechtfertiger der faschistischen Verbrechen bleibende Schuld auf sich luden.

Neben dem großen Erkenntniszuwachs, den die Faschismusforschung marxistischer und progressiver bürgerlicher Wissenschaftler bisher erbrachte, lassen die Veröffentlichungen gerade der letzten Jahre in der Überschau aber auch erkennen, welche Bereiche noch zuwenig bearbeitet sind. Unter anderem betrifft das den nazifaschistischen Verwaltungsapparat. Aber auch hinsichtlich der konkreten Situation einzelner Wissenschaften unter der braunen Diktatur ist manches noch offen oder erst in Ansätzen erhellt.[16]

Neben den Arbeiten von Ludwig Elm, Eberhard Fromm, Günter Hartung, Heinz Malorny, Stepan Odujew, Reinhard Opitz, Wolfgang Schlicker, Vera Wrona und anderen sind aus der Zahl der in jüngerer Zeit zu Fragen der nazifaschistischen Ideologie erschienenen Untersuchungen vor allem auch die von Joachim Petzold vorgelegten Bücher zu nennen, in denen die Rolle jungkonservativer Theoretiker als geistige Wegbereiter des Faschismus sowie die Spezifik der Naziideologie im Vergleich mit ihren philosophischen und anderen theoretischen Quellen aufgedeckt wird.

Alle diese Publikationen führen jene Linie der theoretischen Auseinandersetzung mit der konservativen und nazifaschistischen Ideologie fort, die eng mit dem Hauptwerk Hans Günthers verbunden ist – einem Buch, dem unter den marxistischen Schriften zur Naziideologie zweifellos ein besonderer Stellenwert zukommt. Und das, obwohl er es selbst nur als eine populäre, zum politischen Tagesgebrauch niedergeschriebene Streitschrift ansah.[17] Ihr Sonderstatus ergibt sich aus der inhaltlichen Stoßrichtung, dem Zeitpunkt ihres Entstehens und den Umständen ihrer Verbreitung. Als nämlich im Juli 1935 der VII. Weltkongreß der Kommunistischen Internationale eröffnet wurde, lag auf den Plätzen der Delegierten auch das soeben erschienene Buch von Hans Günther, dessen Erkenntnisse offensichtlich auch Eingang fanden in den Text des Referats von Georgi Dimitroff. Es war die bis dahin erste und einzige zeitgenössische Analyse der Naziideologie von marxistischer Position.[18] Ihre grundsätzliche Bedeutung lag vor allem darin, daß Günther die Naziideologie nicht geisteswissenschaftlich kritisierte, sondern die ihr zugrunde liegenden politischen Absichten der imperialistischen Bourgeoisie aufdeckte. Mit der Klärung dieses Zusammenhangs, des Zusammenhangs von Naziideologie und faschistischer Diktatur, schuf Günther eine äußerst wichtige Voraussetzung, über die bisherige bürgerliche antifaschistische Publizistik theoretisch und politisch hinauszugehen und die heillose Verwirrung abzubauen, die die Demagogie der Nazis auch unter Antifaschisten angerichtet hatte. »Günther ging es entscheidend um eine solche Kritik, die die Naziideologie aus den historischen Zwecken erklärte, zu denen sie entwickelt und benutzt wurde, eine Kritik, die eine verändernde revolutionäre Gewalt hervorruft, weil sie den Klasseninhalt der faschistischen Ideologie begreift und bloßlegt.«[19]

Das war um so bedeutsamer, als auch unter den Kommunisten noch weitgehend Unklarheit über den Zusammenhang von Naziideologie und faschistischer Diktatur herrschte. »Es ist eine der schwächsten Seiten des antifaschistischen Kampfes unserer Parteien«, stellte Georgi Dimitroff 1935 fest, »daß sie ungenügend und nicht rechtzeitig auf die Demagogie des Faschismus reagieren und bis auf den heutigen Tag fortfahren, die Fragen des Kampfes gegen die faschistische Ideologie geringschätzig zu behandeln. Viele Genossen glauben nicht, daß eine so reaktionäre Abart der bürgerlichen Ideologie wie die Ideologie des Faschismus, die sich in ihrer Unsinnigkeit häufig bis zum Wahnwitz versteigt, überhaupt fähig ist, Einfluß auf die Massen zu gewinnen. Das war ein großer Fehler.«[20]

Der das Programm Hans Günthers fortsetzenden marxistischen Faschismusforschung ist es zu danken, daß das Wissen um die Entstehungsbedingungen, die Inhalte und vor allem die gesellschaftlichen Hintergründe der faschistischen Ideologie vertieft wurde. Zugleich bilden diese Forschungsergebnisse ein solides Fundament, auf welchem aufbauend auch die spezielle Problematik der Naziphilosophie weiter geklärt werden kann.

Drei theoretischen Grundpositionen kommt in diesem Zusammenhang eine ganz besondere Bedeutung zu: *Erstens*: Zum Kern der Naziideologie kann man nur über *Lenins Imperialismustheorie* vordringen. *Zweitens*: Die Naziideologie ist nicht schlechthin Kulminationspunkt spätbürgerlicher Ideologie, sondern muß als eine *besondere Qualität* imperialistischer Ideologie begriffen werden. *Drittens*: In der Naziideologie ist nicht nur eine spezielle Spielart des philosophischen Irrationalismus zu sehen, sondern eine politischen Bedürfnissen entsprechende reaktionäre *Mobilisierungsideologie*.[21]

Was hier generell für die deutsche faschistische Ideologie formuliert wird, besitzt uneingeschränkte Gültigkeit auch für die Beurteilung philosophischer Äußerungen nazistischer Ideologen. Denn wie das Denken und Handeln überhaupt, so war auch die nazistische Philosophie, deren Existenz zu Unrecht mitunter in Abrede gestellt wird, unmittelbar in den Klassenkampf eingebettet. Wie die Weltanschauungspropaganda insgesamt, diente auch die im »Dritten Reich« an den Hochschulen und Universitäten installierte Philosophie in erheblichem Umfang der »systematischen Schulung und Erziehung einer ganzen Nation, die eines Tages in dem falschen Bewußtsein, die Mission ihrer Rasse zu erfüllen, andere Völker überfallen, unterjochen und auf Befehl ausrotten sollte«.[22]

Das bedeutet aber, ebenso unzureichend wie rein philosophische Deutungsversuche der faschistischen Ideologie *insgesamt* sind, so unzureichend bleiben auch rein philosophische Deutungsversuche der *nazistischen Philosophie*. Sie würden »zu einer viel zu abstrakten und allgemeinen Interpretation führen, die nur als Richtschnur dienen kann und die durch die konkrete Analyse des Verhältnisses von Ideologie und Politik ergänzt werden muß«.[23] Von diesen Grundsätzen gehe ich bei meinen Untersuchungen aus. Einen umfassenden Überblick über die offizielle Philosophie im »Dritten Reich« zu geben vermag ich nach Lage der Dinge nicht. Dies bedarf weiterer Forschungen. Die Veröffentlichung der im Zusammenhang mit einer 1983 verfaßten Arbeit zum philosophischen Begriff der »Totalität« entstandenen Teilresultate in Form dieser Studie soll ein Impuls für weitere Arbeiten sein.

Reinhard Opitz hat im Zusammenhang mit den zunehmenden neofaschistischen Tendenzen in der BRD mit Recht darauf hingewiesen, daß sich weiße Flecken hier negativ bemerkbar machen. Unter anderem lenkte er die von Rechtskräften initiierte Neuauflage völkischen Gedankenguts ins Blickfeld, die kaum irgendwo in der Linken sofort als solche wiedererkannt wurde. Vor allem mit dem aus dem Arsenal der »Neuen Rechten« stammenden Modewort der nationalen *Identität*, das plötzlich in aller Munde kam, wurde nahezu unbemerkt ein völkisch-ganzheitlicher Volksbegriff in Umlauf gesetzt.

Opitz betont zu Recht, daß für Erscheinungen dieser Art nicht zuletzt theoretische Defizite in der Aufarbeitung konservativen und faschistischen Gedankenguts verantwortlich sind.[24] Und zwar, wie ich hinzufügen möchte, *nicht sosehr* Defizite in der Aufarbeitung bestimmter Inhalte, sondern vor allem Defizite in der kritischen Auseinandersetzung mit den *begrifflichen Mitteln*, die diese Inhalte transportieren. Denn damals wie heute gehört es zu den bevorzugten und leider oft erfolgreichen Methoden reaktionärer bürgerlicher Ideologen, auf sprachliche Marken zurückzugreifen, denen nicht von vornherein ihre Funktion anzusehen ist – die Funktion, Mittel der sprachlichen Diversion zu sein.[25] Wir sollten uns daher auch verstärkt wieder auf Victor Klemperers Analysen der Sprache des »Dritten Reiches« besinnen. Insbesondere die Abschnitte meiner Arbeit über das Motiv der Ganzheit und der Totalität in der nazifaschistischen Ideologie und Philosophie sind an diesem Gesichtspunkt orientiert und sollen als ein Beitrag in dieser Richtung verstanden werden.

Insgesamt beginnt die vorliegende Analyse der Naziphilosophie bei den Ereignissen des Jahres 1933, als die faschistische Ideologie, die ihre Wurzeln und Anfänge wesentlich früher auszubilden begann, zur Staatsdoktrin erhoben und auch den Wissenschaften oktroyiert wurde. Die geistige Vorgeschichte dieser Zeit, wozu eine beträchtliche Anzahl profunder Arbeiten vorliegt, wird als mehr oder weniger bekannt vorausgesetzt.[26] Zu den wichtigsten Vorläufern der nazifaschistischen Ideologie, so zu den »Propheten des Nationalsozialismus« Paul de Lagarde, Houston Stewart Chamberlain, Friedrich Nietzsche sowie zu geistigen Wegbereitern des Faschismus aus dem Lager der Jungkonservativen wird an den entsprechenden Stellen nur das für den jeweiligen Zusammenhang Wesentlichste mitgeteilt. Die Analyse zielt weniger auf die Darstellung des Hinübergleitens konservativen in faschistisches Denken als vielmehr darauf, die qualitative Spezifik und die Leitmotive der Naziphilosophie herauszuarbeiten, wie sie sich unter der Herrschaft des Faschismus in Deutschland etablierte. Sie bei allem Eklektizismus in ihrer durchaus vorhandenen Kohärenz darzustellen bildet ein Grundanliegen der Arbeit.

Der Schwerpunkt der Auseinandersetzung liegt bei den Dii minores, den kleineren Geistern der nazifaschistischen Philosophie. Im Unterschied zu ihren elitären Kollegen, die dieselben Ziele und Inhalte in eine weitgehend unverdächtige Sprache übersetzten, führen sie die Funktion ihres Philosophierens demagogisch gröber und daher um so deutlicher vor Augen. Da sie ihre Absichten und die Gefahr, die darin liegt, leichter erkennen lassen, ist die Beschäftigung mit ihnen für die Verständigung unter Antifaschisten verschiedener weltanschaulicher Positionen besonders geeignet.

Die Gliederung des Hauptkapitels ist daher ganz auf diese Zielstellung ausgerichtet. Es konzentriert sich darauf, die Spezifik nazistischen Philosophierens deutlich zu machen: den ausgeprägten Voluntarismus, den extremen Aktivismus sowie die schrankenlose

Wirklichkeitsdemagogie. Sie bildeten in ihrer Verknüpfung jene geistige Folie, auf der die Naziphilosophie ihre wesentlichen Ausformungen erhielt: als Rassenphilosophie, als Kriegsphilosophie, als Erziehungsphilosophie.

Dabei wird versucht, auch eine Vorstellung zu vermitteln von den nie definitiv entschiedenen Auseinandersetzungen der faschistischen Philosophen untereinander um Rolle und Stellung der Philosophie im Rahmen der faschistischen Ideologie.

Allen, die das Projekt engagiert unterstützt haben, sei herzlich gedankt. Mein besonderer Dank gilt den Gutachtern, Herrn Prof. Dr. sc. phil. Hans-Martin Gerlach (Halle), Herrn Dr. sc. phil. Heinz Malorny (Berlin) und Herrn Dr. phil. Siegfried Kätzel (Halle), deren kritische Bemerkungen und Hinweise mir eine große Hilfe waren.

Berlin, Februar 1989 Monika Leske

Die Linke, ich meine jetzt nicht ihren akademischen Stab, sondern die Linke, und da meine ich auch nicht die Arbeiterbewegung allein, ich will sagen: die *Linke hat einen kühnen Anspruch an die Intelligenz der Menschen und dann auch noch an ihre Moralität. Und das bringt ihr die Noblesse, aber auch die Ohnmacht. Faschismus setzt einfach auf das Tier. Warum der Faschismus zuerst einmal triumphiert, er hat die Natur auf seiner Seite, das Tier.*

Wir dagegen erstreben etwas, was es ja noch nie gegeben hat. Was wir betreiben, ist ja Prometheus: die Selbst-Ernennung des Menschen. Links ist eine Anstrengung. Lebenslänglich.

Max Frisch

1. NS-Hochschul- und Wissenschaftspolitik

Als am 30. Januar 1933 mit Adolf Hitler die Nazis an die Macht geschoben wurden, fiel auch die Wissenschaft dem barbarischen Wesen des Faschismus anheim. Es begann eine neue Phase der Wissenschaftspolitik, die die imperialistisch konzipierte Einheit von Wissenschaft und Politik als Unterordnung der Wissenschaft unter die ökonomischen, militärischen, politischen und ideologischen Interessen der Monopolbourgeoisie deutlicher denn je hervortreten ließ. Zielstrebig wurden die Wissenschaften und ihre Institutionen sowie der wissenschaftliche Verwaltungsapparat an der Durchsetzung der revanchistischen Interessen der aggressivsten Kräfte des deutschen Monopolkapitals beteiligt. Die dieser Zielstellung geschuldeten personalpolitischen Maßnahmen, die strukturellen Veränderungen sowie die inhaltlichen Umprofilierungen sollten sich bald als die tiefgreifendste, in ihren Auswirkungen katastrophale Zäsur in der Wissenschaftsgeschichte des bürgerlichen Deutschlands erweisen. Denn in höchstem Maße liefen sie auf Zerstörung, Deformation oder Mißbrauch der Wissenschaften hinaus.[1]

»Die führenden Nationalsozialisten waren der Ansicht, daß der deutsche ›Volkskörper‹ den Verlust eines erheblichen Teils seines Wissenschaftspotentials als Bedingung für die totale faschistische Formierung des restlichen Teils ohne weiteres verkraften könnte ... Ihre Hintermänner, die deutschen Monopolisten, verstanden zwar weitaus besser als die SS- und SA-Führer die Abhängigkeit der modernen Industrie von einer hochleistungsfähigen Wissenschaft, doch für sie war der Nazismus in der gegebenen historischen Situation ein so unentbehrlicher Garant ihrer Klassendiktatur, daß sie selbst eine empfindliche Einbuße an wissenschaftlicher Leistungsfähigkeit des Landes in Kauf nahmen ...«[2]

Die Grundzüge der gegen den gesellschaftlichen Fortschritt wie überhaupt gegen alle progressiven Ansichten und deren Träger gerichteten faschistischen Hochschul- und Wissenschaftspolitik lassen sich unter drei Gesichtspunkten zusammenfassen:

- personalpolitische Maßnahmen (Umgestaltung der Wissenschaftsadministration; »Säuberung« des Lehrkörpers auf der Grundlage der berüchtigten »Berufsbeamtengesetze«; Veränderung der Berufungspraxis; Rekrutierung neuer Hochschulkader nach politischen Kriterien);
- strukturelle Veränderungen (Zentralverwaltung der Hochschulen durch Schaffung eines den Länderministerien übergeordneten Reichsministeriums für Wissenschaft, Erziehung und Volksbildung; Inkraftsetzung einer neuen Hochschulverfassung und Organisation der Hochschulen nach dem »Führerprinzip«; Bindung der staatlichen Wissenschaftsbehörden und ihrer Entscheidungsträger an entsprechende Einrichtungen und Gremien der NSDAP, so an das Amt Wissenschaft in der Dienststelle Rosenberg, die Hochschulkommission im Stab des Stellvertreters des Führers, das Hochschulamt der SA);
- inhaltliche Umprofilierungen (massive faschistische Ideologisierung der Wissenschaften, Durchsetzung der »Totalität der nationalsozialistischen Weltanschauung«; Institutionalisierung pseudowissenschaftlicher Disziplinen wie »Rassenseelenkunde«, »Eugenik«; Indienstnahme von Forschung und Entwicklung für die Kriegsvorbereitung und den angestrebten »Endsieg«).

Mit besonderem Nachdruck wurde die Faschisierung der Wissenschaft dort betrieben, wo eine schnelle Breitenwirkung zu erzielen war. Dabei konzentrierte man sich vor allem auf ideologierelevante Gebiete, die im Zuge der Gleichschaltung Schrittmacherdienste leisten sollten. Andere Lehr- und Forschungsgebiete unterlagen ebenfalls der politischen und »rassischen Säuberung«, wurden aber ansonsten oft weitgehend vernachlässigt.[3]

Personalpolitische und strukturelle Maßnahmen

Bereits in den ersten Wochen nach Errichtung der faschistischen Diktatur wurde die Wissenschaftspolitik darauf abgestellt, den Wissenschaftsbetrieb in die Gesamtstrategie und Taktik des Faschismus zu integrieren.

Die ersten zwölf Monate der faschistischen Herrschaft bilanzierend, stellt Gerhard Rühle, 1932 bis 1933 Führer des Nationalsozialistischen Deutschen Studentenbundes (NSDStB), über die Ziele der NS-Hochschulpolitik fest: »Auf dem Gebiet des Hochschulwesens selbst stellte sich der Nationalsozialismus drei große Aufgaben: Schaffung eines neuen Studententyps, Schaffung eines neuen Hochschullehrertyps und Gestaltung eines neuen Begriffs der Wissenschaft.«[4] Dies geschah in der Absicht, die ideologische und praktische Kriegsvorbereitung im Bereich der Wissenschaften bzw. mit ihrer Hilfe zu forcieren, um so schnell wie möglich zu einer ungehinderten und ausgedehnten Rüstungsproduktion übergehen zu können.[5]

Nachdem Wilhelm Frick[6] zum Reichsinnenminister und Hermann Göring[7] zum preußischen Ministerpräsidenten ernannt worden waren, bemächtigte sich die faschistische Führung zunächst der Posten der Länderministerien für Volksbildung bzw. Kultur, woraufhin unverzüglich mit dem Aufbau einer faschistischen Hochschulverwaltung und Wissenschaftsadministration begonnen wurde. Sie hatte die Faschisierung der Universitäten und Hochschulen zu ihrer Hauptaufgabe. Auftakt dieses Prozesses bildete in Preußen die Berufung des Altfaschisten und Gauleiters von Südhannover-Braunschweig, Bernhard Rust, zum Kultusminister am 4. Februar 1933.[8]

Bereits Mitte März 1933 waren weitere Altfaschisten auf den entsprechenden Ministerposten installiert, so in Bayern Hans Schemm (zugleich Nazigauleiter in Ostbayern und Chef des seit 1927 bestehenden NS-Lehrerbundes), in Baden Otto Wacker, in Württemberg Christian Mergenthaler (ab Mai auch Ministerpräsident), in Thüringen Fritz Wächtler, in Sachsen der Deutschnationale Wilhelm Hartnacke.[9]

Die einschneidendste Maßnahme jedoch bildete die sogenannte Säuberung der Hochschullehrkörper durch Ausschaltung politisch, rassisch oder wissenschaftlich unerwünschter Professoren und Dozenten und die Berufung neuer Hochschullehrer und Assistenten nach Kriterien ihrer politischen Zuverlässigkeit bzw. ihrer »Verdienste« um die nationalsozialistische »Bewegung«.[10] »Rechtliche« Handhabe für die Anfang April 1933 einsetzende Entlassungswelle großen Stils bot das am 7. April erschienene »Gesetz zur Wiederherstellung des Berufsbeamtentums«.[11]

Die Paragraphen 2 bis 6 dieses Gesetzes benannten jene Beamtengruppen, die entlassen oder in den Ruhestand versetzt werden sollten.[12] Es waren dies Beamte (§ 2), die ohne die »vorgeschriebene oder übliche Vorbildung oder sonstige Eignung« nach dem 9. November 1918 ernannt worden waren. Damit zielte man auf jene Verwaltungsbeamten und Professoren, denen eine Bindung an die Weimarer Republik bzw. an die sozialdemokratisch-bürgerliche Parteienkoalition angelastet wurde, wobei sich die dehnbaren Bestimmungen vor allem gegen sogenannte Parteibuchbeamte richteten, deren Ernennung bzw. Berufung angeblich auf ihre kommunistische oder republikanische Gesinnung zurückzuführen war.[13] Betroffen waren weiterhin »Beamte nicht-arischer Abstammung« (§ 3), wovon Teilnehmer am imperialistischen Weltkrieg, die sogenannten Frontkämpfer, zunächst noch ausgenommen blieben; sowie Beamte, die, wie es hieß, »nach ihrer bisherigen politischen Haltung nicht die Gewißheit dafür bieten, daß sie jederzeit rückhaltlos für den nationalen Staat eintreten« (§ 4).

Die Begründung für den sogenannten Arier-Paragraphen lautete, »Juden« könnten nicht deutsch denken, folglich Deutsche nicht regieren und deren Staat verwalten. Die Infamie reichte mithin viel weiter als der Gesetzestext und dessen vorläufige praktische Folgen.[14] Schließlich konnte überhaupt jeder Beamte ohne Angabe von Gründen in andere Ämter bzw. Funktionen oder auch in den Ruhestand versetzt werden, selbst wenn noch keine Dienstunfähigkeit vorlag (§ 5 und 6). Das Entscheidungsrecht in solchen Fällen lag bei der obersten Reichs- oder Landesbehörde. Als Endtermin für die Erfüllung dieses willkürlich handhabbaren Terrorinstruments war zunächst der 30. September 1933 anberaumt, ein Zeitpunkt, der sich schließlich als illusionär erwies, zumal aus einer latenten Unsicherheit in der Handhabung der Mittel den Professoren mitunter »eine gewisse Schutzfrist zur ›Läuterung‹ zugebilligt wurde«. Sie sollte vor allem die Zahl der aufsehenerregenden Gleichschaltungen reduzieren, da eine solche Haltung verpönt war und sogar Nazis mißfiel.[15]

Die antikommunistische Stoßrichtung der »Berufsbeamtengesetzgebung« geht eindeutiger noch als aus den Paragraphen aus den ihrer Verkündung unmittelbar nachfolgenden Durchführungsbestimmungen hervor. Sie beseitigen auch den letzten Zweifel, gegen welche Personengruppe sich die Zwangsmaßnahmen vor allem richteten. Die erste, vom 11. April 1933 datierte Durchführungsbestimmung beinhaltete die vordringliche Entlassung jener Beamten, die »der KPD und ihren Hilfs- und Ersatzorganisationen« angehörten. Aber auch diese Orientierung wurde als noch zu eng erachtet. Die dritte Durchführungsbestimmung vom 6. Mai schloß endlich alle jene Beamte vom Staatsdienst aus, die sich im kommunistischen Sinne betätigt hatten, auch wenn sie »nicht mehr der KPD« angehörten.[16] Dazu bleibt anzumerken, daß durch den staatlich angeheizten Terror der SA und der SS gegen vorgebliche »jüdische« bzw. »bolschewistische Provokateure« regionale Staatsorgane und Hochschulinstanzen schon im März 1933 selbst initiierte Weisungen erließen, die die Entfernung kommunistisch oder sozialdemokratisch organisierter Staatsangestellter und Mitarbeiter des Staatsapparates, aber auch Studenten, auf die dieses Kriterium zutraf, verfügten.[17]

Dies zeitigte verheerende Wirkungen an den deutschen Hochschulen und anderen wissenschaftlichen Einrichtungen. Insbesondere traf es die große Zahl jüdischer Wissenschaftler, deren Rang für die Bedeutung der deutschen Wissenschaft unbestritten war. Die judenfeindlichen Maßnahmen des Jahres 1933 wie auch die späteren waren jedoch nicht allein Ausdruck des von den Nazis in den Mittelpunkt ihrer Ideologie gestellten Rassismus. In ihnen verband sich vielmehr mit dem Mystizismus der Rasse ein durchaus rationales politisches Kalkül. »Realpolitik war insofern im Spiele, als die jüdisch-herkünftige Intelligenz auf Grund der Geschichte der Emanzipation der Juden liberalen oder bürgerlich-demokratischen Auffassungen zuneigte. Konformistisches, gar förderndes Verhalten war von dieser Personengruppe allein schon aus Gründen der Ablehnung der Naziideologie also nicht zu erwarten. Zudem sollte die Vertreibung der jüdisch-herkünftigen Wissenschaftler und Künstler aus dem Deutschen Reich Platz für junge Faschisten schaffen, die als Folge der Krise nach dem Universitätsstudium ohne Arbeit geblieben waren.«[18]

Nach Angaben von Maier waren von der Vertreibung betroffen: 313 ordentliche und 109 außerordentliche Professoren, 75 Honorarprofessoren, 322 Privatdozenten, 42 Lektoren, 232 Assistenten, 133 Mitarbeiter an wissenschaftlichen Instituten.[19] Bleuel nennt allein für das erste Jahr der »Säuberungsaktionen« sogar die Zahl von rund 1700 dispensierten Wissenschaftlern, also etwa 20 Prozent der akademischen Lehrerschaft überhaupt. Wie viele es am Ende waren, ist wohl immer noch nicht genau erfaßt. Die Schätzungen schwanken zwischen 2000 und 3000 Wissenschaftlern, das sind 30 bis 40 Prozent der gesamten Hochschullehrerschaft von 1933.[20] Das deckt sich in etwa mit bilanzierenden Äußerungen von faschistischen Vertretern der Wissenschaftsadministration, die 1939 voller Genugtuung verkündeten, daß um die 45 Prozent des gesamten Lehrkörpers »aus politischen Gründen« durch neue Dozenten ersetzt worden seien.[21]

Diese Zahlen geben jedoch, wie zu Recht immer wieder betont wird, nur den quantitativen Verlust wieder, hinter dem sich die lange Reihe bedeutender bis weltberühmter Einzelfälle verbirgt – ein Verlust, der für die Stellung der deutschen Wissenschaft in der Welt einer Katastrophe gleichkam.[22] Zu den in hohem internationalem Ansehen stehenden Wissenschaftlern, die durch die Faschisten von den deutschen Hochschulen verstoßen wurden, gehörten Albert Einstein, James Franck, Hans Bethe, Max Born, Lise Meitner, Max Horkheimer, Franz Neumann, Herbert Marcuse, Karl Mannheim, Theodor Geiger, Arnold Bergstraesser, Veit Valentin, Sigmund Freud, Martin Buber, Ernst Cassirer, Paul Tillich, Helmuth Plessner[23], um nur einige der bekanntesten zu nennen.

Namentliche Einzellisten über die bis Frühsommer 1934 allein von preußischen Hochschulen Vertriebenen weisen unter anderem aus: für die Universität Göttingen die Mathematiker Emmy Noether, Edmund Landau, Felix Bernstein, Paul Bernays, die Physiker Walter Heitler und Lothar Nordheim; für die Technische Hochschule Berlin den Physiker Eugen Wigner, den Maschinenbautechniker Georg Schlesinger, den Architekten Bruno Taut; für die Universität Berlin den Physiker Peter Pringsheim, den Philosophen und Physiker Hans Reichenbach, den Versicherungsmathematiker Walter Norden, den Pathologen Max Kuczynski, den Gynäkologen Bernhard Zondek, den Internisten Ernst Blumenfeld, die Nationalökonomen Emil Lederer und Heinrich Cunow, die Historiker Gustav Mayer, Martin Hobohm, Hajo Holborn und Hedwig Hintze, die Germanisten Max Herrmann und Werner Richter, den Kunsthistoriker Oskar Fischel; für die Universität Frankfurt den Juristen Hermann Heller, den Sozialpolitiker Carl Grünberg. Neben den bereits genannten Soziologen Karl Mannheim und Max Horkheimer noch Franz Oppenheimer, den Historiker Ludwig Bergsträsser, den Juristen Ludwig Wertheimer, den Psychologen Max Wertheimer, den Pharmakologen Werner Lipschik; für die Universität Köln den Staatsrechtler und Rechtsphilosophen Hans Kelsen, den Romanisten Leo Spitzer, den Ethnologen Julius Lips, den Soziologen Paul Honigsheim, den Zoologen Ernst Breslau; für die Technische Hochschule Aachen die

Mathematiker Ludwig Hopf und Otto Blumenthal, den Nationalökonomen Alfred Meusel.[24]

Wie Schlicker und Glaser gezeigt haben, fehlen in dieser Aufstellung jene Wissenschaftler, die nicht über das »Berufsbeamtengesetz« erfaßt wurden. An der Universität Berlin betraf das die Mathematiker Issai Schur und Richard von Mises, den führenden theoretischen Physiker Ernst Schrödinger, der nach Österreich zurückging und nach der Okkupation von 1938 von dort nach Dublin ging, den Strafrechtler James Goldschmidt, den Orientalisten Eugen Mittwoch, die schon angeführten herausragenden Göttinger Physiker Max Born und James Franck und die Mathematiker Richard Courant und Hermann Weyl. Schrödinger verließ Berlin 1933, die anderen wurden später Opfer des Vertreibungsfeldzuges.[25]

Das quantitative Ausmaß der Vertreibungen war, das geht auch aus den angeführten Aufstellungen hervor, an den einzelnen Wissenschaftseinrichtungen unterschiedlich. Die berühmte naturwissenschaftliche Fakultät in Göttingen schrumpfte zur Bedeutungslosigkeit; die Frankfurter Universität gar war nahe daran, aufgelöst zu werden.[26] Von den 60 Ordinarien in Gießen wurden 21 entlassen. Darunter die beiden Philosophen Ernst von Aster und, durch vorzeitige Emeritierung, August Messer.

Aus dem philosophischen Seminar der Berliner Universität wurden aus rassischen und politischen Gründen von den Fachvertretern entlassen: Kurt Lewin, Arthur Liebert, Max Dessoir, Alfred Vierkandt, Helmut Kuhn, David Baumgardt, Bernhard Groethuysen, Paul Hoffmann; diese Liste ist nicht vollständig.[27] Am 1. April 1935 gab die Leitung der Berliner Universität bekannt, daß seit 1933 »234 nichtarische und jüdisch versippte Professoren und Dozenten entlassen oder gestrichen wurden oder ihnen die Lehrbefugnis entzogen wurde«.[28] Dementgegen hatte eine reaktionäre und rassistische Berufungspolitik an anderen Universitäten jüdische und demokratisch gesinnte Gelehrte von den Ordinariaten längst ausgeschlossen. An der Universität Rostock wurden aus diesem Grunde »nur« zwei Professoren über das Gesetz verjagt.[29]

Der Stand der Dinge 1933 in Rostock unterstreicht somit nur, wie weit die seit Jahrzehnten kursierenden völkischen Ideen[30] und der verbreitete Antisemitismus unter der deutschen Professorenschaft Fuß gefaßt hatten. Trotz lautstarker Betonung der »unpolitischen« Gesinnung der »freien objektiven Wissenschaftler« wurde völkischen und antisemitischen Ideen an den deutschen Hochschulen seit langem gehuldigt. Bereits seit Beginn der zwanziger Jahre hatten die aufkommenden Varianten völkischen Denkens in dem bereits vorhandenen Antisemitismus an den Hochschulen eine wesentliche Stütze. So beschloß beispielsweise der Deutsche Akademikertag 1925 einstimmig: »Der Überfremdung der deutschen Hochschulen durch jüdische Lehrkräfte und Studierende ist ein Riegel vorzuschieben. Weitere Lehrer jüdischer Abstammung sind nicht mehr zu berufen. Für die Studierenden ist der Numerus clausus einzuführen.«[31] Der Dritte Akademikertag 1927 bekräftigte diesen Entschluß mit der Willenskundgebung: »Der Weg zu Volk, Staat und Freiheit geht durch Kampf, Kampf für wahre völkische Weltanschauung, Kampf gegen die Internationalisierung, gegen die überstaatlichen Mächte, die den deutschen Nationalstaat aushöhlen und das deutsche Volkstum zersetzen. Ziel ist die allgemeine geistige und sittliche Erneuerung des deutschen Volkes.«[32] So eindeutig ihre feindliche Haltung gegen die als »internationalistisch« und daher unpatriotisch apostrophierte Arbeiterbewegung war, die zudem bereits damals als »jüdischen« Wesens abgestempelt wurde, so sicher ist, daß die völkischen Akademikerverbände und ihre professoralen Mentoren wußten, in welche Komplizenschaft sie sich mit solchem Kampfprogramm begaben. »Allerdings meinten sie in langerprobter Arroganz, durch ihre geistige Überlegenheit den Gesamtprozeß steuern zu können.«[33]

Die imperialistisch konzipierte Einheit von Wissenschaft und Politik, in der auf spezifische Weise die klassenbedingte Interessenübereinstimmung ihrer jeweiligen Träger zum Ausdruck kam, bildet den Hintergrund dafür, daß die Majorität der deutschen Professoren »den Anschauungen jener zahlreichen vaterländischen Kollegen beipflichtete, die in Vorlesungen und Festtagsreden den Geist des blinden Nationalismus verbreiteten, die das Credo der wehrhaften Macht und der großdeutschen Sendung, das Bekenntnis zum ständischen Staat und zur heroischen Führergestalt predigten und dabei die Verachtung öden Massengeistes und demokratischer Gleichmacherei lehrten. Sie trat damit nur die Erbschaft der gesellschaftlichen Vorstellungen und politischen Axiome an, die schon in den Universitäten der Bismarckzeit entwickelt worden waren und sich im ersten Weltkrieg verfestigt hatten.«[34]

Seinem Selbstverständnis nach war der völkisch affizierte, reaktionäre Gesellschaftsvorstellungen und irrationalistische Reichsverheißungen propagierende Teil der Professorenschaft unpolitisch.

Da öffentliche Stellungnahmen weitgehend vermieden und die klassenbedingten Vorbehalte gegen die bürgerlich-demokratische Ordnung als Resultate objektiver wissenschaftlicher Erkenntnis zu Fragen der Gesellschaft und der Nation ausgegeben wurden, schien das in ihren Augen keines Beweises zu bedürfen. »Eine der großen Chausseen, auf welchen der Terror vordrang, war mit jener ›Objektivität‹ gepflastert, die paralysierten Professoren das erhebende Bewußtsein schenkte, die Tugend des Wissenschaftlers zu haben.«[35]

Besonders über Philosophie, Geschichte, Germanistik und andere Disziplinen drangen die namentlich von konterrevolutionären Ideologen außerhalb der wissenschaftlichen Einrichtungen vertretenen offen aggressiven, militant-antikommunistischen, chauvinistisch-rassistischen, geopolitischen und elitär-autoritativen Auffassungen auch in die bürgerliche Wissenschaft. Sie vermochte sich dem verschärft aggressiven Kurs des deutschen Imperialismus und den damit einhergehenden reaktionären Tendenzen in der Ideologie der deutschen Bourgeoisie und überhaupt im bürgerlichen Denken nicht zu entziehen. Unter den Ordinarien der Universitäten überwogen allerdings auch nach 1933 die traditionellen großbürgerlichen Auffassungen, so daß unmittelbare Optionen für die hitlerfaschistische Bewegung unter bürgerlichen Gelehrten zunächst noch die Ausnahme bildeten und in gewisser Hinsicht nie das von den Nazis erhoffte und geforderte Ausmaß erreichten. »Die Gefahr lag jedoch vor allem darin, daß zwischen dem unter den Gelehrten weithin vertretenen deutschnationalen Konservatismus und autoritären Etatismus einerseits und wesentlichen politisch-ideologischen Postulaten des Faschismus andererseits keine klaren Grenzen, wohl aber grundsätzliche Gemeinsamkeiten, vielfache Berührungspunkte und Überschneidungen bestanden. Dies ergab sich aus der gemeinsamen Klassengrundlage traditionell-bürgerlicher und faschistischer Ideologie, in der der politische und ideologische Niedergang der Bourgeoisie in der allgemeinen Krise des Kapitalismus nunmehr seinen aggressivsten, fortschrittfeindlichsten und vor allem gegen die revolutionäre Arbeiterbewegung und den Marxismus-Leninismus gerichteten Ausdruck fand.«[36]

Die von bürgerlichen Wissenschaftshistorikern oft erneuerte These des sich 1933 angeblich vollziehenden abrupten Übergangs einer bislang unpolitischen »reinen« Wissenschaft zu einer politisierten »ideologischen« Wissenschaft kann somit nicht anerkannt werden. Was sich änderte, war lediglich das Ausmaß der unmittelbaren und zielgerichteten Einflußnahme der imperialistischen Politik auf die Wissenschaft und die zynische Offenheit, mit der die brutale Unterordnung der Wissenschaft unter die faschistische Strategie herausgestellt und als epochale Leistung gefeiert wurde.

Angesichts des immer offener betriebenen Abbaus der von den Werktätigen in den revolutionären Kämpfen 1918/19 erzwungenen politischen und sozialen Rechte war die deutsche Monopolbourgeoisie schon in den zwanziger Jahren (und eben nicht erst nach 1933)[37] dazu übergegangen, bürgerlich-demokratische, linksliberale oder gar kommunistisch eingestellte Wissenschaftler, die der praktisch-politischen und geistigen Reaktion entgegenwirkten, an den deutschen Hochschulen und Universitäten immer weniger zu tolerieren. Die Folge davon war, daß auch die Studentenschaft mehr und mehr dem reaktionären Geist verfiel.

Wie massiv diese Beeinflussung der Studenten bereits in der Weimarer Republik gewesen war, zeigt ihre Vorreiterrolle an den deutschen Hochschulen. Enthielten sich die beamteten Professoren und Dozenten, trotz ihrer im allgemeinen reaktionär-konservativen Gesinnung, vor und auch nach 1933 noch weitgehend der *offenen* Parteinahme für die Nationalsozialisten, so übte ein großer Teil der Studenten keinerlei Zurückhaltung. Im Gegenteil. In dem sich ausweitenden faschistisch radikalisierten Teil der Studentenschaft, der seit 1926 im Nationalsozialistischen Deutschen Studentenbund organisiert war, besaß die Naziführung ein ebenso willfähriges wie wirksames Instrument zur Durchsetzung ihrer wissenschaftspolitischen Zielstellungen, über das sie im Bedarfsfall verfügen konnte.[38] Eine vergleichbare selbständige faschistische Dachorganisation der Dozenten wurde mit dem Nationalsozialistischen Deutschen Dozentenbund erst 1935 ins Leben gerufen.

So kam zum Beispiel die erste ausschließlich von Universitäts- und Hochschullehrern unterzeichnete öffentliche Erklärung für die NSDAP, der weitere folgten, wesentlich durch Initiative der nationalsozialistischen bzw. nationalsozialistisch beherrschten studentischen Organisationen zustande.[39] Das halbe hundert Namenszüge (exakt: 51) unter dem zwei Tage vor der Reichstagswahl veröffentlichten Wahlaufruf zugunsten der Nazipartei[40] bezeugt demnach nicht nur den erheblichen Einfluß des Hitlerfaschismus auch auf diesen Kreis der Beamtenschaft, sondern es verdeutlicht eben auch, in welchem Grade die bürgerliche und kleinbürgerliche Studentenschaft dem Einfluß extrem reaktionärer Ideen schon vordem ausgesetzt gewesen war und in welchem Maße dieser Einfluß nun seine giftigen Früchte trug. »Zwar hatten die Verfasser, wie sie in geschraubter Diktion bekundeten, ›einiger Zielgedanken der nationalsozialistischen Bewegung‹ wegen Bedenken gehabt. Diese hätten sie aber zurückstellen können, weil das Wesentliche an ihr der Kampf gegen den ›fremdrassischen Einfluß‹, für die ›Einschränkung des Eigennutzes‹, für die ›Befreiung des Staates und des sozialen Lebens aus der materialistischen Fessel des Finanzkapitals‹ sei. Von dieser Partei seien keine Einschränkungen der geistigen Freiheiten zu befürchten, betonten die Unterzeichner, zu denen der Physiker Philipp Lenard (Heidelberg), der Philosoph Erich Rothacker (Bonn) und der Historiker Johannes Haller (Tübingen) gehörten. Die Professoren-Erklärung zugunsten der Nazipartei bewies in einer besonders drastischen Weise, wieviel Unterstützung und Kraft den extremen Feinden der Weimarer Republik durch das Wirken jener reaktionären Ideologen zuströmte, die nicht nur an den Universitäten eines Staatswesens, das sich als demokratisch und humanistisch bezeichnete, lehren durften, sondern die diese Lehranstalten zumeist beherrschten.«[41]

Daran ändert auch die Aussage des Führers des NSDStB, Gerhard Rühle, nichts, der 1933 einschätzte, der »Sieg der Hochschulrevolution« sei mit wenigen Ausnahmen ohne Verdienst der Hochschullehrerkraft, mitunter sogar in schroffstem Gegensatz zu ihr erfochten worden«.[42] Wenn aus dieser Bemerkung geschlußfolgert wird, die ab 1933 von den Hochschullehrern abgegebenen »Treuebekenntnisse« zu Adolf Hitler und dem faschistischen Staat (die wichtigsten waren: »Die deutsche Geisteswelt für Liste 1«[43]: 301 Unterschriften; »Bekenntnis der Professoren an den deutschen Universitäten und Hochschulen zu Adolf Hitler und dem nationalsozialistischen Staat, überreicht vom Nationalsozialistischen Lehrerbund Deutschland/Sachsen«[44]: rund 1000 Unterschriften) seien aufgrund eines abrupten Meinungsumschwungs unter der Professorenschaft zustande gekommen, so entspricht das nicht der Realität. Denn nicht Sinneswandel öffnete die Schleusen zum öffentlichen Bekenntnis, sondern das Wegfallen jener äußeren Gründe, die es zahlreichen Professoren vor dem 30. Januar 1933 hatten angezeigt erscheinen lassen, von einer öffentlichen Parteinahme für die Nazifaschisten Abstand zu nehmen. Noch im November 1932 hatten diese Gründe so massiv gewirkt, daß die im Auftrag von Goebbels und Heß unternommenen Aktivitäten des NSDStB, pronazistische Stimmen aus dem Hochschullehrkörper einzuholen, auf merklichen Widerstand stießen.[45] In einem zusammenfassenden Bericht an Rudolf Heß[46] nennt die NSDStB-Leitung diese Gründe: »Zahlreiche Professoren (größtenteils Parteimitglieder) lehnten die Unterschrift ab, weil sie an irgendeinem Satz etwas auszusetzen hatten. Nur wenige gaben offen zu, daß sie Furcht vor wirtschaftlichem Nachteil hätten, wenn sie einen Aufruf unterschrieben, der gegen die derzeitige Regierung gerichtet sei. Man sei doch Beamter, man könne doch seine Lebensstellung nicht riskieren, man arbeite im Stillen besser für den Führer als durch Aufrufe, man wollte nicht offiziell politisch, abgestempelt werden.«[47] Dennoch erschien am 5. November 1932 die »Erklärung deutscher Universitäts- und Hochschullehrer. Deutsche Hochschullehrer für Adolf Hitler«. 56 Dozenten bescheinigten, »nur in der Machtübernahme durch Adolf Hitler und die nationalsozialistische Bewegung die Möglichkeit zu sehen, der wachsenden Not und Verelendung des deutschen Volkes Einhalt zu gebieten«.[48] Nach den Geschehnissen des 30. Januar 1933 war es verständlicherweise zunehmend leichter, die Hochschullehrer zu diversen Treuebekundungen zu mobilisieren. Ja, diese ergriffen die Initiative, um ihre »Selbstgleichschaltung« zu bekunden.

Ihre geistigen Väter beim Wort nehmend, bemühte sich die reaktionäre Studentenschaft aber nicht allein darum, die Zahl der offen für den Hitlerfaschismus votierenden Hochschullehrer zu vergrößern. Gleiche, wenn nicht mehr Energie noch wurde darauf verwendet, dem verbrecherischen Regime distanziert oder gar ablehnend begegnende Lehrkräfte physischem oder psychischem Terror auszusetzen.

Sich der tragenden Bedeutung bewußt, die der nazistisch organisierten Studentenschaft bei der Faschisierung der Hochschulen und Universitäten auch in dieser Hinsicht beigemessen wurde, erließ der Bundesführer des NSDStB Oskar Stäbel[49] im Vorgriff auf die antijüdischen Maßnahmen vom 1. April 1933 am 29. März eine Anordnung zum organisierten Boykott von Vorlesungen jüdischer Hochschullehrer. »Ab 1. April 1933«, hieß es darin, »stehen vor den Hörsälen und Seminaren der jüdischen Professoren und Dozenten Posten der Studentenschaft, die die Aufgabe haben, die deutschen Studenten vor dem Besuch solcher Vorlesungen und Seminare zu warnen, mit dem Hinweis, daß der betreffende Dozent als Jude von allen anständigen Deutschen berechtigt boykottiert wird. Für die

Durchführung dieser Anordnung sorgen die einzelnen Hochschulgruppenführer zusammen mit den studentischen SA- und SS-Männern im Einvernehmen mit dem örtlichen Arbeitskomitee. Diese Anordnung gilt für die Dauer des von der Reichsparteileitung durchgeführten Abwehrkampfes.«[50]

Ergänzt wurde diese Anordnung durch einen Erlaß der Deutschen Studentenschaft, der zur aktiven Mitarbeit bei der »Säuberung des Berufsbeamtentums« aufforderte. Der berüchtigte »Spionageerlaß« rief die Studenten dazu auf, jene Hochschullehrer listenmäßig zu erfassen, »die unter das Gesetz vom 7. April fallen, d. h. Hochschullehrer, die Juden sind oder kommunistischen Organisationen bzw. dem Reichsbanner u. a. angehört haben; ebenso Hochschullehrer, die nationale Führer, die Bewegung der nationalen Erhebung oder das Frontsoldatentum beschimpft haben«. Darüber hinaus ging es um die »Aufstellung sämtlicher Hochschullehrer, deren wissenschaftliche Methode ihrer liberalen, d. h. insbesondere pazifistischen Einstellung entspricht, die daher für die Erziehung des deutschen Studenten im nationalen Staat nicht in Frage kommen«.[51] Das so nicht nur legalisierte, sondern buchstäblich geforderte Spitzeltum gab die Lehrenden der Willkür preis und zeitigte für viele Wissenschaftler existenzbedrohende Folgen. Der »Spionageerlaß« verbreitete, was beabsichtigt war, hochgradige Unsicherheit und Angst, die nicht unerheblich dazu beitrug, daß es angesichts der Vertreibung der jüdischen und antifaschistischen Kollegen zu keinem kollektiven Protest der Hochschullehrer kam. Nur einige wenige wagten zu protestieren.[52] Wirklich politisch motivierter, von Einsicht getragener antifaschistischer Widerstandskampf an den Universitäten und Hochschulen, der immer lebensbedrohend war, blieb die Ausnahme.[53]

Die mehr und mehr terroristische Züge annehmenden antikommunistischen und antijüdischen Ausschreitungen der faschistischen Studenten vor und nach 1933 wandten sich jedoch nicht nur gegen den Lehrkörper, sondern im gleichen Maße gegen ihre kommunistischen und jüdischen Kommilitonen. Insbesondere richteten sich die studentischen faschistischen Gewaltakte, wie Ereignisse an der Berliner Universität im Januar 1932 zeigten und wie in einem Antrag der KPD-Fraktion im Preußischen Landtag vom 23. Januar 1932 betont wurde, auch »gegen die roten und kommunistischen Studenten, die ein politisches Zusammengehen mit der revolutionären Arbeiterschaft propagierten. Rohester Antisemitismus ist ein weiteres

Kennzeichen des nationalsozialistischen Treibens, das an der Universität herrscht«.[54] Auf Grund der eskalierenden Ausschreitungen der faschistischen Studenten, die von der Mehrheit der Hochschullehrer nicht gebilligt und von vielen mit Besorgnis und Schrecken verfolgt wurden, sah sich der Rektor der Berliner Universität, Eduard Kohlrausch, genötigt, aktiv einzuschreiten. Am 17. Januar 1933 ging dem Preußischen Ministerium für Wissenschaft, Erziehung und Volksbildung ein Schreiben Kohlrauschs zu, in dem er über eine faschistische Studentenversammlung auf dem Hegelplatz informierte, die ebenfalls wieder in tätlichen Angriffen auf die progressiven Studenten geendet hatte. Solche Bemühungen vereinzelter Rektoren und Hochschulleitungen um eine Disziplinierung der Nazistudenten waren nach Installierung der faschistischen Diktatur nicht mehr möglich.

Wenige Tage nur nach Inkraftsetzung des »Berufsbeamtengesetzes« erließ das Rust-Ministerium auch ein neues Studentenrecht für Preußen (12. April 1933), dem am 22. April das entsprechende Reichsgesetz folgte. Es bildete auf studentischer Ebene die Parallele zu jenen den Lehrkörper betreffenden Maßnahmen vom 7. April. Es legte fest, daß nur noch »voll eingeschriebene Studenten deutscher Abstammung und Sprache« nach ehrenwörtlicher Bekundung ihrer »arischen« Herkunft zur »Deutschen Studentenschaft« gehörten.[55]

Von der weitgehend faschisierten Studentenschaft wurde die neue Reichsstudentenverordnung emphatisch begrüßt. Mit ihr, so wurde betont, seien endlich die »leidenschaftlich vertretenen Kampfforderungen« der deutschen Studentenschaft in Erfüllung gegangen, die seit Jahren die Ersetzung des »Staatsbürgerprinzips durch den volksbürgerlichen Grundsatz des Bluts«, des »Parlamentarismus« durch das »nationalsozialistische Führerprinzip« zum Ziel gehabt hätten.

Mit der neuen Rechtslage, die das Unrecht auch im studentischen Bereich juristisch sanktionierte, war der Weg frei für den »neuen Studententyp«, der denen entsprechen sollte, »die als Vortrupp schon in den vergangenen Jahren voll tiefer Abneigung gegen den verkalkten und volksfremden Wissenschaftsbetrieb auf der Hochschule in der SA und im studentischen Arbeitsdienst ... die künftige Ordnung vorgelebt hatten«.[56]

Ergänzt wurde dieses Gesetz durch die am 25. April erfolgende verbindliche Einführung des Numerus clausus.[57] Das deutsche Volk sollte vor den »Degenerationserscheinungen des Intellektualismus«

geschützt werden – vor einem Gespenst, das man nicht müde wurde, immer wieder herbeizuzitieren. Begründet mit der aus der Endphase der Weimarer Republik übernommenen »Überfüllung der Hochschulen« und dem hohen Arbeitslosenanteil unter Akademikern, wurde auch die vorübergehende drastische Reduzierung der Studienplätze dazu benutzt, jüdische Jugendliche von Abitur und Studium fernzuhalten. Dem allgemeinen nationalsozialistischen Antiintellektualismus Vorschub leistend, trug der Numerus clausus gezielt zu der angestrebten »Stärkung des weltanschaulich zuverlässigen Elements in der Studentenschaft« bei. Überhaupt setzte 1933 eine strenge, besonders gründlich unter den Lehrerstudenten durchgeführte[58], »nationalsozialistische Auslese« bei Gewährung von Gebührenerlaß und finanzieller Unterstützung unter den Studienanwärtern ein. Die Auswahl stützte sich dabei auf Beurteilung durch den Arbeitsdienst, Dienst-Zeugnisse der NS-Gliederungen usw.[59] Bewährung im HJ- und SA-Dienst galt mehr als geistiges Wissen.[60]

Blieb das Kriterium der »politischen Zuverlässigkeit« über die Jahre hinweg weitgehend erhalten,[61] so mußten die einschränkenden Maßnahmen schrittweise wieder rückgängig gemacht werden. Vor allem die mit den Kriegsvorbereitungen verbundene Ankurbelung der Wirtschaft brachte eine Verbesserung auch des akademischen Arbeitsmarktes mit sich, so daß mit dem rapiden Rückgang der Studentenziffern ein wachsender und schließlich als katastrophal empfundener Nachwuchsmangel in fast allen akademischen Berufen verbunden war.[62]

Ein neuerlicher Kurswechsel in der Zulassungspolitik zum Hochschulstudium wurde unumgänglich, doch brachte auch er nicht die Lösung der Nachwuchsfrage, die sich schließlich zu einem Dauerproblem ausweitete. Bereits zu Beginn des Jahres 1935, nachdem auch die Hochschulkommission im Stab des Führer-Stellvertreters auf den Nachwuchsmangel in den akademischen Berufen hingewiesen und sich gegen eine zahlenmäßige Beschränkung des Studiums ausgesprochen hatte, wurde laut Runderlaß des Reichsministers für Wissenschaft, Erziehung und Volksbildung vom 9. Februar die Kontingentierung der Zulassung zum Hochschulstudium für die künftigen Abiturientenjahrgänge wieder aufgehoben.[63]

Das quantitative Problem war allerdings nur die eine Seite. Angesichts der natürlich vorhandenen und durch die Aufgaben des Vierjahresplanes[64] erheblich zunehmenden intellektuellen Anforderungen machten sich auch die qualitativen Defizite der Ausbildung zunehmend bemerkbar. So blieb es nicht aus, daß führende Vertreter der Wirtschaft und der Wehrmachts-Prüfstellen, die sich unmittelbar mit diesem Problem konfrontiert sahen, immer offener von einem bedenklichen Rückgang des Wissens der Abiturienten sprachen, dem entgegengetreten werden müsse. Eine entsprechende Feststellung des »Militär-Wochenblattes«, der zufolge es den Abiturienten nicht nur an Kenntnissen, sondern selbst an der Fähigkeit zu logischem Denken mangele, gab die »Kölnische Zeitung« vom 9. Dezember 1938 mit den Worten wieder: »Folgerichtigkeit und Straffheit des Denkens würden vielfach durch einen ›geradezu unbeschreiblichen Hang zur Phrase‹ ersetzt. Bei schriftlichen Arbeiten würden viele Seiten gefüllt, ohne irgend etwas Positives zu sagen. Die klare Ausdrucksweise in der freien Rede werde durch törichte Redensarten, durch gedankenloses Nachsprechen von Modewörtern, Gemeinplätzen und durch die nichtssagende Begrifflichkeit idealistischer ›Wunschträume‹ verderbt. Im Nachsatz werde oft das negiert, was im Vordersatz behauptet worden war – die geistige Zucht steht somit im Gegensatz zur straffen körperlichen Ausbildung, das selbständige klare Denken wird zugunsten ungeprüfter Phrasen-Assoziationen nicht etwa nur vergessen – man kennt es nicht einmal.«[65]

Kritische Äußerungen über die ungünstige Entwicklung des intellektuellen Niveaus der Abiturienten und Studenten fanden bei den faschistischen Wissenschaftsideologen jedoch nur wenig und nur langsam Gehör. Dennoch kam man nicht umhin, den bislang geschürten Intellektuellenhaß und die ihn begleitende Verunglimpfung geistiger Tätigkeit zu relativieren.

Einen lebhaften Eindruck vom teilweise krassen Umschwenken und den dahinter stehenden Interessen der herrschenden Kräfte vermittelt die Rezension zu einem 1938 erschienenen Buch, das vom Verfasser als philosophisches Repräsentationswerk des Nationalsozialismus gedacht war und mit dem Anspruch auftrat, den Sinn der nationalsozialistischen Bewegung innerhalb der deutschen Geistesgeschichte darzustellen. Auf der Welle der üblichen Ablehnung des rationalen Denkens schwimmend, hatte der Philosoph Franz Böhm ein Werk verfaßt, dessen Programmatik – »Anti-Cartesianismus« – ihm statt des Erfolgs unerwartet empfindliche Kritik eintrug. Das vernichtende Urteil, Böhms »Bewußtseinsverfassung« sei der neuen Zeit in keiner Weise mehr gewachsen, unterlegte der Rezensent mit der folgenden Bemerkung: »Man könnte über diesen in dem Böhmschen Buche immer wieder zutage tretenden kindischen Haß gegen alles strenge, in rationaler Zucht gebundene Denken lächelnd hinweggehen und den ›Anti-Cartesianismus‹ als Trostbrevier für geistig Minderbemittelte beiseite legen, wenn solches verantwortungslose Dahergerede nicht auch eine sehr ernste Seite hätte. Heute werden alle Mittel der Technik, also kälteste Rationalität, um politischer Ziele willen eingesetzt, und jeder naturwissenschaftlichen Entdeckung zwingt man in angespanntestem Wachsein ihre letzten Realisationsmöglichkeiten ab. Herr Böhm aber scheint nicht zu wissen, daß die modernen Naturwissenschaften und Techniken gerade auf dem Cartesisch-Leibnizschen Rationalismus aufgewachsen sind und aus ihm auch heute noch ihre geistigen Antriebe ziehen. Aber abgesehen davon, daß Herr Böhm mit seinen Tiraden gegen das Rationale ein wertvolles Stück unserer Arbeitswirklichkeit, die uns in den Fabriken, Laboratorien und auf Flugplätzen täglich umgibt, beschimpft, soll man sich einmal überlegen, was es auf einen jungen Techniker oder Naturwissenschaftler für einen Eindruck machen muß, wenn ihm eine Weltanschauung geboten wird, die den konkretesten Teil seiner Existenz mit geringschätziger Überheblichkeit als ›leer‹ erklärt!«[66]

Aus solchen Überlegungen heraus wurde der »Arbeiter der Stirn« dem »Arbeiter der Faust« nun gleichberechtigt an die Seite gestellt, um dem empfindlichen Nachwuchsmangel im akademischen Bereich und der rückläufigen Bereitschaft der Jugend, eine langjährige Hochschulausbildung zu absolvieren, entgegenzuwirken. Sie hatte, wie auch aus dem zitierten Text hervorgeht, ihre Ursachen vor allem in dem geringen gesellschaftlichen Ansehen der Intellektuellen, darüber hinaus aber auch in der Zugkraft von Prestige verheißenden alternativen Berufen wie der Offizierslaufbahn oder auch von Tätigkeiten im industriellen Bereich, wo der ideologische Druck und damit verbundene praktische Anforderungen wie Arbeitsdienst, Schulungslager, Körperertüchtigung geringer waren.

Trotz der partiellen Einsicht in die Gefahren, die sich aus dem generellen Nachwuchsmangel, der Verbreitung des Mittelmaßes und dem Fehlen von Spitzenleistungen in den Wissenschaften für die Realisierung der Kriegsziele ergeben konnten, war der schrittweisen Revision der restriktiven Hochschulzulassungspolitik, die später bis zu einer gezielten Werbung für das Hochschulstudium ging,[67] nur ein unzureichender Erfolg beschieden. Die dem deutschen Faschismus von Anfang an inhärente und lautstark verbreitete Geistfeindlichkeit, die vom Irrationalismus der imperialistischen Ideologie und Philosophie schon lange vorbereitet worden war, ließ sich nicht, gewissermaßen auf Knopfdruck, innerhalb eines kurzen Zeitraumes abbauen. Zumal es sich nicht um eine durchgängige und ernsthafte Rehabilitierung von Wissenschaft und Rationalität handelte und handeln konnte. Eine solche war mit den Prämissen der Naziideologie nach wie vor unvereinbar. Die besonders von den Praktikern der faschistischen Wirtschaft und der Generalität in Gang gebrachte partiell veränderte Haltung der Wissenschaft gegenüber blieb zwangsläufig unentschieden und trug demagogische Züge. Zudem beschränkte sie sich mehr oder weniger auf jene Bereiche, die für die Kriegsvorbereitung von unmittelbarer Bedeutung waren.

Neben den Natur- und Technikwissenschaften betraf das bemerkenswerterweise die Erziehungswissenschaft, aber auch die Psychologie. Die Erziehungswissenschaft in der Hinsicht, daß von der betont irrationalistischen Ausformung der NS-Erziehungstheorie, wie sie in den Anfangsjahren der Naziherrschaft dominierte, Abstand genommen und zu der bis dahin verpönten »Ziel- und Methodenlehre« zurückgekehrt wurde. »In der Phase der unmittelbaren Kriegsvorbereitung konnte sich das nationalsozialistische Deutschland als hochindustrialisierter Staat die zeitweilige Zurückdrängung der schulischen ›Bildung‹ gegenüber der außerschulischen ›Erziehung‹ nicht mehr leisten.«[68]

Ähnliches vollzog sich in der Psychologie, deren Bedeutung für die faschistische Wehrmacht und die Kriegswirtschaft von den Nazis hoch veranschlagt wurde. Hatte in den ersten Jahren der NS-Herrschaft die Infiltration der Psychologie mit faschistischer Ideologie dominiert und sich gewissermaßen selbst genügt, so änderte sich das in der Folgezeit. Die faschistische Führung gab sich mit der apologetischen Unterwerfung der Psychologie nicht zufrieden. Sie wollte Resultate an die Hand bekommen, aus denen ein definitiver Nutzen für die Realisierung ihrer Ziele zu ziehen war. Das aber bedeutete notgedrungen, fachlichen Gesichtspunkten wieder ein größeres Gewicht zuzugestehen. Geuter bringt diese Tendenz auf die Formel: Das Primat der Politik wurde zugunsten des Primats der praktischen Relevanz dieser Wissenschaft zurückgedrängt.[69] Das Primat der Politik, wie es bis dahin verstanden und praktiziert wurde, erwies sich als uneffektiv für die Erreichung der politischen

Ziele. Die sich daraus ergebende Situation war jedoch mehr als zwiespältig, da die in Anschlag gebrachten fachlichen Gesichtspunkte wiederum mit der realen politischen Entwicklung verknüpft waren. An den wissenschaftlich haltlosen faschistischen Rasseideen und den daraus abgeleiteten falschen Fragestellungen wurde festgehalten, so daß die Hinwendung zu fachlichen Gesichtspunkten keineswegs generell einen Zuwachs an positivem Wissen erbrachte. Die praktizistische Ausrichtung der wissenschaftlichen Arbeit und die nach wie vor erhalten bleibende Aversion gegen innerwissenschaftliche Entwicklungstendenzen drückten der Psychologie einen Stempel auf, der ihre Entwicklung trotz des Umschwungs erheblich deformierte.[70]

Das Einschwenken auf die 1937 verstärkt einsetzende Wissenschaftsoffensive, die von Jahr zu Jahr weiter forciert wurde, war verständlicherweise mit erheblichen Auseinandersetzungen und Schwierigkeiten verbunden, zumal der Kurswechsel nie definitiv verkündet wurde. Mehr noch als bei den Wissenschaftlern selbst rief er bei den Wissenschaftsideologen vor allem der mittleren und unteren Ebene Unsicherheiten und Irritationen hervor. Und da der pragmatische Charakter des objektiv erzwungenen, aber letztlich im Unverbindlichen verbleibenden Wandels von der gläubigen Anhängerschaft des Nationalsozialismus kaum durchschaut wurde, hielt die Mehrheit an der alten wissenschaftsfeindlichen Haltung fest. Das um so mehr, als viele der die Rationalität verteidigenden oppositionellen Kräfte an den Hochschulen die sich verändernde Situation geschickt in ihrem Sinne auszunutzen verstanden.[71] Die Aufwertung der Wissenschaft kam daher nur schleppend in Gang und stieß auf vielerlei Widerstand.

Demgegenüber sah sich die Naziführung einem zunehmenden objektiven Druck ausgesetzt, der sich mit den kriegsentscheidenden Niederlagen der Hitlerwehrmacht an der deutsch-sowjetischen Front, besonders vor Moskau, bei Stalingrad und im Kursker Bogen, und den erfolgreichen Gegenstößen der westlichen Alliierten ins Überdimensionale auswuchs. Wie groß die Hoffnungen waren, die für den weiteren Kriegsverlauf an einen »qualitativen Sprung« in der wissenschaftlichen Forschung geknüpft wurden, geht unter anderem aus der großen Zahl nazistischer Publikationen hervor, die sich plötzlich ungestüm der Aufwertung der Wissenschaft und der sozialen Anerkennung des Wissenschaftlers widmeten. Die Bibliographie des nazifaschistischen Schrifttums aus dem Jahre 1943 erweckt nachgerade den Eindruck einer konzertierten Aktion.[72] Und das war es ja wohl auch, wenngleich ein sichtbarer Erfolg nicht zustande kam.[73]

Als schließlich in internen Berichten die unverändert katastrophale Situation in den Grundlagenwissenschaften selbst auf höchster Parteiebene offen angeprangert wurde,[74] war die Erörterung des Problems objektiv längst irrelevant geworden. Expertengutachten, die die seit 1942 nicht abreißenden militärischen Niederlagen des deutschen Faschismus erklären helfen sollten, wiesen nach, daß die deutsche Forschung selbst in den kriegswichtigen Disziplinen rückständig geworden war. Der Vorsitzende der Deutschen Physikalischen Gesellschaft und Direktor der Forschungsabteilung der AEG, Prof. Carl Ramsauer, sprach es in einem Report vom Mai 1943 in dürren Worten aus: die Angelsachsen hätten Deutschland in den physikalischen Disziplinen, vor allem was die Forschung betreffe, weit überholt.

Eilige Notpläne, nun ohne Rücksicht auf Weltanschauung und Politik, wurden wohl noch entwickelt, doch konnten sie eine zehnjährige Politik des Raubbaus, der Korrumpierung und der Zerstörung nicht mehr wenden. Ebenso erfolglos blieben die Bemühungen um früher entlassene Gelehrte, wobei man nun selbst eindeutige Gegner des Regimes zu gewinnen suchte. »Große Geldsummen, besonders für technische, naturwissenschaftliche und medizinische Institute wurden zur Verfügung gestellt. Eine gedankliche Arbeit aber kam nicht mehr zustande ...«[75]

Relativ grundsätzlich, freilich ohne im mindesten Kritik am verbrecherischen Wesen des deutschen Faschismus zu üben, bilanzierte Alfred Baeumler die negative Wissenschaftsentwicklung im »Dritten Reich«. In einer Denkschrift an seinen Chef Alfred Rosenberg aus dem Jahre 1944 heißt es: »Alle Beurteiler der Lage sind sich über folgendes einig: die fortgesetzte Überwachung und Zensurierung und die immer erneute Herausstellung von weniger hervorragenden Kräften durch die Partei hat dazu geführt, daß sich die besten Vertreter, von Max Planck angefangen, heute auf der Seite derer befinden, die mit der Wissenschaftspolitik der Partei nichts zu tun haben oder nichts zu tun haben wollen ... Die Hauptursache liegt darin, daß aus dem Kreis derer, die in den letzten Jahren durch die Wissenschaftspolitik der Partei offiziell gefördert wurden, Werke, die den Stand der Forschung hätten verändern können, nicht hervorgegangen sind.«[76]

Die gravierenden Defizite und Engpässe in Wissenschaft und Forschung, wie sie sich besonders während des zweiten Weltkrieges enthüllten, ließen sich nicht mehr beseitigen.[77] Die angestrengten Versuche, das Steuer doch noch herumzureißen[78] und in diesem Zusammenhang auch das ramponierte Bild des deutschen Gelehrten wieder aufzupolieren, waren nicht mehr von Belang.[79] Um so angelegentlicher suchte man nach einem »Verantwortlichen« für das Fiasko, der im Wissenschaftsministerium – was lag näher – bald gefunden war. Doch Rust gab die Schuldzuweisung an die Partei zurück. Zwar habe Ministerialdirektor Mentzel die amtlichen Angaben im Bericht Ramsauers bestätigt, doch spreche das nicht für die Schuld des Hauses. Schlechte Bezahlung und die dauernden öffentlichen Angriffe auf die Wissenschaft, vor allem von seiten der Partei, das seien die wahren Ursachen dieser Entwicklung gewesen.[80]

Doch kehren wir noch einmal zur schrittweisen Okkupation des Wissenschaftssektors in den ersten Jahren der faschistischen Diktatur zurück. Für den Zeitraum der Konsolidierung der faschistischen Herrschaft lassen sich folgende entscheidende Wegmarken erkennen:

- sukzessive Bemächtigung der Wissenschafts- bzw. Kulturministerien der Länder ab Februar/März 1933;
- »Berufsbeamtengesetzgebung« vom April 1933, einschließlich nachfolgender Durchführungsbestimmungen, »Präzisierungen« und Ergänzungen;
- Schaffung des mit dem Preußischen Ministerium vereinigten Reichsministeriums für Wissenschaft, Erziehung und Volksbildung (RMWEV) unter der Leitung des Altnazis Bernhard Rust im Mai 1934;
- »Reichsstudentengesetzgebung« vom April 1933;
- vorübergehende Einführung des Numerus clausus, April 1933 bis Februar 1935;
- Erlaß von »Richtlinien zur Vereinheitlichung der Hochschulverwaltung« vom April 1935.

Die zuletzt genannten »Richtlinien« schränkten die den Faschisten hinderliche, offiziell aber noch rechtsgültige Entscheidungshoheit der Universitäten empfindlich ein. Man realisierte damit eine Maßnahme, die blauäugige Professoren geglaubt hatten durch ein Votum für die neuen Machthaber von den Universitäten fernhalten zu können. Trotz einer Adresse des Verbandes der Deutschen

Hochschulen (22. April 1933), die den »Aufstieg des neuen Reiches« als die Erfüllung der Sehnsucht der deutschen Hochschulen und als »Bestätigung ihrer stets glühend empfundenen Hoffnungen« feierte, trat die neue Hochschulverfassung in Kraft. Sie beseitigte die traditionelle bürgerliche korporative Form der akademischen Selbstverwaltung und bestimmte den Rektor zum »Führer« der Hochschule. Von nun an war er direkt dem RMWEV unterstellt und mit jenen Rechten und Pflichten ausgestattet, die bisher dem Senat zugekommen waren.[81] Auch die Dekane der Fakultäten, die als »Träger der fachwissenschaftlichen Arbeit« erhalten blieben, erhielten den Status des »Führers«, auch sie wurden, auf Vorschlag des Rektors, vom Minister ernannt. Ihre Ergänzung fand die Außerkraftsetzung der akademischen Selbstverwaltung darin, daß die »Führer« des NSDStB zu einer maßgeblichen Instanz an der Universität aufstiegen, namentlich was die Zulassung der Studenten zum Hochschulstudium und die Einschätzung des Lehrkörpers nach nationalsozialistischen Kriterien betraf. Über sie realisierte sich auf der unteren Ebene der direkte Einfluß der Nazipartei auf das Hochschulgeschehen.

Mit der forciert betriebenen Besetzung der Rektorate und Dekanate mit zumindest pronazistischen Professoren (was nicht überall gelang), der organisatorisch abgesicherten Abhängigkeit der Verwaltungsspitze von der faschistischen Partei[82] sowie der nachdrücklichen Aufwertung der Leiter der faschistisch organisierten Studentenschaft und später auch der Dozentenschaft (1936) sowohl auf Reichs- wie auf lokaler Ebene waren weitere wichtige Bedingungen für die angestrebte faschistische Durchdringung des Hochschulwesens geschaffen.[83]

Schon vor 1930 hatte man sich durch Gründung des Bundes Nationalsozialistischer Deutscher Juristen (1928; unter der Leitung von Hans Frank)[84], des Nationalsozialistischen Deutschen Ärztebundes (1929; Leiter Dr. Ludwig Liebl, seit 1932 »Reichsärzteführer« Dr. Gerhard Wagner), des Nationalsozialistischen Lehrerbundes (1927; Leiter Hans Schemm) und des Nationalsozialistischen Deutschen Studentenbundes (1926; Leiter ab 1928 Baldur von Schirach)[85] jener Bereiche des geistigen Lebens vergewissert, die strategisch von grundlegender Bedeutung waren: der Rechtswissenschaft, um die Rechtsbrechung großen Stils vorzubereiten; der Medizin, um die Ausrottung »unwerten Lebens« zu legitimieren; der Pädagogik, um sich der jungen Generation zu versichern; der Studenten, um durch deren angeheizten Fanatismus die Hochschulen als einen »Frontabschnitt« in den Griff zu bekommen, von dem man meinte, daß er eine Brutstätte des Liberalismus, Marxismus und Demokratismus war.[86] Ab 1936 nahmen die dem Faschismus folgenden Hochschullehrer an dieser Arbeit unter der Regie des Nationalsozialistischen Deutschen Dozentenbundes als einer nunmehr eigenständigen Formation der Nazipartei teil. Zuvor waren sie als Teil des NS-Lehrerbundes, später zeitweise als ein Teil der vom Staat geführten Dozentenschaft in Erscheinung getreten. Die Gründung des NS-Dozentenbundes, dem 1937 die Stellung eines Hauptamtes in der Reichsleitung der NSDAP eingeräumt wurde, erfolgte auf Erlaß von Heß (24. Juli 1935). »Heß brauchte nicht nur rechtsmäßige Macht, die er tatsächlich erst im September 1935 bekam, sondern er und seine Hochschulkommission brauchten auch irgendeine weitere Organisation von Professoren selbst, um die Personalpolitik entscheidend kontrollieren zu können.«[87]

Von besonderer Bedeutung war das nicht zuletzt für die große Zahl von Berufungsverfahren, die zur Entscheidung anstanden, um die durch die »politische und rassische Säuberung« in den Lehrkörper gerissenen Lücken aufzufüllen.[88] Der Einfluß der Partei auf höchster Ebene war bei den Berufungsverfahren im Hochschulwesen dadurch gesichert, daß Hitler als Reichskanzler seit Februar 1935 die Bestallung der Reichs- und Landesbeamten persönlich vorbehalten war. Im September 1935 wurde dem Stellvertreter des Führers, Rudolf Heß, das Recht eingeräumt, die Ernennung der höheren Staatsbeamten zu begutachten. Praktisch bedeutete das, daß das RMWEV das »Braune Haus« in München zu konsultieren hatte, bevor eine Ernennung vorgeschlagen wurde.

Welche Bedeutung der Veränderung der Hochschulverfassung und der Berufungsverfahren für die praktische Nazifizierung der Hochschulen zukam, zeigen folgende Zahlen: Von den Ordinarien des Jahres 1939 hatten an einzelnen Hochschulen bis zu 60 Prozent ihre Ernennung 1933 oder später erhalten.[89] Dem Ansinnen, möglichst ausschließlich »politisch zuverlässige«, der faschistischen Ideologie und Politik konforme Hochschullehrer zu rekrutieren (was freilich nie wirklich erreicht wurde), entsprach auch die neue Reichshabilitationsordnung von 1934.[90] Durch sie wurde eine Trennung zwischen akademischer und staatlicher Lehrberechtigung eingeführt und die Venia legendi laut Rundschreiben des Sächsischen Ministeriums für Volksbildung vom 21. Februar 1934 an die Erfüllung entsprechender Kriterien geknüpft. Es wurde auch hier »arische Abstammung« gefordert, und es durfte keine Ehe mit einem »Nichtarier« vorliegen; der Nachweis der »Volksverbundenheit« durch Teilnahme an Veranstaltungen zur körperlichen Ertüchtigung und politischen Erziehung mußte erbracht sein; der Bewerber mußte in den Augen der ihn begutachtenden Nazis »als Persönlichkeit geeignet sein, Vorbild und Führer der deutschen Hochschuljugend zu sein«; der Bewerber mußte zu erkennen gegeben haben, daß er »rückhaltlos« den NS-Staat bejahe.[91]

Eine weitere Entscheidung zugunsten der Beschleunigung des »politischen Erneuerungsprozesses« im akademischen Lehrkörper fiel mit dem am 21. Januar 1935 erlassenen Gesetz über die Herabsetzung des Emeritierungsalters.[92] Es verfügte, daß das während der Wirtschaftskrise zwecks Entlastung des Fiskus auf 68 oder sogar 70 Jahre erhöhte Emeritierungsalter wieder auf 65 Jahre herabgesetzt wurde. Damit war eine zusätzliche Möglichkeit geschaffen, sich unverbesserlicher »liberaler« Professoren zu entledigen. Diese Absicht spiegelte sich auch im sogenannten Reichsbürgergesetz vom 15. September 1935, welches diejenigen »Nichtarier« aus dem Hochschullehrkörper ausschloß, die zunächst unter die aus taktischen Erwägungen erlassenen Ausnahmebestimmungen des § 3 des »Berufsbeamtengesetzes« gefallen und an den Hochschulen verblieben waren.[93] Am 15. April 1937 wurde im Rahmen einer Reihe von Ausführungs- und Folgebestimmungen zu den berüchtigten »Nürnberger Gesetzen« vom September 1935 den deutschen Juden schließlich kraft Gesetz das Recht auf Promotion generell entzogen.

Auf dem Hintergrund der Forcierung des Kriegskurses waren selbstverständlich auch die wissenschaftspolitischen Adlaten der herrschenden faschistischen Kräfte zu zusätzlichen Anstrengungen angehalten. Teils um den künftigen praktischen Anforderungen des Krieges Rechnung zu tragen, teils aber auch, um der immer noch vorhandenen und empört registrierten latenten Resistenz an den Hochschulen gegenüber dem Nationalsozialismus ein Ende zu bereiten.[94] Der 1937 einsetzenden wissenschaftspolitischen Offensive des Faschismus[95] entsprach ein außerordentlicher Bedarf an Dozenten für die rassekundlichen und wehrwissenschaftlichen Lehrgebiete, die an den Hochschulen überall eingerichtet worden waren. Um ihn abzudecken, stieg die Zahl der Militärs, die als Dozenten zur Behandlung wehrwissenschaftlicher Themen herangezogen wurden, ständig.[96] Trotz der zunehmenden Proteste der Weltöffentlichkeit gegen den reaktionären und rassistischen Terror in Deutschland[97] trieben die Nazis die Faschisierung der Hochschulen und der Wissenschaft weiter voran. Wurde auf der Rektorenkonferenz vom 11. Mai 1937 vom faschistischen Kultusminister noch bekanntgegeben, seit 1933 seien 30 Prozent der Hochschullehrstühle neu besetzt worden[98], so stellte man zwei Jahre später mit Genugtuung fest, daß inzwischen 45 Prozent der Beamtenstellen an Hochschulen neu besetzt seien. Ende 1938, bald nach den Pogromen, waren alle rassistisch Verfemten – über eine erneute Weisung Rusts vom 8. Dezember 1938 – aus Hochschulen und staatlich gelenkten Forschungsstätten entfernt.[99]

Das war das Resultat einer seit 1933 zielstrebig verfolgten Personalpolitik[100], die allerdings rivalisierende Machtansprüche der verschiedenen staatlichen und Parteiinstanzen nicht ausschloß.

Generell waren in der Wissenschaftspolitik neben Rust und seinen Mitarbeitern der Kreis um Göring und die von den IG Farben beherrschten Vierjahresplanbehörden, Goebbels[101] und seine Mitarbeiter im Reichspropagandaministerium sowie zunehmend Alfred Rosenberg[102] und seine Gruppe aktiv. Letzterer fungierte seit dem 24. Februar 1934 zusätzlich als »Beauftragter des Führers für die Überwachung der gesamten geistigen und weltanschaulichen Erziehung der NSDAP«.[103] Neben und oft gegen Rosenberg meldete darüber hinaus auch die Reichsführung SS unter Heinrich Himmler[104] wissenschaftspolitische Ambitionen an. Vor allem auf personalpolitischer Ebene schaltete sich der Stab des »Stellvertreters des Führers« Rudolf Heß (Stabsleiter: Martin Bormann), die »Reichsdozentenführung« sowie der Sicherheitsdienst (SD) der SS ein. Allerdings waren das nur die wichtigsten faschistischen Führungsgruppen, die zwischen 1933 und 1945 die faschistische Wissenschaftspolitik zu realisieren suchten. Sie setzten sich dabei vielfach über die von Rust geleitete Ministerialbürokratie hinweg, was von den Ministerialbeamten oft mit Unmut zur Kenntnis, aber letztlich hingenommen wurde. Teilweise agierten sie auch gegeneinander, ohne daß sich freilich die Zielstellungen neutralisiert hätten.[105]

Das Projekt der »Hohen Schule«

Wenn von der geplanten und in grundlegenden Fragen in die Tat umgesetzten faschistischen Orientierung und Lenkung der Wissenschaft zwischen 1933 und 1945 die Rede ist, muß auch das Projekt der sogenannten Hohen Schule erwähnt werden. Auf Vorschlag und Betreiben von Alfred Rosenberg, der bereits seit 1936 den Plan einer nazifaschistischen Alternativuniversität verfolgte,[106] verkündete Hitler offiziell am 29. Januar 1940 die Errichtung der Hohen Schule der NSDAP. Die von Rosenberg vorbereitete und von Hitler autorisierte Erklärung lautete: »Zur Kenntnisnahme der Dienststellen von Partei und Staat. – Die ›Hohe Schule‹ soll einst die zentrale Stätte der nationalsozialistischen Forschung, Lehre und Erziehung werden. Ihre Errichtung wird nach dem Kriege stattfinden. Um jedoch die begonnenen Vorarbeiten zu fördern, ordne ich an, daß Reichsleiter Alfred Rosenberg diese Vorbereitungsarbeiten – vor allem auf dem Gebiete der Forschung und Errichtung von Bibliotheken – weiterführt. Die Dienststellen in Partei und Staat sind gehalten, ihm in dieser Arbeit jede Unterstützung angedeihen zu lassen.«[107]

Dieser Entscheidung waren eine Vielzahl von Bemühungen Rosenbergs vorausgegangen. Bereits im Mai 1938 hatte er versucht, Hitler oder Heß zur Veröffentlichung einer Gründungsanordnung für die Hohe Schule zu bewegen.[108] Mehrere Schreiben und Denkschriften lassen jedoch erkennen, daß Rosenberg schon 1936 darauf pochte, Hitlers Genehmigung für das Projekt zu besitzen. Das entsprach möglicherweise sogar den Tatsachen, doch fehlte ein entsprechendes, von Hitler unterzeichnetes Schriftstück, auf dessen Grundlage erst die notwendigen Zahlungsanweisungen erwartet werden konnten.

Wegen der finanziellen Absicherung seines Projektes hatte sich Rosenberg mehrfach, ohne Erfolg zu haben, an den Reichsfinanzminister gewandt. Erst Ende Juli 1938 brachte er in Erfahrung, daß die Partei und nicht der Staat für den Bau am Chiemsee verantwortlich sein werde.[109] Doch brachte ihm diese Erkenntnis wenig, da das Vorhaben infolge des Kriegsbeginns bis auf weiteres von der Tagesordnung gestrichen war.

Das bedeutete allerdings nicht, daß Rosenberg in seinen Aktivitäten um die Hohe Schule nachgelassen hätte. Und dafür hatte er gewichtige Gründe. Mit dem hartnäckig verfolgten Plan der Hohen

Schule beabsichtigte er nicht nur, einen konkreten Beitrag zur praktischen Nazifizierung der Wissenschaft zu leisten. Vielmehr verfolgte er damit auch ein ganz persönliches Interesse. Vor allem wollte er auf diesem Wege Weisungsbefugnisse gegenüber den Dienststellen in Partei und Staat erhalten, deren Fehlen die realen Machtpositionen des von ihm geleiteten Weltanschauungsamtes der NSDAP seit jeher einschränkte. Seine Vorstellungen gingen dahin, »die autoritative Vermittlung des gesamten geistig-kulturellen und weltanschaulichen Erziehungsmaterials« sowie »die Stellung und Durchführung von Forschungsaufgaben und die Ausbildung der Lehrer und Erzieher für die gesamte nationalsozialistische Bewegung« übertragen zu bekommen.[110] Derart gedachte er sich unter Ausschaltung anderer Instanzen, wie des RMWEV, an die Spitze der gesamten Erziehungsarbeit der faschistischen Partei, aller ihrer Gliederungen und aller angeschlossenen Verbände zu stellen.

Wie aus Dokumenten ersichtlich, fallen die entscheidenden konzeptionellen Entwürfe für die »geistige Erziehungs- und Lenkungszentrale für das ganze deutsche Volk« in das Jahr 1938. Die Grobgliederung der Hohen Schule ist mit relativer Eindeutigkeit am 18. Januar 1939 abgesichert worden.[111] Sie lief auf eine Dreiteilung hinaus, die Rosenberg schon 1937 vorgesehen hatte.

Als funktionelle Einheit von Forschung, Erziehung und Schulung sollte die Hohe Schule »die ganzen vom Führer noch festzulegenden Forschungs- und Lehraufgaben, die Erziehung der Lehrer und Erzieher für die gesamte Bewegung, ein Schulungslager für die Partei, ihre Gliederungen und angeschlossenen Verbände und eine Adolf-Hitler-Schule umfassen«.[112] Allerdings wurden, und das ist für die wissenschaftspolitischen Aktivitäten der Naziführung symptomatisch, die konkreten Aufnahmebedingungen, Berufs- und Bildungsziele und die Ausbildungsordnung der Hohen Schule weder damals noch später geklärt.

Das von Hitler gebilligte Projekt, dessen riesige Dimensionen einmal mehr die pathologische Selbstdarstellungssucht der Nazipartei in Monumentalbauten vor Augen führen, wurde durch Wort und Bild im Januar 1939 der Öffentlichkeit vorgestellt. In der Zeitschrift »Die Kunst im Dritten Reich«[113] erläuterte Rosenberg enthusiastisch das gigantische Vorhaben, das auch darin den Plänen und Vorstellungen Hitlers entsprach, die Universitäten aus den Städten heraus »in die Landschaft und freie Natur« zu verlegen und mit den modernsten technischen und sportlichen Einrichtungen auszustatten.[114] »Der Riesenbau«, so die Schilderung Rosenbergs, »tritt ... in einer Front von fast einem halben Kilometer an den Chiemsee heran. Auf einem etwa die Höhe von drei Stockwerken erreichenden Unterbau erhebt sich die vierstöckige halbkilometerlange Flucht der Arbeits- und Wohnräume. Den Blickpunkt gibt ein riesiger Turmbau von 80 mal 110 m im Grundriß und einer Höhe von 120 m, der die großen Empfangsräume des Führers und den sogenannten ›Hohen Saal‹ enthält. Darüber liegt ein Observatorium und eine eigene Sendestation. Die Seitenflügel der Hohen Schule, welche zwei große Gartenhöfe von 180 mal 180 m und sechs kleinere Architekturhöfe umfassen, rücken mit den Bauten der Adolf-Hitler-Schule und des Schulungslagers etwa 1700 m ins Land hinein und werden durch eine Siedlung für die verheirateten Angestellten der gesamten Hohen Schule abgeschlossen.«[115]

Mit der Leitung des Aufbaus dieser Schule beauftragte Rosenberg Prof. Dr. Alfred Baeumler, der von 1934 bis zur offiziellen Übernahme dieser Aufgabe am 8. April 1941 das »Amt Wissenschaft« in Rosenbergs Dienststelle bekleidet hatte. Inoffiziell existierte das »Aufbauamt Hohe Schule« allerdings bereits seit 1938. Die Umsetzung Baeumlers bzw. die Einschränkung seines Tätigkeitsgebietes bei Rosenberg auf die Belange der Schule erfolgte aufgrund eines Gesuchs von Baeumler an Rosenberg, mit der Begründung, er werde bei der Abfassung der von Rosenberg gewünschten »Deutschen Geschichte«[116] und bei der Herausgabe der Werke Rosenbergs durch Stabsleiter Urban permanent persönlich behindert. Rosenberg stimmte dem Ersuchen zu und setzte als Leiter des bisher von Baeumler geführten Hauptamtes Wissenschaft kommissarisch Heinrich Härtle[117] ein. Der Versuch Baeumlers, nach Einberufung seines Kontrahenten Urban zur Wehrmacht auf seinen alten Posten zurückzukehren, wurde von Härtle vereitelt.[118] Offizieller Nachfolger im Amt Wissenschaft wurde 1942 Prof. Dr. Walter Groß, der zugleich der Leiter des Rassenpolitischen Amtes der NSDAP war.[119]

Einiges spricht dafür, daß die von Baeumler angeführten Motive, die Leitung des Amtes Wissenschaft aufzugeben und sich nur noch der Leitung des Aufbauamtes Hohe Schule zu widmen, nicht der alleinige Grund waren, weshalb Rosenberg Baeumlers Antrag sofort akzeptierte. Bollmus geht davon aus, daß der 31jährige energische und machtbewußte Härtle, gemeinsam mit seinem Verbündeten Walter Groß, gezielt Baeumlers Verdrängung betrieben hat. Baeumlers charakterliche Eigenheiten, die ihn immer wieder in Konflikte mit anderen Dienststellen verstrickten, hätten Härtle dafür einen willkommenen Vorwand geliefert. Dennoch war Baeumler bis zuletzt eine der wichtigsten Stützen für Rosenberg. Bis 1945 zeichnete er für den Aufbau der Hohen Schule verantwortlich, firmierte als deren Gründungsrektor und wurde von Rosenberg mit zahlreichen Aufgaben betraut.[120]

Ursprünglich hatte der Aufbau der Hohen Schule mit einigen Forschungsprojekten, vor allem aber mit der Errichtung des Mammutkomplexes am Chiemsee, beginnen sollen. Aufgrund der Kriegsbedingungen wurde der Baubeginn jedoch ausgesetzt und die Realisierung »des neuen Riesenwerks der nationalsozialistischen Bewegung« zur Nachkriegsaufgabe erklärt. Offenbar improvisierend wurde als zeitweiliger Ersatz die Schaffung von Spezialinstituten ins Auge gefaßt, sogenannten Außenstellen, die an verschiedenen Orten insbesondere an Universitäten installiert werden sollten.

Die erste und einzige offiziell arbeitende Außenstelle der Hohen Schule, das »Institut zur Erforschung der Judenfrage«, wurde auf das energische Betreiben Rosenbergs am 26. März 1941 in Frankfurt am Main eröffnet. Zu den Gästen zählten unter anderem die Anthropologen Eugen Fischer und Otmar Freiherr von Verschuer sowie Giselher Wirsing.[121] Auf der sich an die Eröffnungsfeierlichkeiten anschließenden Arbeitstagung[122] referierten unter anderem die Universitätsprofessoren Seraphim und Groß. Die von ihnen behandelten Themen: »Die bevölkerungs- und wirtschaftspolitischen Probleme einer europäischen Gesamtlösung der Judenfrage« und »Die rassenpolitischen Voraussetzungen einer europäischen Gesamtlösung der Judenfrage« zeigten unmißverständlich, mit welcher ungeheuerlichen Programmatik das Institut arbeiten sollte und daß es keineswegs nur um eine ideologische oder »geistesgeschichtliche« Rechtfertigung des Antisemitismus ging. Die Fragestellung beider Akademiker waren deutlich aus praktischen Zielstellungen abgeleitet. In ihnen war bereits gegenwärtig, was schließlich nüchtern die »Endlösung der Judenfrage« genannt und auf der berüchtigten »Wannseekonferenz« zehn Monate später beschlossen wurde: die Ermordung von 11 Millionen Juden.

Bereits vom Plan her war die Frankfurter Außenstelle der Hohen Schule die personalstärkste Einrichtung, da sie unter anderem auch mit der Sichtung und Katalogisierung der Büchermassen beschäftigt war, die der im Juli 1940 geschaffene »Einsatzstab Reichsleiter Rosenberg«[123] unter Bruch zahlreicher Bestimmungen des Völkerrechts in ganz Europa zusammenraubte.[124] Die Mehrzahl der Mitarbeiter stammte aus dem Rosenbergministerium. Die vom Institut herausgegebene Zeitschrift »Weltkampf« und die dazugehörige Schriftenreihe unterschieden sich dem Inhalt nach nicht wesentlich von anderen antisemitischen Machwerken der NS-Stellen.[125]

Neben der Einrichtung in Frankfurt am Main, geleitet von Dr. Wilhelm Grau bzw. Dr. Klaus Schickert, waren weitere Außenstellen vorgesehen.[126]

Vermittels dieser zum Teil nur geplanten, zum Teil einen noch mehr oder weniger inoffiziellen Status tragenden Institute[127] gelang es Rosenberg in einigen Fällen zumindest der Sache nach, so in München, Halle und Hamburg, in die dem Ministerium unterstehenden Universitäten einzudringen, wogegen von Rust kaum ernsthaft Widerstand geleistet wurde.[128] Dennoch hegte Rosenberg zeitweise die Befürchtung, Rust strebe danach, die Institute der Hohen Schule seiner Kompetenz zu unterstellen.[129] Wie dem auch sei: Das Eindringen der direkt als Parteieinrichtung gegründeten Hohen Schule in die Universitäten bedeutete eine zusätzliche Weichenstellung zugunsten der »nationalsozialistischen Hochschulreform«, auch wenn die praktischen Auswirkungen aufgrund der Entwicklung der Kriegsereignisse nur noch gering waren und schließlich gänzlich ausblieben.

Gemäß dem Führererlaß über den Einsatz für die Reichsverteidigung vom 13. Januar 1943 erging an Rosenberg eine Order Bormanns, in der der Reichsleiter aufgefordert wurde, die Vorbereitung der Hohen Schule abzubrechen.[130] Zudem wurde Rosenberg angehalten, alle Kompetenzstreitigkeiten mit Robert Ley[131] (auf dem Gebiet der Schulung) und mit Goebbels (auf dem Gebiet der Feiern und kulturellen Veranstaltungen) beizulegen.

Bezüglich des Außenpolitischen Amtes (APA) und des Aufbauamtes Hohe Schule erklärte Rosenberg sein Einverständnis. Einwände erhob er aber gegen die völlige Stillegung des Hauptamtes Kunstpflege, des Hauptamtes Wissenschaft und des Amtes Vorgeschichte, weil, wie er betonte, die weltanschauliche Überwachung »gerade jetzt« nicht eingestellt werden dürfte. Erst als Bormann ihm versicherte, mit der umstrittenen Forderung nach Stillegung der drei Ämter keine Einschränkung des Führerauftrags Rosenbergs und keine Übernahme der ihm übertragenen weltanschaulich-wissenschaftlichen Überwachung durch die Parteikanzlei zu verfolgen, zeigte sich Rosenberg bereit, als Zeichen »beispielhaften Verhaltens« die drei Ämter stillzulegen. Ihre seiner Auffassung nach auch während des Krieges unbedingt zu versehenden Aufgaben wollte Rosenberg von einem »Kriegsarbeitsstab« durchführen lassen. Im Einvernehmen mit Bormanns Entschluß, »für die Dauer der besonderen Lage« die Arbeiten der Hohen Schule zum größten Teil einzustellen (bei unveränderter Weiterarbeit der keine UK-Stellung benötigenden Hochschulprofessoren in den Außenstellen und der Fortführung der Arbeiten an den von Rosenberg vergebenen Einzel- und Forschungsaufträgen), beauflagte Rosenberg seinen Dienstleiter Baeumler am 20. Februar 1943 mit der Betreuung der noch aktiv bleibenden Teile.[132] Unter Verweis auf die uneingeschränkte Weiterarbeit der staatlichen Stellen ersuchte Rosenberg die Parteikanzlei später, das Hauptamt Kulturpflege (HAK), das Hauptamt Wissenschaft (HAW) und das Aufbauamt Hohe Schule wieder tätig werden zu lassen, wofür Bormann seine Zustimmung erteilte.

Vorbehalte und Widerstände gegen die NS-Wissenschaftsreform

Angesichts der von den Nazis unmittelbar nach 1933 und später erlassenen hochschulpolitischen Gesetze und Richtlinien steht die Intensität, mit der die deutschen Faschisten und ihre ideologischen Verbündeten das Ziel einer »nationalsozialistischen Hochschule« verfolgten, außer Zweifel. Aber wenn es ihnen vermittels der brutalen Personalpolitik auch bis 1938 gelang, das »jüdische Element« in Gestalt seiner personellen Träger von den Hochschulen zu entfernen, so galt das nicht für den angeprangerten sogenannten jüdischen Geist. Nicht von ungefähr hieß es in einer Grundsatzerklärung über »Lage und Aufgaben im Gebiet ›Hochschule und Wissenschaft‹« aus der Feder des Naziphilosophen Ernst Krieck noch 1937, gegen die traditionelle bürgerliche Wissenschaft sei »die Gesamtfront nationalsozialistischer Wissenschaftsleistung endlich sieghaft« herauszustellen und der »Kampf gegen die Reaktion jeder Art mit rücksichtsloser Schärfe« zu führen.[133]

Diese Forderung betraf nicht nur die Geisteswissenschaften, sondern ebensosehr die Naturwissenschaften. Der den faschistischen Rassismus in die Physik implantierende »Einstein-Vernichter« Johannes Stark, der mit Philipp Lenard einer »Deutschen Physik« den

Weg zu bahnen suchte, schrieb im Völkischen Beobachter: »Der Kampf ... gegen den jüdischen Einfluß in der Naturwissenschaft ist auch heute, vier Jahre nach der Machtübernahme notwendig, ja notwendiger als zuvor, denn es sind zwar infolge der Maßnahmen der nationalsozialistischen Staatsführung die jüdischen Professoren, Dozenten und Assistenten aus ihren amtlichen Stellen ausgeschieden, aber ihre politischen und wissenschaftlichen Gesinnungsgenossen, die arisch sind oder den arischen Nachweis erbracht haben, sind an den Universitäten noch in ihren Stellungen und setzen den Einfluß jüdischen Geistes fort.«[134]

Aus diesen und zahlreichen ähnlichen Äußerungen bis in die vierziger Jahre hinein geht hervor: Die Erfolge der neuen Machthaber bei der Faschisierung der Hochschulen und der Wissenschaft erreichten nicht das beabsichtigte Maß, wenngleich das, was erreicht wurde, verheerend genug war. Obwohl die mit wissenschaftspolitischen Aufgaben befaßten Dienststellen des Staates und der Partei die nationalsozialistische Erziehung und nationalsozialistische Wissenschaft mit allen zur Verfügung stehenden Mitteln der Organisation, der Anordnung, des Zwangs und des Terrors zur Geltung zu bringen trachteten, vollzog sich die Faschisierung des Wissenschaftsbereichs als ein Prozeß, der weder dem Tempo noch der Effizienz nach den Erwartungen seiner Protagonisten entsprach.[135]

Dennoch waren es keineswegs, wie mitunter behauptet wird, die permanenten Machtkämpfe der faschistischen Exponenten, welche den »durchschlagenden Erfolg« der faschistischen Wissenschaftspolitik nicht zustande kommen ließen. Denn die von ihnen in erbitterten Kleinkriegen verfochtenen persönlichen Ziele liefen der Sache nach auf übereinstimmende Resultate hinaus. Ungeachtet der Divergenz der persönlichen Interessen war die Stoßrichtung der wissenschaftspolitischen Aktivitäten bei Rosenberg und Heß, Goebbels und Rust, Ley, Himmler und Bormann dieselbe; ihre Aktionen verschleppten vielleicht hier und da den Prozeß, doch nivellierten sie einander nicht.

Allerdings arteten die Reibereien zwischen Vertretern der verschiedenen Instanzen und Gruppierungen mitunter derart aus, daß diese Kämpfe tatsächlich persönlich oft »wichtiger genommen wurden als die Aufgaben der inhaltlichen Nazifizierung der Wissenschaft«.[136] Obwohl derartige Tendenzen für die Gesamtentwicklung von sekundärem Gewicht waren, so trugen sie doch indirekt dazu bei, daß die Arbeit der Universitäten die totale faschistische Formierung des geistigen Lebens in Deutschland nicht nur beförderte, sondern derselben partiell auch entgegenstehen konnte.

Die entscheidenden Gründe dafür bewegten sich jedoch auf einer ganz anderen Ebene. Und zwar lagen sie in der prinzipiellen Unvereinbarkeit von nazifaschistischer Ideologie und ernsthafter wissenschaftlicher Arbeit. Sie lagen in dem unauflösbaren Widerspruch zwischen dem Obskurantismus der Rasse- und der Blut-und-Boden-Mystik (die ja den Drehpunkt des ganzen geistigen Lebens und also auch der Wissenschaft bilden sollten) und den objektiven Erfordernissen erfolgreicher wissenschaftlicher Forschung.

Grundsätzlich, wenn auch uneingestanden bzw. demagogisch verbrämt, nahm die faschistische Partei der Wissenschaft gegenüber eine feindliche Haltung ein. Und sie mußte es tun, da Wahrheit und Nationalsozialismus einander ausschließen. Nicht Erkenntnis, sondern die Unkenntnis der Welt festigte das NS-Regime, weshalb ihm Weltanschauung und Wissenschaft nicht mehr waren als praktikable Mittel zur Rechtfertigung seiner Weltherrschaftspläne. Andererseits galt die Wissenschaft jedermann als ein hoher Wert und ein kostbares Gut, so daß sich die Führungsspitzen der Nazis und ihre professoralen Handlanger genötigt sahen, die Zerstörung der Wissenschaft unter der permanenten Beteuerung zu betreiben, die Freiheit der Wissenschaft, der Forschung und der Lehre bleibe gewahrt. Unter diesem Deckmantel, der freilich von vielen Parteigängern als überflüssige Schönrednerei oft genug fallengelassen wurde, tat man alles, um die Wissenschaft wirkungslos zu machen. Zugleich aber wollte der Nationalsozialismus die Wissenschaft für sich nutzen. Sie sollte Propaganda für ihn machen, vor allem aber die unerläßlichen technischen Voraussetzungen für die Kriegführung liefern.

Die Folge davon war, daß das Verhältnis von »nationalsozialistischer Weltanschauung« und Wissenschaft niemals definitiv geklärt wurde. Auch die willigen akademischen Ideologen Hitlers, die sich an diesem Problem versuchten, kamen über die Phrase von der organischen Einheit von Wissenschaft und Weltanschauung unter dem Nationalsozialismus nicht hinaus. Allerdings änderten sich im Laufe der Ereignisse die Akzente dieser Beschwörungsformel dahingehend, daß im Rahmen der 1937 einsetzenden Wissenschaftsoffensive die bislang verfochtene absolute Dominanz der nazifaschistischen Weltanschauung der Wissenschaft gegenüber relativiert wurde, was die oben beschriebenen Irritationen unter den Naziideologen hervorrief.

So brachte auch Alfred Rosenberg in einer Tagebuchnotiz des Jahres 1940 seine Verwunderung über eine Bemerkung von Hitler zum Ausdruck, der seinem Weltanschauungsbeauftragten gegenüber geäußert hatte, die nationalsozialistische Weltanschauung dürfe der Forschung nicht vorschreiben, sondern müsse aus ihrer Arbeit die abstrakten Gesetze folgern. Rosenberg zeigte sich ob solcher ungewohnten Reden sehr erstaunt und stellte, möglicherweise nicht ohne Ironie, lakonisch fest: »Die positivistische Note des Führers war mir etwas neu. Da er aber den sicheren Glauben an Vorsehung hat, sind eben beide Welten bei ihm zu Hause.«[137]

Versucht man weitere Faktoren aufzulisten, die die völlige Faschisierung der Hochschulen und Universitäten beeinträchtigten, so sind das, neben dem zwangsläufigen Fehlen einer ausgearbeiteten schlüssigen Wissenschaftskonzeption unter anderem Unzulänglichkeiten der parteiamtlichen Kontrollinstanzen, aber auch personelle Defizite und theoretisches wie sachliches Unvermögen vieler der zur Verfügung stehenden NS-Kader. »Bezeichnenderweise konnten das Rektorat und meistens auch die Dekanate nicht durch Parteigrößen besetzt werden, oder wo dies vorübergehend geschah, mußte man das angerichtete Chaos bald wieder durch Berufung einer alten ›reaktionären‹ Kraft beheben.«[138]

Die sachliche und wissenschaftliche Inkompetenz der meisten der von den Nazistellen geförderten Akademiker bildete ein unkalkuliertes Risiko und ein Hemmnis bei der faschistischen Eroberung der Hochschulen und Universitäten. Zumal die fachliche Inkompetenz, gepaart mit der Preisgabe jeden wirklichen wissenschaftlichen Anspruchs, zunehmend Widerstände bei jenen wachrief, die die Wissenschaft als einen unveräußerlichen Wert nicht aufzugeben bereit waren. Einzelne Hochschullehrer blieben sachlich tätig und waren auch nach 1933 um anspruchsvollen Unterricht und ernsthafte Wahrheitssuche bemüht.[139]

Das wiederum weist aus, daß die faschistischen Kontrollmechanismen nicht so zuverlässig waren, wie man sich das wünschte. Auch sperrten sich die Hochschulfakultäten bisweilen gegen die Berufung von Nazikadern, deren wissenschaftliche Qualifikation zweifelhaft war, wobei man die fachliche Unzulänglichkeit benutzte, um die politisch motivierte Ablehnung zu kaschieren. Unterschwellige oppositionelle Tendenzen dieser und anderer Art waren den Nazis natürlich ein Dorn im Auge, und sie sahen nicht tatenlos zu. Anfang 1935 erschien im »Völkischen Beobachter« zum Beispiel ein groß aufgemachter Beitrag, in dem der bekannte Historiker Hermann Oncken als ein »typischer Vertreter vom Selbstbetrug der wissenschaftlichen Objektivität« an den nationalsozialistischen Pranger gestellt wurde. Wie Heibers Untersuchungen zeigen, sollte dieser Artikel einen nachgeholten 30. Januar der Wissenschaft einleiten, da man es in den vergangenen zwei Jahren im Grunde nicht geschafft hatte, außer den obersten Verwaltungsspitzen, den Ministerien, auch die Fakultäten, Forschungsinstitute, wissenschaftlichen Zeitschriften usw. wirklich in die Hand zu bekommen. Dort war vieles, zwar unter »Ausschaltung der Juden und Marxisten«, beim alten geblieben, was die neuen Machthaber natürlich nicht befriedigen konnte.[140]

Recht aufschlußreich sind in diesem Zusammenhang statistische Angaben der Nazis über die nach ihren Maßstäben ganz unbefriedigende Lage auf dem Gebiet der Doktorarbeiten. Mitte 1936 mußten sie bilanzieren: »NS-Themen wurden behandelt vor 1933 fast keine, von 1933 bis 1935 etwa 500.«[141] Das entsprach, bei einer Gesamtzahl von 7500 Dissertationen 1933, 8000 1934 und 9000 1935, etwas über 2 Prozent. Vom Januar 1936 bis April 1936 erschienen 3000 Dissertationen, von denen 100 nationalsozialistische Themen behandelten. Das war zwar mit den nun erreichten 3,33 Prozent eine leichte Steigerung, doch wie die Statistiker selbst bescheinigten, wurden unter »nationalsozialistischen Themen« nicht allein die »unmittelbar in politischen Begriffen formulierten Themen« verstanden, sondern »alles für den Nationalsozialismus Verwertbare«.[142] Insgesamt konnten die Dissertationen drei Gruppen zugeordnet werden, von denen nur die dritte und verschwindend kleine den nazifaschistischen Vorstellungen entsprach. Die erste, die den weitaus größten Teil aller Arbeiten umfaßte, behandelte »neutrale Themen«, die eine weltanschauliche Stellungnahme ersparten. Die zweite, bereits wesentlich kleinere Gruppe orientierte sich zwar an »Begriffen, die im Umlauf sind«, beschränkte sich inhaltlich aber auf »Zergliederung, Vergleichung von Vorhandenem«, ohne etwas Neues zu erbringen. Nur die kleinste Zahl der Kandidaten, die Gruppe drei, »wagte« sich an die »wichtigen neuen Problemstellungen des Nationalsozialismus, die noch ungelöst sind«. Das Gesamturteil war entsprechend gedämpft: Was die nationalsozialistischen Dissertationen betrifft, hieß es, so »bleiben bisher ganz wenige Arbeiten, die über die verschiedenen Klippen hinweggekommen sind und die richtige Voraussetzung haben«.[143]

Angesichts der trotz aller Maßnahmen nach drei Jahren immer noch vorhandenen »nationalsozialistischen Defizite« im Wissenschaftsbereich wollte man natürlich mit größerem Nachdruck die hier längst überfälligen Veränderungen erzwingen. Indem man unter anderem, wie im Fall Oncken, in einem ihrer prominentesten Vertreter die ganze »Gelehrtenrepublik der liberalen Geheimräte« diskreditierte, sollte der notwendige Spielraum und eine zusätzliche offizielle Handhabe für die von Anfang an beabsichtigte »Neuordnung des deutschen Geistes« geschaffen werden. »Das war die hintergründige Bedeutung jenes VB-Aufsatzes, mit dem nicht nur ein personalpolitisches Kulissengefecht vorübergehend in das Licht der Tagespublizistik trat, sondern der auch Brennpunkt einer Umwälzung zunächst auf dem Gebiet der Geschichtsforschung war.«[144]

Die Umwälzung bestand darin, daß ein neues »Forschungszentrum« für Geschichte gegründet wurde. Als Chef des neuen Reichsinstituts, und auch das ist aufschlußreich, wurde der bislang völlig unbekannte und nicht einmal zu den drittrangigen Nazigrößen zählende Verfasser des besagten Artikels, Walter Frank, eingesetzt.[145]

Ebenfalls in die Reihe der gegen oppositionelle Erscheinungen in der Wissenschaft gerichteten Aktivitäten gehört auch die folgende, in den Nationalsozialistischen Monatsheften abgedruckte Adresse, in der es unter anderem in einem scharfen Angriff auf den Vorgeschichtler Professor Dannenbauer heißt: »Verfälschungen und Irreführungen über die rassische und kulturelle Herkunft, über die Kultur- und Siedlungsgeschichte unserer germanischen Vorfahren von den akademischen Lehrstühlen aus können nicht mehr geduldet werden. Daß aber die philosophische Fakultät einer deutschen Universität einen Mann von solcher Unkenntnis auf seinem nächstliegenden Arbeitsgebiet und mit so unzweideutigen Einstellungen *gegen* die Grundhaltung der nationalsozialistischen Weltanschauung auf einen Lehrstuhl berufen und noch im Januar 1935 bei akademischen Feiern (Feier der Reichsgründung und der nationalen Erhebung) als Festredner herausstellen konnte, zeigt, wie notwendig die neuerdings durch das Reichserziehungsministerium angeordnete Einschränkung des Berufungsrechtes der Hochschulfakultäten geworden ist!«[146]

Aber auch die zitierte Beschneidung des Berufungsrechtes der Fakultäten brachte keinen uneingeschränkten Erfolg. Immer wieder gab es einzelne Fälle, wo sich Ministerium und Nazipartei nicht durchzusetzen vermochten und Berufungskandidaten, die aus politischen Gründen einer Hochschule aufgedrückt werden sollten, durch den Widerstand der Fakultät nicht eingesetzt werden konnten. Auch diese Art von Opposition war ein Versuch, die Wissenschaft zu verteidigen.

Zwar vermochte die faschistische Partei durchaus, wenn sie es für opportun hielt, einer Hochschule den einen oder anderen Professor zu oktroyieren, *ohne* die Zustimmung der Fakultät einzuholen, wie beispielsweise die Berufung Alfred Baeumlers nach Berlin beweist. Doch ließ sich das offenbar nicht zur Regel machen. Geuter berichtet von einem solchen Konflikt in Halle, der das sehr anschaulich verdeutlicht. Da die von Geuter bis ins Detail aufgehellten Zusammenhänge in einem gewissen Sinne paradigmatischen Charakter tragen, wird die Schilderung dieses Falles im Anhang im Wortlaut wiedergegeben.[147]

Verbreitet war, über das Genannte hinaus, noch eine andere Form der Verteidigung der Wissenschaft und des wissenschaftlichen Denkens. Sie bestand darin, daß »alle Fächer ... in der Isolation ihres ›eigenen Begründungszusammenhanges‹ gelehrt wurden, und in dieser Haltung nahm man auch die Möglichkeit wahr, die politischen Ansprüche der Nazis abzuwehren«.[148] Allerdings erfolgte eine grundsätzliche Ablehnung dieser Ansprüche stets nur auf dem jeweiligen fachlichen Spezialgebiet. Das politische System des deutschen Faschismus wurde nicht als eine prinzipiell untragbare Grundlage für alles geistige Leben gebrandmarkt. Und zwar nicht nur, weil eine derartige oppositionelle Haltung kaum möglich war, sondern vor allem deshalb, weil die Einsicht in das Wesen des Faschismus nicht vorhanden war. Diese generelle Schranke oppositioneller bürgerlicher Akademiker beschreibt Werner Krauss in seinen Erinnerungen an die Marburger Universität unter dem Naziregime: »Man rechnete mich in den NS-Kreisen wohl allgemein zu den ›Reaktionären‹. Dagegen fand meine grundsätzliche, wenn auch damals noch nicht in militanter Form hervorgekehrte Kampfstellung gegen den Nationalsozialismus bei den Kollegen, mit denen ich verkehrte, einiges Verständnis. Doch hielt man mir entgegen, daß eine Opposition von links her ein Anachronismus wäre, daß eine Opposition eigentlich nur von rechts her in Frage käme, da das Problem der Integration der Massen ja durch den Nationalsozialismus gelöst sei. Solche Anschauungen erklärten sich zum

Teil aus der provinziellen Abgeschiedenheit, zum Teil aus der deutschnationalen Grundstruktur der Marburger Professorenschaft. Sie hingen außerdem mit den herrschenden geistigen Strömungen zusammen, der antipositivistischen, antisoziologistischen und antipsychologischen Haltung der deutschen Geisteswissenschaftler, die in jedem Versuch einer soziologischen Fundierung ihres Fachs dessen Absturz in ein außerwissenschaftliches Erklärungssystem fürchteten.«[149]

Wie unzureichend die Ablehnung der NS-Wissenschaft durch die oppositionellen Wissenschaftler alter Schule bleiben mußte, zeigt sich auch daran, daß als Gegenargument gegen eine am Nationalsozialismus ausgerichtete Wissenschaft immer wieder der Vorwurf des »Materialismus« angeführt wurde. Die den Prämissen der nazistischen Ideologie folgende Wissenschaft, so wurde betont, sei *Materialismus* und *daher* nicht haltbar.

In Verteidigung des als »Rasse-Günther« in die Verbrechenschronik des Dritten Reiches eingegangenen Hans F. K. Günther[150] führt der Nazi Lothar Stengel von Rutkowski[151], auf dieses Argument eingehend, aus: Günther gelte bei den Geisteswissenschaftlern als »Materialist«, »weil er im Gegensatz zu ihnen ... nicht eine ›metaphysische‹, d. h. von dem Leben und der Natur möglichst abgelöste, dem Orient entstammte Philosophie, sondern eine mit den ewigen Naturgesetzen in Einklang stehende Weisheit des Lebens und des Denkens lehrt«. Doch habe Günther selbst gezeigt, »daß der immer wieder gegen die Rasseidee erhobene Vorwurf eines angeblichen Materialismus nichtssagend« sei.[152] Mit einer anderen Bedeutung, als der Verfasser das meint, trifft genau das zu: Die faschistische Rassenlehre und die gesamte Naziideologie haben mit einem wie auch immer gearteten Materialismus nichts zu tun.

Besonders nach 1937, als die Nazis auf Grund der Radikalisierung des Kriegskurses gezwungen waren, ihre feindliche Haltung der Wissenschaft gegenüber nach außen hin und auch sachlich etwas zurückzunehmen, verstärkten sich die Diskussionen um die Stellung der Wissenschaft. Die in den Jahren zuvor und vor allem auch während der sogenannten Kampfzeit propagandistisch breit herausgestellte, mitunter demagogisch verklausulierte Verachtung des Geistes (welche die Absicht, der »Bewegung« Akademiker zuzuführen, keineswegs ausschloß[153]), die Einschränkung der wissenschaftlichen Lehrfächer zugunsten »politisch bedeutsamer« Fächer wie Rassenkunde, Erblehre etc. (einschließlich der Einrichtung abstruser Lehrstühle wie etwa für »Schönheit der Arbeit«)[154], die Verkürzung des Studiums bei gleichzeitiger Überfrachtung desselben mit körperlicher Ertüchtigung und politischer Schulung, die Ausweitung von Land- und Arbeitsdienst zu Lasten einer soliden fachlichen Ausbildung – das alles erzeugte bei Hochschullehrern und Studenten oppositionelle Wirkungen, die nun verstärkt zur Geltung kamen.

Der stets vorhanden gewesene Bildungsdrang gegen den nationalsozialistischen Abbau des Wissens fand in der eingetretenen Interessenlage ein Ventil, das den Ideologen der Nazi-Wissenschaft und der Nazi-Erziehung offenkundig zu schaffen machte. Das ohnehin zwiespältige Verhältnis der nazistischen Führung zur Wissenschaft gestaltete sich dadurch noch komplizierter und widersprüchlicher. Walter Groß, Leiter des Rassenpolitischen Amtes sowie des Bereiches Wissenschaft in der Dienststelle des Reichsleiters Rosenberg, erklärte die eingetretene Zuspitzung der Auseinandersetzungen auf bewährt demagogische Weise: »Deutschland hat vor nun zehn Jahren eine Revolution gewaltigsten Ausmaßes durchgemacht. Das haben offenbar alle diejenigen vergessen, die darüber verwundert sind, daß es in dieser Zeit auf manchen Gebieten unseres geistigen Lebens Erörterungen, Auseinandersetzungen und Spannungen gab, und daß – bei allem guten Willen auf allen Seiten – einzelne dieser Spannungen noch bis zum heutigen Tag anhalten. Bekanntlich gehört das Verhältnis der neuen Zeit zur Wissenschaft zu diesen viel erörterten Fragen, und in der Partei wie in den Kreisen der Wissenschaft und Forschung selbst hat man die Schwierigkeiten einer endgültigen und vollkommenen Beilegung der lebhaften Aussprachen bedauert, zu Unrecht allerdings. Denn es mag bedauerlich sein, daß die Welt des neuen politischen Willens und die traditionsgesättigte alte der deutschen Wissenschaft nicht gleich und reibungslos ihr endgültiges inneres Verhältnis zueinander fanden – verwunderlich ist es nicht. Ein kurzer Rückblick auf die Jahre des entscheidenden geistigen Umbruchs zeigt uns vielmehr, daß infolge einer tragischen geschichtlichen Entwicklung Nationalsozialismus und Wissenschaft notwendigerweise in einer Form aufeinanderstießen, die zunächst eine tatsächliche innere Gegensätzlichkeit vortäuschen konnte und zwangsläufig bis zur völligen Klärung der gegenseitigen Haltung eine gewisse Entwicklung erfordert.«[155] Groß bestätigte damit indirekt, daß in den Kreisen der Lehrer, der Professoren und der Studenten die »Werbung um Wissen« zu einer allgemeinen Losung derjenigen geworden war, die im »stillen Widerstand« (Obermann) das Bewußtsein vom Wert und von der Macht des Wissens zu bewahren versucht hatten.

Die nie vollständig verschwundenen Auseinandersetzungen zwischen alten bewährten Wissenschaftlern und Fachleuten und den Nazi-Ideologen nahmen Ende 1938 und Anfang 1939 einen solchen Umfang an, daß sie selbst von der faschistischen Presse nicht totgeschwiegen werden konnten. Dadurch wiederum wurde eine Gegenoffensive seitens jener oben schon erwähnten nationalsozialistischen Kräfte ausgelöst, die die neue Situation des objektiven Zwangs zum wissenschaftlichen Erfolg – zumindest auf einigen Gebieten – nicht zu durchschauen vermochten. Mit ihrer exzessiven Polemik gegen die oppositionellen Verteidiger der Wissenschaft erfüllten sie die Aufgabe, die minimalen Zugeständnisse an die Wissenschaft wieder mehr oder weniger zurückzunehmen und so den alten Zustand, gewissermaßen arbeitsteilig, aufrechtzuerhalten. Damit begab man sich in die paradoxe Situation, die unter anderem durch die Nazifizierung der Hochschulen ausgelöste Hochschul- und Nachwuchskrise beheben zu wollen, in dem man den neuen nationalsozialistischen Charakter der Hochschulen noch stärker propagierte.

»Noch sind die liberalen materiellen Parolen ›Wissen ist Macht‹ nicht aus der Gedankenwelt unseres Volkes restlos verschwunden, denn es handelt sich hier um Anschauungen, die durch die Generationen hindurch anerzogen worden sind.« So das Klagelied eines Mitarbeiters des Rassenpolitischen Amtes des NSDAP. Die »Deutsche Allgemeine Zeitung« versuchte schließlich am 12. Mai 1939 in ihrem Leitartikel nachzuweisen: »›Wissen ist Macht‹ ist ein vollständiger Irrtum.«[156] Und auch das Organ des NSDStB, »Die Bewegung«, reihte sich in diese Stimmen ein. Der Losung »Werbung um Wissen« sagte sie mit der Feststellung den Kampf an, sie entspringe »einer völlig oberflächlichen Betrachtung des Hochschulnachwuchsproblems« und sei daher geeignet, »die Öffentlichkeit irrezuführen«.[157]

Im gleichen Zuge wurden jene gemaßregelt, »die immer vom Studieren, nicht aber vom Marschieren sprechen, die sich drücken und dauernd klagen, daß ihnen keine Zeit zum Studium bleibe«.[158] Bezugnehmend auf die Stimmung zahlreicher Studenten, die nach mehr Qualität der fachlichen Ausbildung und weniger sportlicher und politischer Schulung verlangten, sah sich das Blatt genötigt, in einem Leitartikel darauf hinzuweisen, daß es hinsichtlich der angesetzten Leibesübungen, der geforderten körperlichen Härte und Einsatzbereitschaft keine Abstriche geben dürfe. »Die Leistungshöhe der Wissenschaft in der spätliberalen Zeit kann für uns heute kein Maßstab und kein alleiniges Vorbild mehr sein, sie kann keine Basis abgeben, von der aus man mit gutem Gewissen und innerer Berechtigung die Gefahr ›der geistigen Abrüstung‹ an die Wand malen kann, denn zwischen damals und heute liegt das Musterbeispiel einer versagenden Wissenschaft gegenüber der politischen Wirklichkeit.

Schärfstens wehren wir uns gegen eine Verminderung der Anforderungen an den Studenten, welche nicht in ›unmittelbarem Zusammenhang mit der wissenschaftlichen Ausbildung‹ stehen, d. h. studentische politische Erziehung, körperliche Ertüchtigung usw., wie es so schön ausgedrückt wurde.

Die Universität ist für uns keine Institution, die nur sachliches Wissen aufoktroyiert, sondern sie ist eine Erziehungsstätte im umfassendsten Sinne des Wortes. Die ›abseits der wissenschaftlichen Erziehung‹ liegende Ausbildung – was übrigens eine vollkommene Verkennung der Wirklichkeit darstellt – gibt den Studenten jene menschlichen, charakterlichen Werte, welche die Hochschule zu geben gar nicht in der Lage ist, wie es sich ja in der Vergangenheit erwies.«[159]

Über das Anwachsen der organisierte Formen entwickelnden studentischen Opposition gegen den Wissenschaftsabbau an den Hochschulen im faschistischen Deutschland und die konkreten Formen, die diese Opposition annahm, berichtet der bekannte antifaschistische Publizist und spätere namhafte Historiker der DDR, Karl Obermann: »Die Opposition paßte sich den neuen Bedingungen an und arbeitete mit neuen Methoden weiter. Sie zeigte sich nicht mehr nur als eine Äußerung der Unzufriedenheit, sondern als eine bewußte politische Opposition, die in illegalen Zirkeln und Arbeitsgemeinschaften bereits ihre eigenen Organe hat. Systematische Vernachlässigung des Dienstes wurde zum Prinzip, so daß zu Beginn des Sommersemesters 1939 erneut eine ›Verpflichtung zum Dienst‹ angeordnet werden mußte. Namentlich versteht sich diese Opposition darauf, den Widerstand gegen die Nazi-Pseudowissenschaft zu organisieren. So geschieht es, daß sich die Studenten verabreden, in der Versammlung des Nationalsozialistischen Studentenbundes während der Rede des Studentenführers die Zeitung zu lesen. Man läßt den Studentenführer eine Stunde reden, ohne irgendwie Interesse zu zeigen. Sobald er jedoch resigniert erklärt: ›Ich komme zum Schluß‹, findet er lebhaften Beifall in der plötzlich erwachten Zuhörerschaft. Will man die Studenten wegen des Zeitunglesens zur Rechenschaft ziehen, erklären sie, wegen des vielen Dienstes sonst keine Zeit zu haben. Diese und ähnliche Methoden der Störung scheinwissenschaftlicher Vorträge der Studentenführer sind an der Tagesordnung. Mit solchen Methoden wird nicht nur die Opposition gegen die rassische Scheinwissenschaft zum Ausdruck gebracht, sondern auch gegen den ›Dienst‹. Keine Gelegenheit lassen die Studenten ungenutzt, um ihre Mißbilligung des ›Dienstes‹ zum Ausdruck zu bringen ... In den Seminaren bieten die durchschnittlich unzulänglichen, keiner ernsten Diskussion standhaltenden Ausführungen von Nazi-Dozenten einigermaßen unterrichteten Studenten reichlich Gelegenheit zu Einwendungen, durch die die Nazibehauptungen nicht nur widerlegt werden, sondern gleichzeitig die Nazimethode bloßgestellt wird. Folgender Bericht einer illegalen antifaschistischen Studentengruppe an einer Universität Mitteldeutschlands gibt ein anschauliches Bild von dieser positiven Arbeit der Studenten. Hier heißt es: ›Gleich nach Empfang der Vorlesungsverzeichnisse suchten wir uns diejenigen Übungen aus, die schon in der Formulierung unter einem politischen Aspekt zu stehen schienen. Wir waren Studenten verschiedener Fachgebiete innerhalb der philosophischen Fakultät: Philosophie, Germanistik, Humanismus und andere. Nachdem wir uns zu Beginn des Semesters gemeinsam in die betreffenden Gebiete eingearbeitet hatten, warteten wir die erste Übung ab, in der der jeweilige Dozent meistens über die Richtlinien der Semesterarbeit zu sprechen pflegte. An Hand der Richtlinien gingen wir dann zu einem systematischen Gegenangriff vor. Wie das im einzelnen geschah, soll in dem folgenden kurz geschildert werden:

Bei einer Übung über die Philosophie des deutschen Idealismus sollte besonders Fichte als Vorläufer und Kämpfer des deutschen (sprich: nationalsozialistischen) Weltbildes gezeigt werden. Bei Fichte war die uns gestellte Aufgabe gewiß nicht leicht. Der ›geschlossene Handelsstaat‹ und die ›Reden‹ hätten den Vertretern des Studentenbundes gewiß viele Argumente in die Hand geben können, falls sie sie wirklich gelesen hätten. Daß sie das nicht getan hatten, erleichterte unsere Aufgabe.

Wir haben die Punkte in Fichtes Denken hervorgehoben, die seiner Philosophie eine übernationale, allgemein menschliche Bedeutung gegeben haben, und sind dabei hauptsächlich von Fichte als religiösem Denker ausgegangen. Religiös durchtränkt ist aber das Gesamtwerk in so tiefem Maße, daß die entscheidenden Punkte etwa seiner Religionsphilosophie eminente Bedeutung für das gesamte Schaffen erhalten.

Wir haben in diesem Zusammenhang auf die weitgehende Gegnerschaft Fichtes zur Todesstrafe hingewiesen, auf seine Aufforderung zu ursprünglichem, unbeeinflußtem selbständigem Denken und anderes. Das Ergebnis war, daß wir mit einigen wenigen Leuten das ursprüngliche Ziel der Übung nicht erreichen ließen und den Dozenten zwangen, ein anderes Ergebnis einzugestehen.

Wir haben das nicht nur mit Fichte so gemacht. Am Kantschen Pflichtbegriff haben wir nachgewiesen – was für jeden Kenner der Kantschen Philosophie eine Selbstverständlichkeit ist –, daß er einer ganz anderen Wurzel entspringt als etwa der des heutigen Deutschlands.

Wir haben Kant als Politiker in den Vordergrund gestellt, als Vertreter des europäischen Gedankens und der Idee eines allgemeinen Friedens. Wir sind auf Humboldts Erziehungsideal eingegangen, und im Anschluß an die Reden von Baldur von Schirach haben wir das Goethebild, wie es der Realität entspricht, wiederhergestellt ...

So sind wir in Übungen, die eigentlich ein ganz anderes Gebiet behandelten, auf das Führerprinzip gekommen und haben rein quellenmäßig nachgewiesen, daß ein solches Prinzip in ursprünglichen germanischen Verhältnissen wie auch in der Idee des preußischen Staates niemals vorgelegen hat. Wir betonten dabei, daß aller Wahrscheinlichkeit nach gerade dieses Prinzip ein Erzeugnis der spätrömischen Welt und, wenn man diese weiter verfolgt, des Orients sei. Bei allen Diskussionen haben wir immer die entsprechenden Quellen mitgebracht.

Unsere Arbeit bildete also den Versuch, dem Nationalsozialismus seine geistige Grundlage zu entziehen.‹

Hier hat die Studentenopposition, so Obermanns zeitgenössischer Kommentar, »den Weg beschritten, wieder das wirkliche deutsche Geistesgut gegen die nazistische Verfälschung des deutschen Geistes zur Geltung zu bringen, ein Weg, der es ihr ermöglicht, ihrem Kampf um die Wissenschaft den wirklich positiven Charakter eines Kampfes um die Erhaltung der geistigen Werte der Vergangenheit und ihre Sicherung für die Zukunft zu geben.«[160]

In der Nacht des Faschismus war solches Verhalten ein mutiger und humanistischer Akt, eine, wie Johannes R. Becher sagt, durchaus kühne und revolutionäre Sache, die auf individuelle Weise das ihre dazu beitrug, die Herrschaft der Unmenschlichkeit zu erschüttern und zu Fall zu bringen. »In einer Zeit der Unmenschlichkeit, da das Unmenschliche das herrschende Prinzip ist und das Menschlichsein, soweit es behauptet werden kann, sich nach innen zurückzieht; ..., in solch einer Zeit ist jede menschliche Äußerung ein revolutionärer Akt, und auch derjenige verkündet das wahrhaft Neue, der das Menschliche rekapituliert, indem er die Gestalten des Menschlichseins aus der Vergangenheit heraufbeschwört und sie mit der unmenschlichen Gegenwart konfrontiert und sie mit ihr in Kontrast bringt.«[161]

Ähnliche Tendenzen der Ablehnung der nazistischen Wissenschaft, wie sie sich in Lehre und Forschung äußerten, machten sich auch in wissenschaftlichen Publikationen bemerkbar. Nicht wenige Wissenschaftler, sofern sie es nicht vorzogen, ihre Publikationstätigkeit einzustellen, verweigerten sich dem Faschismus auf dieser Ebene, indem sie sich auf politisch unverfängliche Themen orientierten, in die Vergangenheit flüchteten oder es darauf ankommen ließen, sich ideologischer Zugeständnisse zu enthalten. So monierte die Nationalzeitung Essen am 20. Dezember 1938, daß es noch immer Professoren gebe, die »in ihren Arbeiten jede Verbindung mit der Gegenwart vermissen« ließen. In einer Reihe von Brandbriefen, die der Stab des Führer-Stellvertreters zwischen Februar und Mai 1941 an verschiedene mit der Wissenschaftsbeurteilung beauftragte Dienststellen schickte, wurde bezüglich der nach wie vor unbefriedigenden Lage in mehreren Geisteswissenschaften festgestellt, die Professoren entsprächen vielfach nicht den Anforderungen, die vom Standpunkt des Nationalsozialismus an sie zu stellen seien. »Wirklich positiv zu beurteilende« Wissenschaftler seien in diesen Fächern »nicht sehr zahlreich« und auch der Nachwuchs sei »haltungsmäßig« schlecht.[162]

Die anfänglichen Erwartungen der faschistischen Machthaber, die totale faschistische Formierung des geistigen Lebens problemlos und schnell zu vollenden, hatte sich als Illusion erwiesen. »Der Weg in die ›Volksgemeinschaft‹ erwies sich als steiniger, denn von den Faschisten gedacht.«[163]

Ihre eigenen Zeugnisse geben Auskunft darüber: Weder acht noch zwölf Jahre der brutalsten faschistischen Machtausübung vermochten es, die Vorbehalte oder Ablehnung der verbliebenen integren Professoren der Nazi-Wissenschaft gegenüber merklich abzubauen. Im Gegenteil. Waren es 1935 noch »dilettantische und weltanschaulich unzuverlässige Bücher der letzten Zeit«, zu denen seitens der Nazipartei kritisch Stellung genommen wurde[164], so hatte sich das Propagandaministerium Anfang 1939 infolge der rapiden Zunahme von Publikationen, die nicht dem entsprachen, was der Nationalsozialismus von der Wissenschaft forderte, genötigt gesehen, die Verleger zu warnen, »in der Wissenschaft nicht der Geburtshelfer und Unterstützer von Sektierern zu werden«. Sie hätten sich nicht zu Fürsprechern solcher Elemente zu machen, sondern »unsere ernstesten und wahrheitsliebendsten Forscher unserer großen Zeit mit ihren Schriften zu übernehmen«.[165]

Um auf diesem Feld Fortschritte zu erzielen (und natürlich auch, um die eigene Position zu stärken), schloß Reichsleiter Rosenberg 1939 mit Reichsleiter Amann eine Vereinbarung über den Ausbau des von Amann für die Nazipartei gekauften Hoheneichen-Verlages zum »weltanschaulich-wissenschaftlichen Verlag der NSDAP« ab. In ihr war festgelegt, daß »in den kommenden Jahren jene Zeitschriften, Werke und Sonderforschungen erscheinen, die für die weltanschauliche Gestaltung der NSDAP von grundsätzlicher Bedeutung sind und denen die Bewegung ihre besondere Förderung zuteil werden lassen will. Die Dienststelle des Reichsleiters Rosenberg übernimmt die Überprüfung und Begutachtung aller auf weltanschaulich-wissenschaftlichem Gebiet vorgelegten Arbeiten, die in den Hoheneichen-Verlag aufgenommen werden sollen.«[166] Rosenberg unterstrich damit seinen Kontroll-Anspruch, den er bereits Anfang November 1938 in einer entsprechenden Anordnung geltend gemacht hatte und der besagte: »Alle die von der NSDAP, ihren Gliederungen und von ihr betreuten Organisationen durchgeführten wissenschaftlichen Arbeiten, welche zu einer Herausgabe von Schriften führen sollen, deren Inhalt über die dienstlichen Aufgaben des betreffenden Amtes oder der betreffenden Gliederung hinausgehen, sind mir zur Genehmigung vorzulegen. Ich behalte mir darüber hinaus das Recht der Herausgabe aller Handwörterbücher und Lexiken vor, die mit den fachlichen Aufgaben der in Frage kommenden Dienststellen nicht unmittelbar zusammenhängen, d. h. ein allgemein weltanschauliches, geschichtliches, kulturelles oder politisches Problem behandeln.«[167]

Worauf Rosenberg damit abzielte, war zweierlei. Zum einen gedachte er, den Anspruch anderer Dienststellen der Nazipartei auf Kontroll- und Entscheidungshoheit im politisch-ideologischen Bereich zurückzudrängen. Zum anderen wollte er durch eine straffere, gezieltere und umfassendere Kontrolltätigkeit die wachsende Zahl der nicht dem Geist des Nationalsozialismus entsprechenden Publikationen zurückschrauben.

Aber auch diese Maßnahme brachte, wie andere auch, nur Teilerfolge. Ein aufschlußreiches – wenn auch nicht repräsentatives – Indiz dafür, daß sich einige Wissenschaften zumindest partiell bis zuletzt dem Absolutheitsanspruch der Naziideologie entzogen, spielte mir der Zufall in die Hand. Das mir zugängliche Exemplar einer Aufsatzsammlung des Nazi-Philosophen Ferdinand Weinhandl[168] wies eine handschriftliche Eintragung des ehemaligen Eigentümers auf, der die Aufsätze wahrscheinlich 1942 las. Ihr Wortlaut: »Von ›Systemzeit‹, ›Zeit vor 1933‹, ›Liberalismus‹ (in der bekannten propagandistischen Bedeutung) usw. lese ich zum ersten Mal bei einem Philosophen!« Diese Bemerkung kann durchaus als ein Hinweis gewertet werden, daß die nazifaschistische Durchdringung der Geisteswissenschaften, insbesondere auch der Philosophie, nur stockend vorankam; sie zeigt zugleich aber auch, welche Schrittmacherdienste Philosophen wie Weinhandl, Baeumler und Krieck für die Nazifizierung der akademischen Philosophie leisteten.[169]

2. Weltanschauung total

»Wer denkt, will nicht überredet, sondern überzeugt sein; wer systematisch denkt, ist doppelt schwer zu überzeugen. Deshalb liebt die LTI das Wort Philosophie beinahe noch weniger als das Wort System. Dem System bringt sie negative Neigung entgegen, sie nennt es immer mit Mißachtung, nennt es aber häufig. Philosophie dagegen wird totgeschwiegen, wird durchgängig ersetzt durch ›Weltanschauung‹ ... ›Weltanschauung‹, schon vor dem Nazismus verbreitet, hat in der LTI als Ersatzwort für ›Philosophie‹ alle Sonntäglichkeit verloren und Alltags-, Metierklang angenommen. ›Schau‹, dem Stefan-George-Kreis heilig, ist auch der LTI ein kultisches Wort ... ›System‹ gehört auf die Liste des Abscheus neben ›Intelligenz‹ und ›Objektivität‹.«[1]

Victor Klemperer kommt das Verdienst zu, noch während der Hitlerbarbarei mit der Sensibilität des Philologen »Pfeilerworte der Lingua tertii imperii« auf ihren Inhalt und ihre manipulative Funktion hin untersucht zu haben. Er legte offen, daß die Ersetzung von »Philosophie« durch »Weltanschauung« und »System« durch »Totalität« in der Sprache des »Dritten Reiches« keineswegs eine nur rhetorische Angelegenheit war, sondern eine bewußt gesteuerte Veränderung des Sprachgebrauchs, hinter der ein ganzes politisches Programm stand.

»Weltanschauung« kontra »Philosophie«

Während einer Zufallslektüre von Arthur Schnitzlers Roman »Der Weg ins Freie« registriert Victor Klemperer 1944 das Aufkommen des »Geredes von Weltanschauung« als ein Phänomen der Jahrhundertwende. Damals begannen, wie er schreibt, gewisse Neuromantiker mit diesem Wort ihre Absage an die Epoche rationalen Denkens zu artikulieren – eine Entwicklung, die schließlich in »Weltanschauung« als Kultwort der Sprache des »Dritten Reichs« kulminierte. In ihm fand die LTI »den ihr wichtigsten Gegensatz zur Tätigkeit des Philosophierens ausgedrückt. Denn Philosophieren ist eine Tätigkeit des Verstandes, des logischen Denkens, und ihm steht der Nazismus feindlich als seinem tödlichsten Feind gegenüber. Der benötigte Gegensatz zum klaren Denken ist aber nicht das richtige Sehen, ... sie findet in dem Wort Weltanschauung das Schauen, die Schau des Mystikers, das Sehen des inneren Auges also, die Intuition und Offenbarung der religiösen Ekstase«[2]. Mit Hinweis auf Goebbelsreden verweist Klemperer klarsichtig auf den Zusammenhang, der hier zum »gelenkten Sehen« besteht, das heißt zur grellen Reklame und Propaganda-Schau, die blenden und verblenden soll.

Wie gravierend die Umfunktionierung des Weltanschauungsbegriffs nach 1900 war, zeigt ein Blick in die Geschichte. Eng mit den Bestrebungen des erstarkten Bürgertums verbunden, erfüllte das Wort Weltanschauung ursprünglich die Aufgabe, in den Gedanken der Totalität der Welt die Idee des Menschen als aktives und vernünftiges Subjekt der Geschichte einzubringen. Er wurde benutzt, um den fühlenden, denkenden und handelnden Menschen in der philosophischen Reflexion Geltung zu verschaffen und dem Selbstbewußtsein des aufstrebenden Bürgertums rationalen Ausdruck zu verleihen.

Sowohl die Vertreter der klassischen deutschen Philosophie (namentlich Georg Wilhelm Friedrich Hegel und Friedrich Wilhelm Joseph Schelling), aber auch die Romantiker (hier besonders Friedrich Daniel Schleiermacher) bedienten sich seiner, wenngleich mit voneinander abweichender Akzentuierung. Da zudem jedermann seine Herkunft von »schauen« ableiten konnte, fand »Weltanschauung«, über die philosophische Reflexion hinaus, leicht Eingang in die Sprache der Dichtung und des Alltags.[3]

Daß dies nach den Revolutionen von 1830 und 1848 verstärkt geschah, war kein Zufall. Je stärker sich die Antagonismen der bürgerlichen Gesellschaft bemerkbar machten, desto nachdrücklicher wurde das Bedürfnis nach Weltanschauung artikuliert. Besonders seitdem das Proletariat seine politischen Ansprüche anmeldete, bedurfte die Bourgeoisie zur Konsolidierung ihrer Macht »einer Weltanschauung, die die Widersprüche der bürgerlichen Gesellschaft verhüllt und die Apologie ihrer Unmenschlichkeit liefert«.[4] Damit setzten für Philosophie und Weltanschauung entscheidende Umbrüche ein. Philosophie und Vernunftanspruch, für Hegel noch identisch, begannen auseinanderzufallen, die Nähe zur Wahrheitssuche der Naturwissenschaft war endgültig passé. Favorisiert wurde fortan eine Hinwendung zum Irrationalen, in der sich die veränderte geschichtliche Position der bürgerlichen Klasse sinnfällig markierte. Es bildeten sich die *Weltanschauungsphilosophien* des Bürgertums heraus, von Schopenhauers Verabsolutierung des Willens, über Nietzsches Willen zur Macht bis hinab zu ihren skandalösen Verfallsprodukten, von denen die Rede sein wird.

Theorien und Methoden, die eine Entwicklung über die bürgerliche Gesellschaft hinaus für möglich halten, schlossen die Verfechter dieser philosophischen Tendenz prinzipiell aus. Sie setzten an die Stelle von Wahrheitssuche, wissenschaftlicher Analyse und beweiskräftiger Argumentation die suggestive Behauptung. An die Stelle von Gesellschaft setzten sie Volk, Nation oder Rasse, an die Stelle von Geschichte und Fortschritt »das Leben«, das man nicht rational erkennen, sondern nur deutend verstehen könne. Sie beriefen sich auf höhere Einsichten, die es nicht nötig haben, vor der prüfenden Vernunft zu bestehen, über die man nur aus einem gemeinsamen Lebensgefühl Einverständnis erreichen kann. Philosophie rückte in die Nähe von Kunst und hörte auf, rationale Welterklärung zu sein. Ganz in diesem Sinne heißt es bei Chamberlain: »Von einer absoluten ›Weisheit‹ (wie das griechische Rezept es will), von irgendeinem noch so geringfügigen absoluten Wissen kann nicht die Rede sein, sondern nur von ... dem, was verschiedene Menschen zu verschiedenen Zeiten zu wissen gemeint haben. ... Und weil dem so ist, kommt es für den verhältnismäßigen Wert einer Weltanschauung mehr auf die Sehkraft als auf die abstrakte Denkkraft an, mehr auf die Richtigkeit der Perspektive, die Lebendigkeit des Bildes, auf dessen *künstlerische* Eigenschaften ..., als auf die Menge des Geschauten.«[5]

Diese *Lebensphilosophie* genannte Grundströmung durchdringt seitdem die gesamte bürgerliche Philosophie. Sie ist begleitet von der anderen Tendenz, die das Bemühen um Erkenntnis des Ganzen der Welt, Weltanschauung, strikt ablehnt und sich auf »positive« einzelwissenschaftliche Erforschung einzelner Teile und Bereiche der Welt beschränken will.

Verständlich, weshalb die kommunistischen Parteien in den zwanziger Jahren dem Begriff »Weltanschauung« auffallend zurückhaltend gegenüberstanden. Um so bedeutsamer erscheint Clara Zetkins Appell von 1923, den Kommunismus nicht nur als gesellschaftliches Ziel und als politisches und ökonomisches Kampfprogramm aufzufassen und zu verbreiten, sondern ebenso bewußt seine weltanschauliche Dimension im ideologischen Kampf zu berücksichtigen und zu nutzen: »Wir müssen uns darüber klar sein«, betonte sie, »daß hier unstreitig wachsende Massen einen Ausweg aus den furchtbaren Nöten der Zeit suchen. Dabei geht es keineswegs nur darum, den Magen zu füllen, nein, die besten Elemente von ihnen suchen einen Ausweg aus tiefer Seelennot. Sie begehren neue, feste Hoffnungen, neue, unerschütterliche Ideale, eine Weltanschauung, auf Grund deren sie die Natur, die Gesellschaft, ihr eigenes Leben begreifen, eine Weltanschauung, die nicht unfruchtbare Formel ist, sondern schöpferisch gestaltend wirkt. Wir dürfen nicht vergessen, daß die Gewalthaufen der Faschisten nicht ausschließlich zusammengesetzt sind aus Kriegsdrohnen, aus Landsknechtsnaturen, denen der Terror Genuß ist, aus käuflichen Lumpen. Wir finden in ihnen auch die energischsten, entwicklungsfähigsten Elemente der betreffenden Kreise. Wir müssen mit Ernst und Verständnis für ihre Lage und ihre brennende Sehnsucht daran gehen, unter ihnen zu arbeiten und ihnen zu zeigen, daß der Ausweg für sie nicht rückwärts führt, vielmehr vorwärts zum Kommunismus. Die gewaltige Größe des Kommunismus als Weltanschauung wird ihre Sympathie für uns gewinnen.« Es reiche nicht aus, so führte Clara Zetkin aus, »mit den Massen und für die Massen lediglich für unser politisches und wirtschaftliches Programm zu kämpfen«; es gehe um mehr als um die Verteidigung ihres Brotes. »Wir müssen ihnen gleichzeitig den gesamten höheren inneren Gehalt des Kommunismus als Weltanschauung bringen. Geschieht das, so wird unsere Bewegung Wurzeln fassen in allen sozialen Schichten, zumal auch unter den bürgerlichen Intellektuellen, die zufolge der geschichtlichen Entwicklung der letzten Jahre unsicher geworden sind in ihrem Denken und Wollen, die die alte Weltanschauung verloren, ohne im Wirbelsturm der Zeit bereits eine neue, feste Weltanschauung gefunden zu haben. Lassen wir die Suchenden nicht zu Irrenden werden.«[6]

Es wirft ein bezeichnendes Licht auf die Zielgerichtetheit ihrer Arbeit, daß sich die reaktionären Politiker und Ideologen, insbesondere jene der an Einfluß gewinnenden faschistischen Bewegung, über den Weltanschauungscharakter des Kommunismus völlig im klaren waren. Nicht zuletzt aus diesem Grunde verfiel die Nazipartei von Anbeginn darauf, ihren Kampf gegen den Marxismus als einen Kampf der Weltanschauungen darzustellen, mit dem Ziel, das entstandene Weltanschauungsbedürfnis auf ihre Weise zu befriedigen.

Da die faschistische Ideologie vor allem auf Masseneinfluß aus war, wollte sie sich mit »Weltanschauung« von der »Philosophie« abgrenzen, die traditionell als besonders anspruchsvolle Form begrifflichen Denkens galt. Aber noch von einem anderen wesentlichen Gesichtspunkt ließen sich diese Ideologen leiten: Im Gegensatz zu den landläufigen Vorstellungen von Philosophie, die gewöhnlich nicht nur als elitäre, sondern zugleich als *kontemplative* Weltbetrachtung und *wirklichkeitsfremde* Weltdeutung aufgefaßt wird, konnte vermittels des weniger exklusiv scheinenden Weltanschauungsbegriffs leichter auch jene auf Handeln, auf Tat angelegte Komponente freigesetzt werden, auf welche die NS-Ideologie zugeschnitten war. In den Selbstzeugnissen dieser Ideologen wird »Weltanschauung«, wie es im Ursprung dieses Begriffs tatsächlich liegt, stets mit dem Gedanken der Aktivität des Subjekts verbunden. Dieser Aktivismus wird vom deutschen Faschismus von jeglicher rationalen Bedeutung getrennt und ins Extrem gesteigert. Die Weltanschauungsdemagogie der Nazis, die den sozialökonomischen Kampf zwischen Kapitalismus und Sozialismus zu einem rassistisch begründeten »Weltanschauungskampf« mit allen, bevorzugt auch mit militärischen Mitteln erklärt, sie soll – und das ist das eigentliche Ziel – unmittelbar in die gewaltsame Aktion des großen Krieges umschlagen, wie es bei Alfred Baeumler heißt. Dabei wird den Massen unaufhörlich suggeriert, Handeln setze nicht Wissen, sondern unbedingten Glauben an die nationalsozialistische Weltanschauung voraus.

Im übrigen war der Einfall, aus den genannten Gründen von Weltanschauung statt von Philosophie zu sprechen, nicht neu. Noch vor der Jahrhundertwende hatte bereits Houston Stewart Chamberlain diese Methode praktiziert, welche ihm die Möglichkeit eröffnete, hemmungsloses Dogmatisieren als ganzheitliches Denken auszugeben. »*Weltanschauung* habe ich statt Philosophie gesetzt, denn dieses griechische ›Weisheit liebend‹ ist eine traurig blasse und kalte Vokabel, und gerade hier handelt es sich um Farbe und Glut.«[7]

Auch die für den Nationalsozialismus so charakteristische Bindung von Handeln an Glauben, bei Herabsetzung des Wissens, wurde von Chamberlain bereits vorgedacht: »... bei Männern der Tat ist der *Glaube* die Achse der gesamten Weltanschauung ... und die philosophische Erkenntnis bildet eine kaum beachtete periphere Grenzlinie.«[8]

»Totalität« gegen »System«

Im Resultat seiner Analyse der Sprache des »Dritten Reiches« gelangt Victor Klemperer zu der Feststellung: »Das Dritte Reich hat die wenigsten Worte seiner Sprache selbstschöpferisch geprägt, vielleicht, wahrscheinlich sogar, überhaupt keines. Die nazistische Sprache weist in vielem auf das Ausland zurück, übernimmt das meiste andere von vorhitlerischen Deutschen. Aber sie ändert Wortwerte und Worthäufigkeiten, sie macht zum Allgemeingut, was früher einem einzelnen oder einer winzigen Gruppe gehörte, sie beschlagnahmt für die Partei, was früher Allgemeingut war, und in alledem durchtränkt sie Worte und Wortgruppen und Satzformen mit ihrem Gift, macht sie die Sprache ihrem fürchterlichen System dienstbar, gewinnt sie an der Sprache ihr stärkstes, ihr öffentlichstes und geheimstes Werbemittel. Das Gift der LTI deutlich zu machen und vor ihm zu warnen – ich glaube, das ist mehr als bloße Schulmeisterei.«[9] Geläufige Wörter erhalten einen neuen Sinn oder werden bewußt umgeprägt und emotionalisiert. Sie werden zu Schlagwörtern, Parolen, affektauslösenden Begriffen umgemünzt, die sich nicht an den Intellekt wenden, sondern an irrationale Kräfte und »Erlebniskomplexe«, die durch stereotype Wiederholung immer wieder aktiviert werden sollen, »sie werden schließlich, da sie immer von den gleichen seelischen Reaktionen begleitet sind, zu Stichwörtern, die nur genannt zu werden brauchen, um einen bestimmten triebhaft-gefühlsmäßigen Vorgang auszulösen«.

Unterstützt wurde dies durch die demagogischen Inszenierungen der Faschisten. Bertolt Brecht hat die *Theatralik* im Auftreten der Faschisten sehr treffend analysiert. Er demonstrierte am Beispiel, »wie die Unterdrücker unserer Zeit Theater spielen, nicht in ihren Theatern, sondern auf der Straße und in den Versammlungshäusern ..., diplomatischen Kanzleien und Sitzungssälen, ... wie sie bewußt vor den Augen der Welt agieren und ihre direkten Verrichtungen und Geschäfte einem Publikum als einleuchtende und vorbildliche aufzudrängen versuchen«.

Dabei sind sie auf »Einfühlung des Publikums in den Agierenden« aus. Die Zuhörer sollen mitgerissen, in eine einheitliche Masse verwandelt werden – eine Methode, wie man sie gewöhnlich von der Kunst fordert. Hitler bringt sich, um die Einfühlung zu erleichtern, bei seinen Reden in persönliche Stimmungen, spielt eine persönliche Kampfsituation vor, wie sie dem Privatmann geläufig und verständlich ist. »Er arbeitet nicht mit Argumenten, sondern agiert als Argumentierender, der seinen empörten Behauptungen eine Handvoll Gründe nachwirft, wie er sie gerade bei der Hand hat.« Statt Begründungen führt er bekräftigende Gesten vor. Es kommt ihm darauf an, »den Zuschauer, der sich in ihn einfühlt, zur Haltung eines Argumentierenden zu verführen, eines Argumente Benutzenden, das heißt eigentlich eines Argumente Suchenden ... Damit erreicht er, daß sein Verhalten als ein sozusagen naturgesetzliches Verhalten erscheint. Er ist so, wie er ist – und alle (sich in ihn einfühlend) sind so wie er.« Er veranlaßt jeden, den Standpunkt des Argumentierenden einzunehmen.[10]

Die für die Ideologie des deutschen Faschismus charakteristische Ersetzung des Systembegriffs durch »Totalität« (die mit der Ersetzung von »Philosophie« durch »Weltanschauung« korrespondiert) folgt genau diesem Muster, auch wenn auf den ersten Blick der Eindruck besteht, als wäre die Aversion gegen den Systembegriff ausschließlich politisch im engeren Sinne motiviert. »Wenn ... der Nationalsozialist ›das System‹ sagt, so meint er ausschließlich das System der Weimarer Verfassung. Das Wort ist in dieser Spezialanwendung der LTI – nein, vielmehr erweitert zur Bezeichnung des gesamten Zeitabschnittes von 1918 bis 1933 – sehr rasch populär geworden ... Für die Nazis war das Regierungssystem der Weimarer Republik das System schlechthin, weil sie mit ihm in unmittelbarem Kampf gestanden hatten, weil sie in ihm die schlechteste Regierungsform sahen und sich häufiger zu ihm in Gegensatz fühlten als etwa zur Monarchie.«

Doch hinter dem offenkundigen gibt es noch einen tieferen Zusammenhang: die Leugnung der mit »System« unweigerlich verbundenen Anerkennung von Rationalität, Kausalität und Gesetzmäßigkeit. Hinter der Ablehnung von »System« steckt sprachgedanklich weitaus mehr als die Negation des Weimarer Parlamentarismus, schreibt Klemperer: »Ein System ist etwas ›Zusammengestelltes‹, eine Konstruktion, ein Bau, den Hände und Werkzeuge nach Anordnung des Verstandes ausführen ..., ein logisch geknüpftes Gedankennetz, zum Einfangen des Weltganzen; ... für den berufsmäßigen, den gelernten Philosophen sozusagen, heißt philosophieren: systematisch denken. Gerade das aber ist es, was der Nationalsozialist aus dem Innersten seines Wesens heraus ablehnen, was er aus dem Trieb der Selbsterhaltung verabscheuen muß ... Wenn aber ›System‹ verpönt ist, wie nennt sich dann das Regierungssystem der Nazis selber? Denn ein System haben doch auch sie und sind ja stolz darauf, daß absolut jede Lebensäußerung und -situation von diesem Netz erfaßt wird; weswegen denn ›Totalität‹ zu den Grundpfeilern der LTI gehört.«[11]

Genau wie »Weltanschauung«, und aus demselben Grunde, geriet also auch »Totalität«, ebenfalls eng mit dem klassischen deutschen Idealismus verbunden und von diesem als dialektischer Ganzheitsbegriff entwickelt, in das nationalsozialistische Vokabular. Die Faschisten brachten diese traditionsreiche philosophische Kategorie zum bloßen Schlagwort herunter, und zwar in einem solchen Maße, daß sich nach der Zerschlagung der braunen Diktatur kaum noch jemand des Zusammenhangs von Totalitätsbegriff und progressivem bürgerlichen Entwicklungsdenken wie auch der hohen Wertschätzung, die Marx, Engels und Lenin dem Totalitätsdenken entgegenbrachten, erinnerte. »Das Wort Totalität ist heute mit Recht unpopulär«, schrieb Georg Lukács in den fünfziger Jahren; »viele denken, daß es dem faschistischen Wörterbuch entstammt, und das ist kein Zufall. Die faschistische ›Weltanschauung‹ hat hier tatsächlich die Entwicklung der ihr vorangegangenen reaktionären Philosophie für sich ausgewertet.«[12] Bereits die der faschistischen Entwicklung in Deutschland vorangehende reaktionäre bürgerliche Philosophie hatte nach längerer Abstinenz auf den Totalitätsbegriff zurückgegriffen und ihm einen beachtlichen Stellenwert eingeräumt. Allerdings wurde ihm dabei eine Bedeutung verliehen, die das Gegenteil jenes revolutionären philosophischen Begriffs darstellte, der schon den nachhegelschen Philosophen ein Greuel geworden war, weil er darauf orientierte, »das Ganze zusammen mit seinem Werden« zu erkennen, das heißt mittels Verstand und Vernunft »jede gewordene Form im Flusse der Bewegung, also auch nach ihrer vergänglichen Seite« aufzufassen, ihren notwendigen

Untergang in seiner Gesetzmäßigkeit zu begreifen.«[13] Dieser dem Bürgertum inzwischen suspekt gewordene Inhalt spielte bei der Neuauflage des Totalitätsgedankens erklärlicherweise keine Rolle mehr. Er wurde ersetzt durch mystische Organologie einerseits und eine rein mechanisch-quantitative Bestimmung von Totalität andererseits. Totalität bedeutete nun nurmehr »Allheit« und »Vollständigkeit«, wobei die Glieder bzw. Teile des Ganzen zumeist als hierarchisch geordnet vorgestellt wurden.

Auf diese Weise interpretiert, spielte der Totalitätsbegriff in der Lebensphilosophie eine ebenso gewichtige Rolle wie in speziellen Konzepten konservativer Staatstheoretiker und Publizisten, die ihn zur Begründung des angestrebten konservativ-autoritären Regimes benutzten.

Deren Vorgaben werteten die faschistischen Ideologen für die nationalsozialistische Weltanschauung intensiv aus. Auf diese Kontinuität weist auch Georg Lukács hin: »Was sich in den Anfangsetappen des Imperialismus als ein Streben nach einem ›endgültig konstanten Zustand‹ ... ankündigte, bekam nach dem ersten Weltkrieg eine viel entwickeltere, mehr und mehr sich entfaltende reaktionäre Form, gerade mit Hilfe der Kategorie der Totalität.«[14]

Besondere Vorarbeit für die Einführung des Totalitätsbegriffs in den faschistischen Sprachgebrauch leistete neben anderen vor allem der jungkonservative Schriftsteller Ernst Jünger. Carl Schmitt zufolge brachte Jüngers Schrift »Totale Mobilmachung« 1930 den Durchbruch der Formel von der Totalität und hob sie ins allgemeine Bewußtsein. Erich Ludendorffs Broschüre »Der totale Krieg« (1935) habe dann »ihre Kraft ins Unwiderstehliche und ihre Verbreitung ins Unabsehbare gesteigert«[15]. Schmitt selbst bezeichnete in seinem 1937 verfaßten Aufsatz »Totaler Feind, totaler Krieg, totaler Staat« den *Krieg als Kern der Dinge* und entwickelte von dieser Position her eine den Totalitätsbegriff nutzende Staats- und Völkerrechtslehre, die sich entschieden an den monopolkapitalistischen Interessen orientierte. Die Spezifik seiner Position zum Totalitätsbegriff bestand darin, daß er vor einem Mißbrauch dieser Kategorie warnt, sie nicht, wie oft der Fall, für alles und jedes eingesetzt wissen will. Schmitt spricht vorzugsweise von der »Totalität des Volkes« sowie – als eine Besonderheit – von der »Totalität des Staates« sowohl im positiven Sinne (aus Stärke des Staatswesens resultierend) wie auch im negativen Sinne (als Ausdruck von Schwäche). Unter negativ belegter »Totalität des Staates« versteht

Schmitt einen Staat, der sich aus Schwäche in alle Sphären des menschlichen Daseins dränge, daher »nur im quantitativen Sinne des bloßen Volumens, nicht der Intensität und der politischen Energie« nach total sei. Das Paradebeispiel für diese Art des »totalen Staates« ist ihm der »pluralistische Parteienstaat« der Weimarer Republik, der das Gegenteil darstelle von Kraft und Stärke, wie sie eigentlich für den totalen Staat charakteristisch sei. »Der heutige Staat ist total aus Schwäche und Widerstandslosigkeit, aus der Unfähigkeit heraus, dem Ansturm der Parteien und der organisierten Interessen standzuhalten«, schreibt Schmitt kurz vor der sich abzeichnenden Machtübergabe an die Faschisten. Was er sich von den Nazis erhofft, ist ein Staat nach dem Muster des italienischen »stato totalitario«, dessen Totalität Ausdruck des Einsatzes »neuer Machtmittel und Möglichkeiten von ungeheurer Intensität« ist, deren »letzte Tragweite und Folgewirkung wir kaum ahnen, weil unser Wortschatz und unsere Phantasie noch tief im 19. Jahrhundert stehen«. Ein solcher im qualitativen Sinne »totaler Staat« lasse in seinem Innern keinerlei »staatsfeindliche, staatshemmende oder staatszerspaltende Kräfte«, wie vor allem Kommunisten und Juden, aufkommen. Gegen sie, die für Schmitt die »Totalität des Feindes« ausmachen, sei die »Totalität des Staates« mit aller Wucht einzusetzen, wenn nötig in Gestalt eines »totalen Krieges«.[16] Schmitts Ausführungen lassen erkennen, daß es nicht nur die reaktionären Denker im eigenen Lande waren, die den Totalitätsbegriff für ihre Zwecke wiederentdeckten. Eine wesentliche Inspirationsquelle dafür war zweifelsohne auch der italienische Faschismus.

Der Totalitätsbegriff wurde in Italien zunächst dazu verwendet, um die Spezifik der im Herbst 1922 errichteten faschistischen Diktatur zu bezeichnen und sie von früheren diktatorischen Regierungsformen (Oligarchie, Tyrannis) zu unterscheiden. Wobei »sistema totalitaria« interessanterweise zunächst von bürgerlichen Kritikern des Faschismus benutzt wurde. Nachdem jedoch Mussolini auf dem Parteikongreß der italienischen Faschisten am 22. Juni 1925 den »feroce volontà totalitaria«, den eisernen totalitären Willen seiner Bewegung, betont hatte, begannen die italienischen Faschisten den Begriff ins Positive zu wenden und inflationär zu gebrauchen.

Ein gravierender Unterschied bestand allerdings darin, daß der italienische Faschismus keinerlei Vorbehalte gegen die »Totalität des Staates« entwickelte, wie sie vom deutschen Nationalsozialismus ausgebildet wurden und von denen noch zu reden sein wird.

Ganz im Gegenteil. Namentlich Giovanni Gentile gab der Idee des faschistischen Staates in seinen Schriften die offiziell anerkannte systematische Gestalt. Er betonte den totalitären Charakter der faschistischen Doktrin, und er interpretierte dieses »Totalitäre« ausdrücklich etatistisch. Erstmals deutete er den faschistischen Staat als »stato totalitario«, in dem alle Kräfte und Elemente einer Nation in einer höheren Idee aufgehoben und durchgängig diszipliniert seien.[17]

Wenn der Nationalsozialismus Totalität für seine Weltanschauung beanspruchte, vom totalen Charakter »der Bewegung« ausging und das unmittelbare Umschlagen von Überzeugung in Handlung verlangte, so deckte sich das mit wesentlichen Postulaten des italienischen Faschismus. In der Orientierung auf gewaltsame Durchsetzung der »radikal neuen« Raison, auf unbeschränkte Machtausübung und unbegrenzten politischen Aktionismus stimmten beide weitgehend überein. Wie später für den Nationalsozialismus, galt es für den italienischen Faschismus, die im Staat errungene Vormacht zu konsolidieren und durch Gleich- und Ausschaltung noch bestehender politischer Gegenkräfte auch institutionell auszubauen. Der Totalitätsbegriff, wie ihn Mussolini zuvor zur Charakterisierung des politischen Aktivismus seiner faschistischen Bewegung verwandte, ließ sich ohne Schwierigkeiten, das wurde schnell begriffen, auch für die Ideologie der neuen Ordnung einsetzen.

Setzt man all diese Zusammenhänge voraus, ist es weit weniger irritierend, als es zunächst scheinen mochte, daß die Naziideologen den seinem ursprünglichen Wesen und Gehalt nach für diesen Zweck so ungeeigneten Totalitätsbegriff okkupierten. Die am Totalitätsbegriff – gemessen am Totalitätsverständnis der klassischen deutschen Philosophie und erst recht am Maßstab der dialektisch-materialistischen Totalitätsauffassung – vom Konservatismus und von der Lebensphilosophie bereits vollzogenen Deformierungen ließen diesen Begriff für eine Integration in die nationalsozialistische Weltanschauung geradezu prädestiniert erscheinen, deren Inhalt und Zweck darin bestand, *»das Volk massenpsychologisch zum Krieg zu präparieren! Ihm bei verschärfter Ausbeutung sogar das Bewußtsein des Ausgebeutetwerdens zu rauben!! Ihm ›die Hölle als Himmel und das elendste Leben als Paradies weiszumachen‹«*, wie es bei Hans Günther heißt.[18]

Um so wichtiger ist es heute zu betonen: Abusus non tol it usum. Mißbrauch hebt den rechten Gebrauch nicht auf. In seiner materialistisch-dialektischen Bestimmung und Ausformung ist der Totalitätsbegriff eine methodisch und theoretisch außerordentlich fruchtbare Kategorie, ein zu verteidigender Bestandteil der materialistischen Dialektik.

»Totalität der Weltanschauung«

Der für die NS-Ideologie konstitutive, im Sinne von »Vollständigkeit« und »Ausschließlichkeit« interpretierte und zusätzlich mystifizierte Totalitätsbegriff wurde jedoch durchaus nicht willkürlich zur Kennzeichnung all dessen verwendet, was als »organisches Ganzes« charakterisiert werden sollte. Vielmehr bewahrte das Wort »Totalität« im Kontext der Naziideologie, trotz der Häufigkeit seines Auftretens, einen gewissen Sonderstatus. Das geschah vor allem dadurch, daß von Totalität in erster Linie im Zusammenhang mit Weltanschauung und nationalsozialistischer Bewegung als Ganzes gesprochen wurde. Denn sosehr Weltanschauung auch Metierklang annahm – es blieb, zumindest als Kennzeichnung des Nazifaschismus, ein weihevolles Wort. Und »Totalität der Weltanschauung« tritt in der Regel als feststehende Formel auf.[19]

Angesichts der besonderen Vorliebe der Nazis für den einseitig interpretierten Totalitätsbegriff mutet es seltsam an, daß die ebenfalls weit verbreitete Wendung von der »Totalität des Staates« 1934 auf nachhaltige Kritik der Parteiideologen traf.[20]

Fast noch merkwürdiger erscheint es, daß von Totalität im Zusammenhang mit dem menschlichen Individuum fast nie die Rede ist, obwohl allenthalben der »ganze Mensch« beschworen wird, den es zu erziehen gelte und der überall zu fordern sei. Mir ist kein Fall begegnet, wo von einer herzustellenden »Totalität des Menschen« ausgegangen worden wäre.

Aus welchen Erwägungen heraus das geschah, geht aus der Diskussion hervor, die um den Begriff des »totalen Staates« entbrannte und die sich über mehrere Jahre hinzog. Ein entscheidender Grund, der die Idee von der »Totalität des Staates« bereits kurz nach der Installierung des faschistischen Regimes in das Feuer der parteioffiziellen Kritik geraten ließ, lag darin, daß die so titulierte Staatsauffassung nicht in dem erforderlichen Maße den demagogischen Ansprüchen der Nazis entsprach. Und das wurde mehr oder weniger offen ausgesprochen.

Goebbels und Rosenberg erklärten die Formulierung »Totalität des Staates« kurzerhand für schädlich, weil sie dem »gesamtvölkischen Geist des Nationalsozialismus« widerspreche.[21] Ernst Rudolf Huber, Professor der Rechte in Kiel und Mitglied der Akademie für Deutsches Recht, dem der zweifelhafte Ruhm zukam, die Unfreiheit der Wissenschaften im Nazireich verfassungsrechtlich fixiert zu haben[22], machte sich zum Interpreten dieser Position: »Dagegen führt es leicht zu Mißverständnissen, wenn man den Begriff des ›totalen Staates‹ verwendet, weil damit oft nur die Totalität der äußeren Macht bezeichnet wird. Von einer solchen engen Sicht aus könnte man dann auf den irrigen Gedanken kommen, das neue Reich mit anderen totalen Staaten gleichzusetzen, wie es in der ausländischen Polemik häufig geschieht. Die völkische Ganzheit bedeutet aber mehr und anderes als die Ausschließlichkeit und Unbedingtheit eines äußeren Machtanspruchs. Es darf nie vergessen werden, daß die Vorstellung von der politischen Totalität ihren Ausgang von dem von Ernst Jünger geprägten Begriff der ›totalen Mobilmachung‹ genommen hat. Die totale Mobilmachung bezeichnet den restlosen Einsatz der Lebenskräfte des Volkes für seinen Selbstbehauptungskampf. Entsprechend bedeutet die politische Totalität die völlige Einbeziehung aller Volksgenossen in den Dienst am ganzen Volk. Sie bezeichnet für uns die vorbehaltlose Verbindlichkeit des alles erfassenden und alles durchdringenden völkischen Lebensgesetzes ... Das Prinzip der völkischen Ganzheit hebt die Abtrennung des Individuums und seines wirtschaftlich-kulturellen Lebensbereiches vom Volke auf ... Das unpolitische Dasein der bürgerlichen Gesellschaft wird überwunden ... die geschichtliche Sendung durchwirkt alles Geschehen im Volke, und zwar nicht machtmäßig von außen, sondern geistig und seelisch von innen. Das Prinzip der Ganzheit begnügt sich nicht mit äußerer Anpassung und Gleichschaltung, sondern es verlangt eine wesensmäßige, substanzhafte Einordnung.«[23]

Abgesehen davon, daß Huber an dieser Stelle auf eine Quelle des faschistischen Sprachgebrauchs von »Totalität« verweist, auf die Schriften des jungkonservativen politischen Schriftstellers Ernst Jünger[24], entspricht die demagogische Argumentation Hubers, die den Klassen- und Ausbeutungscharakter des faschistischen deutschen Staates in Abrede stellt, völlig der von Rosenberg ausgegebenen parteiamtlichen Linie in dieser Frage. In polemischer Bezugnahme auf einen Buchtitel von Ernst Forsthoff[25] war sie schon 1934 entwickelt und der Leserschaft des »Völkischen Beobachters« nahegebracht worden.[26] Unter der Kopfzeile »Totaler Staat?« reklamierte Rosenberg: »Was sich in diesem vergangenen Jahre vollzogen hat und in weiterem Umfang noch vollziehen wird, *ist nicht die sogenannte Totalität des Staates, sondern die Totalität der nationalsozialistischen Bewegung.* Der Staat ist nicht mehr etwas, was *neben* dem Volk und *neben* der Bewegung, sei es als mechanistischer Apparat, sei es als herrschendes Instrument, bestehen soll, sondern als ein *Werkzeug der herrschenden nationalsozialistischen Weltanschauung* ... Würden wir fortlaufend vom totalen Staat sprechen, so würde nach und nach bei jüngeren Nationalsozialisten und kommenden Geschlechtern wieder der Begriff des *Staates an sich* ins Zentrum rücken ... Betonen wir aber schon heute mit aller Deutlichkeit, daß es eine bestimmte politische Weltanschauung und Bewegung ist, die das Recht der Totalität beansprucht, so werden die Blicke der Generationen sich eben auf diese Bewegung richten und das Verhältnis von Staat und NSDAP in einem ganz anderen Licht erblicken, als wenn man die Staatlichkeit an sich als das Höchste bezeichnen würde ... Aus all diesen Gründen empfiehlt es sich für alle Nationalsozialisten, deshalb nicht mehr vom totalen Staat zu sprechen, sondern von der Ganzheit (Totalität) der nationalsozialistischen Weltanschauung, der NSDAP als Körper dieser Weltanschauung und vom nationalsozialistischen Staate als dem Werkzeug zur Sicherung von Seele, Geist und Blut des Nationalsozialismus als der epochalen Erscheinung, die im 20. Jahrhundert ihren Anfang genommen hat.«[27]

Ähnlich meldete sich auch Propagandaminister Goebbels zu Wort: »Man hört in der Öffentlichkeit vielfach das Wort: ›Der Nationalsozialismus will den totalen Staat!‹ Hier liegt ein großer Irrtum, denn der NS erstrebt nicht die Totalität des Staates, sondern die *Totalität der Idee.* Das bedeutet eine restlose Durchsetzung jener Anschauungsart, für die im letzten Jahrzehnt gekämpft worden ist und die wir zum Sieg geführt haben ... In Deutschland kann es keine Verhältnissetzung mehr geben, die nicht dem nationalsozialistischen Gesichtswinkel entspräche.«[28]

Am Beispiel des Totalitätsbegriffs zeigt diese »Begründung«, wie die Naziideologen ihre demagogischen Mittel einsetzten; wie geschäftsmännisch sie in Worten steckende Emotionen zu kalkulieren wußten, wenn es um die Irreführung und Verführung des Volkes, wenn es darum ging, von der Spaltung der Gesellschaft in Ausbeuter und Ausgebeutete abzulenken und eine aus »seelischen Kräften« fließende mystische Volksgemeinschaft zu suggerieren.

Um die mit großem Propagandaaufwand verbreitete Illusion des durch den Nationalsozialismus »zur organischen Einheit« geführten Volkes nicht zu gefährden, wollte man von offizieller Seite aus den Totalitätsbegriff mehr oder weniger reserviert sehen für die Charakterisierung der »nationalsozialistischen Weltanschauung« insgesamt und ihren »leiblichen Träger«, die NSDAP. Anders als der italienische Faschismus, der den Totalitätsbegriff in erster Linie etatistisch interpretierte und die Lehre vom »totalen Staat« gerade in den Mittelpunkt seiner Doktrin stellte[29], prägte der Nationalsozialismus einen Totalitätsbegriff, der sozusagen maßgeschneidert war für die Demagogie und den Expansionismus des Hitlerfaschismus, indem er die historischen Erfahrungen des deutschen Volkes aus der jüngsten Vergangenheit höchst rational ins Kalkül zog. Es ist ein Totalitätsbegriff, der – seines ursprünglich rationalen und dialektischen Gehalts völlig beraubt und extrem irrationalistisch begründet – den illusionären Hoffnungen breiter Schichten des Volkes auf ein von einer gemeinsamen Idee getragenes, notfalls radikales, aber doch einheitliches Wirken aller Deutschen zum Wohle Deutschlands und seiner Erneuerung gezielt entgegenkam und diese Illusion bewußt nährte.

Der politisch motivierte Anspruch des Nazifaschismus auf absolute Beherrschung aller Lebensbereiche und Lebensäußerungen der Gesellschaft, wie er sich unter anderem in der Formel von der »Totalität der Weltanschauung« manifestierte, sollte jedoch nicht nur die radikal veränderten Verhältnisse zum Ausdruck bringen. »Totalität« stellte nicht schlechthin ein Spezifikum der Bewegung heraus. Dieser Titel verkörperte zugleich den *höchsten Wert* im Unterschied zu jenen Dingen, die dem Nationalsozialismus nur Mittel zum Zweck waren. Es war ein Wert, der lediglich noch dem Führer zugestanden werden durfte als der Inkarnation der nationalsozialistischen Bewegung, keinesfalls aber einem beliebigen Individuum. Der einzelne Mensch sollte zwar, und möglichst ausnahmslos, ein »ganzer Mensch« sein – was für die Faschisten erreicht war, sobald er sich als »politischer Soldat« verstand und entsprechend handelte –, mitnichten aber eine Totalität.[30]

Die mit dem nazistischen Totalitätsbegriff stets verbundene Vorstellung von Unmittelbarkeit schloß eine solche Verwendung grundsätzlich aus.[31] Denn »unmittelbar« kann nur etwas sein, was *ohne Voraussetzungen existiert.* Hätte es Voraussetzungen, wäre es *vermittelt*, also *nicht* unmittelbar. Da aber im »Dritten Reich« jede Bestrebung, alles Denken und Handeln von den vom Nationalsozialismus geprägten Prämissen auszugehen und ihm allein zu dienen hatte, der Nationalsozialismus für jeden einzelnen und für jegliches Unternehmen alleiniger Maßstab und Zielpunkt sein sollte, so versteht es sich beinahe von selbst, daß allein der Nationalsozialismus selbst voraussetzungslos, unmittelbar, also Totalität sein konnte. Niemals hingegen etwas Partikulares, sei es nun der nationalsozialistische Staat oder ein einzelner Mensch. Hätte man, entgegen der Order Rosenbergs, einen Teil des Ganzen mit dem metaphysisch auf Unmittelbarkeit fixierten Totalitätsbegriff zusammengeschlossen, so hätte sich dieser Teil, dieses Partikulare unter der Hand in etwas Autarkes, Unabhängiges, Selbständiges verwandelt – und das bedeutete in diesem Fall: in einen vom Nationalsozialismus nicht erreichten und nicht determinierten Faktor. Eine solche Möglichkeit – und wäre sie auch nur sprachlicher Natur gewesen – gedachte man absolut auszuschalten.

Erst in zweiter Linie mag auch eine Rolle gespielt haben, daß aus einer Formulierung wie »Totalität des Menschen« zu ungebrochen noch das humanistische Anliegen der klassischen deutschen Philosophie gesprochen hätte, das der Nationalsozialismus unversöhnlich und aggressiv bekämpfte. Ausschlaggebend war: Die einseitig mit absoluter Unmittelbarkeit verknüpfte Auffassung von Totalität – wäre sie mit dem einzelnen Menschen in Verbindung gebracht worden –, sie hätte notwendigerweise dem für den deutschen Faschismus ehernen Gesetz widersprochen, daß der einzelne sozusagen ohne Rest in der nationalsozialistischen Bewegung aufzugehen, sich als bloßes Glied des Ganzen zu begreifen und zu betätigen habe, ohne jeden Anspruch auf ein »Selbst«. Gemäß seiner demagogischen Selbstdarstellung verstand sich der Nationalsozialismus als lebendige Einheit von Weltanschauung, Bewegung und Ziel, der Weltherrschaft der nordischen Rasse im »Tausendjährigen Reich« und damit letztlich als einzige Ganzheit, die Totalität genannt zu werden verdiente.

»Totalität der Wissenschaft«

Es überrascht daher, immer wieder auf eine Wendung zu stoßen, die diesem Totalitätsverständnis zu widersprechen, es außer Kraft zu setzen scheint. Gemeint ist die namentlich in Schriften und Reden zur Hochschulpolitik häufig anzutreffende Forderung, die »Totalität der Wissenschaft« herzustellen, gegen die keineswegs solche Einwände geltend gemacht wurden wie gegen die Rede von der »Totalität des Staates«. Welche Gründe lagen dafür vor?

Konstatieren wir, *wogegen* sich diese Forderung wandte, ist die Antwort schnell gefunden. Die Abgrenzung richtete sich gegen die bisherige sogenannte bürgerliche, liberalistische Wissenschaft und deren altes Ideal wertfreier objektiver Erkenntnis. Darüber hinaus machte sie Front gegen den angeblich aus diesem Ideal geborenen Hang der traditionellen Wissenschaft zu übertriebener Spezialisierung und Autonomie.[32]

Beide Tendenzen bekämpfte der Nationalsozialismus radikal. Es sollte Raum geschaffen werden für eine durch und durch am Nationalsozialismus orientierte »politische Wissenschaft«, die die Schlüsselthemen der faschistischen Ideologie zum alleinigen Ansatz ihrer Forschungen machte und daraus angeblich ihren integrativen Einheitspunkt gewann. Auf den mystischen Inhalten der faschistischen Ideologie fundiert, sollten die Wissenschaften zu einer ebenso mystischen Einheit zusammengeführt werden. »Wir wissen, daß in der Totalität der nationalsozialistischen Weltanschauung uns die Grundlagen einer solchen alles umfassenden und alles umwälzenden Wissenschaft gegeben sind. *Unsere* Aufgabe als Hochschullehrer ist es, sie zu gestalten: eine neue Erkenntnislehre, eine neue Ethik, die Wissenschaft der uns artgemäßen totalen Lebensordnung unseres Volkes.«[33]

Das Schlagwort von der herzustellenden »Totalität der Weltanschauung« griff somit auf die Wissenschaften über bzw. begriff diese in sich ein. Modifiziert zur »Totalität der Wissenschaft« diente es zur Verbreitung eines Wissenschaftsbegriffs, der die Allgegenwart der nationalsozialistischen Weltanschauung zum Ausdruck bringen und die Allmacht der faschistischen Politik Realität werden lassen sollte. Mit anderen Worten: Hinter der Aufgabe, die »Totalität der Wissenschaft« herzustellen, verbarg sich nichts anderes als die Forderung nach uneingeschränkter Herrschaft der faschistischen Ideologie. Im Grunde besagt die Formel also nichts anderes als »Totalität der Weltanschauung«, spezifiziert und instrumentalisiert für einen bestimmten gesellschaftlichen Bereich. Der Absolutheitsanspruch der faschistischen Ideologie wurde damit nicht aufgegeben, sondern lediglich auf eine besondere Ebene projiziert.

Sich auf den von zahlreichen Wissenschaftlern schon seit der Jahrhundertwende beklagten ungesunden Zustand des Auseinanderdriftens der Wissenschaften berufend, benutzten die faschistischen Machthaber den Ruf nach einer Synthese der Wissenschaften zur Legitimierung einer Wissenschaft, die von den faschistischen Ideen durchdrungen und damit auf die Rechtfertigung und Realisierung der barbarischen Ziele des deutschen Faschismus ausgerichtet war. Sie nutzten das Streben nach Wiederannäherung der Wissenschaft zur Begründung einer weitgehend wissenschaftsfeindlichen »Wissenschaft«, deren Prämissen – die faschistischen Mythen von Rasse, Blut und Boden – die in ihrer praktischen Konsequenz unvorstellbares Leid über die Völker brachten und das deutsche Volk selbst an den Rand des Abgrunds trieben. Die Formel von der »Totalität der Wissenschaft« war ihnen dabei ein willkommenes Mittel zum Zweck. Sie stand dafür, daß das einzige Gesetz, dem die deutschen Universitäten und Hochschulen künftig zu folgen hätten, darin bestehe, »der Idee und Wirklichkeit des Neuen Reiches zu dienen«.[34] Von »der Gegenwart« und »unseren Interessen« hänge ab, »was wir wissen wollen«[35]; ja, mehr noch, davon hänge ab, was *wahr* ist. Eine Anweisung des bayerischen Kultusministers an die Hochschullehrer lautete demgemäß: »Von jetzt ab kommt es für Sie nicht mehr darauf an, festzustellen, ob etwas wahr ist, sondern ob es im Sinne der nationalsozialistischen Revolution ist.«[36]

In einem Aufsatz mit dem so abstrusen wie aufschlußreichen und für die Naziideologie charakteristischen Titel »Rassendämmerung und ihre Meisterung durch Geist und Tat als Schicksalsfrage der weißen Völker« führte der Präsident des Thüringischen Landesamtes für Rassewesen und Professor für Erbforschung und Rassewesen an der Universität Jena, Karl Astel[37], zum Inhalt dieser Richtlinie aus: »Daher wollen wir in Zukunft den Wert einer Wissenschaft nicht mehr nach der geistigen Leistung an sich ... messen ..., sondern ausschließlich nach ihrem Sinn und Zweck für das gesunde Leben und dessen Erhaltung und Vervollkommnung. Damit legen wir der neuen deutschen Universität, der Hochschule des Dritten Reiches, erst das rassische und lebensgesetzliche Denken zugrunde. Von dieser Grundlage aus muß die Arbeit aller Fakultäten und wissenschaftlichen Gebiete überprüft werden. Was nicht der Gesundung, der Erhaltung, der Kräftigung des deutschen Volkes und dessen besseren Menschentums dient, hat für uns keinen Wert, und läge ihm noch so viel Geistesakrobatik zugrunde. Es ist eine Selbstverständlichkeit, daß die Hochschule in erster Linie auf dem Gebiete der Wissenschaften Leistungen und Kenntnisse zeitigen muß, wozu die besten Intelligenzen gerade gut genug sind. Es muß aber jede Tätigkeit an ihrer Bedeutung für das Volk gemessen werden. Dabei wird sich manches als nichtig herausstellen.

Diese Gesichtspunkte leiten auch die kommende Studienreform, deren Hauptzweck es ist, erstens das ganze Studium bedeutend abzukürzen ... Zweitens unnötigen Wissensballast über Bord zu werfen zugunsten praktischer Lebensbedürfnisse.«[38]

Das bedeutete natürlich auch, wie unter anderem Rosenberg ausdrücklich unterstrich, daß es für die Wissenschaften keinerlei Veranlassung mehr gebe, »Doktorarbeiten zu verfassen, wie man sie seit 20, 30, 40, 50 Jahren in der gleichen Weise verfassen mußte«. Den »Lehrern von heute« sei vielmehr die Pflicht auferlegt, »aus dem Erleben unserer Zeit« auch neue Themen aufzustellen. Von ihm zur Bearbeitung empfohlen wurden beispielsweise

- Darstellung des Wesens der »deutschen Naturforschung«, ausgehend vom »Gesichtspunkt unserer Zeit«;
- Substitution der »alten, verschwommenen Völkerpsychologie« durch eine ausgebaute »Lehre der Rassenpsychologie«;
- Abfassung einer »großen Geschichte der Völkerwanderung« auf der Grundlage der »neuen Ergebnisse«, welche besagten, daß sich die Völkerwanderung nicht, wie bisher angenommen, von Westen nach Osten, sondern von Norden nach Süden vollzog (womit dann das »Nordische« auch von dieser Seite her eine Bestätigung seiner welthistorischen Exklusivität erfahren würde);
- wichtig wäre weiter, »das alte nordische Schönheitsideal in der Kunst in geformter schöner Form Deutschland zu schenken«;
- ebenso wie eine »neue Philosophie der Kunst« darauf warte, geschrieben zu werden;
- des weiteren wäre es notwendig, den »Untergang der antiken Welt im Zusammenhang mit der Rassenzersetzung« abzuhandeln;
- ebenso sei der »Einbruch des Christentums in die antike Welt« von den neugewonnenen Positionen aus neu zu erforschen;

– und auch der »Kampf um Charakterwerte« in der europäischen Geschichte als »Innenseite der großen politischen und militärischen Kämpfe« warte auf seine Verfasser.[39]

Nichtsdestoweniger hatten die nazistischen Ideologen, als vor allem im Ausland die Vorwürfe immer lauter wurden, die nationalsozialistische Bewegung gehe darauf aus, die Freiheit der Wissenschaft zu liquidieren – in Deutschland selbst waren oppositionelle Äußerungen dieser Art kaum offen zu artikulieren –, die Stirn zu beteuern, es habe die Anhänger des Nationalsozialismus »in den letzten Jahren besonders geschmerzt«, diesen Vorwürfen ausgesetzt zu sein. »Weil wir der inneren Überzeugung sind, daß wir nicht nur Wissenschaften nicht knebeln, sondern ganz im Gegenteil, daß wir einer neuen Freiheit der Wissenschaft Bahn geschlagen haben. Die Rassenkunde unserer Zeit, sie ist eine neue Wissenschaft, und wenn andere Völker und Staaten diese Wissenschaft nicht zulassen wollen, dann zeigen sie ... bloß, daß sie kein inneres Recht besitzen über ›Unfreiheit‹ bei uns zu sprechen ... d.h., daß dieser Angriff auf die angebliche Unfreiheit der Wissenschaft bei uns ein Versuch der Sicherung der politischen Herrschaft in anderen Staaten bedeutet, die auf anderen Lehren aufgebaut wurde.« Das Feld sei frei für kühne Geister wie seit fünfhundert Jahren nicht mehr, erklärte Rosenberg.[40]

»Geist« statt »Intelligenz«

Der rigoros wissenschafts- und geistfeindliche Nationalsozialismus scheute sich keineswegs, das Wort »Geist« beständig im Munde zu führen, ja sich als der wahre Verteidiger des Geistes aufzuspielen.[41] Alfred Klemmt, Studien- und Abteilungsleiter an der Hochschule für Politik der NSDAP, unternahm das mit folgenden Worten: »Es ist eben nicht so, daß auf der einen Seite Blut und auf der anderen Seite Geist steht, obwohl die fremdrassigen oder mischblütigen Emigranten ein ebenso erklärliches wie verdächtiges Interesse daran haben, daß diese grobe Formel allgemeinen Glauben und weiteste Verbreitung findet. Nein, wir denken gar nicht daran, Geist durch Blut zu ersetzen ... Dies hat Alfred Rosenberg mehrfach im ›Mythus des 20. Jahrhunderts‹ mit aller wünschenswerten Deutlichkeit zum Ausdruck gebracht. *Eine* Alternative steht hier allerdings zwischen uns und unseren Gegnern ..., aber sie bezieht sich auf die

Auffassung vom Wesen des Geistes selbst und lautet: dort ein blutloser, abstrakter, allgemein menschheitlicher, wurzelloser, heimatloser Geist und hier ein blutbedingter, vital bestimmter, organisch verwurzelter, in der irdischen Wirklichkeit vielfältig verankerter, in den ewigen Ordnungen des natürlichen Lebens fest beheimateter Geist. Es geht uns also ersichtlich nicht um einen Kampf gegen, sondern um den Geist, für den Geist, und wir vertreten unsererseits einen neuen Geistbegriff, von dem wir allerdings meinen, daß ihm mindestens seit Friedrich Nietzsche die Zukunft gehört und daß er allein durch eine kritische und zeitgemäße Wirklichkeitsphilosophie, wie sie spätestens mit dem Ausbruch des Großen Krieges fällig geworden ist, gerechtfertigt werden kann.«[42]

Was also war der Geist, von dem Klemmt hier so offenherzig spricht? Er war nichts anderes als eine neue Variante des allgegenwärtigen Mythus von Blut und Boden, des Mythus der Gemeinschaft, des Mythus der Rasse. Es war geistloser Geist. Geist, der gegen die Wissenschaft zu Felde zog, der alle Wissenschaft, sofern sie nicht unmittelbar der Kriegsvorbereitung diente, auszurotten beabsichtigte; Geist, der die Wissenschaft nur als Anhängsel und Illustration der nationalsozialistischen Weltanschauung akzeptierte. Mit einem Wort: Dieser Geist war die Geistlosigkeit extrem irrationalistischer Ideologie. Auf Wahrheit kam es hier nicht mehr an. Im Gegenteil – es galt, wahre Erkenntnis zu verhindern.

Das Motto lautete: Wer denkt, der zweifelt schon! Aufgabe der Propaganda, das heißt auch der Sprache, war es daher, mit betont emotional gefärbten Formulierungen, Bildern und Wendungen, expressiven Metaphern, durch ungewöhnliche Wortverbindungen und mystifizierende Symbole die Phantasie des Hörers gefangenzunehmen, seinen Verstand aber durch Gefühle und suggerierte Affekte zu täuschen und zum Schweigen zu bringen.[43] An die Stelle des »zersetzenden Intellekts« trat der »Geist«, und der war zu einem wesentlichen Teil »gesunder Instinkt«.

Die nationalsozialistische Weltanschauung trug damit alle Züge des Glaubens. Sie war *weltanschaulich gesehen nichts anderes als eine neue Form von Religion; erkenntnistheoretisch* betrachtet, war sie die *verabsolutierte Intuition.* Aber darauf kam es den faschistischen Machthabern, zumal den Spitzen der Bewegung, die mit der manipulativen Steuerung der ideologischen Prozesse befaßt waren, gerade an. Wie die billigste Propaganda wurde auch die akademische Wissenschaft, einschließlich der Philosophie, darauf getrimmt, die Überzeugung zu verbreiten, »daß die Weltanschauung als solche gar nicht lehrbar, nicht in Worten vermittelt werden kann, da sie ja im tiefsten Grunde eben nicht Lehre, sondern glaubensmäßige Haltung ist«.[44]

Die Rassentheorie, der Angelpunkt der faschistischen Mordphilosophie, in deren Namen wirkliche und vermeintliche Gegner aus der Gesellschaft ausgestoßen, planmäßig getötet oder »durch Arbeit vernichtet« wurden[45], machte eine ernsthafte philosophische Ableitung und demzufolge auch eine rationale Vermittlung der nationalsozialistischen Weltanschauung so unmöglich wie überflüssig. Rasse, so hieß es, durchwalte Lebensordnung und Geschichte. Sie offenbare sich nicht nur dem Denken, sondern – was wichtiger sei – auch dem *Instinkt*, dem Lebensgefühl: »Eine Weltanschauung, die aber zu den völkisch rassischen Grundlagen aller Kulturgestaltung zurückgefunden hat, bedarf weder einer ... Dogmatik, noch der dialektischen Hilfskrücke einer nur ins Theoretische hineingebauten Ideologie.«[46]

Nach Hitler war für die Weltanschauung schlechthin entscheidend, welche *Rasse* sie hervorgebracht hatte. In seiner sogenannten Kulturrede auf dem Nürnberger Parteitag 1933 erklärte er, daß die einzige Bedingung zur Ausarbeitung einer richtigen Weltanschauung *Reinrassigkeit* sei. Nicht Denken, Erfahrung, Wissen, Gesetz, Forschung und Wissenschaft seien vonnöten, es genüge der *Instinkt*, wenn es nur der Instinkt eines reinrassigen Volkes sei. »Daher trägt auch das unverdorbene primitive Volk die natürlichste Weltanschauung in seinem Instinkte.« Dabei war sich Hitler über die wissenschaftliche Haltlosigkeit der Rassentheorie im klaren. Rauschning überlieferte einen offenen und zynischen Kommentar Hitlers zu seiner Agitation: »Die ›Nation‹ ist ein politischer Ausdruck der Demokratie und des Liberalismus. Wir müssen diese falsche Konstruktion loswerden und an ihre Stelle die Konzeption der Rasse setzen, die politisch noch nicht verbraucht ist ... Ich weiß genau ..., daß in wissenschaftlichem Sinne nichts Derartiges wie Rasse existiert ... Ich als Politiker brauche eine Konzeption, die es möglich macht, die bisherigen historischen Grundlagen zu vernichten und an ihre Stelle eine vollständig neue historische Ordnung zu setzen und dieser eine intellektuelle Basis zu geben.«[47] Um eine wirklich intellektuelle, das heißt rationale, wissenschaftliche Begründung der »neuen Weltanschauung« ging es aber gerade nicht.

Doch wurde im faschistischen Deutschland die Intelligenz nicht nur als *theoretisches Vermögen* verunglimpft. Die Denunziation traf gleichermaßen die Intelligenz als *soziale Schicht*, traf die Professoren und Hochschullehrer, die besonders vor 1933 und in den ersten Jahren der Konsolidierung der Macht in gröbster Weise diskreditiert wurden. »Die europäisch-intellektuelle Welt, Universitätsprofessoren, höhere Beamte, denen ein Wissen blöde eingetrichtert ist, die haben es nicht kapiert. Auf gewissen Gebieten wirkt jede professorale Wissenschaft verheerend ... Sie führt vom Instinkt weg. Er wird den Menschen ausgeredet ... Würde die Welt auf einige Jahrhunderte dem deutschen Professor überantwortet, so würden nach einer Million Jahre lauter Kretins herumwandeln: Riesenköpfe auf einem Nichts von Körper.«[48]

Diese feindselige Haltung der Wissenschaft und ihren Vertretern gegenüber,[49] sofern sie sich nicht zum Werkzeug des Nationalsozialismus machten oder, bei überragender internationaler Anerkennung – »Reinrassigkeit« vorausgesetzt –, bereit waren, ein unbedeutendes Schattendasein zu führen, diese wissenschaftsfeindliche Haltung allgemein zu provozieren und zu fördern, war der erste strategische Schritt der braunen Machthaber. Kam es ihnen doch auf ideologischem Gebiet vor allem darauf an, die Massen psychologisch auf einen neuen Krieg vorzubereiten, sie durch Erziehung kriegsreif zu machen. Ausdruck der allgemeinen Diskreditierung der Wissenschaft und des theoretischen Denkens war daher auch eine generelle Herabsetzung der Bildung zugunsten der Erziehung, der geistigen Fähigkeiten gegenüber der körperlichen Tüchtigkeit, was sich massiv in der Schulpolitik und Erziehungstheorie niederschlug.[50] Es wurde jedoch nicht nur versucht, dem deutschen Volk die Vernunft auszutreiben. Vielmehr führte man durch die demagogische Gleichsetzung von *Rationalismus* und *Marxismus*, von *Intelligenz* und *Bolschewismus* zugleich einen ebenso plumpen wie genau kalkulierten Schlag gegen die revolutionäre Arbeiterbewegung und den Marxismus. Eine Vorstellung davon, wie historisch gewordene Vorbehalte des »einfachen Mannes von der Straße« der Gelehrtenwelt gegenüber emotional geschürt und in antikommunistische Bahnen gelenkt wurden, liefert unter anderem Gustav A. Walz, ordentlicher Professor an der Universität Breslau. Auch für ihn stand unumstößlich fest, daß der Rationalismus mit seinem »Programm von 1789« die Auflösung der abendländischen Welt angebahnt und damit »alle völkischen und rassischen Bindungen zerstört« habe. Er sei es gewesen, der »den Hexensabbath über

Europa heraufgeführt habe, in dem schließlich der Marxismus und Bolschewismus als die eigentlichen Testamentsvollstrecker des rationalen Spätliberalismus« nach der Macht gegriffen hätten. Die Welt der Jakobiner sei lediglich Vorläufer gewesen für die Welt des Bolschewismus. Beide aber seien das Werk der *Intelligenz*: »Die großen Revolutionen der Neuzeit seit 1789 sind im wesentlichen ein Werk der Intelligenz gewesen«; die Intelligenz habe ihre verderblichen, gegen die Einheit des Volkes gerichteten Ziele und ihren Ablauf bestimmt. Die heroische, gesamtvölkische »nationalsozialistische Revolution« dagegen sei »in all ihren entscheidenden Phasen gegen die herrschenden Kräfte der Intelligenz«, sei »ohne entscheidenden Beistand der Intelligenz« durchgeführt worden.

Mit dieser sich in ähnlicher Weise bei unzähligen anderen Autoren stereotyp wiederholenden Argumentation wurde beabsichtigt, gewisse Vorbehalte in der Arbeiterklasse gegen die bürgerliche Intelligenz in Vorbehalte gegen den Marxismus und die proletarische Revolution umzumünzen und daraus Kapital für die »nationalsozialistische Revolution, die wahre Revolution des Volkes« zu schlagen. Zugleich konnte man so den Massen suggerieren, allein diese Revolution verfolge nicht die Interessen nur einer Gruppe der Gesellschaft, wie die angeblich von der Intelligenz initiierten bolschewistischen Revolutionen des Proletariats, sondern sie – und nur sie – verwirkliche die *Einheit des Volkes;* nur sie hebe, weil sie auf dem Rassegedanken aufbaue, die *Klassenspaltung* und damit die sozialen Ungleichheiten auf.

Der Geistfeindlichkeit des Nationalsozialismus lag also in entscheidendem Maße militanter Antikommunismus und das demagogische Bemühen zugrunde, den Klassencharakter der faschistischen Politik, die angestrebte Stabilisierung und Steigerung der Verwertungsbedingungen des deutschen Monopolkapitals, ihr absolut gegen die Arbeiterinteressen gekehrtes Wesen zu verschleiern. Indem man am sozialen Status der Intelligenz rührte, gab man vor, dem Klassencharakter der Gesellschaft ein Ende zu machen, verbreitete man mit Vehemenz die völkische Gemeinschaftsdemagogie. So sagt denn auch Walz in unmittelbarem Zusammenhang mit seinen intelligenzfeindlichen Tiraden, das große revolutionäre Ziel des Nationalsozialismus bestehe in der »Überwindung der klassenmäßigen Volksbestimmung«.[51]

Ganz in diesem Sinne schrieb Alfred Baeumler, der uns später noch näher interessieren wird: »Unsere Aufgabe ist es nicht, ein

Ideal der Gebildeten aufzurichten, das dem Volk widerspricht, sondern unsere Aufgabe ist es, die Maßstäbe der Größe nicht zu verlieren ... Der Maßstab der Größe aber, der durch die Begriffe *Tathorizont* und *Einsatz* bezeichnet ist, findet unabhängig von aller historischen Bildung Anwendung auf jeden einzelnen, der die Grenzen überschreitet, die bloß empirische Daseinsfürsorge um sich zieht. Der politische Mensch von weitem *Tathorizont* – das ist das Ziel der künftigen Erziehung. Dieses Ziel gilt für *alle*. Unser Horizont heißt Deutschland, in ihm lebt der SA-Mann, lebt der Dorfschulmeister so gut wie der Hochschullehrer. Eine Nation ist da, wo ein gemeinsamer Maßstab der Größe ist, ein Volk ist da, wo ein Maßstab der Größe ist, der für *alle* gilt ... Daß es zwei Sorten Menschen geben soll, versteht das Volk nicht; wohl aber versteht es, daß es eine Rangordnung gibt.«[52]

Der Maßstab der Größe, der für alle gilt, ist die Weltanschauung des Nationalsozialismus. In ihr aufzugehen wurde von den Nazis als höchster Wert dargestellt, jeden erhebend, selbst wenn er auf der untersten Sprosse der Gesellschaftsleiter stand und da auch bleiben sollte. Diesem Maßstab zu genügen, sollte zum einzigen Inhalt der Bestrebung jedes einzelnen werden. Damit erwies er sich als »ganzer Mensch mit weitem Tathorizont«, dem das Schicksal seiner Rasse am Herzen lag, nicht etwa die eigennützigen Interessen des Proletariats. Den nationalsozialistischen Maßstab der Größe anzulegen bedeutete somit notwendig, von der Klassenfrage abzusehen; die Frage nach der Verfügungsgewalt über die Produktionsmittel *nicht* zu stellen bedeutete, bedingungslos aktiv zu werden für das Monopolkapital und seine politischen Handlanger.

Daran zeigt sich auch, daß die der »weltanschaulichen Zerrissenheit und Überfremdung der Systemzeit« entgegengesetzte »Totalität der Weltanschauung« für den Nationalsozialismus nicht nur die Durchsetzung seiner Alleinherrschaft, die Ausschaltung aller andersgearteten weltanschaulichen Vorstellungen bedeutete. Sie zielte auf die Aktion, auf die Umsetzung der faschistischen Ideologie in die brutale Tat. Die Massen sollten in einen Wirbel des Aktivismus gerissen werden. Ständig in Atem gehalten, sollten sie nicht zum Denken kommen, denn: »Je weniger die Masse vernünftiger Überlegung fähig ist, um so mehr ist sie zur Tat geneigt.«[53]

»Totalität der Weltanschauung« hieß also, daß Überzeugung *übergangslos* in Tat mündete, bei jedem Volksgenossen permanente Aktion für die Durchsetzung der menschenverachtenden faschistischen Ziele bewirkte. »Eine Weltanschauung ist also durchaus nicht Dialektik, sie ist auch nicht nur geschriebenes Wort, sondern sie ist ebenso unmittelbare Tat«, heißt es bei Alfred Rosenberg.[54]

»Lebendige Weltanschauung«, so betonten die Propagandamacher Hitlers, sei nicht Wissen, sondern Handeln. Und zwar sei dieses Handeln ein prinzipiell unbegründetes, irrationales. Es sei kein »Realisieren erkannter Werte«, so Baeumler, sondern es selbst sei wertschöpfend. »Der wahrhaft Handelnde steht immer im Ungewissen, er ist ›wissenlos‹, wie Nietzsche sagt.«[55]

3. Gleichgeschaltete Philosophie

Zur Stellung der Philosophie im faschistischen Deutschland

Wenn auch so mancher Vertreter der Zunft nach Kräften bemüht war, das Gegenteil zu beweisen, galt die Philosophie als nicht sehr brauchbar für faschistische Zwecke. In mündlichen und schriftlichen Äußerungen der Naziideologen wurde sie entweder totgeschwiegen oder aber direkt angegriffen und diskreditiert. Den praktischen und ideologischen Zielstellungen der Faschisten konnte vernünftiges, rationales Denken verhängnisvoll werden, weshalb denn massive Anstrengungen darauf verwendet wurden, derartiges Denken in Mißkredit zu bringen: »Auf dem Denken in bloßen Konstruktionen und blutleeren Begriffen, auf diesem Grundfehler des deutschen Gelehrten- und Literatentums, beruht einzig und allein der ungeheure Einfluß, den Marx mit seinem ›wissenschaftlichen Sozialismus‹ ausüben konnte. Nur daraus ist es zu erklären, daß er es überhaupt wagen durfte, die Interessen der schaffenden Menschen von denen der Nation zu trennen.

Aber der wissenschaftliche Scheinerfolg des Marxismus kennzeichnet zugleich seine innere Schwäche. Letzten Endes hängt dieses intellektuelle Meisterwerk des Judentums in der Luft und kann niemals etwas Lebendiges und Wirkliches darstellen. Der Nationalsozialismus dagegen ist festgegründet auf der urewigen Tatsache der Blutgemeinschaft und wird deshalb unsterblich sein.«[1]

Die Philosophie wurde, wie alle ideologierelevanten Äußerungen, so gut es ging »gleichgeschaltet«; generell ausgeschaltet wurde sie nicht. In der Phase der Konsolidierung ihrer Macht gab sich die faschistische Führung hier und da sogar den Anschein, als bemühe sie sich um die Philosophen und die Philosophie. Aber auch als das längst vorbei war und die Philosophie vor allem auf propagandistischer Ebene als lebensfremde desorientierende Kathederwissenschaft verdammt wurde, gab es an den Hochschulen und Universitäten des »Dritten Reiches«, bis in die Kriegsjahre hinein, ein reges philosophisches Leben. Philosophische Vereine, wie zum Beispiel die bis 1936 von Bruno Bauch und danach von Arnold Gehlen geleitete »Deutsche Philosophische Gesellschaft«, wurden vom Kultusministerium des Hitlerstaates nicht nur geduldet, sondern auch finanziell unterstützt.[2]

Die Position der Philosophie im »Dritten Reich« war somit eine ausgesprochen widerspruchsvolle. Dem erkenntnisfeindlichen Wesen der faschistischen Weltanschauung entsprechend, wurde die Philosophie abgelehnt, doch war man flexibel genug, ihr eine geeignete Rolle zuzuweisen. Unter dem Schutz der neuen Machthaber entwickelten jene, die bereit waren, Liberalismus, Vernunft und Humanität abzuschwören und sich auf die Seite der Nazis zu schlagen, eine faschistische Variante ihrer Philosophie und beteiligten sich damit bewußt sowohl an der Ausgestaltung der faschistischen Weltanschauung wie an der Rechtfertigung der faschistischen Politik der Kriegstreiberei und des Massenmords, der Volksverführung und Menschenverachtung.

Die faschistischen Führer, so eine treffende Charakterisierung von Kurt Pätzoldt, haben die Politik des alltäglichen Imperialismus in der Pose von Vollstreckern unabänderlicher Notwendigkeit der Weltgeschichte betrieben. Und auch Philosophen lieferten ihnen dazu bereitwillig Argumente. Mit den Mitteln der Philosophie beteiligten sie sich an der Glorifizierung der Unmenschlichkeit; am Abbau der moralischen Hemmungen, die der Umsetzung der Ideen des Rassenwahns hätten hinderlich sein können; an der Zerstörung des rationalen Denkens und an der Verschleierung der realen gesellschaftlichen Abhängigkeiten und Zusammenhänge insgesamt. Sowohl in offener Brutalität wie auch in versteckten, schleichenden Formen hatten sie Anteil an der Legitimation der faschistischen Verbrechen. Diese Philosophen erlebten keine Verstrickungen, gerieten nicht in Fährnisse einer wirren Zeit, standen nicht Katastrophen durch, wie es später oftmals hieß, sondern sie taten selbst und oft mit hohem persönlichem Einsatz, was die Katastrophe erst möglich machte.

1968 hielt Adolf Arndt auf dem »Deutschen Juristentag« einen Vortrag, in dem es unter anderem hieß: »Der General, der von den Verfolgten als jüdischen Viechern sprach, ist nicht angeklagt worden; der Mann den man dazu abkommandierte, die Verfolgten als

Viecher umzulegen, wird wegen Beihilfe zum Mord bestraft. Daß neben den Tätern zwar die Handlanger und Helfershelfer, allenfalls noch die Schreibtischtäter mit zur Verantwortung gezogen wurden, nicht aber die Ideologen, ist ein kaum erträglicher Zwiespalt.«[3]

In diesem Sinne sind auch die Naziphilosophen schwer mit Schuld belastet, obwohl sie straffrei ausgingen vor dem Nürnberger Völkertribunal. »Die Verbreitung der provokatorischen Lügen und der dauernde Betrug der Öffentlichkeit waren dem Hitlerregime für die Erfüllung seiner Absichten ebenso nötig wie die Rüstungsproduktion und die Ausarbeitung der Kriegspläne. Ohne Propaganda, die auf völliger Abschaffung der Presse- und Redefreiheit fußte, hätte der deutsche Nazismus die Angriffspläne nicht durchführen, die Massenkriegsverbrechen und die Verbrechen gegen die Humanität nicht begehen können.«[4]

Es war nicht nur Rosenberg, der die junge Generation, die an den deutschen Hochschulen studierte, irregeleitet hat. Die akademische und administrative Tätigkeit der Baeumler, Krieck, Weinhandl und anderer belegt: Philosophie wurde in Nazideutschland nicht nur unterderhand toleriert, sondern gezielt an der Durchsetzung der »Totalität der Weltanschauung« beteiligt.

In offenkundiger Fehleinschätzung der schizophrenen Situation – Philosophie einerseits abzulehnen, andererseits Ansprüche an sie zu stellen – kam es daher selbst unter prominenten Parteigängern der Nazis verschiedentlich zu ernstgemeinten Bestrebungen, die nazistische Weltanschauung philosophisch auszuarbeiten und zu fundieren, um sie auch »wissenschaftlich zu legitimieren«. Doch trafen solche Ambitionen keineswegs auf die ungeteilte Gegenliebe derer, die man mit diesen Unternehmungen zu hofieren gedachte. Ernst Krieck zum Beispiel, einer der führenden Naziphilosophen und faschistischen Erziehungstheoretiker, sah sich verständnislos der zunehmenden Mißachtung seines Strebens ausgesetzt.[5] Auch der Aufruf des Reichspressechefs Otto Dietrich, die »philosophischen Grundlagen der Bewegung« zu schaffen,[6] wurde von Alfred Rosenberg, dem »Beauftragten des Führers für die Überwachung der gesamten geistigen weltanschaulichen Schulung und Erziehung der NSDAP«, heftig attackiert.[7] Und das, obwohl dem »Weltanschauungsbeauftragten« Rosenberg von seinen Mitarbeitern eine besondere Liebe zur Philosophie bescheinigt wurde.[8] Kraft seines Amtes verhängte er sogar ein ausdrückliches Verbot, Dietrichs Artikel für Schulungszwecke der NSDAP zu verwenden. Das geschah nicht *nur* aus Gründen der Eitelkeit des Reichsleiters, der den Nymbus seines »Mythus des 20. Jahrhunderts« gewahrt sehen wollte. Wenngleich auch das eine nicht zu unterschätzende Triebfeder war, wie eine Tagebucheintragung Rosenbergs offenbart. Unter dem Datum des 26. Dezember 1934 ist dort zu lesen: »Dr. Dietrich fing an, plötzlich ›philosophische Grundlagen der Bewegung‹ legen zu wollen. Ausgerechnet mit der Aufnahme der universalistischen Idee, die wir seit Jahren bekämpfen. Heftig werdender Briefwechsel, da der junge Herr Pg. meine Anschauung als ›unerheblich‹ bezeichnete. Verbot von mir an die Partei, D(ietrichs) Vortrag zu Schulungszwecken zu gebrauchen oder in der Presse positiv zu besprechen. Wo waren die neuen Philosophen vor 10 und 14 Jahren? – Jetzt ist D(ietrich) voller Wut auf mich, wo ich doch Ursache hätte, über seine Illoyalität empört zu sein. Das alles sind graue Begleiterscheinungen eines doch großen Kampfes, und der Empfang, den mir die Partei jetzt *überall* macht, zeigt, daß sie verstanden hat, daß es jetzt nicht mehr um ›Propaganda‹, sondern um Gestaltung geht. Mein ›Mythus‹ hat jetzt 250000 Stück Auflage, ein Jahrhunderterfolg.«[9]

Doch hinderte Rosenberg dieses subjektive Bekenntnis nicht, die Situation zugleich pragmatisch-sachlich einzuschätzen. Neben den persönlichen Interessen, die ihn zu jenem Verbot veranlaßten, schätzte er offensichtlich richtig ein, daß eine philosophische Formulierung der nationalsozialistischen Weltanschauung ihrer willkürlichen Auslegung Schranken gesetzt hätte. Nicht umsonst hatte man bereits in der sogenannten Kampfzeit, also vor 1933, darauf geachtet, sich ideologisch-weltanschaulich nur in wenigen und zudem sehr allgemein gehaltenen Programmpunkten festzulegen, um durch den betont »schlichten« Charakter der nationalsozialistischen Lehre selbst nicht vorgebildete Kreise anzusprechen und für sich zu gewinnen. Darüber hinaus sah man es als günstig an, einen möglichst breiten Spielraum bei der willkürlichen Auslegung dieser wenigen Thesen – den Aufgaben des Tages entsprechend – offenzuhalten, um die Anhänger des Nationalsozialismus nicht durch eine ständige Veränderung der Grundlagen ihrer Weltanschauung zu irritieren und zu verunsichern. Aus dieser Taktik wurde auch kein Geheimnis gemacht – im Gegenteil. »Der Nationalsozialismus«, brüstete sich Goebbels, »hat ... das Denken des deutschen Volkes vereinfacht und auf seine primitive Urformel zurückgeführt.« Tatbestände, die sonst nur Experten zugänglich seien, wären auf die

Straße getragen und »dem kleinen Mann ins Gehirn eingehämmert« worden: »... alle Dinge wurden so einfach dargelegt, daß sie auch der primitive Verstand aufnehmen konnte.« Mit anderen Worten: Es sei nie die Absicht gewesen, »unsere Weltanschauung wissenschaftlich zu begründen, sondern ihre Lehren zu verwirklichen«, denn die Natur gehe über die Wissenschaft hinweg und gestalte ihr eigenes Leben.[10]

Die auf diese Weise bewußt geschaffenen manipulativen Möglichkeiten gedachte man nicht, sich von allzu eifrigen philosophierenden Parteigängern verbauen zu lassen. So blieb den Versuchen, der faschistischen Ideologie mit Hilfe der Philosophie einen intellektuellen Anstrich zu geben, der große Erfolg, das heißt die *offizielle* Anerkennung durch die NS-Führungsclique, weitgehend versagt, worauf es die Akteure zumeist gerade abgesehen hatten.

Ungeachtet der Meinungsverschiedenheiten erzielten solcherart philosophische Bemühungen einen den Nationalsozialismus durchaus unterstützenden Effekt. Eröffneten sie doch vielen die Möglichkeit, ihre oft nur intellektuell motivierten Vorbehalte gegen das Hitlerregime und seine Ideologie zu überwinden und sich für die neue Ordnung und deren Ziele zu engagieren. Daß die reaktionären Vertreter der Intelligenz sich neben oder statt der primitiven Form der Naziideologie eine philosophische Ausarbeitung und Fundierung wünschten, zeigt das trotz Rosenbergs Verbot zustande gekommene Presseecho auf Dietrichs Appell.[11]

Auch Arnold Gehlen, als einer derjenigen, denen nicht die Inhalte und Ziele der Faschisten zuwider waren, sondern lediglich die ordinäre Weise, in der sie vorgetragen wurden, begrüßte den Aufruf des Reichspressechefs enthusiastisch.[12] Gehlen, der in seinen Aufsätzen die Versuche etwa Kriecks, den »unbeschreiblich großartigen Reichtum des deutschen Idealismus« über Bord zu werfen, als kurzschlüssig und unphilosophisch zurückwies, forderte wie Dietrich den »Aufbau einer nationalsozialistischen Philosophie« auf dem Wege der »philosophischen Durcharbeitung der nationalsozialistischen Weltanschauung«.[13] Wie viele konservative Intellektuelle mokierte sich der am 1. Mai 1933 der NSDAP beigetretene Gehlen über die Primitivität der nationalsozialistischen Weltanschauung und lehnte eine unmittelbare Unterwerfung der Philosophie unter die Politik ab. Er forderte eine Umgestaltung der Philosophie von innen her mit ihren eigenen Mitteln. Damit übereinstimmend will er auch keine irrationale, sondern eine rationale, »sachliche« Großmachtpolitik, weshalb er von den herrschenden Kreisen, wie Rügemer betont, mit einer Mischung von Mißtrauen und Anerkennung beobachtet wurde. »Das philosophische wie das praktische Verhältnis Gehlens zum Faschismus lassen den Schluß zu, daß es, bei aller Differenzierung, keine hermetische Abschottung etwa zwischen konservativer und faschistischer Position gibt, sondern eine gegenseitige Förderung und Durchdringung; oft ist es sogar so, daß ›konservative Philosophie‹ faktisch die faschistische Philosophie selbst ist.« Rügemer bezeichnet daher Gehlen als einen der am meisten faschistisch belasteten Philosophen im »Dritten Reich«.[14]

Einsichten in derartige Wirkungszusammenhänge mögen es gewesen sein beziehungsweise dazu beigetragen haben, daß sich das Goebbelssche Propagandaministerium 1933 und danach aktiv bemühte, sich der philosophierenden Herolde der Nazibewegung zu versichern – trotz der ihnen gegenüber bestehenden Vorbehalte. Aus demagogischen Gründen mußte den Machthabern des »Dritten Reiches« daran gelegen sein, sagen zu können: Auch die deutsche Wissenschaft hat für den Nationalsozialismus optiert. Seine Lehre ist wissenschaftlich anerkannt und gerechtfertigt.

Wie sehr man insbesondere nach dem Machtantritt an der Integration der Philosophen in das nationalsozialistische System interessiert war, zumindest sich den Anschein gab, es zu sein, verdeutlicht die 12. Tagung der »Deutschen Philosophischen Gesellschaft«, die vom 2. bis 5. Oktober 1933 in Magdeburg abgehalten wurde. Noch niemals sei einer der Kongresse der 1917 gegründeten Philosophengemeinschaft so überaus stark besucht und mit so großer Aufmerksamkeit auch von den Reichs- und Landesbehörden bedacht worden »wie im Jahre der nationalen Erhebung«, hieß es im Kongreßbericht. Zur anwesenden Prominenz zählte als Vertreter der Reichsregierung Ministerialdirektor Dr. Rudolf Buttmann, Leiter der kulturpolitischen Abteilung im Reichsministerium des Innern. Er eröffnete den Reigen von acht Begrüßungsansprachen, in denen unter anderem Ministerialrat Prof. Dr. Johann Daniel Achelis als Vertreter von Rust, Ministerialrat Prof. Dr. Walter Jesinghaus als Vertreter des thüringischen Kultusministers sowie der Vizepräsident der Provinz Sachsen, Dr. Rudolf Fehrmann, das Wort ergriffen. Glanzpunkte bildeten ein Glückwunschschreiben des Reichsinnenministers Wilhelm Frick sowie ein Telegramm Hitlers. Frick begrüßte mit besonderer Freude, daß sich die »Deutsche Philosophische Gesellschaft« »mit hohem Ernst in den Dienst der Ergründung und

Weiterbildung der deutschen Philosophie« gestellt habe und gleichzeitig das Gedankengut der deutschen Philosophie für das Leben der Gegenwart fruchtbar zu machen sich bemühe, womit sich die Philosophen in die Reihe der Kämpfer für die Gestaltung des neuen Staates gestellt hätten. Hitler telegrafierte: »Den Teilnehmern an der zwölften Tagung und Hauptversammlung der Deutschen Philosophischen Gesellschaft entbiete ich beste Grüße. Mögen die Kräfte echter deutscher Philosophie zur Begründung und Stärkung der deutschen Weltanschauung beitragen.«

Doch legte der Verlauf des Kongresses nicht nur davon Zeugnis ab, daß sich die neuen Machthaber der Philosophen zu vergewissern suchten. Er zeigte auch, daß die Philosophen selbst es durchaus als eine hohe Verpflichtung ansahen, zwischen den Erkenntnissen der Philosophie und den Forderungen des Tages ein »inniges Zusammenwirken« herzustellen. »Wie die deutschen Philosophen die machtvolle Neugestaltung der deutschen Ordnung bejahten«, so der Vorsitzende der Gesellschaft, Felix Krüger, in seiner Eröffnungsrede, »so kann auch der Staat seinerseits fordern, daß ihm die Philosophie als volksgestaltende Kraft und Macht zur Seite tritt.«

Einen vorher schon von Krüger geäußerten Gedanken weiterführend, betonte der Vertreter der Reichsregierung Buttmann, daß »deutsche Philosophie unserem Volke bitter not tue«. Er zog in diesem Zusammenhang eine Linie zwischen Nietzsche und Hitler, die »im tiefsten Grund miteinander verwandt seien, doch müsse die Philosophie der Gegenwart ins wirkliche Leben eintauchen, von dem sich der einsame Riese in die Gletscherwelt des oberen Engadin zurückzog«. Nietzsche sei »der große Umwerter der lehrmäßigen Werte seines naturwissenschaftlichen Zeitalters, Adolf Hitler der große Umwerter der politischen Vorstellungen und Formen des absterbenden materialistischen, liberalistisch-marxistischen Jahrhunderts«. Dem habe die Philosophie sich zu stellen, indem sie mithelfe, »daß aus Masse Volk werde« – das sei die »große und notwendige, die wundervolle Aufgabe des deutschen Philosophen in unserer Zeit«.[15]

Sich derart mit dem faschistischen System arrangierend, mochten die Philosophen wohl auch der Beteuerung Rosenbergs Glauben entgegengebracht haben, eine nationalsozialistische Philosophie werde einst die Königin der Fakultäten einer kommenden Universität sein. Doch entpuppte sich das sehr bald als wenig ernst gemeint.

Als unter anderem an der Kieler Universität die Probe aufs Exempel gemacht werden sollte, lief die juristische Fakultät, deren Rechtsbeugungen für die praktische Machtausübung der Faschisten viel bedeutungsvoller waren, der philosophischen Fakultät den Rang ab. Auch bei größter Anstrengung, sich den Faschisten nützlich zu erweisen, konnte es den von der philosophischen Fakultät vertretenen Disziplinen nicht gelingen, mit den Juristen Schritt zu halten, deren nazistische und profaschistische Vertreter keine Skrupel kannten, jedes Verbrechen des deutschen Faschismus juristisch zu sanktionieren. Auf dem Juristentag 1933 in Leipzig hatte sich der bayerische Staatsminister und Reichsjustizkommissar, der später als Generalgouverneur in Polen eingesetzte Hans Frank, der als einer der Hauptkriegsverbrecher 1946 in Nürnberg hingerichtet wurde, vor 15000 deutschen Rechtsanwälten, Richtern und Justizbeamten über das Recht wie folgt verbreitet: »Wir bekennen uns offen dazu, daß wir in jedem Recht nur das Mittel zum Zweck sehen, einer Nation die heldische Kraft zum Wettstreit auf dieser Erde zu sichern. Das Recht untersteht also dem Rassebegriff. Die Rasse ist die schöpferische Substanz eines Volkes und die einzige wesentliche Voraussetzung seiner Dauer. Aufgabe des Rechts ist es, die Rasse in jedem Sinne zu schützen. Darüber wird im Ausland noch viel wirres Zeug zusammengeschrieben. Aber die Völker werden uns bald verstehen. Nur mit dem Rassebegriff wird der gesunde Teil der Weltvölker vom Irrwahn der Dekadenz befreit werden. Uns liegt auch ob, das Maß von Einsicht in die tiefsten Zusammenhänge bei allen anderen Völkern zu steigern. Adolf Hitler wollen wir danken und ewige Treue schwören. Adolf Hitler kann sich auf seine Juristen verlassen.«[16]

Daß das keine Lippenbekenntnisse waren, war vom ersten Tag der faschistischen Diktatur in Deutschland deutlich geworden. Und diese Treue wurde selbstredend honoriert, auch wenn es um Entscheidungen am Rande ging, wie eben in Kiel bei der Wahl der »Kernfakultät«. Zunächst war zwar beabsichtigt worden, die im Zuge der Gleichschaltung anvisierte politische Universität von der philosophischen Fakultät her aufzubauen. Das lag nahe, weil man Kiel zur sogenannten Grenzlanduniversität machen wollte und die philosophische Fakultät mit ihren auf den Norden bezogenen Disziplinen von Geschichte, Literatur und Sprachwissenschaft als Träger einer solchen Aufgabe besonders geeignet erschien.[17] Doch als die juristische Fakultät ihre Konkurrenz auf diesen Anspruch anmeldete – die bezeichnenderweise von denen, die vor 1933 einen

Lehrstuhl innehatten, nur einen einzigen im Amt beließ – machte sie schließlich das Rennen im Wettbewerb um die Führungsposition. Unter den von der juristischen Fakultät gestellten Rektoren Rudolf Dahm (1935 bis 1937) und Paul Ritterbusch (1937 bis 1941) nahm die Christian-Albrechts-Universität in Kiel die Rolle einer im nationalsozialistischen Sinne politischen Universität am entschiedensten wahr.[18] Neben der Kieler Universität galten übrigens die Universitäten von Greifswald, Heidelberg, Königsberg und Rostock als besonders faschistisch durchsetzte Einrichtungen.[19] Die Universität Jena wurde zur Hochburg der faschistischen Rassentheorie.

Heidegger und kein Ende ...

Die bis heute kontrovers diskutierte Frage, ob der Nationalsozialismus philosophisch begründbar sei, hat Martin Heidegger[20], als er am 27. Mai 1933 feierlich sein Amt als Rektor der Universität Freiburg im Breisgau antrat, für sich positiv beantwortet. Heidegger erläuterte hier, wie er sich »Die Selbstbehauptung der deutschen Universität« vorstellte: »Die deutsche Universität gilt uns als die hohe Schule, die aus Wissenschaft und durch Wissenschaft die Führer und Hüter des Schicksals des deutschen Volkes in die Erziehung und Zucht nimmt. Der Wille zum Wesen der deutschen Universität ist der Wille zur Wissenschaft als Wille zum geschichtlichen geistigen Auftrag des deutschen Volkes. Wissenschaft und deutsches Schicksal müssen *zumal* im Wesenswillen zur Macht kommen. Und sie werden es dann und *nur* dann, wenn wir – Lehrerschaft und Schülerschaft – *einmal* die Wissenschaft ihrer innersten Notwendigkeit aussetzen und wenn wir *zum anderen* dem deutschen Schicksal in seiner äußersten Not standhalten.«[21]

Wesenswille und deutsches Schicksal gelte es zu begreifen, indem »wir uns wieder unter die Macht des *Anfangs* unseres geistig-geschichtlichen Daseins stellen. Dieser Anfang ist der Aufbruch der griechischen Philosophie. Darin steht der abendländische Mensch aus seinem Volkstum kraft seiner Sprache erstmals auf gegen das *Seiende im Ganzen* und befragt und begreift es als das Seiende, das es ist. Alle Wissenschaft ist Philosophie, mag sie es wissen und wollen – oder nicht. Alle Wissenschaft bleibt jenem Anfang der Philosophie verhaftet. Aus ihm schöpft sie die Kraft ihres Wesens, gesetzt, daß sie diesem Anfang überhaupt noch gewachsen bleibt.«

Victor Farías konstatiert die Nachbarschaft solcher Vorstellungen zu Hitlers These: »Der Kampf, der heute tobt, geht um ganz große Ziele: eine Kultur kämpft um ihr Dasein, die Jahrtausende in sich verbindet und Griechen- und Germanentum gemeinsam umschließt.«[22] Es waren dies im konservativen Lager seit längerem gängige Metaphern für das Welteroberungsstreben des deutschen Monopolkapitals, so daß sie sich auch mit Zitaten von Houston Stewart Chamberlain, Alfred Rosenberg, Arthur Moeller van den Bruck belegen lassen. In den Grundbegriffen seiner bis dahin erarbeiteten, scheinbar so weltfremden Daseinsanalyse, einer spezifischen Verbindung von Husserls Phänomenologie und Diltheys Lebensphilosophie, sprach sich Heidegger hier für »die Führer und Hüter des deutschen Schicksals« aus, die die Not wenden und das Neue stiften, die Gefolgschaft in Zucht nehmen sollen, nachdem sie selbst an einer erneuerten deutschen Universität dazu geführt worden sind, und zwar »geführt von der Unerbittlichkeit jenes geistigen Auftrages, der das Schicksal des deutschen Volkes in das Gepräge seiner Geschichte zwingt«. Dazu müsse die Universität mit der alten, akademisch-liberalen, »dem boden- und machtlosen Denken dienstbaren Philosophie«[23] radikal brechen. Wie Karl Löwith als Zeitzeuge berichtet, wußte der Zuhörer am Ende nicht, ob er ein Buch über die Vorsokratiker aufschlagen oder sich den Reihen der SA anschließen sollte.

Was Heidegger hier vortrug, ist bezeichnend für sein vorangegangenes und auch für sein späteres Philosophieren. Es ergab sich nicht nur zwanglos aus dem, was er 1927 in »Sein und Zeit« entwikkelt hatte, sondern – wie Jürgen Habermas unterstreicht – *zwangsläufig*, wenn man Heideggers Biographie und seinen geistigen Werdegang analysiert, wie es Guido Schneeberger, Hugo Ott und zuletzt, auf erweiterter Quellenbasis, Victor Farías getan haben.[24]

Heidegger hat das Ausgeliefertsein an unerkannte Mächte, »die Unheimlichkeit der Vereinzelung«, die Ängste, Affekte und Nöte des Alltagswesens Mensch auf eindringliche Weise artikuliert und zum Ausgangspunkt seines Philosophierens gemacht – ein Lebensgefühl, das der hochentwickelte Kapitalismus mit seinen ausweglosen Widersprüchen und Krisenerscheinungen für den einzelnen tatsächlich mit sich bringt und das nach dem ersten Weltkrieg und in der Zeit der Weltwirtschaftskrise immer mehr Menschen ergriff.

Die Ursachen dieser Situation sah Heidegger in der »Raserei der Technik« und der immer restloser technisierten Industriearbeit,

Massenzivilisation, Bürokratisierung des Staatsapparates, die er wiederum auf die Irrwege des europäischen Denkens seit Platon zurückführt. Die Auffassung, daß der Mensch durch vernünftiges Denken das Sein, die Objektivität, das Wesen hinter den Erscheinungen erkennen und Kriterien für sein Handeln, allgemeine Gesetzmäßigkeiten daraus ableiten könne, sei gescheitert. Das Wesen *verbirgt sich* in den Erscheinungen. Wissenschaft, Technik, Zivilisation führen den Menschen vom Wesen weg.

Den Ausweg sieht er folglich in der radikalen Absage an die bisherigen Erkenntnisideale und Werte. Er proklamiert das Ende der Philosophie und des »alten Humanismus«, die Rückkehr zur Situation vor dem Sündenfall des europäischen Denkens. Ähnlich wie vor ihm schon Nietzsche orientiert Heidegger zum einen auf die Vorsokratiker, auf das Denken vor jener verhängnisvollen Differenzierung in Logik, Ethik, Wissenschaften, zum anderen aber auf das »denkende Dichten« großer Geister wie Hölderlin und darüber hinaus auf das vor- und nichttheoretische Verhalten der Menschen.

Dem einzelnen unter lauter anderen einzelnen bleibt in seiner »Hineingehaltenheit in das Nichts«, den Tod vor Augen, nur das Pathos der Verzweiflung. Er kann nichts weiter tun, als sich zu dieser *Existenz* trotzig zu entscheiden, seine »Geworfenheit ins Nichts« zu akzeptieren, sich im Ungewissen einzurichten, mit seinen Ängsten und Fragen zu leben und sich in einsamem heroischen Entschluß gegen die chaotische Welt zu wenden.

Als Rettung der nackten Existenz aus dem Weltzusammenbruch empfiehlt Heidegger, die Gefährdung so abzuwehren, daß man der Mühe enthoben bleibt, die eigenen Lebensumstände oder gar die Gesellschaft zu verändern. Dies wurde aus Heideggers Philosophie – so elitär er sie auch vortrug – herausgelesen und machte seine Wirkung aus. Es wird deutlich, daß Heidegger die Ängste eines Menschentyps bzw. einer Gesellschaftsschicht aussprach, deren Lebenslage sie dazu drängt und ihr erlaubt, die Probleme ausschließlich von ihrem subjektiven Erleben aus zu beurteilen.[25]

Dieses Denken war geistiger Krisenreflex und befriedigte zugleich aktuelle weltanschauliche Bedürfnisse derer, die in dieser Krise leben mußten. Es diente dazu, Krisenfolgen individuell, im Reich des reinen Denkens, auf systemerhaltende Weise zu meistern und keinesfalls nach weiteren Ursachen zu forschen.

Daß diese leere Entschlossenheit mit diversen Inhalten gefüllt, mit verschiedenen politischen Bewegungen verbunden werden konnte, wie leicht sie in verzweifelten reaktionären Aktivismus umschlagen kann – mit den schlimmsten Folgen für die Menschheit –, ist inzwischen hinreichend bekannt.[26] »Es gehört zu den Haltungen, die dazu beigetragen haben, jene geistige Atmosphäre zu schaffen, in der sich ein Teil der deutschen Intelligenz mit Begeisterung Hitler anschloß und ein anderer Teil in seinem geistigen Widerstand ... fast völlig wehrlos wurde.«[27] Ein solches Denken konnte leicht zu einer Unterstützung der faschistischen Ideologie werden. Im Falle Heideggers hat es der Urheber selbst dazu gemacht. Das bedeutet nicht, daß ein solches Philosophieren immer, in jedem Falle und rettungslos zu faschistischem politischen Engagement führt. Beispiele aus der philosophischen Nachbarschaft von Heidegger, man denke an Karl Jaspers, oder aus den Reihen seiner Schüler, die sich dem Faschismus verweigert haben, ließen sich anführen.

Gerlach und Mocek haben sich von einem zu engen, geradlinigen Bezug zwischen Heidegger und dem Hitlerfaschismus distanziert, wie ihn Lukács in der »Zerstörung der Vernunft« hergestellt habe. Und sie haben erläutert, daß ein solches Philosophieren mehr umfaßt als die geistige Rechtfertigung des Faschismus. Doch mit dem Blick auf Anhänger wie Gegner Heideggers machen sie nachdrücklich geltend, daß es sich bei seinem Engagement für den Faschismus 1933/34 nicht um einen zwar schwerwiegenden, letztlich aber kurzfristigen und ergo entschuldbaren »Betriebsunfall« handelt, sondern um eine »politische Reaktion auf soziale Verhältnisse und Bewegungen im Imperialismus, die aus dem Wesen der Heideggerschen Philosophie einerseits und der historisch zugespitzten Situation des Klassenkampfes in der allgemeinen Krise des Imperialismus andererseits notwendig resultieren«.[28]

Ähnlich wie in seiner Rektoratsrede trat Heidegger, Mitglied der NSDAP vom 1. Januar 1933 bis 1945, in der »Wahlkundgebung der deutschen Wissenschaft für Adolf Hitler« am 11. November 1933 in Leipzig auf, unterzeichnete Ergebenheitsadressen, betrieb eine entsprechende Personalpolitik und verzichtete dabei nicht auf denunziatorische Berichte. Im Mai 1933 hielt er zu Ehren der SA-Kultfigur Albrecht Leo Schlageter eine Rede, in der er eines seiner bevorzugten Themen, den Tod, abhandelte. Er empfahl den SA-Terroristen zum Vorbild, denn dieser »mußte im Schwersten noch das *Größte* vollbringen. Er mußte allein aus sich das Bild des künftigen Aufbruchs des Volkes zu seiner Ehre und Größe sich vor die Seele stellen, um im Glauben daran zu sterben.«[29]

Heidegger beteiligte sich an der Durchsetzung einer neuen Universitätsverfassung, die ab 1. Oktober 1933 das »Führerprinzip an der Universität« in Kraft setzte, unterstützte die SA-Studentenfunktionäre und stützte sich auf sie, hielt Schulungskurse ab und beteiligte sich an Plänen zur Universitätsreform und NS-Dozentenschulung. Auch nachdem er im April 1934 seinen Rücktritt als Rektor erklärt und Berufungen auf renommierte Philosophie-Lehrstühle in Berlin und München ausgeschlagen hatte, als er in der Presse kritisiert und von Konkurrenten attackiert wurde, war er im selben Sinne tätig. Die Erklärung »Deutsche Wissenschaftler hinter Adolf Hitler« vom August 1934 hat er mitunterzeichnet. Daß sein Versuch scheiterte, die Universität Freiburg nach seinem Konzept zu revolutionieren, führte er auf mangelnde Konsequenz der politischen Führer zurück, nicht zuletzt darauf, daß sie sich von falschen Philosophen wie den Baeumler, Krieck und Rosenberg über ihre Mission täuschen ließen. Von gewissen Erscheinungsformen und Praktiken, die mit »der inneren Wahrheit und Größe der Bewegung« nichts zu tun haben, distanzierte sich Heidegger in der Folgezeit nur sehr zögernd. Erst allmählich, 1936 und dann während des Krieges rechnete er diese Führer zu den *Symptomen* der verhängnisvollen Wirkungen der Technik, nachdem er doch ursprünglich erklärt hatte, daß sie instinktsicher diesem Geschick entgegenwirken.

»Nicht, daß ich nur zum Schein gesprochen hätte, sondern ich sah diese Möglichkeit«, bekannte er in jenem »Spiegel«-Interview, das – 1966 aufgezeichnet – seinem ausdrücklichen Gebot zufolge erst nach seinem Tode 1976 veröffentlicht werden durfte. Gegen Kriegsende ist diese Aufbruchstimmung in apokalyptische Endzeiterwartung umgeschlagen. Doch noch im Sommersemester 1943 konnten seine Studenten von ihm hören: »Nur von den Deutschen kann, gesetzt, daß sie ›das Deutsche‹ finden und wahren, die weltgeschichtliche Besinnung kommen.«[30]

Wenn ihm auch trotz seiner anhaltenden Beziehung zu einem der führenden Rassentheoretiker kein Rassismus, nur ein Antisemitismus »üblichen kulturellen Schlages« nachgesagt wird, so hielt er doch 1935 in seiner »Vorlesung über die Metaphysik« das Volk der Deutschen in der Nachfolge der Griechen für *das metaphysische Volk*, von dem allein eine Wendung des planetarischen Verhängnisses zu erwarten sei. Noch 1953 ließ er kommentarlos seine Auffassung drucken, wonach die Bändigung der Gefahr der Weltverdüsterung einzig vom Übernehmen der geschichtlichen Sendung unseres Volkes der abendländischen Mitte« zu erhoffen sei.[31] Von der Inferiorität der romanischen Sprachen und des darauf beruhenden Denkens war er in den sechziger Jahren noch genauso überzeugt wie 1943.

»Den Führer führen« zu wollen, hatte sich als spezifisch deutscher Professorenwahnwitz erwiesen. Ein Philosoph, »der wie kein anderer die abendländische Philosophie zu verstehen vermochte«, hatte »die Liquidierung des abendländischen Daseins mit seiner Erneuerung verwechselt«, so lautete das Urteil von Herbert Marcuse, der bis 1932 Hörer bei Heidegger in Freiburg gewesen und 1933 mit dem Frankfurter Institut für Sozialforschung emigriert war. Er hatte Heidegger 1948 in einem Briefwechsel zu einer den Greueln des Faschismus und insbesondere des Holocaust angemessenen Selbstkritik herausgefordert – vergeblich. Heidegger bildete keine Ausnahme unter den Professoren im Adenauer-Staat, was den hartnäckig verweigerten Sinneswandel, die Praxis des Verleugnens und Uminterpretierens betraf. Mit dem Hinweis auf die Kontinuität seiner technik- und zivilisationskritischen Fragestellung war er bemüht, seine Haltung – selbst in der Rektoratsrede – als Opposition darzustellen. Mit Habermas möchten wir dies als exemplarisch für eine Geisteshaltung bezeichnen, die die Geschichte der Bundesrepublik Deutschland nachhaltig geprägt hat.[32]

Alfred Baeumler, Ernst Krieck und Martin Heidegger wollten die bürgerlich-liberale in die nationalsozialistische Hochschule umwandeln, das Führer-Gefolgschaftsprinzip in die Universitätsverwaltung einführen und den faschistischen »Geist« im Lehrkörper und bei den Studenten festigen. Wie das geschehen sollte, dazu entwarfen sie verschiedene Projekte.

Farías verweist auf den Zusammenhang dieser rivalisierenden Pläne mit »zwei Haupttendenzen, in denen sich eine politische Alternative spiegelte, vor die sich das Naziregime bis zum Juli 1934 gestellt sah«.[33] Eine Alternative war das freilich nur scheinbar. Es handelte sich um den grundsätzlichen Konflikt zwischen dem Klassencharakter der faschistischen Diktatur – sie vertrat die Interessen des deutschen Monopolkapitals – und der sozialen Zusammensetzung der Massenbasis, die sie zur Durchsetzung ihrer Ziele brauchte. So entwickelten sich – in Fortsetzung der bereits vor 1933 immer wieder ausbrechenden Auseinandersetzungen – Fraktionskämpfe zwischen jenen, denen es nach der Übernahme der höchsten Regierungsposten und des Staatsapparats vor allem auf die Sicherung des Erreichten ankam. Weitergehende Veränderungen wollten bzw. mußten sie vermeiden, hätten diese doch die Interessen der Flick, Krupp, Schacht und Thyssen gestört, der Mehrheit der großen Monopole und Banken, die die Nazis ja gerade deshalb finanziert und schließlich an die Macht gebracht hatten, damit diese ihnen steigende Profite sichern sollten.

»Alte Kämpfer« waren daher enttäuscht, als sie nicht die erhofften Posten erhielten. Sie und andere, die der Sozialdemagogie der Nazis geglaubt hatten, drängten auf Einlösung der versprochenen wirtschaftspolitischen Maßnahmen: »Brechung der Zinsknechtschaft des Geldes«, »Verstaatlichung der Trusts«, »Enteignung der Kriegsgewinnler«, »Gewinnbeteiligung an den Betrieben«. Mit solchen Losungen hatte sich die NSDAP ideologisch Masseneinfluß verschafft. Die radikale Richtung betrachtete das seit Januar 1933 Erreichte nur als Beginn und verlangte eine »zweite Revolution«. Ernst Röhm, der als Stabschef der SA eine ernst zu nehmende Macht mobilisieren konnte, hatte sich zuletzt zum Wortführer dieser Richtung gemacht. Deshalb ließ ihn Hitler am 30. Juni 1934 – zusammen mit Gregor Strasser und weiteren unliebsam gewordenen Funktionären aus SA und NSDAP, aber auch mit Antifaschisten und Kommunisten – von SS und Gestapo ermorden. Eine »zweite Welle« der Revolution oder »wirtschaftspolitische Dummheiten« hatte Hitler niemals vorgesehen, und die Monopolkreise, die keinerlei Beeinträchtigung und Kontrolle ihrer Positionen duldeten, bestanden strikt auf ihren mit Hitler getroffenen Absprachen, wo immer sie ihre Interessen gefährdet sahen.[34]

Wie Farías erläutert, entsprachen die Hochschulreformmodelle von Baeumler und Krieck trotz der zwischen ihnen herrschenden Meinungsverschiedenheiten der geschilderten Tendenz zur Konsolidierung. Radikale und destabilisierende Vorschläge wollten sie vermeiden und bekämpften sie. Beiden ging es um die Faschisierung des Hochschulbereichs. Bei Baeumler, der für das »Amt Rosenberg« und damit im Namen der Parteidoktrin sprach, durch Militarisierung des ganzen akademischen Betriebes, durch Organisation der Studenten in »Männerbünden« und die hierarchische Gliederung, Ein- und Unterordnung der verschiedenen Disziplinen unter eine »führende« Disziplin. Krieck betonte die neue politische Rolle der Studenten, ihre Erziehung zu soldatischer Haltung, zur nationalsozialistischen Weltanschauung und zum Dienst am Volke, wollte aber den professionellen Aspekt der wissenschaftlichen Bildung und die Autonomie der einzelnen Disziplinen beibehalten, um die Studenten besser für ihren künftigen beruflichen Einsatz zu befähigen.

Farías zählt Heidegger zur radikalen Richtung: »Für die Hochschulen propagierte dieses extreme Reformmodell die totale Erneuerung der Wissenschaftsauffassung (in Lehre und Forschung) sowie eine substantielle Umwälzung des Verhaltens und Arbeitens an den Universitäten, insbesondere der Beziehung zwischen Professoren und Studenten. Der bedeutendste Wortführer dieser Version der Universitätsreform war Martin Heidegger. Mit Recht hat W. D. Gudopp auf die Nähe Heideggers zu Positionen der SA hingewiesen und gezeigt, daß in dessen Rektoratsrede die Terminologie Moeller van den Brucks, eines Vertreters der Konservativen Revolution ..., aber auch der Gebrüder Strasser, die dem ›linken‹ Flügel der NSDAP zugehörten, erkennbar ist.«[35]

Philosophie im Abseits

Die Stellung der Philosophie in den Anfangsjahren der Nazidiktatur bietet das bereits eingangs postulierte widersprüchliche Bild. Einerseits war die faschistische Machtausübung von Sirenengesang begleitet. Der Geist sollte, auch in Gestalt der Philosophie, zur Mithilfe am inneren Ausbau des Nazifaschismus überredet werden. Glänzende Zeiten und unbeschränkte Möglichkeiten wurden versprochen, wenn er sich nur anschließe. Doch lauter noch waren auf der anderen Seite die Gegenstimmen, die betonten, »daß die revolutionäre Methode einstweilen noch aufs Unabsehbare weitergehe und demnächst besonders den Geist in die Arbeit nehmen werde«; oder verkündeten, »daß sie ihn gar nicht brauche, weil ein neuer Geist schon da sei, so daß sich der alte nur noch freiwillig ins Feuer stürzen könne«.[36]

Welcher Geist die deutschen Universitäten und Hochschulen künftig tatsächlich beherrschen sollte und daß er nichts mit Rosenbergs Bonmot von der Philosophie als Königin der Fakultäten zu tun haben würde, hatte bereits Ministerialrat Johann Daniel Achelis auf dem 12. Kongreß der »Deutschen Philosophischen Gesellschaft« 1933 klargestellt: »Auf jeden Fall«, monierte er vor den noch nicht zur Zufriedenheit der Faschisten gleichgeschalteten Philosophen,[37] »wird die neue Hochschule nicht aus dem Geist der Philosophie erwachsen, sondern aus dem Geist der SA und der entschlossenen Studentenschaft«.[38] Was das, abgesehen von den Maßnahmen der Hochschulreform, zu bedeuten hatte, wurde jedem Hochschulangehörigen, der sich nicht der braunen Revolution anzuschließen bereit war, sehr schnell deutlich gemacht: Es hieß, dem psychischen und physischen Terror der nationalsozialistisch durchorganisierten, »sich selbst verwaltenden« Studentenschaft ausgesetzt zu sein, die von ihren Führern offen zur Drangsalierung mißliebiger Hochschullehrer aufgerufen wurde. Bereits in seiner ersten Rede an der Berliner Universität rechtfertigte Alfred Baeumler Gewalttätigkeiten aller Art, indem er erklärte: »Der Student trägt ein neues Bild von der deutschen Hochschule in sich ... Von seinen Lehrern erwartet er, daß sie dem unsichtbaren Maßstab in ihm Wort und Gestalt verleihen, und er mißt sie schließlich daran, ob sie das vermögen. Können sie das nicht, dann wendet er sich mit Scham und Zorn und Schmerz von ihnen, und auf dem Boden der Hochschule ereignen sich jene Vorfälle, die noch bis vor kurzem unter der Rubrik Radau, Skandal, Zwischenfälle gingen, oder es kommen ›Entgleisungen‹, ›Übertreibungen‹, ›Einseitigkeiten‹, ›Maßlosigkeiten‹ usw. vor. Würde der Student aber nicht aktiv werden, dann würde er seinem revolutionären Auftrag untreu.«[39] Das ist unverkennbar die Tonart Görings, der schon in der »Kampfzeit« zum politischen Mord aufrief: »Die Spannung und Empörung in unseren Reihen ist bis zur Siedehitze gestiegen. Vielleicht findet sich darunter einer, der seine persönliche Ehre identifiziert mit der Ehre der Partei und sie in der Weise, wie es ihm seine Ehre gebietet, wiederherstellt. Ich fordere nicht dazu auf, aber was der einzelne tut, können wir nicht kontrollieren.«[40]

Diesem Geist immer deutlicher Rechnung tragend, änderte sich auch die praktische Haltung der Naziführung zur Philosophie und ihren »verdächtigen« Vertretern. Hatte es Hitler im Oktober 1933 noch für angezeigt gehalten, den Kongreß der »Deutschen Philosophischen Gesellschaft« mit einem persönlich unterzeichneten Telegramm auszuzeichnen, so hält man drei Jahre danach derartige Bekundungen nicht mehr für opportun. Bei der Jahrestagung 1936 fehlen sowohl die Prominenz aus den Ministerien wie auch das Führertelegramm, wenngleich die finanzielle Förderung der »Deutschen Philosophischen Gesellschaft« durch das Reichsministerium für Wissenschaft, Erziehung und Volksbildung und das Auswärtige Amt zumindest bis 1942 unverändert blieb. »Das Vereinsleben der

Deutschen Philosophischen Gesellschaft stagniert auf der zentralen Ebene, obwohl in den Ortsgruppen eine rege Vortragstätigkeit organisiert wird.«[41] Ähnliches galt für die Stagnation bzw. die latente Reduzierung der philosophischen Lehrstühle. Obwohl die von Ferbers angegebenen Zahlen für den Bereich Philosophie/Psychologie/Pädagogik, wie Ulfried Geuter betont, nicht unproblematisch sind, sprechen die Angaben zur Philosophie eine beredte Sprache. Er kommt zu dem Ergebnis, daß von den 56 Ordinariaten an den Universitäten zwischen 1920 und 1931, fünf Jahre nach der Machtübergabe an die Faschisten, nur noch 36 Ordinariate geblieben sind. Geuter zufolge bestand seit 1936 die prinzipielle Politik des RMWEV darin, an jeder Hochschule in der Regel nur zwei Professuren für Philosophie zu belassen, deren eine mehr auf Geschichte der Philosophie und systematische Philosophie, die andere hingegen auf Pädagogik und Psychologie ausgerichtet sein sollte.[42]

Diese Fakten belegen, daß sich das Interesse der Herrschenden an der Philosophie, das ohnehin nur taktischer Natur war, mit zunehmender Konsolidierung der politischen Macht der Faschisten merklich verringerte. Dafür spricht auch der Austritt des Amtsleiters Wissenschaft der Kanzlei Rosenberg, Alfred Baeumler, aus der »Deutschen Philosophischen Gesellschaft« im November 1934, »obwohl er ausdauernd von verschiedenen Mitgliedern umworben worden war«.[43] Die Abwendung der NSDAP von der »Deutschen Philosophischen Gesellschaft«, die paradigmatisch das prinzipielle Verhältnis zur Philosophie und ihren Vertretern kennzeichnet, bewirkte, daß es nach 1936 zu keiner Jahrestagung mehr kam, selbst 1942 nicht – dem 25. Jahrestag der Gründung der Vereinigung. Arnold Gehlen, 1933 zum Parteigänger der Faschisten geworden und nach dem Tode von Bruno Bauch Vorsitzender der Gesellschaft, erklärte diesen Umstand mit »den Verhältnissen«, ohne diese, wie auch immer, näher zu charakterisieren. Gleichzeitig machte es den unteren Chargen der NSDAP, wenn auch mit Billigung des Amtes Wissenschaft, das heißt Baeumlers und Rosenbergs, Spaß, die Philosophen zu verschrecken. Die Absicht des Vorstandes der Gesellschaft, »die geplante Jahrestagung 1939 als ›Erste Großdeutsche Tagung‹ in Graz/Österreich zu veranstalten, wird von der NSDAP nicht honoriert. Im Gegenteil, der Gauleiter der Steiermark teilt Baeumler triumphierend mit: ›Ich habe ... der Deutschen Philosophischen Gesellschaft (d. i. Ortsgruppe Graz, die die Jahrestagung organisieren sollte, W. R.) wissen lassen, daß sich die Partei von ihrem Kongreß fernhält. Diese Stellungnahme hat die bisherige Ortsgruppe der Deutschen Philosophischen Gesellschaft derart erschüttert, daß sie beschlossen hat, sofort die Selbstauflösung vorzunehmen. Diese im Zuge befindliche Selbstauflösung macht naturgemäß die Abhaltung des Kongresses in Graz unmöglich. Der Hauptverein hat sich daher dazu entschließen müssen, die Tagung nach Jena zu verlegen. Damit sind wir also im Gau Steiermark nicht nur den Ableger dieser etwas fragwürdigen Gesellschaft, sondern auch den Kongreß dieser Gesellschaft mit einem Schlage losgeworden. Heil Hitler!‹ Baeumler notiert nach Empfang des Briefes lakonisch an den Rand: ›na also!‹.«[44]

Es ist daher nicht ungewöhnlich, im einschlägigen NS-Schrifttum immer wieder auf Äußerungen des Mißtrauens den Philosophen gegenüber zu stoßen. In »Der Führer. Das Badische Kampfblatt für nationalsozialistische Politik und deutsche Kultur. Hauptorgan der NSDAP Gau Baden« beispielsweise wird die Philosophie als eine »seltene und gefährliche Begabung und Kunst« dargestellt, und dem Leser nahegelegt, er tue gut daran, »allem Philosophischen gegenüber sehr mißtrauisch zu sein«. Nichts sei verlockender, aber auch zerreißender für den Menschen, so wird dort ausgeführt, als sich durch Theorien oder Bücher leiten und bestimmen zu lassen. Doch beweise schon der ewige Hader zwischen den philosophischen Richtungen, wie wenig mächtig die Philosophie ihrem Wesen nach sei, auch wenn sie zum Leben gehöre »wie die Musik, die Einsamkeit, der Glauben und der Tod«. Ungeachtet solcher Vorbehalte hielt jener nicht eben philosophiefreundliche Autor die Schriften Alfred Baeumlers des »scharfen Nachdenkens« für wert, da es diesem anerkennenswerterweise immer um den Staat gehe, um die Auseinandersetzung mit dem »unpolitischen Menschen« und um die Ertüchtigung der Jugend für die »großen Aufgaben der Gegenwart«. Was Baeumler mit seinen harten Forderungen vorlege, sei im positiven Sinne »philosophisch gehandelt« – und darauf komme es an, »denn mit dem Fragen allein ist es eben nicht getan, man muß auch Antwort geben«.[45]

Die Antworten, die der Nationalsozialismus gab, waren in der Tat wesentlich praktischer Natur. Sie bestanden in der materiellen und ideologischen Vorbereitung, Anzettelung und Ausweitung eines neuen Weltkrieges, in der bedenkenlosen Opferung großer Teile des deutschen Volkes auf den Schlachtfeldern des Krieges, in der bestialischen Ausrottung von Millionen unschuldiger Menschen.

Obwohl der Zeitraum, in dem sich die NSDAP der Philosophie gegenüber aufgeschlossen gab, nur kurz bemessen war und auch in der Phase der Machtkonsolidierung die philosophiefeindlichen Stimmen nicht verstummten, wurde das Beabsichtigte erreicht. Die wesensmäßige Nähe konservativer und faschistischer Positionen sowie die kalkulierte faschistische Politik von Zuckerbrot und Peitsche führte dazu, daß sich auch die Universitätsphilosophen – von wenigen Ausnahmen abgesehen – »auf den Boden der Tatsachen« stellten.

Wie es keine Fakultät gab, die nicht ein Sacrificium intellectus gebracht hätte, als die Faschisten die Macht antraten, so zeigten auch die verbliebenen Philosophen ein Bild der Unterwerfung. Dem »Bekenntnis der Professoren zu Adolf Hitler« vom März 1933 schlossen sich aus dem Bereich der Philosophie außer Martin Heidegger folgende namhafte Professoren an: Th. Kohn, Theodor Litt, Bruno Bauch, Erich Rothacker, Hugo Dingler, Carl August Emge, Hans F. K. Günther, Karlfried v. Dürckheim, Hans Volkelt, Hans Georg Gadamer, Werner Schingnitz, Hans Freyer, Arnold Gehlen, Paul Wolfgang Junker.[46] Rückblickend konstatierte 1938 der Ordinarius für Philosophie der Kieler Universität, der überzeugte Nazi Ferdinand Weinhandl, schon wenige Wochen nach der Machtübernahme seien aus dem »Kampf aller gegen alle« die »Stimmen der Zersetzung und des Niedergangs« ausgeschieden, hätte sich die »konstruktive Kraft« in der vom Nationalsozialismus gewiesenen Richtung gesammelt. Unter jenen, die Weinhandl als wegweisende Repräsentanten der »neuen Geistesrichtung« nannte, finden sich Theodor Haering[47], Alfred Baeumler, Hans Freyer, Ernst Krieck, Martin Heidegger, Hans Heyse, Alfred Rosenberg, Otto Dietrich, Arnold Gehlen und natürlich Ferdinand Weinhandl selbst.[48]

Was die NSDAP von den bestallten Philosophen erwartete und auch geliefert bekam, war eine Neuorientierung und Neuordnung der Philosophie im Dienst der Politik des Nationalsozialismus.

Wie die Philosophie ihrer Struktur nach beschaffen sein sollte, darüber klärte den interessierten Laien das »erste deutsche Großlexikon« auf, das mit dem Hinweis für sich warb, es sei das erste Werk dieser Art, das den deutschen Umbruch berücksichtigte. »Der Nationalsozialismus«, heißt es dort, »gibt der Philosophie neue Grundlagen, bahnt eine neue Rangordnung der Disziplinen an, unter denen neben einer neuen, vom nordisch-arischen Mythus (Rosenberg) getragenen Weltanschauungslehre und einer neuen

Metaphysik des All-Lebens (Krieck) besonders Rassenseelenkunde (Hans F. K. Günther; F. L. Clauß), Politische Pädagogik (Baeumler), Völkisch-politische Anthropologie (Krieck) in den Vordergrund treten.«[49]

In allen ihren Disziplinen militant gegen den Marxismus und seine wissenschaftliche Geschichtsauffassung gerichtet, diente die vom Nationalsozialismus installierte Philosophie nicht im mindesten der Suche nach Wahrheit, sondern einzig und allein der gezielten Infiltration der Menschen mit faschistischem Gedankengut, die schließlich zum Vollstrecker dieses Gedankengutes gemacht werden sollten. Dabei brauchte sich das Naziregime um die philosophische Rechtfertigung seiner Praxis noch nicht einmal besonders zu bemühen. Nicht nur aktive Nazis, auch parteilose profaschistisch eingestellte Professoren lieferten diese Rechtfertigung freiwillig und schalteten sich damit quasi selber gleich. Sie waren es, die die zentralen philosophischen Begriffe auf die Erfordernisse des Faschismus einpendelten. »Der Sprache abstrakter Begriffe wurde die Sprache der nationalsozialistischen Weltanschauung gegenübergestellt.« Es war dies die Reaktion auf die von höchsten Parteistellen verbreitete Parole, daß die werdende deutsche Volksgemeinschaft etwas sei, was es in der deutschen Geschichte noch niemals gegeben habe. »Daher können wir auch die Begriffe, die diese Gemeinschaft bezeichnen sollen, nur aus dem Erlebnis der Gegenwart, nicht aus der Vergangenheit nehmen.«[50]

Es fanden sich hinreichend viele, »die innerhalb ihrer Aufgabengebiete funktionierten. Sie halfen mit, die notwendige innenpolitische Stabilität aufrechtzuerhalten, die der faschistische Ausbeutungs- und Vernichtungsapparat brauchte und die seine Effizienz ermöglichte«.[51] Dabei glaubten die akademischen Akteure – oder sie gaben vor, es zu glauben –, mit diesen Anpassungen ihrer »völkischen Verpflichtung« nachzukommen, die sie als oberstes Gesetz sowohl den Wissenschaften wie der Universität freiwillig auferlegten.[52]

Für den exponierten Naziphilosophen Ernst Krieck, seit 1933 Rektor der Universität in Frankfurt am Main, waren all das Zeichen der »Erneuerung der deutschen Universität«, wenngleich ihm diese Entwicklung nicht schnell und nicht konsequent genug verlief. Dennoch waren sie ihm Anlaß, der Vorstellung Ausdruck zu verleihen, daß aus den eigenen Ansatzpunkten und Aufgaben jeder Fakultät eine »neue Philosophie heraufwachsen« müsse, »die die Vielfalt der

Einzelfächer in einem gemeinsamen Weltbild, einer Domkuppel, sinnhaft überwölbt«.[53]

Um diesen Prozeß zu befördern und zu beschleunigen, hatte Krieck auch in seiner Rektoratsrede angeregt, der Universität ein spezielles Organ einzubauen, eine Akademie »in der ursprünglichen Bedeutung dieses Wortes, die Dozenten und Nachwuchs auf Form und in gemeinsame Richtung zu bringen vermag«, indem sie »die Sicht auf die großen weltanschaulichen Sinnzusammenhänge« lenke. Krieck verwirklichte diese Idee 1937 als erster in Heidelberg; ihm folgte Hans Heyse in Göttingen. Die erste Akademie des NS-Dozentenbundes, die ebenfalls das Ziel einer durchgreifenden Synthese von Wissenschaft, NS-Weltanschauung und faschistischer Politik verfolgte, wurde auf Betreiben von Hans Löhr 1937 an der Universität Kiel gegründet und im Januar 1938 eröffnet. Ihre Leitung übernahm der Philosoph Ferdinand Weinhandl.[54]

Philosophie im Aufwind

Wenn die Philosophiefeindlichkeit des Nationalsozialismus als ein markantes Kennzeichen des deutschen Faschismus hervorgehoben wird und hervorgehoben werden muß, so schließt das nicht aus, daß es im Verhältnis der Nazipartei zur Philosophie Schwankungen gab, ähnlich den Schwankungen im Verhältnis zur Wissenschaft überhaupt. So vollzog sich in der Haltung zur Philosophie etwa ab 1939, besonders jedoch 1940/1941, ein auffälliger Wandel. Obwohl Widerstände nicht ausblieben, änderte sich der Tenor grundsätzlich: Plötzlich hieß es, die Zeit einer falschen Bescheidenheit in der Philosophie sei vorbei.[55]

Auf einmal wurde die lange verfochtene Trennung von Weltanschauung und Philosophie und die damit einhergehende Ersetzung von Philosophie durch Weltanschauung kritisiert und als ein weitgehend auf Mißverständnissen beruhendes Entwicklungsproblem der neuen Ordnung hingestellt, dem endlich der Kampf angesagt werden müsse. Philosophie, das heißt »nationalsozialistische Philosophie«, war nun ausdrücklich gefragt und gefordert. So konnte man 1941 in einem Artikel von Alfred Klemmt lesen: »Von eingeschworenen Feinden der Philosophie wird die These vertreten, daß mit dem nationalsozialistischen Reich endgültig auch ›die‹ Weltanschauung zum Durchbruch gekommen sei und über ›die‹ Philosophie gesiegt habe, die sie ein für allemal ersetzen, ja vernichten müsse. Warum? Weil die Philosophie eine bloße Spielerei und Schaumschlägerei mit leeren Worten und Begriffen sei, die Weltanschauung dagegen das alleinige Mittel adäquater Wirklichkeitserfassung. Weltanschauung und Philosophie werden also in einen ausschließlichen Gegensatz zueinander gebracht. Es wird rundweg geleugnet, daß die Philosophie auch nur den geringsten Beitrag zum Aufbau einer Weltanschauung zu leisten vermag und ein innerer Zusammenhang zwischen Weltanschauung und Philosophie besteht.« Aber wie es unmöglich sei, Anschauung und Denken auseinanderzureißen, so sei es eine Unmöglichkeit, Weltanschauung und Philosophie voneinander zu trennen. »Weltanschauung ist ohne Philosophie und Philosophie ohne Weltanschauung undenkbar: *Philosophie ist in Wahrheit überhaupt gar nichts anderes als die exakte Form der Weltanschauung!*«[56]

Offensichtlich im Fahrwasser des aus objektiven Erfordernissen notwendig gewordenen Kurswechsels in der Wissenschaft und der damit zwangsläufig verbundenen partiellen Rücknahme der massiven Angriffe auf rationales begriffliches Denken – aber auch weil man sich durch die Verächtlichmachung der Philosophie nach außen sehr in Mißkredit gebracht hatte – wurde nunmehr auf die Berechtigung, ja die Unerläßlichkeit einer nationalsozialistischen Philosophie hingewiesen. Sie sollte sich durch klare Begrifflichkeit und gedankliche Exaktheit, jedoch – verständlicherweise – nicht von den Inhalten und Zielsetzungen her von der nationalsozialistischen Weltanschauung unterscheiden.

»Philosophie und Weltanschauung haben also fundamentale Gemeinsamkeiten. Es ist überhaupt keine Unterscheidung im Grundsätzlichen. Der Unterschied liegt mehr im *Grad der Bewußtseinshelle,* der begrifflichen Klärung, der logisch systematischen Begründung und der einheitlichen Formulierung. So können wir Philosophie definieren als wissenschaftlich formulierte und begrifflich systematisch ausgebaute Weltanschauung, heißt es bei Heinrich Härtle. »*Die Festigkeit, ja Unabänderlichkeit der Grundprinzipien unserer Weltanschauung verteidigen wir allerdings rücksichtslos.* Auch in der Wissenschaft und auch in der Philosophie ... Wir können nicht in der Weltanschauung den Kampf bejahen und eine pazifistische Kulturphilosophie dulden, wir können nicht die Rassenerkenntnis als den Kern unserer Weltanschauung festhalten und eine rassenlose Erkenntniskritik und Ontologie dulden. Hier gilt die gleiche Ausschließlichkeit wie im politisch-weltanschaulichen Kampfe. Philosophie wird für uns in Zukunft nur möglich sein als die begrifflich wissenschaftliche Ausformung der Grundsätze unserer Weltanschauung. *Und alle philosophischen Begriffe und Kategorien, welche diesen Grundsätzen entscheidend widersprechen, müssen so oder so überwunden werden.* Gegen alles Geschrei von der Knebelung des Geistes, von der Vergewaltigung der Wissenschaft und der Philosophie müssen wir den Mut zu solchen Konsequenzen aufbringen ...

Wissenschaftler, die ihr Denken und Forschen in den Dienst des deutschen Schicksalskampfes stellen, wurden und werden mit höchsten Ehren des Reiches ausgezeichnet. Umgekehrt scheuen wir uns keinen Augenblick, mit aller Härte gegen Wissenschaftserscheinungen und Wissenschaftler vorzugehen, welche sich am Lebenskampf unseres Volkes vergehen. Wissenschaftlicher Landes- und Hochverrat ist für uns genauso zu sühnen wie ein anderes Staatsverbrechen. Und wir scheuen nicht davor zurück, einen Landesverräter oder einen Schädling des Volkes auch dann ins Konzentrationslager zu stecken, wenn er sich wissenschaftlicher Titel, Begriffe und Methoden bedient.«[57]

Die konkreten Gründe für den Umschwung waren vielfältiger Natur und lassen sich nicht allein auf die objektiv durch das Kriegsgeschehen erzwungene veränderte Haltung zur Wissenschaft reduzieren. Mit Sicherheit spielten die negativen Erfahrungen mit der wachsenden Opposition an den Hochschulen gegen den jahrelangen Wissenschaftsabbau durch die Nazis auch eine gewisse Rolle. Ebenso waren es die Probleme, die sich aus dem seichten und verschwommenen Charakter der nationalsozialistischen Weltanschauung für die Schulungsarbeit, für die sich ausdehnende politisch-weltanschauliche Beurteilungstätigkeit und insbesondere auch für die nazifaschistische Um- und Ausformung der einzelnen Wissenschaften ergaben. Zwar gab es die vagen rassischen Ideen und die imaginären Ausführungen über das völkische Gemeinschaftsleben, die der Leitfaden aller Forschung und Lehre und die Grundlage der Beurteilungstätigkeit sein sollten, aber niemand hatte all die Jahre offiziell erklärt, wie das praktisch in jeder Disziplin und in der Einschätzung von Wissenschaftlern und konkreten wissenschaftlichen Ergebnissen Ausdruck finden sollte.

Die primitive, auf Intuition und blinde Gläubigkeit abhebende nationalsozialistische Weltanschauung bot den faschistischen Führungskräften auf die Dauer weder eine wirklich praktikable Handhabe, noch ließen sich aus ihr klare und eindeutige Beurteilungskriterien für die diversen wissenschaftlichen Disziplinen ableiten. Meinungsverschiedenheiten zwischen verschiedenen Parteigrößen und -dienststellen und ihren Verfassern waren daher an der Tagesordnung. Auch das Scheitern längerfristiger Lehrgänge, zum Beispiel im NS-Ausleseschulwesen, müssen unter anderem auf diese Unzulänglichkeiten zurückgeführt werden. »Kein einziger der ursprünglich auf drei Jahre geplanten Lehrgänge für ›Ordensjunker‹ konnte beispielsweise über mehr als knapp zwei Jahre hinweg geführt werden; es fehlte an Lehrplänen, es fehlte der primitiven NS-Ideologie an Informationsgehalt; es kam zu ständigen, auf die Dauer auch für den ›Ordensjunker‹ mit einfachen geistigen Ansprüchen spürbaren Wiederholungen.«[58]

Es verwundert also nicht, daß die Wortführer der prophilosophischen Richtung im Nationalsozialismus vor allem unter jenen zu finden waren, »die führend in der Erziehung und Schulung der Bewegung stehen«. Denn sie waren es ja auch, die sich mit den genannten Problemen unmittelbar auseinanderzusetzen hatten und aufgrund ihres oft mangelnden Wissens und des Fehlens einer nationalsozialistischen »Wissenschaftsphilosophie« immer wieder von oppositionellen Studenten und Hochschullehrern in die Defensive gedrängt wurden.

Ihrem Ruf nach einer »wissenschaftlichen« Philosophie Rechnung tragend, schrieb Härtle: »Man kann die Macht im Staate vielleicht ohne Wissenschaft erobern, aber man kann dieser Macht nicht Dauer verleihen, das heißt, man kann die Kontinuität der Führung, die Erziehung der Führung für morgen und für die Zukunft nicht gewährleisten ohne ein klares Begriffssystem, ... ohne die wissenschaftliche Formulierung und Ausformung unserer Weltanschauung, ohne die Philosophie.«[59] Vor allem für die politischen Führer gelte das gleiche, was Carl von Clausewitz[60] über die Erziehung zum Feldherrn formuliert habe: Der militärisch und der politisch Handelnde handle aus Intuition und Instinkt, aber die Ausbildung und Erziehung der Handelnden erfordere klare Begriffe.

Daraus geht eindeutig hervor, daß es sich bei der Berufung auf das begriffliche Denken und bei der Bejahung einer nationalsozialistischen Philosophie nicht um einen Sinneswandel handelte, sondern um eine taktische Korrektur, die es der Führungselite ermöglichen sollte, die sich im geistigen Bereich anhäufenden Konflikte und Schwierigkeiten abzubauen. Daß man sich davon eine erhebliche Wirkung erhoffte, ist daran abzulesen, daß die Philosophie, das heißt die Ausarbeitung einer typisch nationalsozialistischen Philosophie, nun zum »größten wissenschaftlichen Auftrag der deutschen Geistesgeschichte« erklärt wurde.[61]

Philosophie sollte dabei nicht mehr nur Mittel zum Zweck sein, beispielsweise Mittel zur geistigen Zucht und zur Entwicklung des logischen Denkens, sondern wieder als das begriffen werden, was sie »wie jedes große Kulturgebiet« vor allem sei: ein eigener, seine Begründung auch in sich selber findender Lebenswert. »Nicht nur die Philosophie soll dem Leben dienen. Nein sie selbst *ist* auch Leben, geistiges Leben ... die *denkerische Eroberung und Bewältigung der Welt des Menschen.* Niemand kann den Einfluß der Philosophie auf alle übrigen Lebensgebiete leugnen, aber daraus ihren eigentlichen Zweck und ihre ausschließende Rechtfertigung abzuleiten, wäre nichts als Barbarei.

Das sei vor allem jenen schriftstellernden Scharlatanen gesagt, die sich einbilden, es sei schon eine Leistung, etwas *nicht* zu können, die – selbst unfähig zur Philosophie – auf die Philosophie mit Straßenschmutz werfen, welche die Philosophie zerstören möchten, weil sie ihnen den Zugang verweigert. Sie schmähen, was ihnen unerreichbar ist. Nur wer sich die philosophische Tradition erobert hat, darf sich anmaßen, gegen sie als Überwinder zu kämpfen.

Andere glauben, sich besonders dadurch als rechtgläubige Nationalsozialisten zu beweisen, wenn sie die Philosophie als ›überwunden‹ erklären und sie durch Weltanschauung ersetzen möchten. Aber jeder Versuch, die Weltanschauung wissenschaftlich systematisch zu begründen, sie begrifflich exakt und damit wissenschaftlich darzustellen, *zwingt zur Philosophie und ist Philosophie ... So wenig die Wissenschaft durch das allgemeine Wissen, so wenig kann die Philosophie durch Weltanschauung ersetzt werden.* Schon der Versuch, von der nationalsozialistischen Weltanschauung aus die Philosophie der Vergangenheit ... und vor allem die feindliche Philosophie der Vergangenheit – als Ausdruck gegnerischer Weltanschauung – zu bekämpfen und zu besiegen, hat eine nationalsozialistische Philosophie zur Voraussetzung. *Nur vom Boden einer eigenen Philosophie kann die gegnerische Philosophie überwunden werden.* Die wissenschaftliche Überwindung des Liberalismus, Marxismus und Konfessionalismus, die Vernichtung der liberalistischen, konfessionalistischen oder marxistischen Philosophie hat eine nationalsozialistische Philosophie zur Bedingung.«

Das Eingeständnis, daß die nationalsozialistische Weltanschauung als Gegner der bürgerlichen wie auch der marxistischen Philosophie gescheitert war, konnte im Grunde nicht deutlicher sein. So trat man die Flucht nach vorn an, um mit einer *eigenen* Philosophie gegen die verhaßten Philosophien anzutreten. Doch ebenso illusionär wie die Welteroberungspläne des deutschen Faschismus war auch der Plan, mit einer nazistischen Philosophie geistig die Welt zu erobern.[62]

Grundzüge der Naziphilosophie

Obwohl in den vergangenen Jahrzehnten verschiedentlich in Zweifel gezogen, ist es meines Erachtens durchaus gerechtfertigt, von der Existenz einer spezifisch nazifaschistischen Variante der Philosophie zu sprechen. Es gab nicht nur Nazis, die Philosophie betrieben, sondern auch eine Naziphilosophie im Sinne einer mehr oder minder einheitlichen Grundkonzeption. Das soll heißen, die Produkte der Naziphilosophen waren nicht *nur* ein Sammelsurium eklektisch zusammengeworfener reaktionärer Philosopheme der Vergangenheit, wenngleich sie ohne Zweifel das *auch* waren. Bei genauerer Betrachtung finden sich Grundlinien und Grundmotive, die so dominierend sind, daß die voneinander abweichenden Auffassungen in einzelnen – nicht immer unwesentlichen – Fragen letztlich von sekundärer Bedeutung sind.

Dies vorausgeschickt, kann man sagen, NS-Philosophie war einheitlich, und sie war es auch nicht. Einheitlich war sie in ihren *allgemeinen* theoretischen Prämissen, in ihrer politischen Stoßrichtung und ihrer *generellen* methodischen Ausrichtung nach. Uneinheitlich in bezug auf die konkrete Ausführung und die Positionsbestimmung in Einzelfragen. Übereinstimmend in der vorgeblich fundamentalen Bedeutung des Rassegedankens und der Idee der völkischen Gemeinschaft für das philosophische Denken, übereinstimmend auch in der durchweg betonten Herausstellung der eigenen Ganzheitlichkeit wie des Ganzheitsdenkens überhaupt, zeigten sich erhebliche Differenzen unter anderem in der Einstellung zur klassischen deutschen Philosophie im allgemeinen und zur Hegelschen Philosophie im besonderen, in der Beurteilung der Philosophie der Aufklärung – namentlich seit der zweiten Hälfte der dreißiger Jahre – sowie auch in der jeweiligen Ausprägung des generell vertretenen Irrationalismus, wobei die demagogisch verschleierten Varianten von besonderer Bedeutung und Wirksamkeit waren.

In der Selbstbewertung dieser Art von Philosophie durch die Naziphilosophen als relativ eigenständiger, eben »politischer Philosophie« neuer Art ist somit durchaus ein wahrer Kern, wenngleich diese Philosophie erst in Konturen existierte und mit Wahrheit nichts zu schaffen hatte.

Ganz auf die weltanschaulichen Vorgaben der Naziideologie und auf die Interessen und Bedürfnisse des faschistischen Regimes eingestellt, war die Naziphilosophie ihrem Selbstverständnis nach *Gegenwartsphilosophie*, und das war prinzipiell gleichbedeutend mit *politischer Philosophie*. Mit Gegenwartsphilosophie war somit nicht die Philosophie der Gegenwart, wie sie zur Zeit beschaffen ist, gemeint, sondern diese Bezeichnung sollte, wie Gerhard Lehmann herausarbeitete, eine »radikale Veränderung des *Begriffs* ›Philosophie‹ selbst« zum Ausdruck bringen, und zwar »nicht bloß des traditionellen, sondern auch des noch in der Gegenwart lebendigen«.[63] »Wir wachsen über den griechischen Begriff der Philosophie hinaus und in arteigenes, artgeklärtes deutsches Denken hinein und richten es nach der Not unserer Zeit und den Erfordernissen unserer Zukunft und so aus, daß wir wieder eine Zukunft haben können und alle Vergangenheit uns deutbar wird und verständlich als Hahnenschrei dieser Zukunft.«[64]

Folgte man den Urhebern dieser Philosophie, so sollte diese politische Philosophie nicht mißverstanden werden als eine Politisierung der Philosophie im Sinne einer äußerlichen Prägung – was in Wirklichkeit natürlich der Fall war –, sondern als eine Philosophie, in der »von innen aufbreche«, was im Nationalsozialismus weltanschauliche Gestalt angenommen habe. Demzufolge bringe das Politischwerden der Philosophie – oft auch als »konkrete Wirklichkeitsnähe« bestimmt – auch keine Einschränkung ihres systematischen Anspruchs, sondern im Gegenteil: die »politische Philosophie« nehme alle Positionen traditionellen Philosophierens in sich auf. Mit einer »kleinen« Einschränkung allerdings: Es geschehe, soweit diese traditionellen Positionen »sich politisch legitimieren lassen«.[65] Was sich also vor den faschistischen Maßstäben nicht legitimierte, fiel selbstverständlich weg – und das war alles, was in etwa der Wahrheit entsprach oder ihr nahekam, weil all das die »Totalität der

Weltanschauung« störte oder ihr sogar gefährlich war. »... davon, was ich will, hängt ab, was ich denke, so lautete die Kurzformel des Maßstabes, nach welchem Brauchbares von Unbrauchbarem unterschieden wurde, konstatierte Hans Günther.[66]

Im folgenden sollen einige Grundzüge der nazistischen »Gegenwartsphilosophie« genauer gekennzeichnet werden. Es sind der im »Rassedenken« verankerte *Voluntarismus* und *Aktivismus*, die für die Naziphilosophie charakteristische *Wirklichkeitsdemagogie* sowie der alles durchwaltende *Ganzheitsmythos*.

Aktivismus und Voluntarismus

Ein, wenn nicht *das* zentrale Anliegen der nazifaschistischen Ideologie bestand darin, die Massen zu mobilisieren, sie zur bedingungslosen Aktion für die vom deutschen Faschismus verfolgten Ziele bereit zu machen, sie in den Strudel der »nationalsozialistischen Revolution« zu reißen, gemäß der Propagandaparole: »Führer befiehl, wir folgen dir!«

Um den angeblichen nationalen Sozialismus zu verwirklichen, wurde ein pseudorevolutionärer Aktivismus gefordert, der nicht nur verhinderte, daß es zu wirklich revolutionärem Handeln kam, sondern jede Andeutung eines solchen Handelns aktiv bekämpfte. Indem das Volk demagogisch verherrlicht, eine klassenlose blutbedingte »völkische Einheit« suggeriert und ein angeblich revolutionärer Aufbruch der »Volksganzheit« behauptet wurde, diente dieser Aktivismus der blinden und widerspruchslosen Einordnung der Individuen in die den Krieg vorbereitende faschistische Politik, indem er jedem einzelnen letzte Einsatz- und Opferbereitschaft abforderte.

In diesem praktisch-politischen Kontext prägte auch die Naziphilosophie ihren aktivistischen und voluntaristischen Charakter aus. Den gegenwartsbezogenen Auftrag der neuen, »politischen Philosophie« formulierend, schrieb der Münchner Professor Wolfgang Schultz: »Unser Zeitalter ist leidgeprüft wie selten eines vorher. Wir haben den Schicksalsweg des Krieges zurückgelegt ... Dann kam der erschütternde Zusammenbruch, und aus ihm erwuchs die große Erhebung, deren Ideale der Führer mit kundiger, seherischer Hand auf den Grund der sich neu gestaltenden Volksseele gezeichnet hat. In dieser Erhebung sind die alten heldischen Kräfte unseres

Volkes erwacht, und so kann man sagen, daß unser Zeitalter auch wieder ein heldisches ist. Dabei ist es in seinem Wollen bestimmt ... von den Erkenntnissen, die aus seiner Lebenszeit kamen. So ist es auch ein Zeitalter der Selbstbesinnung und daher in einem hohen und eigentlichen Sinne ein philosophisches: Philosophie, allerdings nicht als ein Erkennen, das in sich verharren, zur Ruhe kommen will, sondern als ein Erkennen, das hinausgreift in die Haltung des ganzen Volkes, das gestalten will, was die Zukunft an sich reißen will.«[67]

Dem Bestreben des Faschismus, »die Zukunft an sich zu reißen«, das heißt: die Welt zu erobern, entsprach die Absicht, aus dem Menschen einen Landsknecht, einen alle Humanität und Rechtlichkeit mit Füßen tretenden Eroberer zu machen, der gedankenlos Befehle ausführt. Philosophen trugen diesem Bestreben auf ihre Weise Rechnung. In die Schule gegangen bei Schopenhauer und Nietzsche und sekundiert von Erziehungswissenschaft und Psychologie, verbreiteten sie ein das Denken herabsetzendes, rassebiologisch fundiertes aktivistisches und voluntaristisches Menschenbild, dem eine passende Erkenntniskonzeption entsprach. »Wir bekennen als Nationalsozialisten«, so die Orientierung aus dem Mund von Rosenberg, »daß der Antrieb des Willens für uns das erste und letzte ist, daß also in den Charakterwerten des Menschen der letzte Maßstab auch für die letzten Vernunfterkenntnisse liegt.«[68] Aus diesem Grunde müsse, wie Reichserziehungsleiter Otto Gohdes forderte, »unsere ganze Erziehungsarbeit ... abgestellt sein: auf Erziehung des Willens, der Treue und des Opfers ... Ursprünglich und lebenserhaltend sind Wille und Gefühl. Der Verstand überprüft nur die Handlungen des Gefühls und des Willens. Nicht der Verstand ist für den Menschen allein entscheidend, sondern zuerst wird sein Schicksal von seinen Lebensenergien, von seinem Willen bestimmt. Der Typus des nüchternen Verstandesmenschen, den das liberale Zeitalter geformt und gefördert hat, ist vorüber.«[69] Noch rigoroser formulierte Philosophieprofessor Lothar G. Tirala diesen Aktivismus: Primat des Handelns, absolute Dominanz der Welt der Tat, »ist ein Hauptmerkmal der arischen Rasse, das nicht dem klüglerischen Verstand entsprungen ist. Alle germanischen Forscher haben diese Wirklichkeit mehr oder weniger bewußt in einem Primat der Tat über das reine Denken anerkannt: *Die Tat ist alles, der Gedanke nichts.*« In diesem Sinne heiße *Freiheit* nichts anderes als *artgemäßes Handeln*. Kein Ethiker könne mehr verlangen, als daß jeder Mensch seiner Art gemäß wirken kann, »mehr braucht er nicht, um dieses Tun vor sich selber zu rechtfertigen«. Die höchste Moral bestehe darin, »seiner Art entsprechend zu handeln und sich durch keine Einwirkung der Außenwelt bestimmen zu lassen, etwas anders zu tun, als was seinem inneren Gesetz entspricht. Nur das ist Freiheit«.[70]

Der Sinn dieser wie aller ähnlich lautenden, von Amoral geprägten Herabsetzungen des *vernünftigen* Handelns, die in den nazistischen philosophischen Pamphleten an der Tagesordnung waren, bestand unter anderem darin, den Menschen aus den traditionellen Wertnormen des bürgerlichen Humanismus herauszulösen, zugunsten einer bedingungslosen Bereitschaft zur »nationalsozialistischen Tat«.

Wer einen verbrecherischen Krieg führen soll, der soll dreinschlagen, nicht meditieren – so die faschistische Devise. Wem das Verbrecherische des imperialistischen Angriffskriegs verhehlt werden soll, dem muß das Denken suspekt gemacht werden, aber er muß *handeln wollen*. Diese simplen, nichtsdestoweniger rationalen Überlegungen bildeten den Drehpunkt des aktivistischen und voluntaristischen Charakters der Naziphilosophie. Unter Berufung auf Nietzsche wurde dem potentiellen deutschen Soldaten auch und gerade von den reaktionären konservativen und faschistischen Philosophen klargemacht, der wahrhaft Handelnde stehe stets im Ungewissen. Diese Tatsache ignorierend, habe besonders die herkömmliche »liberalistische« Pädagogik, mit ihrem Postulat vom vernünftigen Handeln, verhängnisvolle Auswirkungen gehabt, indem sie vergessen ließ, daß das Schicksal des Menschen »weniger von seiner Vernunft als von seiner Phantasie und seinem Mute« abhänge. »Nicht die Logik vorsichtiger Berechnungen, sondern gewaltige dunkle Antriebe«, so schreibt Baeumler, »glühende Bilder und bezaubernde Ideen sind für unser Handeln bestimmend. Zur Erreichung von Teilzielen vermag uns die Vernunft wertvolle Dienste zu leisten, was wir aber eigentlich wollen, kann sie uns niemals sagen. Unser wirkliches Wollen ist stets ein Anklopfen bei der dunklen Zukunft, eine Frage an das Schicksal, und unser Handeln ein immer erneutes Sichauseinandersetzen und vorläufiges Fertigwerden mit den Antworten, die wir vom Schicksal erhalten.« Und an anderer Stelle: »Das macht gerade das Handeln zum Handeln, daß es nicht gedeckt ist durch seinen Wert. Der Handelnde exponiert sich, sein Teil ist niemals die securitas, sondern die certitudo.

Auf diese Ungewißheit und Ungedecktheit möchte ich mit dem Wort Einsatz hinweisen.«[71]

Den Plänen Hitlers blind zu vertrauen, seine und die Weisungen seiner nächsten Untergebenen zum eigenen Willen zu machen und diesem Willen gemäß zu handeln – das wird zur heroischen Tat des politischen Menschen stilisiert. Das Ideal des »politischen Menschen«, das heißt des Faschisten, besteht darin, seine Taten nicht kühl zu berechnen, sie nicht der prüfenden Vernunft zu unterziehen und im Handeln nicht auf Sicherheit zu gehen, sondern das Wagnis auf sich zu nehmen und ohne Zaudern der »Stimme des Blutes« bzw. der Stimme des Führers folgend zu handeln.

Expliziert man den eigentlichen Sinn der oft in der dargestellten Weise allgemein bleibenden Erwägungen, so besteht er darin, Todesbereitschaft zu wecken, die Bereitschaft, den Tod zu bringen und ihn zu erleiden, zu einem *Grundwert* zu erheben. Baeumler trifft genau den Kern der faschistischen Ethik, wenn er den »Jüngling, der den Tod nicht scheut«, als die Inkarnation zeitgemäßen heldischen Wollens und Tuns feiert,[72] dem es selbstverständlich *nicht* auf Nachruhm ankomme. Der heldische politische Mensch des nationalsozialistischen Zeitalters bringe sich namenlos ein, von innen geleitet, indem er seinem schöpferischen Willen gehorcht, der über Gesetz und Ordnung dominiert. Die solchem Willen entspringende, »aus dem Urquell der Ehre vor sich selber rein hervorbrechende Tat« nennt Baeumler »ghibellinischen Voluntarismus«. Dieser ist Baeumler zufolge stets heroisch, eben weil hier Wille zum unmittelbaren Handeln mobilisiert und über die bestehende Ordnung triumphiert.[73]

Dabei geht die Heroisierung der *wissenlosen*, aber *nicht willenlosen* Tat so weit, daß Hitler jede Tat für sinnvoll hält, »selbst das Verbrechen«. Zwar könne eine Tat der Allgemeinheit widersprechen, so daß sie verhindert werden müsse, aber sie sei »wenigstens doch eine Tat«! Morde an Antifaschisten auf offener Straße oder in den Folterkellern der SS und der Gestapo, die Vernichtung »unwerten Lebens«, die industriell betriebene Tötung von Abermillionen Juden und anderen »rassisch minderwertigen« Menschen – sind gemäß dieser Position moralisch gute Taten. »Das Gesetz der Natur ist eben dies: was hart ist, ist gut, was kräftig ist, ist gut, was aus dem Lebenskampf körperlich, willensmäßig, seelisch sich durchsetzt, das ist das Gute.«[74]

Der Aktivismus der braunen Philosophie, das zeigen die Rosenberg, Baeumler, Schering und Krieck, ist gekennzeichnet durch den generellen Verzicht auf Moralität und Humanität. »Für den Faschismus«, schrieb Georg Lukács, »ist die viehische Grausamkeit den Gegnern gegenüber der normale Zustand des Rassenkampfs.«[75] Moralische Zerrüttung ist daher der Kernpunkt der faschistischen Ethik und der faschistischen Erziehungstheorie. Das einzige Kriterium zur Beurteilung einer Tat wird das Interesse des Hitlerstaates.

Damit ist die Voraussetzung geschaffen, auch die bestialischsten Verbrechen zu legalisieren, wenn sie im Sinne der faschistischen Machthaber – demagogisch als das Interesse der »Rassengemeinschaft« dargestellt – ausgeführt werden. Für den faschistisch aktiven Menschen sind alle Maßstäbe der Moral und des Humanismus außer Kraft gesetzt. Denn Nationalsozialismus sei keine weiche Wehmutslehre, sondern eine harte und herbe Forderung. »Bis auf heute verknüpft man den Gedanken der sogenannten Menschlichkeit mit einem Mitleidensgefühl mit allem Kranken, Schwachen, Zersetzten und Verfaulten. Wir Nationalsozialisten aber verbinden den Gedanken der Menschlichkeit mit allem innerlich Gesunden, Starken und Kampfesmutigen. Wir wissen, daß die Humanitätslehre dem Ausleseprozeß der Natur entgegenzuwirken versuchte und daß die Natur sich deshalb dadurch rächt, daß sie alle diese demokratischen und sonstigen Versuche einmal bis aufs letzte zertrümmern wird.

Das Wesen des Nationalsozialismus besteht deshalb darin, sich einzufügen in die ewigen aristokratischen Naturgesetze des Blutes und nicht die Auslese des Kranken durch Schwächlichkeit zu fördern, sondern im Gegenteil durch eine bewußte Auslese das willensmäßig Starke und Schöpferische wieder an die Spitze zu führen, ohne Rückschau darüber zu halten, was zurückbleibt.«[76]

Der faschistische Philosoph, Wehrwissenschaftler und Psychologe Walter Malmsten Schering brachte den aktivistischen Voluntarismus der nazistischen Ideologie auf den abstrakt philosophischen Nenner, indem er den *Willen* zum neuen Zentralbegriff der Philosophie erklärte. In der Deutung des menschlichen Handelns und einer auf dem Begriff des Willens beruhenden Philosophie des Handelns erblickte er den zentralen Gegenstand nicht nur der faschistischen Wehrphilosophie, sondern der NS-Philosophie schlechthin.[77] Mehr noch: Den Willen begreifen und eine philosophische Theorie des menschlichen Handelns zu konstituieren, darin sah er die Grundlage weltanschaulich-theoretischer Arbeit überhaupt.

Aufschlußreich ist in diesem Zusammenhang Scherings strikte Unterscheidung von Erklären und Begreifen, die einmal mehr den extremen Irrationalismus und aktivistischen Voluntarismus seiner Auffassungen zu erkennen gibt. So kann Schering zufolge der Wille, als »etwas Lebendiges«, nicht erklärt, sondern nur begriffen werden, wobei die »Methode des Begreifens« selbst weder erklärt noch verstanden werden kann. »Das Begreifen zielt auf Lebendiges und verzichtet auf ein Bewußtmachen oder benutzt letzteres nur gelegentlich als Hilfsverfahren. Das Begreifen kann daher nur deutlich gemacht werden, indem es vorgemacht wird.« Nämlich: auch der ungläubige Thomas habe erst beim Betasten der Wunde des Herrn »begriffen«. »Aber er *greift* mit Händen die Wirklichkeit und *begreift* das, worauf es ankommt.«[78] Schering setzt also das Begreifen, vulgärmaterialistisch verflacht, dem theoretischen Denken entgegen, womit er es zum Gegenteil dessen verkehrt, was es in Wirklichkeit ist, nämlich denkendes Erkennen des Wesens der Dinge mit den Mitteln des Begriffs.

Doch eröffnete gerade der Irrationalismus dieser Fasson – eine für die NS-Philosophie sehr brauchbare Kombination von Vulgärmaterialismus und Irrationalismus – die Möglichkeit, »Wirklichkeit« und »Willen« nachgerade nahtlos miteinander zu verknüpfen. Das Ergebnis war das Konzept eines *wirklichkeitsmächtigen Willens*, der – gestützt auf »Rasse« und »rassische Weltanschauung des Volkes« – jene »entgegengreifende« Welt formen sollte. Was wir Wirklichkeit nennen dürfen, sei vom Willen des Menschen geprägt und gebildet;[79] der Wille sei das »Wirklichste des Wirklichen«. »Ein Wille besteht nicht aus Beziehungen, sondern er schafft, er ändert und bestimmt sie«, und darum seien »Handeln« und »Wille« Kernbegriffe der Philosophie und der Psychologie, die seiner Auffassung nach an dieser Stelle ineinandergreifen.

Konkret allerdings existiert eine Rangordnung des Willens im Volke, an deren Spitze, wie könnte es anders sein, der »Wille des Führers« steht. Sein Wille sei die Inkarnation des Volkswillens und zugleich der »eine Wille an dem viele Willen wachsen«.[80] Erst was in Realisierung *dieses* Willens entstehe, sei Wirkliches. Das aber bedeutet im Klartext: Die wahre Wirklichkeit ist das »Dritte Reich« mit seiner verbrecherischen Politik des Terrors nach innen und der kriegerischen Expansion nach außen.

In der Absicht, von den wahren gesellschaftlichen Zusammenhängen und dem ausbeuterischen Wesen des faschistischen deutschen Staates abzulenken, führte Rosenberg zum Beispiel aus: »Selbst das Wirtschaftsprogramm und das Sozialprogramm, das ganze Staatsprogramm der nationalsozialistischen Bewegung ist bedingt durch den willenhaften Teil des deutschen Menschen«, der generell von der Anerkennung der Werte Ehre, Stolz, Treue und Freiheit alles andere abhängig zu machen gewillt sei.[81] Für den Willen gibt es also keinerlei objektive Voraussetzungen. Der Wille bestimmt, was sein soll, und im faschistischen Deutschland, wo dem »irrlichternden Willen ein seinem Urgrund entsprechendes großes Motiv« gegeben wurde, bestimmt er bereits, was ist.

Nazistische Philosophen erhoben den Willen nicht allein in dieser Form über die materielle Wirklichkeit. Verschiedentlich wurde er auch als ein besonderes »Auffassen der Welt« und als der Maßstab für die »letzten Vernunfterkenntnisse« vorgestellt: *»Wir glauben, daß die drei Möglichkeiten der Weltaneignung durch Anschauung, Wille und Vernunft zusammenfließen aus einem einheitlichen Glauben, aus einem einzigen Mythus, dem Mythus des Blutes, aus einem Mythus des Volkes,* auch wenn wir die einzelnen Strömungen aller dieser Kräfte nicht erfahrungsgemäß bis auf ihre allerfeinsten Verzweigungen verfolgen können. An dieser Stelle setzt das *Bekenntnis*, der *Glaube* ein, und als ein Wertmesser für die organische Wahrheit dieses Glaubens dient die Tatsache, daß, wenn Anschauung, Wille und Vernunft wirklich aus einer einzigen Quelle stammen, auch die Wesensinhalte aller dieser drei Möglichkeiten zwanglos umgestaltet werden können. Wir müssen also finden können, daß die Anschauung einer bestimmten Rasse zusammenfällt mit ihren innersten Willensbestrebungen, mit anderen Worten, daß ganz bestimmte Charakterwerte gebunden sind an eine ausgesprochene klar vorstellbare Rassengestalt und ferner, daß die Vernunft mit ihrer Erkenntnis nicht in Widerspruch geraten kann mit diesen inneren Charakterwerten.«

Deshalb seien auch Technik und Wissenschaft als Produkte der Vernunft nicht schlechthin »kulturhindernd oder zivilisatorisch vernichtend«. Sie müßten nur eingegliedert werden »unter *willenhafte* Werte«. Werde dies getan und die Welt so aufgefaßt, also stets auch unter dem Gesichtspunkt blutbestimmten Willens eines bestimmten Menschentums gesehen, dann sei man, so Rosenbergs Schlußfolgerung, bei dem tiefsten Urquell angelangt, »von dem wir glauben, daß aus ihm die gesamte Erneuerungsbewegung auch des heutigen Deutschlands emporgetragen worden ist, an deren Spitze die nationalsozialistische Bewegung marschiert«.

Angesichts der herausragenden Bedeutung, die die Naziphilosophie dem mystifizierten Willen zuerkannte, mußte man natürlich darauf bedacht sein, Ludwig Klages zu korrigieren, der den Geist einschließlich des Willens zum Sündenfall der Menschheit gestempelt hatte. Wenn Klages als ein Ideenlieferant für die faschistische Ideologie von den Nazis ansonsten auch hochgeschätzt wurde – in der Frage des mit dem denkenden Bewußtsein verbundenen Willens, die für die nationalsozialistische Propaganda einen so herausragenden Stellenwert besaß, konnte man sich ihm nicht anschließen. Weil man den Willen brauchte, mußte man demagogisch Konzessionen an das Denken machen: »Der ›Geist‹ ist eben nicht, wie Klages sagt, als außer-raum-zeitliche kosmische Macht in ein paradiesisches Idyll hineingebrochen, sondern ist ein entscheidender Bestandteil ... unseres Gesamtlebens. Der Wille, die Vernunft und der Verstand, sie haben im Prozeß dieses Daseins verschiedene Funktionen ... Der Schnitt geht eben nicht so, wie ihn Klages zu führen versucht: Auf der einen Seite Leib und Seele, die das Leben ausmachen, auf der anderen Seite die ›Urtatsache‹ des Lebensfeindlichen der Wille, die Tat als Folge des Willens, die Vernunft und der Verstand, alles zusammen von Klages und seiner Schule ›Geist‹ genannt. Das vor uns stehende konkrete Leben ist immer Einheit aller Gegebenheiten und zwar dank einer von vornherein artbedingten Färbung dieser Gegebenheiten.«[82]

Der im engen Zusammenhang mit dem Problem des Willens entwickelte Aktivismus der Naziideologie – ein Motiv, das der Lehre von Klages fremd war, denn sie sah das Leben als zerfließendes Erleben sogenannter Urbilder der Welt in erschauender, erleidender und selbstauflösender Ekstase –, er bedurfte eines letzten Restes von Intellekt, den zu beschaffen den faschistischen Ideologen nicht schwerfiel. »Ist der Intellekt etwas Schlechtes an sich?« fragte man. Und gab zur Antwort: »Nein, Intellekt, Einsicht, Verstand ist lebensnotwendig, ist der Scheinwerfer am Lebenswagen eines jeden einzelnen. Er darf aber nicht Herr über das Steuer sein, darf nicht die Fahrtrichtung bestimmen, sondern nur den Wagen beleuchten. Er soll nur Werkzeug in der Hand des Willens sein.«[83]

Als ein positives, richtungweisendes Beispiel, wie sich die so reduzierte Vernunft konkret an der »Sicherung des starken Lebens«

beteilige, nennt Rosenberg zynisch die »Rassengesetzgebung des Dritten Reiches«. Sie sei ein Symbol der beginnenden Epoche, in der die über hundert Jahre verwirrte Vernunft endlich überwunden werde.[84]

Auf die Bedürfnisse der Naziideologie reagierend, demagogisch ein Stück Ratio zu retten, beeilten sich einige der konform denkenden Philosophen, die längst vorhandene, namentlich vom Neukantianismus verbreitete Konzeption zweier sich grundsätzlich voneinander unterscheidender Erkenntnisweisen in der Wissenschaft für die Zwecke des Faschismus zurechtzustutzen. So hält Baeumler, Anhänger und Interpret Nietzsches, unter anderem Nietzsches Meinung, die Bewußtseinstätigkeit *fälsche* die Wirklichkeit, für übertrieben – eine These, die bekanntlich auch bei Kant zu finden ist. Wie Hans Günther feststellt, mochte Baeumler »lieber *zwei* verschiedene Grundfunktionen des Erkennens gelten lassen: die ›sinnlich-organische‹ (die Lüge also, versteht sich, für Politik und Gesellschaftstheorie), aber daneben doch auch die kausale, verstandesmäßige Forschung (für Naturwissenschaft, Technik und – Kriegstechnik!)«[85].

Eine etwas andere Variante, die jedoch der Sache nach auf dasselbe hinauslief, unterbreitete Schering. Bei der Erörterung der Frage, ob mit der Schaffung der nationalsozialistischen Wehrwissenschaften ein neues Prinzip in die Wissenschaft eingeführt worden sei, gelangt er zu dem Schluß, es gebe zwei verschiedene Bilder von Wissen in den Wissenschaften überhaupt: »Einmal ein statisches Bild: eine grundlegende Theorie, die die Gesetze der Vorgänge enthält ... In den Wehrwissenschaften ein *dynamisches* Bild: eine allgemeine, immer neu durchdachte Erfahrung, eigenes Urteil gegenüber dem besonderen Jetzt und Hier, beides *getragen von Grundsätzen, die mit dem Charakter des Handelnden eins sind.* Dieses Wissen ist dynamisch, kein Gerüst, an das man sich halten, kein Ruhekissen, auf dem man sich der Verantwortung enthoben schlafen legen kann, sondern ein Besitz, der nur den trägt, der dieses Wissen im eigenen Charakter verkörpert.«[86]

Auch hier also wird exakte Wissenschaft gegen voluntaristisches, von Rasse und Charakter geprägtes Deuten gesetzt. Die Gründe dafür hat Hans Günther treffend benannt.

Eine weitere Grundorientierung der Naziphilosophie war die von ihr selbst stets als besonders verdienstvoll und bemerkenswert herausgestellte *Wirklichkeitsnähe*. Doch war dieser angeblich jenseits von Materialismus und Idealismus stehende »Realismus« eine ebensolche Schimäre wie der Rassenmythos, mit dem er aufs engste verbunden war.

Beides waren der blanken Willkür entsprungene Fiktionen, deren Wert daran gemessen wurde, inwieweit sie dazu beitrugen, den reaktionären chauvinistischen Plänen einen Anstrich historischer Notwendigkeit zu verleihen.

Das heißt, die immer wieder beschworene Wirklichkeitsnähe war nicht etwa Indiz einer möglicherweise unbewußten Tendenz zum Materialismus, sondern eine Form, ein Detail im facettenreichen demagogischen Ideenspektrum der Faschisten. Dabei erwies sich die Wirklichkeitsdemagogie der nazistischen Philosophie als besonders effektiv, insofern sie mühelos die faschistischen Mythen zu integrieren vermochte und zudem in zwei Richtungen zugleich ihre desorientierende Wirksamkeit entfaltete: in der philosophischen Theorie im engeren Sinne, in der der Kampf gegen den philosophischen Materialismus geführt wurde, und bei der psychologischen Beeinflussung der Massen.

Geschickt auf die von den Erfahrungen des ersten Weltkrieges und seinen Folgeerscheinungen gezeichnete psychische Verfassung der Bevölkerung eingehend, verkündeten Naziideologen und Naziphilosophen, nie zuvor habe sich das Wirklichkeitsproblem mit solcher Schärfe und in solchem Umfang gestellt wie gerade der Kriegs- und Nachkriegsgeneration. Sie habe »die Welt in all ihren Höhen und Tiefen so erbarmungslos erfahren ..., wie dies keiner Generation vor uns möglich war«. Daher lasse sich auch keiner mehr mit billigen Illusionen abspeisen, und keiner gehe nach diesen Erschütterungen noch der »gänzlich unhaltbaren Entgegensetzung von Materialismus und Idealismus ins Garn«.

»Wir haben ... die Wirklichkeit zu tief und umfassend, zu rückhaltlos und wahrhaftig erfahren, als daß wir uns noch mit Formeln zufriedengeben könnten wie: alles ist Materie oder: alles ist Leben oder: alles ist Seele oder: alles ist Geist. Wir wissen heute, daß dies nur verschiedene Seiten ein und derselben einheitlichen und ganzheitlichen Wirklichkeit sind ... Die Gesetzmäßigkeit des Seins ist uns heute bei aller Einheitlichkeit nur noch vielfältig, komplex vorstellbar, zusammengewoben aus verschiedenen relativ selbständigen Teilgesetzlichkeiten, deren kategorialen Grundcharakter und wechselseitiges Verhältnis zueinander zu bestimmen heute die ... überwältigend großartige Aufgabe einer systematischen Wirklichkeitsphilosophie ist ... Eines aber ist bei alledem gewiß: daß, wenn die systematische Lösung dieser gigantischen Aufgabe gelingt, die Illusion eines puren und abstrakten ... Geistes ein für allemal überwunden sein wird ... Wie graue, unförmige Nebel sich vor strahlendem Sonnenlicht verlieren, das bisher durch sie verhüllt wurde, wird es sich dann zeigen, daß es Geist immer nur gibt als materiell bedingten, vital durch ein ganz bestimmtes Menschentum getragenen, in ein jeweils ganz bestimmtes Seelentum eingebetteten, historisch einmaligen, raum- und zeitgebundenen, konkreten Geist. Das ist dem Ansatz nach eine alte deutsche These, es ist, in neuer Form und mit nie dagewesener Radikalität vorgetragen, die Lehre des Nationalsozialismus, derzufolge die höchste Form des Geistes der Volksgeist ist – jener immer neu aus lebendiger Gemeinschaft hervorgehende, auf der ewig jungen Mischung von Blut und Geist beruhende ›objektive Geist‹ ...«[87]

Nationalsozialistische Philosophie als »konkrete Wirklichkeitslehre« sei somit frei von verderblichen Illusionen und blutlosen Konstruktionen, eben weil sie den Blutgedanken wiedergewonnen habe. »Es gibt nämlich schlechterdings keine echte Gemeinschaft, die nicht eine Gemeinschaft des *Blutes* zur Voraussetzung hätte ... Jede große Wirklichkeit ist immer eine Wirklichkeit des Blutes ... In dem Bestreben, das Wirkliche zu bestimmen und zu erfassen, hat man sich allzu einseitig an den Begriff der *Umwelt* angeklammert: dem Ich, dem Bewußtsein stellte man die wahrgenommene Umwelt gegenüber ... So zu Recht nun auch der Begriff einer solchen Umwelt besteht, so wird man ihn in Zukunft doch nicht gebrauchen dürfen ohne den ergänzenden Begriff einer anderen Welt, die ich die *Blutwelt* nennen will ... Die Blutwelt ist also eine Welt der Gemeinschaft, und zwar die ursprünglichste, die denkbar ist. Von der Umwelt allein kommt man nie zur Gemeinschaft. Daher muß jeder Wirklichkeitsbegriff, der die Blutwelt vernachlässigt, falsch und unvollständig bleiben, da ihm das Wichtigste und Wesentlichste fehlt, nämlich eben die Vorstellung der Gemeinschaft.«[88]

Aus Aufzeichnungen der Naziführer ergibt sich, daß ihre persönlichen Überzeugungen oft erheblich von dem von ihnen initiierten

Blut- und Rassedenken abwichen, von dessen pathetischem Irrsinn Alfred Grunsky hier eine Probe gab. So sah zum Beispiel der Reichsführer-SS, Heinrich Himmler, keinen wirklichen Grund, »warum die Partei nicht eine besondere Hypothese als Ausgangspunkt fixieren sollte, auch wenn sie den herrschenden wissenschaftlichen Anschauungen widerspreche«, da doch die Wissenschaften ohnehin ihre Hypothesen alle Jahre wechselten.

Hermann Rauschning hat dies durchaus treffend erfaßt, wenn er als Zeugnis der Haltung der Nazigrößen notiert: wichtig sei einzig und allein, daß die Leute, die vom Staat dafür bezahlt werden, die Professoren also, »solche Gedanken über die Geschichte ... haben, die unser Volk in seinem notwendigen Nationalstolz bestärken.«[89] Und was der Naziführung für die Geschichtswissenschaft recht war, das sollte ihr für die Philosophie wohl billig sein. Nichts hinderte also willige Professoren daran, die Unvereinbarkeit von philosophischem Materialismus und philosophischem Idealismus zu bestreiten und die Existenz eines »Dritten« als die wahre Wirklichkeit zu behaupten, »präzisiert« zur imaginären Einheit von Materiellem und Ideellem in Gestalt einer sogenannten artspezifischen, »rassisch geprägten Wirklichkeit«.

Mit welchem Inhalt jene zeitgemäße Wirklichkeitsphilosophie ausgestattet wurde, die »spätestens mit dem Ausbruch des Großen Krieges« (gemeint ist der erste Weltkrieg) fällig geworden sei,[90] um endlich die Begriffsphilosophie abzulösen, geht aus der Neudefinition des Naturbegriffs hervor, wie sie Ferdinand Weinhandl in seiner »Wirklichkeitsphilosophie« unterbreitet hat.

Weinhandl hatte eine letztlich auf »ursprüngliche Anschaulichkeit« reduzierte Erkenntnismethode entwickelt, die er vor allem dadurch dem Nationalsozialismus glaubte anpreisen zu können, daß mit ihr zugleich ein Natur- und Wirklichkeitsbegriff gewonnen sei, »der nicht mehr im Gegensatz steht zur belebten und beseelten Welt, aber auch nicht ... zu jener Natur, in die all unsere politisch-geschichtliche Existenz eingebettet ist. Es ist jener umfassendere Naturbegriff, der auch noch die Begriffe ›Landschaft‹ und ›Heimat‹ einschließt. In einem abstrakten universalistischen Wirklichkeitsbild haben die Begriffe Blut und Boden keinen Platz. Für die Natur, von deren ewigen Gesetzen das Leben der Menschen und die Zukunft der Völker abhängt, sind sie Grundbegriffe und Urphänomene geworden.«

Damit spricht auch Weinhandl aus, und das in einer Klarheit, die keine Wünsche offenläßt, daß es politische Motive sind, die sich hinter der geforderten Wirklichkeitsnähe der Philosophie verbergen. Weinhandl benutzt dieses Thema darüber hinaus, um sich vom »jüdischen« wirklichkeitsfremden Idealismus abzugrenzen, zugleich aber, um den deutschen Idealismus in die nazistische Wirklichkeitsphilosophie zu integrieren. Das verbindet ihn mit einer Reihe anderer geschickt manipulierender Naziphilosophen, trennt ihn aber von jenen, die wie beispielsweise Franz Böhm oder Ernst Krieck die klassische deutsche Philosophie und besonders die Philosophie Hegels als einen Gipfelpunkt *undeutschen* Denkens und daher als mit dem Nationalsozialismus nicht vereinbar verurteilen.

»Wo die deutschen Idealisten Kant, Fichte, Schelling, Hegel selbst ebenso wie ihre nächsten Historiker vorwiegend *Unterschiede* der Systeme sahen, da sehen wir heute«, so erklärt Weinhandl, »viel tiefere Gemeinsamkeiten, wie es auch gar nicht anders sein kann, wenn es so etwas wie eine rassebedingte deutsche Philosophie überhaupt gibt ... Und wir sehen, daß alle diese ›idealistischen‹ Systeme ein im höheren Sinne realistischer Zug verbindet ... Das ist freilich ein sehr anderes Bild, als das war, das die jüdischen Gruppen des Neukantianismus und die jüdischen Hegelausleger zeichneten, die aus dem deutschen Idealismus eine abstrakte, dünne, neutralisierte, internationale Geist- und Begriffsphilosophie machten. Was aber die Philosophie aller Denker des deutschen Idealismus in Wahrheit so machtvoll erscheinen läßt, ist die höhere Vorstellungsart und die reichere Welt, die sie der Aufklärung und den rohen Trivialitäten des Physikalismus und Materialismus ebenso wie einem wirklichkeitsfremden Idealismus entgegensetzen.«[91]

Die faschistische philosophische Wirklichkeitsdemagogie erwies sich somit in vielerlei Hinsicht als nützlich. Nicht nur zur Verfälschung der Philosophiegeschichte, das heißt der willkürlichen Ablehnung oder Vereinnahmung exponierter philosophischer Köpfe, auch für den Kampf gegen den Marxismus wurde sie als brauchbar befunden. Da man nicht darüber hinwegzutäuschen vermochte, daß die verhaßte und so überaus lebenskräftige Marxsche Lehre eminent wirklichkeitsbezogen war, versuchte man – mit dem Wirklichkeitsbegriff manipulierend –, die wissenschaftlich begründete Auffassung von der *geschichtlichen* Wirklichkeit und ihren Gesetzmäßigkeiten auf diese Weise zu widerlegen.

In einem kaum noch der Steigerung fähigen antikommunistischen Exzeß unter der Überschrift »Bolschewismus als Wissenschaft« schrieb Härtle: »... *bei näherem Zusehen erweist sich die scheinbare Wirklichkeitsnähe und Weltlichkeit des Marxismus als Fiktion, als eine der gröbsten Verzerrungen und Verfälschungen natürlich-geschichtlicher Tatbestände ... Keiner der sogenannten Grundsätze in der Theorie des Rabbinersprößlings Marx-Mordechai hat sich vor der Wirklichkeit als richtig erwiesen.* Die Werttheorie, die Mehrwertlehre, die Ausbeutungstheorie, das Konzentrationsgesetz, die Verelendungstheorie, die Prophetie der ›industriellen Reservearmee‹ und der schließlichen ›Expropriation der Expropriateure‹, kurz, jede Einzelheit der als unabänderlich hingestellten ökonomischen Gesetze wurde durch die tatsächliche Entwicklung Punkt für Punkt als irrig erwiesen. Diese nur einem Juden mögliche Verdrehung der Hegelschen Dialektik zum Grundgesetz des Klassenkampfes, diese jüdische Übersteigerung der Werttheorie des Juden David Ricardo hat vom Leben und gerade vom ›ökonomischen Leben‹ her die deutlichste Widerlegung und Korrektur erhalten. Und die moderne Rassen- und Vererbungswissenschaft hat nicht nur den Spiritualismus in jeder Form widerlegt, sondern auch die *Grundlage* der marxistischen Philosophie, *den dialektischen Materialismus als die widersinnige Wirklichkeitsverfälschung und Lebensentstellung nachgewiesen.* Schon der bescheidenste Versuch, mit den modernen wissenschaftlichen Methoden die Theorie des Marxismus zu prüfen, muß zum gefährlichsten Angriff auf das marxistische Weltbild werden. Darum *muß* eine Macht, die auf eine solche Wirklichkeitsverfälschung aufgebaut ist, in jeder tatsächlichen Erforschung der Wirklichkeit und damit *in jeder echten Wissenschaft eine Gefahr befürchten.*«[92]

Die herrschende Klasse und ihre Ideologen wußten, von wo für sie die Gefahr ausging: von den fundamentalen Grunderkenntnissen der Marxschen Lehre, deren Richtigkeit die historische Entwicklung Punkt für Punkt bewiesen hatte, indem auf einem Sechstel der Erde die »Expropriation der Expropriateure« durch die Große Sozialistische Oktoberrevolution praktisch vollzogen worden war. Diese Tatsache hatte das Monopolkapital mit heillosem Schrecken erfüllt, und mit Entsetzen wurde das Wachsen des ersten sozialistischen Staates verfolgt, mit dem man zu Recht ein Erstarken der internationalen Arbeiterbewegung befürchtete. So enthüllt sich in der Beschwörung der »Gefahr aus dem Osten« die Angst der imperialistischen Bourgeoisie vor dem revolutionären Kampf der Arbeiterklasse. »Die furchtbarste Gefahr ist gegenwärtig der Bolschewismus. Davon kann nur die Bewegung Adolf Hitlers retten«, charakterisierte im Jahre 1932 »unser Pg. Univ.-Prof. Dr. Joh. Stark«, der »bekannte Nobelpreisträger«, die Gemütsverfassung des deutschen Monopolkapitals.[93]

Den »Gesamteindruck des Bildes« schildernd, den die deutsche herrschende Klasse von der Sowjetunion hatte, führte einer ihrer Schreiberlinge aus: »Das rote Rußland *rüstet.* Nicht nur militärisch im früheren Sinn, es rüstet mit der ganzen Konsequenz und Zielbewußtheit des traditionellen russischen Expansionsdranges, aber tausendfach noch verstärkt durch die unerbittliche Wucht eines revolutionären Machtsystems, für das es kein Zurück mehr geben kann. Es rüstet auf allen Gebieten: militärisch, technisch, wirtschaftlich, seelisch. Es rüstet außenpolitisch durch planmäßige Zersetzung als Vorbereitung der Weltrevolution. Das Kollektiv führt über landwirtschaftliche Rationalisierung von ungeheuren Ausmaßen und Industrialisierung mit billigsten Arbeitskräften zum ersten Angriff gegen die kapitalistische Welt, zum Dumping. Der Fünfjahresplan ist kein Phantom, sondern grausame Wahrheit.«[94] Diese Entwicklung rückgängig zu machen, dazu war der imperialistischen deutschen Bourgeoisie jede Brutalität und jede Lüge recht.

Eine dieser Lügen war die, daß die Philosophie für das wirkliche, konkrete Leben nur Relevanz erlange, wenn sie sich auf den Boden des »rassisch bedingten völkischen Lebens und der ihm eigenen Gesetze« stelle. Indem aber die Philosophie sich diesem Denken beugte und das Gebundensein ihrer Problemstellungen an die »Lebensfragen der blutmäßig bestimmten Volksganzheit« zu einem unumstößlichen Erfordernis erhob, übernahm sie bewußt und offen den Charakter der faschistischen Politik, erwies sie sich als Magd dieser Politik und nahm deren verbrecherisches Wesen an. Dabei erwuchs der absurd begründeten, aber demagogisch erfolgreichen These vom immanenten Zusammenhang von Philosophie und Volkstum eine nicht zu unterschätzende Überzeugungskraft unter anderem daraus, daß die im gesellschaftlichen Bewußtsein allgemein präsente Krise der bürgerlichen Philosophie immer und immer wieder als eine Folge ihrer Abwendung von den wirklichen Lebensfragen des Volkes, als eine Folge ihres Strebens nach Objektivität der Erkenntnis dargestellt worden war.

Die demagogische Kritik der Naziphilosophen am tatsächlich illusionären Charakter freier, reiner, wissenschaftlicher Objektivität im

Sinne von unpolitischer Wissenschaft, frei von bestimmten Klasseninteressen, hatte maßgeblichen Anteil daran, daß die »Wirklichkeitsnähe« der nationalsozialistischen Philosophie oft nicht unmittelbar als das erkennbar war, was sie wirklich darstellte: eine der subjektiven Willkür entspringende Phrase. Dazu trug außerdem bei, daß die politisch motivierten philosophischen Fragestellungen oft mit wirklichen, nicht zuletzt von den Einzelwissenschaften in die Diskussion eingebrachten dialektischen Fragestellungen verwoben wurden – zum Beispiel mit der Frage nach der Ganzheitlichkeit, die etwa seit der Jahrhundertwende mit besonderem Nachdruck von der Biologie, später auch der Psychologie aufgeworfen worden war und auch auf gesellschaftliche Disziplinen ausgestrahlt hatte. Die Antworten freilich, die die nationalsozialistische Philosophie auf dieses Problem wie auf andere sachliche Probleme gab, waren ausnahmslos im Bereich des Mystizismus angesiedelt.

Grundlage dieses Mystizismus war vor allem der faschistische Rassegedanke, der als das entscheidende, als das Kernstück der nationalsozialistischen Ideologie natürlich auch die Philosophie durchdrang. »Der weiteste, umfassendste und zugleich konzeptionell unmittelbar verbindliche Gedanke lag im Rassismus, der das Herrenmenschentum als naturgegebenes Sklavenhaltertum suggerierte, darauf die innere Diktatur und Gleichschaltung als Durchsetzung der Konformität der Arteigenschaften, der Einübung des Terrors über den praktizierten Antisemitismus vermittelte. Zugleich verlieh der Rassismus der imperialistischen Expansion den schicksals- wie naturbestimmten Anstrich der Erfüllung der Herrenmission gegen Sklavenvölker. Und wie die innere ›Not‹ durch den nationalen Aufbruch zum gemeinschaftlichen Heil, so sollte die geopolitisch begründete äußere Not des ›Volkes ohne Raum‹ durch Entfesselung des Eroberungskrieges, des Germanenfeldzuges nach Osten zum Heil des künftigen Weltreiches umschlagen.«[95]

Geht man von diesem Inhalt der rassebiologisch begründeten faschistischen Mobilisierungsideologie aus, wird klar, warum die Naziphilosophie vorzugsweise drei Problemkreise in ihr Zentrum stellte: die mit der Rasse, um den Klassenkampf in der Geschichte zu leugnen und ihre spezifische Erkenntnislehre und Philosophiegeschichtsschreibung zu begründen; die Erziehung, um soldatische Haltung und soldatischen Geist zu verbreiten; den Krieg, um die Eroberungspläne des faschistischen deutschen Staates theoretisch zu rechtfertigen.

Die Naziphilosophie war daher ihrem Inhalt nach wesentlich Rassephilosophie, Erziehungsphilosophie und Kriegsphilosophie, wobei sie natürlich nicht streng in diese Rubriken auseinanderfiel. Innere Logik verband sie zu einem Ganzen, in dem jedes dieser Grundmotive auf die anderen verwies und von ihnen ergänzt wurde. Dieser objektiv gegebene innere Zusammenhang darf allerdings nicht mit der von den Nazis selbst herausgestellten »Ganzheitlichkeit« ihres Denkens verwechselt werden. Diese hatte ebenso demagogischen Charakter wie die angebliche Wirklichkeitsnähe ihrer Philosophie und lief auf denselben Mystizismus hinaus.

Ganzheitsmystik

Wie die Wirklichkeitsdemagogie gewissermaßen vom Inhalt her, so diente der Ganzheitsmythos methodisch dazu, alle konkreten Bestimmungen des Gegenstandes auszulöschen und seine reale Kausalität und Entstehungsgeschichte aus der Welt zu schaffen. Darüber hinaus bestand die entscheidende Funktion der so stark beanspruchten Idee des Ganzen darin, Grenzlinien zu verwischen und Unterschiede aufzuheben, die in dem Sinne, wie von den Herolden des Nationalsozialismus beabsichtigt, nicht aufhebbar sind. Konkreter gesagt, das »organische Ganzheitsdenken« der Naziideologen diente dazu, Denken und Handeln, Natur und Geist, Wissenschaft und Wirklichkeit nicht auf dialektische, sondern auf mystische Weise zu einer Einheit zu bringen. Vor allem aber diente es dazu – und das war der eigentliche Kern der Aufgabe – die Klassengegensätze der bürgerlichen Gesellschaft als eine marxistische Fiktion in Abrede zu stellen. Anders gesagt: Das Prinzip der »organischen Ganzheitlichkeit«, das die Naziideologen in eine mystische Organologie verwandelten, wurde virtuos benutzt, um konkrete politische Inhalte und tatsächliche gesellschaftliche Zusammenhänge zu verschleiern.

Nur weil der Nationalsozialismus »organisches«, »ganzheitliches« Denken sei, so wurde generell argumentiert, habe er das welthistorisch Entscheidende erkennen können, nämlich »... stärker als alle Unterschiede der Bildung, des Besitzes, der sozialen Stellung und der besonderen Begabung ist ein zutiefst Gemeinsames: die Zugehörigkeit zum gleichen Volk, die Gemeinsamkeit des gleichen Blutes, derselben rassischen Zusammensetzung. Das ist keineswegs nur eine biologische Feststellung. Es offenbart sich ebenso deutlich als Gemeinsamkeit des gleichen Fühlens in jenen besten Augenblicken, wo bei den verschiedenen Volksgenossen das tiefste Welt- und Lebensgefühl anspricht, das uns noch mit den Menschen der germanischen Bronzezeit in einer nicht abbrechenden Kontinuität verbindet. Es kommt in der Ursprünglichkeit aller Grundhaltungen, der Ehre, der Tapferkeit, des Heroismus, der im entscheidenden Augenblick nicht nach Leben, Gut und Geld fragt, in der Stärke und Eigenart unseres Naturgefühls, in dem Bedürfnis, den Menschen neben sich achten zu können, im Streben nach Leistung und anderem zum Ausdruck. Vor dieser tiefsten Gemeinsamkeit verblassen alle Unterschiede, die wir keineswegs leugnen, die aber nie wieder zur unüberschreitbaren Schranke werden dürfen, die Volksgenossen von Volksgenossen trennt.

Damit überwinden wir nicht nur das Klassendenken jeder Art, den Klassengeist der einen, die Klassenkampfgesinnung der anderen. *Wir haben auf dem Wege organischen Denkens den Weg zum wahren Sozialismus, den Weg zur Volksgemeinschaft gefunden.*«[96]

Ähnlich wie bei dem eingangs zitierten Ferdinand Weinhandl heißt es bei Ernst Rudolf Huber: »Zum anderen hebt das Prinzip der völkischen Einheit innerhalb der Volksgemeinschaft alle Trennungen und Gegensätze des Standes, des Berufs und des Besitzes auf ... Es kann selbstverständlich die naturgegebenen Unterschiede nicht verwischen, die zwischen den Gliedern der mannigfachen Berufs- und Kulturstände bestehen. Aber es kann verhindern, daß solche naturgegebenen und notwendigen Unterschiede zu Trennungen und Gegensätzen übersteigert werden. Nur organische Gliederungen einer geschlossenen Gemeinschaft, nicht aber feindliche Gruppen und Klassen können innerhalb der völkischen Einheit bestehen.«[97] Nicht minder deutlich sagt es auch Ernst Krieck: »Kampf ist die Weise, in der alles Leben vorwärtsgeht, darum in ihm Schicksal ist, von ihm Heldentum und Opfer gefordert wird. Kampf – Entzweiung – ist aber nicht Quelle, nicht Ursprung und Grund des Lebens. Im Ursprung ist vielmehr wie im Ziel Einheit, Ganzheit, Gemeinschaft.«[98]

Alle diese Passagen lassen deutlich erkennen, wo der Hauptgegner gesehen wird: in der marxistischen Lehre vom Klassenkampf und in der dialektischen Methode. Beides versuchen die faschistischen Ideologen mit Hilfe des mystifizierten Ganzheitsbegriffs zu liquidieren. Wobei der Angriff auf die dialektische Methode sowohl direkte als auch verhüllte, demagogische Formen annimmt. Paradigmatisch für den offenen Angriff auf die Dialektik schreibt Gustav Walz, nachdem er Marxismus und Bolschewismus als die eigentlichen Testamentsvollstrecker des »rationalen Spätliberalismus« und der »Welt der Jakobiner« abqualifiziert hat: »Ob spätliberalistisch oder marxistisch: die Methode ist im Grunde dieselbe. Es sind die Formen einer logisch abstrakten DIALEKTIK, mit denen das angestrebte Gesamtziel so lang bewiesen wird, bis es für den politischen Endkampf reif erscheint.« Solche »dialektisch-theoretischen Krücken« hätte die vom Gedanken der Ganzheit, Einheit und Unmittelbarkeit durchdrungene nationalsozialistische Weltanschauung selbstverständlich nicht nötig.[99] Sie schöpfe unmittelbar aus der »blutvollen Ganzheit der Wirklichkeit« und gestalte sie auf dieser ganzheitlichen Grundlage: der Ganzheit von Volk, Rasse und Raum.

Den demagogischen Einsatz des Ganzheitsmotivs zeigt besonders eindrucksvoll die Stellungnahme zu Gesetz und Kausalität. Beides, Gesetzmäßigkeit und Kausalität, werden nicht einfach als mit dem Nationalsozialismus unvereinbar abgelehnt. Die Angriffe des Gegners aus dem Ausland parierend, bestreitet man vehement, daß die nazistische Organologie auch nur das geringste mit einer »Rückkehr zur spiritualistischen oder animistischen Naturlehre des Mittelalters« zu tun habe. Das »neue« Ganzheitsdenken atme den Geist echter Wissenschaft: »Ehrfurcht vor dem *Gesetz* der Natur, Achtung vor ihrer Ordnung ist das tiefste Kennzeichen germanischen Erkenntniswillens« wie des aus diesem Erkenntniswillen emporwachsenden arteigenen Denkens. »Solches organische Denken ist ganzheitlich, weil es von den Bildern und Gestalten der Natur ausgeht und sie in ihrer inneren Gesetzmäßigkeit durchsichtig macht ... Daß es auch nicht im Gegensatz zum kausalen Denken stehen kann, sondern durch und durch Kausaldenken, Denken in Bedingungszusammenhängen ist, bedarf keiner Versicherung.«[100] Ohne den Kausal- und Gesetzesgedanken gebe es nicht nur keine germanische Naturwissenschaft, »sondern überhaupt keine deutsche, keine germanische Wissenschaft«.[101]

Auch wenn in den Machwerken der Naziwissenschaft oft genug alle Demagogie beiseite gelassen und offen von »Schicksal« und »Offenbarung« gesprochen wird – dominierende Formen waren die, in denen sich der faschistische Mythos »irdisch« gab.[102] Dann war zum Beispiel nicht mehr, wie bei Rosenberg, von der »Religion des Blutes«[103] die Rede, sondern von »Blutkausalismus«, dessen Berücksichtigung die Voraussetzung aller Gesetzeserkenntnis sei. »Auch darin«, schreibt Lukács, den Kern der Methode genau charakterisierend, »sind die Faschisten Schüler Nietzsches und Spenglers ..., daß sie die unsinnigsten, irrationalistischen Hirngespinste ihrem Publikum in einer Weise auftischen, als ob diese die Ergebnisse der allermodernsten wissenschaftlichen Forschung wären. Auch hier werden zwei Fliegen mit einem Schlag getroffen. Einerseits geht eine ununterbrochene Polemik gegen den Geist der Wissenschaft und der wissenschaftlichen Kritik vor sich, andererseits erscheinen die Mythen als etwas, was mit den wirklichen positiven Ergebnissen der fortgeschrittensten Wissenschaft sich in voller Übereinstimmung befindet.«[104] Bei dieser Taktik leistete das selbst schon mystifizierte Motiv des organischen Ganzen den Naziideologen unschätzbare Dienste.

Propagandistische Sprüche wie »Der Nationalsozialismus ist die Lehre der Ganzheit«[105], »Wir aber haben vom Führer gelernt, über den Teilen das Ganze zu sehen«[106], künden gerade durch ihre Verknappung davon, welchen Stellenwert die faschistischen Ideologen diesem Gedanken beimaßen. In keiner der zahllosen nazifaschistischen Weltanschauungsvorschriften wurde verabsäumt, die Idee des Ganzen herauszuheben. Die Begriffe »Volksganzheit« und »Ganzheit der Nation«, die Idee vom »ganzen Menschen« und der »tätigen Arbeit für das Ganze«, vom »Dienst am Ganzen« und von der »Ordnung im Ganzen«, von der »Ganzheitlichkeit stiftenden Rasse« und der »blutmäßig gegebenen völkischen Ganzheit« wurden inflationär gebraucht. Fortwährend war die Rede von der »Ganzheit des Geistes und des Willens«, von der »ganzheitlichen Idee des Lebens« und vom »Einstehen des Einzelnen für das Ganze«.

»Ganzheit« war auch in der *Philosophie* der Nazis allgegenwärtig und grundsätzlich mit einer positiven Wertung belegt. »Ganzheit« stand entweder für etwas Anzustrebendes oder für etwas zu Verteidigendes. Das Ganze galt als das Wahre und Echte. Obwohl »Ganzheit« bereits Jahrzehnte vorher zu einem Schlüsselbegriff in den Wissenschaften und in der Philosophie aufgestiegen war – die allgemeine Krise des kapitalistischen Systems fand ideologisch unter anderem im irrationalistischen Ganzheitsdenken der imperialistischen Lebensphilosophie ihren Niederschlag –, reklamierten die

Nazis diese Geisteshaltung mehr oder weniger für sich. Ihnen ging es um eine »Achsendrehung der Erkenntnis« vom individualistischen zum gemeinschaftsbewußten, vom atomistischen zum ganzheitlichen Denken, wie es in der unmittelbaren Vergangenheit angeblich nicht mehr vorgekommen sei – weshalb man sich auf die deutsche Mystik, das Vor- und Urbild »deutschen Ganzheitsdenkens«, rückzubesinnen habe.[107]

Seinen systematisch-kategorialen Ausdruck fand dieser Gedanke in verschiedenen Begriffen: insbesondere in »organische Ganzheit«, »Totalität«, »Gestalt«, aber auch in spezifischeren Formen wie »Volk«, »Gemeinschaft«, »Symbol«. Namentlich für die drei erstgenannten ist charakteristisch, daß sie nicht nur, wie die letzten auch, hemmungslos irrationalistisch ausgelegt wurden, sondern sie verloren in bestimmter Hinsicht die sie gegeneinander abhebende Spezifik, so daß sie letztlich mehr oder weniger austauschbar wurden. Die entscheidende Ursache dieser Tendenz zur Synonymik war der mythische Inhalt des ihnen gemeinsam eingeformten weltanschaulichen Grunddogmas – egal ob ausgedrückt durch den metaphysischen Allgemeinplatz des »Lebens« oder durch den politischen der »Rasse«. »Leben ist ein Grundbegriff jeder menschlichen Ganzheit und schließlich jeder Ganzheit schlechthin.« »Wie Rasse den Einzelnen in höhere Einheit bindet, so auch Natur und Geist, Leib und Seele: Rasse schafft und gründet Ganzheit.«[108] Dieser *weltanschauliche Grundgehalt* des Ganzheitsmotivs der nazistischen Philosophie ist entscheidend und bei der Auseinandersetzung mit ihrem Begriffsapparat beständig im Auge zu behalten. Ohne die Rückprojektion der grundlegenden Ganzheitsbegriffe der Naziphilosophie auf die faschistischen Schlüsselbegriffe »Volk«, »Rasse«, »Leben« usw. wären die tragenden systematischen Bestimmungen, die diese Philosophie ihren Grundbegriffen verleiht, bestenfalls aufzulisten. Die ideologische Funktion hingegen bliebe unerkannt. Darauf aber kommt es gerade an. Transportiert doch auch diese Philosophie, wie die Erfahrung immer wieder zeigt, ihr reaktionäres weltanschauliches Gepäck in äußerlich unverdächtigen Wort-Behältnissen.

Wenn NS-Philosophen von »organischer Ganzheit« sprachen, um zu betonen, das Ganze sei mehr als die Summe seiner Teile, so war das keineswegs – wie in der ursprünglichen Tradition dieses Diktums – ein Anlauf, die Schwächen des metaphysischen Verständnisses vom Ganzen dialektisch aufzuheben. Denn im Unterschied zu vorangegangenen Versuchen dieser Art – zumal denen der klassischen deutschen Philosophie, die ebenfalls an diesen Satz des Aristoteles anknüpfte und gleichfalls den Begriff des »organischen Ganzen« verwendete – legte es die nazistische Philosophie gerade *nicht* darauf an, dieses »Mehr« des Ganzen näher zu bestimmen. Im Gegenteil, sie benutzte es, um das Wesen wirklicher Ganzheitlichkeit mystisch zu verdunkeln. Wie recht Hans Günther mit seinem Urteil hatte, die Nationalsozialisten hätten zwar dicke Bücher über »das Ganze« schreiben können, es aber nicht zuwege gebracht, es klar und sauber zu definieren,[109] belegt allein das folgende Zitat: »Die organische Weltanschauung faßt den Begriff ›Ganzheit‹ in einem wirklichen Zusammenhang von Schicksal, Geschichte, Blut, Umwelt (Raum) und Willensentfaltung, ohne einem Faktor einen ursächlichen Vorrang ... zu geben.«[110]

In der nationalsozialistischen Philosophie und Ideologie stand der Begriff des organischen Ganzen somit für eine rational unerklärbare, schlechthin »daseiende« Ganzheit, deren »Urgründe« wissenschaftlich nicht zu erhellen, sondern nur durch das Leben selbst zu erfahren seien. Von Dialektik und rationalem Gehalt blieb nichts erhalten, auch wenn der *Diktion* nach mitunter das Gegenteil der Fall zu sein scheint.

Der sich in der Rolle des Dialektik-Verteidigers gefallende Alfred Klemmt beispielsweise bemühte sich um eine »deutsche Logik«, die er unter Hinweis auf Hegel als eine »Logik der Einheit der Gegensätze« verstanden wissen will; als ein Philosophieren, das Hegels Dialektik zum Baumaterial habe. Das hält ihn nicht davon ab, im gleichen Atemzug zu betonen, daß das nationalsozialistische Denken die »natürlichen Bedingungen« nicht verleugne, sondern dieselben rückhaltlos bejahe und neu zur Geltung bringe »in der gesamten Gestaltung unseres völkischen Lebens«.[111] Was das für den dialektischen Gehalt des sogenannten natürlichen Denkens bedeutet, läßt Otto Dietrich anklingen, wenn er sagt, seitdem die Rasse zum »Schlüsselpunkt der Erkenntnis« geworden ist, gelinge es endlich, »tief genug in die Ganzheit unseres Seins hinunterzugreifen, um die Gegensätze aufzuheben«.[112] Das bedeutet: Otto Dietrich erkennt zwar Unterschiede, ja Gegensätze im Erscheinungsbild des Ganzen an, nicht aber die Existenz des dialektischen, zur Auflösung treibenden Widerspruchs im Wesen. Und das ist dann wieder ganz die Position des scheinbar auf der anderen Seite – auf der Seite der Dialektik-Vernichter – stehenden Ernst Krieck, der im Ursprung und im Ziel allen Lebens nicht den Widerspruch, nicht Dialektik, sondern allein »Einheit« und »Ganzheit« sieht.[113]

Einer der geistigen Anwälte des Nationalsozialismus, die die politischen Implikationen des faschisierten philosophischen Ganzheitsbegriffs in aller Klarheit herausstellten, war Paul Ritterbusch. Anläßlich der Übernahme des Rektorats der Kieler Universität legte er im Zusammenhang mit der Charakterisierung der »deutschen Idee der Wissenschaft« dar: »Die Ganzheit und Gemeinschaft von uns als letzten Wert und Ordnung der Wirklichkeit, die Wahrheit einer uns artgemäßen Totalität des Seins und des Werdens in uns und mit uns zu entfalten, ist das Gesetz unseres geschichtlichen Existierens ... Im opfervollen, hingebenden Existieren erfahren wir das Ganze und erkennen es in seiner letzten Wahrheit, nicht aus formalen Allgemeinbegriffen und aus abstrakter formal allgemeiner Geisteshaltung. Die deutsche Idee der Wissenschaft verlangt so die Einheit von Wissen und Handeln, denn opfervolles Existieren ist das tiefste Wissen und die größte Erfahrung um die Wahrheit, und das Wissen darum bedingt die Pflicht als Hingabe an das Gesetz des Ganzen und der Gemeinschaft ... Es ist gewiß ein tragisches Geschick der deutschen Geschichte, daß dieses geistige Wesen, ... diese große Schau des geschichtlichen Lebens als organische Totalität sich nicht mit dem überkommenen System des Staates zu einer wahrhaften Ordnung des geschichtlichen Lebens zu vermählen vermochte. Im Gegensatz von Staat und Gesellschaft wurde das im letzten einheitliche geschichtliche Leben unseres Volkes auseinandergerissen. Ja, über diese Aufspaltung in Staat und Gesellschaft hinaus wurde die Wirklichkeit des völkischen Ganzen und der völkischen Gemeinschaft in der Zerfaserung der Gesellschaft in Klassen, Konfessionen und Parteien völlig aufgehoben und ging die Idee einer wirklichen geschichtlichen Ganzheit des Lebens in ihnen verloren. ... In der weiter und weiter gehenden Zerfaserung und Aufspaltung des deutschen geschichtlichen Lebens in Staat und Gesellschaft, in Klassen, Konfessionen und Parteien, in einen Pluralismus von Welt- und Wertanschauungen, verschwand ... jede positive und gültige Idee einer Ganzheit und Gemeinschaft unseres Lebens, wurden diese verschiedenen Wert- und Weltanschauungen notwendig relativiert. Sie werden zu bloßen Parteien, von denen keine das Ganze und die Gemeinschaft unseres Lebens als Totalität umspannen und gestalten kann. So wird nicht mehr ein unmittelbares Ganzes des völkischen Lebens als positive Wirklichkeit und Gesetzlichkeit erkannt, sondern es werden die Parteien und damit das Teilhafte als das unmittelbar Existentielle erfaßt ... So erhebt denn der art- und wesensfremde jüdische Marxismus, im Gegensatz zu der eigentümlichsten Idee der deutschen Wissenschaft und des deutschen Geistes, die Zerspaltung, nicht das Ganze und die Gemeinschaft, sondern die zerfaserte und gegensätzliche Vielfalt der Klassen zum Gesetz der Geschichte. Im Marxismus ist daher in diesem pluralistischen Aspekt und Begriffe des geschichtlichen Lebens der absolute Widerpart des deutschen Geistes und der ursprünglich deutschen Idee der Universität und Wissenschaft gegeben. In ihm hat das Artfremde, das absolut Gegensätzliche gegen uns selbst und unsere Idee eines organischen Lebens versucht, sich zum Gesetz unseres Lebens zu erheben ... Die Idee des Ganzen, der Totalität unseres geschichtlichen Seins und Lebens wird so aus diesem Leben entfernt.«[114]

Deutlicher konnte es kaum kundgetan werden. Der Faschismus ging aufs Ganze: Seine philosophische Theorie sollte »den Menschen mit Kopf, Herz und allen Organen jenen Mächten unterstellen, in deren Namen die Diktatur ihres Amtes waltete. Totale Versklavung stand im Zentrum seiner Ideologie«.[115]

Um das zu erreichen, mußte der verhaßte Marxismus ausgerottet werden, sollten, wie es im faschistischen Jargon hieß, »die drei großen Verwüstungen des Marxismus« aus dem Bewußtsein des Volkes und der Intellektuellen gestrichen werden: *die Lehre des Internationalismus* (an ihre Stelle sollte die volksmäßige Grundlage allen Denkens und Fühlens treten), *der Gedanke des Klassenkampfs* (der die Nation, d. h. den lebendigen Organismus zerstöre, indem er einen Teil gegen den anderen zur Revolte aufpeitsche), und *der Pazifismus* (der dieses Zerstörungswerk durch die Entmannung in der Außenpolitik vollende).[116]

Das nazistische Ganzheitsdenken, unter anderem in Gestalt der organizistischen Auslegung des »Volkes«, aus der jeglicher sozialökonomischer Gehalt der Gesellschaftsvorstellung herausgefiltert war, leistete sowohl für das eine wie für das andere unersetzliche Dienste: »Wie im Atom als einer Ganzheit die Elektronen gebunden sind, so ist der Mensch gebunden an die Blutsgemeinschaft seines Volkes. Wie wir die Ganzheit eines Atoms nicht weiter in selbständige einzelne Teile aufteilen, sondern nur durch Zertrümmerung zerstören und dadurch nur ungebundene Energien entfesseln können, so muß auch die ganzheitliche Gemeinschaft eines Volkes durch den schrankenlosen Individualismus letzten Endes der Zerstörung anheimfallen«, heißt es bei Otto Dietrich in kühner physikalisch-biologistischer Analogie. »Der Marxismus, der sich den Namen Sozialismus anmaßte und mit dem Mißbrauch des Sozialen die Dummköpfe eines Jahrhunderts einfing, ist nur der logische Endpunkt, die Spätform des individualistischen Denkens gewesen. Auch er war reinstes individualistisches Denken und ist stets gesellschaftlicher Atomismus geblieben. Aus ›Individuum und Gesellschaft‹ wollte er das ›vergesellschaftete Individuum‹ schaffen ...«[117]

Im Gegensatz zur Hegelschen Dialektik und zur Dialektik der marxistisch-leninistischen Philosophie, die ebenfalls den Begriff des organischen Ganzen verwenden, hatte das »organische Ganze« der nationalsozialistischen Philosophie nichts, aber auch gar nichts mit einer Hinwendung zum dialektischen Denken zu tun. »Organisch« trat hier ausschließlich in der mystischen Bedeutung eines »naturhaften« Zusammenhangs auf, der nicht weiter aufzuklären, sondern lediglich anzuerkennen sei. So wurde von der nationalsozialistischen Philosophie beispielsweise als von *organischer Philosophie* in dem Sinne gesprochen, daß sie »naturhaft« aus der blutmäßig bestimmten völkischen Gemeinschaft hervorwachse. Das »organische Denken« wurde als ein Denken beschrieben, dessen erkenntnistheoretisch revolutionierender Charakter darin bestehe, daß es sich selbst als eine »rassebiologisch begründete Tatsache« begreift, die sich unmittelbar, naturhaft mit dem »völkischen Leben« zusammenschließt.[118]

Die Zuordnung von »organisch« zu Ganzheit in der nationalsozialistischen Philosophie meinte somit nicht den Übergang vom metaphysischen zum dialektischen Denken, sondern den Übergang vom »blutlosen«, trennenden Denken des »Individualismus« – zu dem selbstverständlich an erster Stelle das marxistische Denken gerechnet wird – zum unmittelbaren »natürlichen« Denken der Gemeinschaft. Die nazistische »Erkenntniswende« bedeutete ein Übergehen vom – gleichviel ob materialistisch oder idealistisch begründeten – Rationalismus zum Irrationalismus, der als »realistische Wirklichkeitsphilosophie« ausgegeben wurde. Offen oder versteckt stets *gegen* die Dialektik gerichtet, bildete die mit der Betonung des Ganzen in der NS-Philosophie gewöhnlich einhergehende Polemik gegen »Atomismus«, »Dualismus«, »Positivismus« usw. das verbale Alibi für eine wissenschaftlich unhaltbare Auffassung von Ganzheit. Sie betonte nicht nur den Vorrang des Ganzen vor den Teilen, ließ nicht nur die Einheit der Unterschiedenheit vorausgehen, sondern war ebenso darauf aus, das metaphysische Nebeneinander der Teile, Glieder etc. eines Ganzen auszuräumen, *ohne* deren dialektische Vermittlung anzuerkennen oder zu erklären. Der nationalsozialistische Begriff des Ganzen postulierte die *unmittelbare Einheit der Teile*, somit *ihre abstrakte Identität*; zugleich aber beharrte er – aus durchsichtigen Gründen – auf der Herausstellung ihrer Unterschiedenheit, ihrer Abgrenzung und ihrer hierarchischen Abstufung gegeneinander, die durch die erste Annahme eigentlich hätte ausgelöscht sein müssen.

Diese besondere Seite der Mystifikation des Ganzheitsbegriffs mag eine Rede von Gustav A. Walz, Professor der Rechte und seinerzeit Rektor der Universität Breslau, illustrieren. Zugeschnitten auf die Problematik von »Volkstum, Recht und Staat« handelte er die »neuen Grundlagen des nationalsozialistischen Führerstaates« bezeichnenderweise unter den Gesichtspunkten »Einheit«, »Ganzheit« und »Unmittelbarkeit« ab. Eine Verfahrensweise, die die mystische Tiefenstruktur des nationalsozialistischen Ganzheitsbegriffs deutlich sichtbar werden läßt.

»An Stelle der absolutistischen Entgegensetzung von Herrscher und Beherrschten, an Stelle der liberalistischen Unterscheidung von Vertreter und Vertretenen, an Stelle des dialektischen Mittlersystems, durch die das Volk letzten Endes immer ausgeschaltet und in den Schatten des Unpolitischen verdrängt wird, tritt jetzt das Volk vermöge des die Gefolgschaft aufrufenden echten Führers wieder unmittelbar in die gegenwärtige politische Wirklichkeit. Aus einem juristischen Volks*begriff* gestaltet sich unmittelbare Volks*wirklichkeit*. Aus dem nebelhaften Gewölk der demokratischen Repräsentationswelt heraus hat in nicht wegzudeutender *Präsenz* das *wirkliche* deutsche Volk seinen politischen Marsch in nationalsozialistischer Verfassungsordnung in die deutsche Zukunft angetreten.«[119]

Walz stellt hier nicht nur, sozusagen im Vorübergehen, das ausbeuterische Wesen der »bisherigen« bürgerlichen Gesellschaft – reduktionistisch verfälscht zur lediglich politischen absolutistischen Entgegensetzung von Herrscher (man beachte den Singular! – *M. L.*) und Beherrschten – als durch die »neue« Ordnung überwunden dar. Auch der Parlamentarismus der bürgerlichen Demokratie und, unausgesprochen, das Prinzip der sozialistischen Demokratie sind in diesen Worten dem politischen und – was in unserem Zusammenhang besonders interessiert – auch dem systematisch-theoretischen Angriff ausgesetzt. Denn um den Willen des Volkes durchzusetzen, bedarf es, Walz zufolge, keinerlei demokratischer Instanzen, sondern einzig und allein des rechten »Führers«, dessen Wille sui generis der Wille aller unmittelbar *ist*, nicht ihn vertritt, ihn »repräsentiert«. In die Sprache der theoretischen Philosophie übersetzt bedeutet das: Verzicht auf *dialektische Vermittlung* zugunsten der Inkarnation des Allgemeinen in einem einzelnen, des Ganzen in einem Teil, des Unendlichen in einem Endlichen. Es bedeutet: ein In-Erscheinung-Treten des Absoluten in einem Relativen *nach Art der Religion*. Da die von Walz vertretene Auffassung die allgemeingeltende ist, kann davon ausgegangen werden, daß wir hier die systematischen Parameter des charismatischen Wesens des Nationalsozialismus in der Hand haben, die systematisch-begrifflichen Grundlagen seiner Mythen und Offenbarungen. Das heißt, die Naziideologie war nicht nur den leicht zugänglichen Inhalten und Formulierungen nach eine Ersatzreligion, sondern sie trug diesen Charakter bis in ihre systematischen Fundamente hinein.

Hauptinhalte der Naziphilosophie

Rassephilosophie

Wie für die Naziideologie im weitesten Sinn bildete der Rassemythos den Kern der nazifaschistischen Wissenschaftsauffassung und also auch den Kerngedanken der NS-Philosophie. Ihn auszuarbeiten und von verschiedenen Ansatzpunkten her zu lancieren, fanden sich willige Helfer an den Universitäten. Die Mehrzahl der Verfechter des Rassedenkens waren sich der wissenschaftlichen Haltlosigkeit des neuen Leitmotivs wohl ebenso bewußt, wie das bei Hitler und anderen Repräsentanten der Nazipartei der Fall war. Nicht von ungefähr wurde allenthalben gefordert, die neuen rassebiologischen Anschauungen seien mit apodiktischer Bestimmtheit zu verbreiten, und zwar als Thesen, die ihre Vertreter nicht erörtert, sondern anerkannt sehen wollten. »Das Neue tritt fordernd und befehlend, aber nicht anregend und disputierend in die Welt.«[120] Und ähnlich betonte Baeumler, »was eine Rasse wirklich ist ... läßt sich auf biologischem Weg nicht feststellen, sondern das erfahren wir aus dem Leben und aus der Geschichte«.[121] Doch wollte man darin keinen Mangel erblicken, im Gegenteil: Der Schwachpunkt wurde zur eigentlichen Stärke des Rassedenkens erklärt, »allen Gegenargumenten der Ewiggestrigen zum Trotz«.[122]

Später freilich argumentierten die Naziprofessoren offensiver und gaben die ihren Unwillen hervorrufenden Vorbehalte der in ihren Augen »pharisäerhaft selbstgerechten« und »wirklichkeitsfernen« sogenannten Geisteswissenschaften gegenüber dem Rassedenken als Vorwürfe an die »Ewiggestrigen« zurück.

»Nur ganz wenige übersehen wohl heute schon, welcher unerhörte Wandel im Bild der Geschichte, der Kultur und des Geistes der Menschheit sich aus dieser Änderung des Blicks und der Fragestellung für die Zukunft ergeben wird«, stellte Groß bedauernd fest, um dann gereizt fortzufahren: »Ich weiß wohl, daß hier der Geisteswissenschaftler skeptisch darauf hinweist, es sei unser tatsächliches Wissen um beweisbare Einzelheiten in diesem Sinne noch sehr gering. Wir müssen ihm Recht geben, aber wir müssen ihm zugleich sagen: Mein Freund, das ist kein Vorwurf gegen die neue rassische Gedankenwelt, sondern ausschließlich und einzig und allein ein Vorwurf gegen dich und deine Kollegen, die ihr unbegreiflicherweise bisher an der zwingendsten und fruchtbarsten Idee unserer Zeit vorüberstolpert, statt eure Fach- und Sachkenntnis auf eurem Gebiet in ihren Dienst zu stellen oder wenigstens durch sie befruchten zu lassen.«[123] Abkanzelungen dieser Art waren neben euphorischen Erfolgsmeldungen an der Tagesordnung. Sie sind ein Hinweis darauf, daß es bei der Verankerung des Rassedenkens in der traditionellen Wissenschaft Schwierigkeiten gab.

Dennoch waren es längt nicht mehr nur einzelne, die, wie der Philosoph Hans Alfred Grunsky, anzuerkennen bereit waren, »daß Geist ohne Blut nicht mehr Geist ist, so wenig, wie Blut ohne Geist noch Blut genannt zu werden verdient«.[124] Für Philosophen dieser Couleur lieferte die Idee der rassischen Ungleichheit der Menschen und der rassischen Bedingtheit des Geistes, an welcher dann die Ersetzung des Klassenkampfes durch den Rassenkampf und die These vom Rassenkampf als Weltanschauungskampf festgemacht wurden, das nicht mehr anzuzweifelnde Fundament jedweder Wissenschaft, auch das der Philosophie. Sie akzeptierten damit zwangsläufig, daß die Anerkennung oder Ablehnung des nazifaschistischen Rassedenkens über die Existenzberechtigung jeder Wissenschaft entschied und daß zukünftig jeder, der den Blutsgedanken ablehne, als Volksfeind zu behandeln, aus der Volksgemeinschaft also auszugrenzen sei.[125]

Sobald es um wissenschaftskonzeptionelle Fragen ging, wurde von den akademisch bestallten Naziphilosophen und von Parteiideologen immer wieder die Forderung erhoben, den Rassegedanken zum Kernpunkt der deutschen Wissenschaft und der Lehre und Forschung an den Universitäten zu machen. Lothar Stengel von Rutkowski, in den vierziger Jahren Hauptsturmführer der Waffen-SS, äußerte sich 1935 in diesem Sinne: »Und das Einbeziehen der weltbewegenden Erkenntnis von der *erblichen Ungleichheit* der Menschen in Rechtsaufbau und Philosophie, Wirtschaftslehre und Kunstbetrachtung, Heilkunde, Erziehungswissenschaft und Geschichtslehre, kurz in jedes Gebiet der Wissenschaft an einer Universität ist die einzige und unangreifbare Grundlage, von der allein sich eine neue, wuchshafte nationalsozialistische Hochschule aufbauen kann.«[126]

Ähnlich äußerte sich ein Jahr später Walter Groß: »Alle Geisteswissenschaft wird wohl oder übel begreifen müssen, daß mit der neuen rassischen Erkenntnis vom Wesen des Menschen eine der größten Revolutionen im Weltbild der Geschichte und Geistesgeschichte der Menschen aufgetreten ist, von der wir Kunde haben. Und eine Forschungsrichtung oder ein einzelner Forscher, der an dieser Revolution des Geistes störrisch vorübergeht, verwirkt für sich und seine Arbeit selbst jede weitere Daseinsberechtigung.«[127]

Noch 1943 – das heißt, man war allen Maßnahmen zum Trotz in dieser Frage nur schleppend vorangekommen – schrieb Groß: »Um so nachdrücklicher muß darauf hingewiesen werden, daß die dem Rassegedanken zugrunde liegende These der grundsätzlichen Ungleichheit der Menschenrassen, auch und gerade im geistigschöpferischen Sinn ... biologische Feststellungen sind, die ... zu den bewiesenen und exakt beweisbaren Tatsachen gehören. Über sie kann nicht gestritten werden. Wer sie in Zweifel zieht, beweist seine Unkenntnis auf einem trotz aller Jugend nun rund vier Jahrzehnte alten Gebiet exakter Naturwissenschaft, und auch der Historiker, der Philosoph, der Geisteswissenschaftler überhaupt muß sie allen seinen Theorien zugrunde legen, wenn anders er in Zukunft noch Anspruch auf Gehör erheben will.«[128] Er verlegte sich jetzt also darauf, zu betonen, daß längst alles bewiesen und daher nichts mehr zu diskutieren sei. Worauf es nunmehr ankäme: dieses Wissen nun endlich fruchtbar zu machen. Mit dem Rassedenken entstehe ein »Zwischenreich zwischen Politik und Wissenschaft«, welches die bisherige stark betonte und peinlich aufrechterhaltene Grenze zwischen Politik und Wissenschaft aufhebe. Es konstituiere sich damit die »›politische Wissenschaft‹ im wahrsten Sinne des Wortes«, und das hieß: eine Wissenschaft, die als wahr nur noch anerkennt, was der aktuellen Politik nützlich ist. In diesem unmißverständlichen Sinne nannte man die faschistische Philosophie auch *politische Philosophie*. »Denn die Erkenntnis rassischer Vorgänge und Zusammenhänge dient für uns einem Zweck: der Sicherung von Größe und Dauer des eigenen Volkes. Aus der Beschreibung von rassenbiologischen Erscheinungen erwächst uns sofort eine Wertung, die Nützliches und Schädliches, Höherwertiges und Geringwertiges unterscheidet. Und jeder Erkenntnis rassenbiologischer Art folgt unmittelbar der Wille zur Tat, die die Entwicklung beeinflußt.«[129]

Aber auch die angeblich so produktiv überwundene Trennung von Natur- und Geisteswissenschaften wurde der Anerkennung des Rassedenkens zugeschrieben. Als leuchtendes Beispiel vereinigter Natur- und Geisteswissenschaft galt vor allem die Biologie – weniger in Gestalt traditioneller Grundlagenforschung als vielmehr in Form einer neuen »Grenzwissenschaft«, die mit ihren Ergebnissen die Aussagen von Philosophie, Medizin, Rechtslehre, Volkstumskunde, ja selbst der Theologie, entscheidend berühre.[130]

Da es sich beim Rassegedanken nicht um eine Teildisziplin irgendeiner bestimmten Wissenschaft, sondern um eine »ganz neue Haltung und Schau« handle, wachse er über alle Teilgebiete fachlicher Art hinaus. »Und weil diese Idee dem Leben selbst, nicht einer Spekulation über das Leben entnommen ist, deshalb schlägt sie auch die Brücke nicht nur innerhalb des Reiches der Erkenntnis zwischen naturwissenschaftlichen und geisteswissenschaftlichen Betrachtungen, sondern zugleich zwischen den erkennenden und wollenden Kräften überhaupt, die gestern sehr zum Schaden des Lebens so oft auseinanderfielen.«

Das rassenbiologische Denken galt als die lange gesuchte »gewaltige Klammer, die die auseinanderfallenden Hälften der Welt und des Lebens wieder zusammenfaßt und uns statt der stofflichen und geistigen Teilansicht wieder das Leben in seiner Wirklichkeit und Ganzheit in den Mittelpunkt aller echten Forschung und Wissenschaft rückt«.[131]

Aber wie gesagt: Dieses Sprücheklopfen war die eine Seite. Die andere Seite war, daß zahlreiche Geisteswissenschaftler das Rassedenken ablehnten und an der Idee des »reinen Geistes« festhielten. Dadurch wurde die nazistische Infiltration ihrer Disziplinen zwar nicht verhindert, wohl aber doch erschwert. Folglich kam es immer wieder zu lautstarker Kritik an der Unbeweglichkeit der Geisteswissenschaften, weil ihr Einschwenken auf das Rassedenken über die Jahre hinweg zu wünschen übrigließ.

Die »beispielhafte« Haltung des gegen den Willen des Senats zum Professor berufenen »Programmatikers des Nordischen Gedankens«, Hans F. K. Günther, wurde hervorgehoben, um die Zählebigkeit der traditionellen Denkmuster der Geisteswissenschaften immer wieder heftig zu kritisieren: Bisher habe die Gestaltung von Politik, Geschichte, Wissenschaft, Kultur, Wirtschaft und Rechtspflege weitgehend in der Hand von Geisteswissenschaftlern gelegen, die stolz darauf waren, von der »profanierenden Naturwissenschaft« und einem »barbarischen lebensgesetzlichen Denken« unberührt geblieben zu sein. Die »Geisteswissenschaft war deshalb *gegenzüchterisch*, merzte systematisch die zu ihrer Erhaltung allein auf Grund ererbter Gesundheit, Begabung und Wesensart fähigen Einzelmenschen und damit Geschlechter aus, während sie das erblich Kranke, Unfähige und Schlechte großzog und vermehrte. So war der Nordische Gedanke niemals zu verwirklichen und die an unsere Gegenwart gerichtete Schicksalsfrage: Untergang oder Aufstieg, nicht zu lösen, wenn biologisch-züchterisches Denken nicht in das Herz und Hirn unserer ›künstlichen Umwelt‹ einbrach und die Geisteswissenschaft zum Umdenken oder Abtreten ebenso zwang, wie die Naturwissenschaft zum Blick von Amöben, fossilen Knochen und Chromosomen-Längen auf die vor sich gehende Rassenwandlung, die Bevölkerungspolitik und die Zukunft von Volk, Staat und Gesellschaft. Dem wurde von geisteswissenschaftlicher Seite, solange das orientalisch-liberalistische Bildungsideal maßgebend blieb, immer wieder entgegengehalten, daß ›biologisch‹ zu denken für sie keine Veranlassung bestehe, sondern daß ihre Logik, auf sich gestellt, höher stehe als alle Naturerkenntnis, und für sie, zugestanden aller Gültigkeit von Natur- und Rassegesetz auf ›materialistischem‹ Gebiet, im Bereich des Idealen nach wie vor vom biologischen Bereich getrennt entstandene täglich neue entstehende Ideen und Spekulationen gültig wären«.[132]

Der in derartigen Zurechtweisungen präsente wissenschaftliche Geist nährte allerdings selbst bei politisch konservativen, ansonsten mit dem Regime sympathisierenden Professoren und Dozenten Vorbehalte, abgesehen von jenen, die die Philosophie durch den Rückzug auf das »rein Fachliche« zu retten versuchten. So mußte man noch 1944 feststellen, daß die »auf mittelalterlich-christlicher Wertung beruhende Spaltung der deutschen Wissenschaft in aneinander grundsätzlich vorbeiredende Naturwissenschaft und Geisteswissenschaft« immer noch nicht überwunden sei. Das Rassedenken hatte also trotz mehr als zehn Jahre währender Propagierung die Geisteswissenschaften nur partiell erobern können.

Um so eifriger feierte man das Erscheinen eines Buches als wissenschaftliches Ereignis, das die philosophische Ausarbeitung des Rassegedankens versprach. Das Machwerk von Siegfried Blaas, als Band der »Forschungen des Deutschen Auslandwissenschaftlichen Instituts« herausgegeben, »Der Rassegedanke, seine biologische und philosophische Grundlegung«, begrüßte der Rezensent der parteiamtlichen »Nationalsozialistischen Monatshefte« als die »erste ›Philosophie der Rasse‹«, die den aktuellen natur- wie geisteswissenschaftlichen Ansprüchen gewachsen sei.

Der Wert dieser »genetischen Philosophie« wurde vor allem in folgenden Thesen gesehen: Nur der Arier habe a priori ein logisches, ästhetisches und ethisches Bewußtsein und Vermögen. Nur er sei daher für die Werte Wahrheit, Schönheit und Sittlichkeit empfänglich. Der Jude dagegen besitze kein ethisches und ästhetisches Vermögen. Er sei ein reiner Verstandesmensch und seine Logik nur auf die Selbsterhaltung gerichtet. Die wesentlichen Rasseunterschiede seien objektiv, Unterschiede der apriorischen Bewußtseinsstruktur und als solche völlig unüberbrückbar. Gelobt wird auch Blaas' »rassistische Staatstheorie«, die – von Martin Heidegger ausgehend – unmittelbaren Anschluß gefunden habe an die »rassenpolitischen und staatspolitischen Thesen des Führers, wie er sie in seinem Buch ›Mein Kampf‹ formuliert hat«.[133]

Es erübrigt sich, auf den Inhalt des über dreihundert Seiten füllenden Verrisses von Vernunft, Menschlichkeit und Wissenschaft weiter einzugehen. Wie alle Elaborate der Philosophie des Dritten Reiches, so verdeutlicht auch das Buch von Blaas, daß die Kritik der faschistischen Thesen nur darin bestehen kann, sie aus ihren historischen Zwecken zu erklären, nicht aber den Scheinargumenten Argumente entgegenzusetzen. Die Zwecke der nazifizierten Philosophie aber trafen sich alle in dem einen Punkt: Unterstützung der faschistischen Politik und Ideologie, nicht zuletzt durch die Verbreitung und Rechtfertigung der Rasseidee. Indem auch die Philosophie das Rassedenken bejahte und sich damit völlig dem Mystizismus unterwarf, stellte sie in den Augen der Naziclique ihre Brauchbarkeit, oder wie sie es nannten: ihre »Fruchtbarkeit« unter Beweis.

Auch von der Philosophie wurde gesagt, sie sei blutgebunden, sei »Rassebewußtsein«, das im Wesen des Volkstums wurzle, weshalb die Philosophie eines bestimmten Volkes im Grunde genommen immer dieselbe bleibe. Das deutsche Denken sei vornehmlich dem Idealismus, das englische dem Utilitarismus und das französische dem Skeptizismus zugeneigt, und zwar aus Blutsgründen.[134] Im Großen aber spiegle »die Geschichte der europäischen Philosophie die Geschichte des europäischen Weltanschauungskampfes und dessen Hauptmotiv, die Auseinandersetzung nordisch-germanischer Erkenntnisse und Wertungen mit jüdisch-orientalischen Vorstellungen und Illusionen«.[135]

Philosophische Ideen, verkündete Rosenberg, »sind rassisch ebenso bedingt wie willenhafte Werte«, und »eine bestimmte Seele und Rasse tritt dem Weltall auch mit einer besonders gearteten Fragestellung entgegen. Fragen, die ein nordisches Volk stellt, bilden für den Juden oder den Chinesen überhaupt kein Problem. Dinge, die dem Abendländer zum Problem werden, erscheinen anderen Rassen als gelöste Rätsel«.[136]

Rasse, »hinausgewachsen aus den Räumen anthropologischer Institute, biologischer Laboratorien und prähistorischer Sammlungen«, wurde für die Philosophie zum Leitwort und zum Symbol einer allgemeinen und grundsätzlichen Umstellung des Denkens[137] gemacht, von der Hitler als einer »kopernikanischen Wende in der Geistesgeschichte der Menschheit« gesprochen habe.[138]

Der so furchtbare Konsequenzen zeitigende Rassenschwindel wurde zum Zentrum faschistischen Philosophierens, das sich als Gegensatz zum »blutlosen intellektualistischen Schutthaufen rein schematischer Systeme« begriff.[139] Er wurde zum Mittelpunkt einer barbarischen Interessen dienenden Philosophie jenseits der »Tyrannei der Verstandesmenschen«, die in der Leib-Seele-Lehre die »Bindung an das Blut« wiederentdeckt habe.[140] Ihr Ziel lag nicht im Ergründen objektiver Wahrheit, sondern sie war auf eine »organische germanische Wahrheit« aus, in der all das Gedankengut versammelt wurde, das der Stärkung des »eigenen Volkstums« diente und dem faschistischen System in Deutschland nützlich war. Symbolisiert im schwarzen Hakenkreuz[141], fand diese Art von Wahrheit ihr entscheidendes Kriterium darin, »ob sie Gestalt und innere Werte dieses Rasse-Volkstums steigern, es zweckmäßiger ausbilden, es lebenskräftiger gestalten kann oder nicht«.[142]

»Erbanlagen des Geistes«

Der Stützung und Rechtfertigung der nazifaschistischen Politik und Ideologie diente auch die nazistische Variante der weitverbreiteten aristokratischen Erkenntnislehre der Lebensphilosophie. Wie jeder Aristokratismus in der Erkenntnistheorie leugnete auch der der faschistischen deutschen Philosophie ein der menschlichen Gattung generell eigenes, allen Menschen gleichermaßen zukommendes Erkenntnisvermögen, wobei diese Position – und darin liegt seine Spezifik – mit der nazistischen Rassentheorie verbunden wurde. »Eine haltlose, liberalistische Zeit wollte uns glauben machen, daß Philosophie, Weisheitslehre, Ethik, Religion und Weltanschauung lediglich von einem blassen, abstrakten Gebilde, von der allgemeinen menschlichen Vernunft getragen würden. Das ist ein großer Irrtum, weil 1. vorausgesetzt wird, daß alle Menschen im Bau und, wenn man so sagen darf, in der Konstitution der Vernunft, gleich sind; 2. daß die Weltanschauung von Verstand und Vernunft allein getragen wird.« Entgegen der bislang herrschenden Auffassung, alle Menschen und Völker seien gleichermaßen mit Vernunft begabt, müsse nun eingesehen werden, »daß die Stimme des Blutes und der Rasse bis in die feinsten Verästlungen des Denkens nachwirkt«.[143]

Der erkenntnistheoretische Aristokratismus der Lebensphilosophie erfuhr durch diesen Ansatz seine für den Nationalsozialismus charakteristische Modifikation, die allerdings dem Prinzip nach schon bei Nietzsche vorgedacht war. Hatte die Lebensphilosophie auf besondere, intensive Erkenntniskräfte einzelner bevorteilter Individuen gesetzt, auf das Hervortreten genialischer Geister, so war für die Naziphilosophie der »nordische Mensch« als solcher, das »Germanentum« schlechthin, mit einer außergewöhnlichen Erkenntnisfähigkeit ausgestattet. Der gewissermaßen individualistische erkenntnistheoretische Aristokratismus der Lebensphilosophie wendete sich zu einem solchen der *Rasse*, was gleichzeitig eine Wendung zur Masse bedeutete; das kam den demagogischen Absichten der deutschen Faschisten nicht ungelegen. Jeder, der das Diktat der NS-Ideologie anzunehmen bereit war, wurde zu einem Vertreter der neuen, im Rassischen wurzelnden Aristokratie des Geistes. Er durfte für sich beanspruchen, als ein besonders tiefer Denker zu gelten. Das besondere Merkmal des germanischen Denkens, auf dem angeblich seine unerreichte Überlegenheit beruht, bestand nach Aussage der braunen Philosophen in der Dominanz von Instinkt und Intuition. »Nicht in der rationalen Einstellung zur Welt«, sondern »in ihrer irrationalen Erfassung im Erlebnis« sei der »Kern des deutschen Wesens« zu finden.[144] Deshalb sei auch das Ästhetische und Schöpferische ein vor allem dem deutschen Denken zukommender Charakterzug.

Lothar G. Tirala, der wie Hans A. Grunsky seinen philosophischen Ungeist von München aus verbreitete, bezog in seinem Eifer, die Philosophie so braun wie möglich anzustreichen, sogar die formale Logik ein. Er vertrat die Auffassung, »daß selbst auf dem Gebiet der Logik, wo es sich, wie man glauben sollte, um reines Denken handelt, die Denker gemäß ihrer eigenen Art zu denken Stellung nehmen. Dabei handelt es sich doch um rein formales Denken«. Was es genauer damit auf sich haben sollte, ließ Tirala dahingestellt. Ihm genügte die Feststellung, daß für die nordische Rasse generell eine »hohe *begriffliche* Ausbildung des Denkens« charakteristisch sei, *obwohl* sich der nordische Mensch vom reinen Denken niemals tyrannisieren lasse. Das Verhältnis des nordischen Denkens zur Logik sei daher polarer Art: »höchste Achtung vor der *Klarheit* und *Reinheit* des Denkens einerseits, andererseits das Bewußtsein, daß das reine Denken sekundärer Natur ist«. Danach erübrigte es sich, auf die »niederen Rassen« einzugehen, da sie nach seinem Dafürhalten schon durch ihre Gene geistig unterentwickelt seien, kaum imstande, »mit ihrem begrifflichen Denken weiter als bis zu der Zahl fünf, acht oder zehn zu kommen«. Es sei daher »überaus wichtig festzuhalten, daß die Erkenntnistheorie der verschiedenen Rassen durchaus bestimmt ist von ihrer innersten Anlage zum Denken überhaupt«, und daß »Erbanlagen des Geistes« die Ursachen sind, warum bei bestimmten Völkern immer wieder »die gleiche Weltanschauung ans Tageslicht tritt«.

Tirala ist natürlich willens und bereit, darin zusätzlich einen tiefen Sinn zu entdecken: daß nämlich germanisches Denken nicht nur wesentlich *irrational*, sondern von Haus aus auch *kriegerisch* und *heldenhaft* sei. »Bei allen nordrassischen Völkern finden wir also diese Steigerung und Veredlung der Persönlichkeit im Opfer für das geliebte Wesen, und diese heldenhafte Haltung ist es, die das Denken der nordrassischen Völker auch in ihrer Weltanschauung bestimmt.« So habe das deutsche Volk »zu den wahren Quellen seines Wesens, seiner rassischen Anlagen wieder zurückgefunden, nachdem es jahrzehnte- oder vielleicht jahrhundertelang von fremdrassischen Menschen verführt wurde, seiner eigenen artgerechten Weltanschauung zu entsagen. Es führte an allen möglichen Stellen den vergeblichen Versuch durch, fremdrassische Weltanschauungen, pazifistische Lehren nicht nur aufzunehmen, sondern nach ihnen zu leben. Die Abwendung von dieser nicht artgemäßen Weltanschauung ist Aufgabe und Schicksal!«[145]

Doch begnügte sich die nazistische Erkenntnislehre nicht damit, Erkenntnisfähigkeit »blut- und rassenmäßig« zu begründen und Friedfertigkeit und Friedensliebe als »entartet und fremdrassisch« einzustufen. Der erkenntnistheoretische Aristokratismus mündete in den Führerkult: Unter allen mit phänomenalen Erkenntniskräften ausgestatteten nordischen Menschen, erklärte Dietrich mit dem üblichen Pathos, müsse im Führer Adolf Hitler das singuläre Genie verehrt werden, dem sich die Wahrheit *offenbart*, der das Wesen der Dinge *schaut* und damit geistig hoch über *jedem* steht. In der nationalsozialistischen Weltanschauung hat die deutsche Seele den Weg zu sich selbst zurückgefunden. In der Persönlichkeit des Führers aber verbinden sich das weltanschauliche und künstlerische Element des deutschen Wesens zur vollendeten Einheit, zu dem, was wir das Mysterium des Schöpferischen nennen. Wenn die neuere Philosophie sagt, daß die intuitive Wesensschau die unmittelbare Anschauung des Gesetzmäßigen ist, dann findet diese Eigenschaft in der Persönlichkeit Adolf Hitlers ihre stärkste Ausprägung ... Hier in unserem Führer hat jenes herrliche Wort Platos lebendige Gestalt gewonnen: ›Von den Göttern ein Geschenk an das Geschlecht der Menschen, so schätze ich die Gabe, in Vielem das Eine zu erschauen‹.«[146]

Philosophie wurde im Laufe der Jahrhunderte oftmals mißbraucht. Im Mittelalter diente sie als Magd der Theologie. In unserem Jahrhundert erlitt sie die Schmach, Magd des deutschen Faschismus zu sein. Sie arbeitete einer barbarischen, verbrecherischen Politik zu und gab den Anspruch auf Erkenntnis der Wirklichkeit völlig auf.

Das Selbstverständnis der Naziphilosophie brachte »neuen Sinn und neue Ordnung« natürlich auch in die Geschichte der Philosophie, wobei die Willkür des Prinzips die Willkür des Urteils nach sich zog. Aber beides war bekanntlich kalkulierte Methode, und Subjektivismus das geplante Ziel. Letzten Endes waren es allein von der faschistischen Politik diktierte Kriterien, von denen ausgehend entschieden wurde, wie die Philosophen aller Zeiten interpretiert, eingeordnet oder ausgesondert wurden. Die sich in Einzelfällen und Details ergebenden Meinungsverschiedenheiten waren gänzlich sekundärer Natur. Allerdings waren selbst diese Spiegelfechtereien – um mehr handelte es sich dabei nicht – noch zu etwas nutze. Gestatteten sie doch, eine angebliche Freiheit des Standpunktes zu suggerieren, die keineswegs vorhanden war. Vor allem dann nicht, wenn politische Gegnerschaft vermutet wurde.

Die demagogische Devise dieserart Philosophiegeschichtsschreibung lautete: »Als Nationalsozialisten, d. h. als solche, die bei der Neuschöpfung des Reichs Adolf Hitlers Gefolgschaft leisten, müssen wir die großen Gestalten der Vergangenheit in einem anderen Lichte sehen als die Festredner der Vergangenheit. Wir verehren Charakterstärke und geistige Schöpferkraft, wo immer sie in der Geschichte unseres Volkes uns entgegentreten, denn unsere Weltanschauung schließt die Wertung der Tradition ein. Alles, was von Menschen deutschen Bluts Großes getan und gedacht wurde, ist unser ... Aber unsere Weltanschauung als Ganzes ist mehr als die Tradition: Sie hat es bewiesen und erweist es noch, daß sie die *Revolution* ist.

Aus dem Gefühl und dem Bewußtsein heraus, in der größten Revolution zu stehen, die unser Volk seit tausend Jahren durchmacht, tritt der Nationalsozialist den Gestalten der Vergangenheit gegenüber. Er beugt sich als einzelner vor dem großen einzelnen und seinem Werk; aber er blickt nicht zu den Werken der Vergangenheit auf, um sich dort den Maßstab für die Schöpfung der Zukunft zu holen. Diesen Maßstab entnimmt er der eigenen Brust.«[147]

Als undeutsch oder entartet galt dem deutschen Faschismus von vornherein all das Gedankengut, was der Vernunft und der Humanität verpflichtet war oder in irgendeiner anderen Hinsicht den Interessen des Nazismus widersprach. So wurden die europäische Aufklärungsphilosophie und der Rationalismus zunächst prinzipiell abgelehnt, die Mystik des Mittelalters hingegen wurde glorifiziert und Meister Eckhart kultisch verehrt. Einig in der positiven Bezugnahme war man sich bei Jakob Böhme, der der Mystik nach der Reformation noch einmal zu besonderer Geltung verhalf, sowie bei Nikolaus von Kues und Paracelsus.

Aber auch die Philosophiegeschichtsschreibung wurde entsprechend der aktuell-politischen Entwicklung modifiziert. Als um 1937 die Haltung der Nazis zur Wissenschaft erzwungenermaßen einen etwas gemäßigteren Anstrich bekam und später – infolge des anfänglich siegreichen Kriegsverlaufs – die Propagandathese vom »europäischen Sozialismus« verbreitet wurde, waren bald Philosophen zur Stelle, die einige der bislang rigoros abgelehnten Denker, wie beispielsweise René Descartes und Jean-Jacques Rousseau, plötzlich ins Philosophiekonzept der Nazis einfügen wollten. Der Freiburger Philosoph Rudolf Metz zum Beispiel stellte 1941 Gottfried Wilhelm Leibniz Descartes an die Seite, wohingegen die englische Philosophie, angeblich ob ihres Mangels an »mystischer Tiefe«, nach wie vor unter das Verdikt fiel.[148] »Die britische Lebensphilosophie«, verkündete Alfred Rosenberg, »die nur England nützte, die anderen Völker aber zersetzte, wo sie wirksam wurde, kämpft ihren Endkampf.«[149]

Alfred Klemmt verfolgte die gleiche Tendenz wie Metz. Auch er versuchte, etwa um dieselbe Zeit unter anderen Jean-Jacques Rousseau, François-Marie-Arouet Voltaire und Charles-Louis de Secondat Montesquieu für die nazistische Philosophie aufzubereiten.[150] Erstaunlicherweise bezog er in diese Bestrebungen auch David Hume mit ein, obwohl die Hochschulen seit 1940 aufgerufen waren, »in einem umfassenden Einsatz mit den Mitteln der Wissenschaft mitzukämpfen in der Aufklärung über den britischen Feind«. Der Philosophie fiel dabei die Aufgabe zu, »die Lehren der Vertreter der typisch englischen Geisteshaltung zur Darstellung zu bringen«[151], deren Eigenart Metz wie folgt zusammenfaßte: »Die Briten sind eine unphilosophische Rasse. Der britische Volkscharakter und die britische Philosophie werden vom *cant* bestimmt, d. i. eine das britische Stigma tragende Form der Heuchelei.« Diese alle Lebensäußerungen durchziehende britische Form der Heuchelei schlage sich in der britischen Moralphilosophie des *Utilitarismus*, in der theoretischen Philosophie als *Materialismus* nieder, »Das Zauberwort *Utilitarismus* liegt wie ein dichter Nebel über den britischen Inseln und hüllt alles ein. Wie es das praktische Fühlen und Handeln, die Gesinnung und Moral der Briten regiert, so beherrscht es auch fast die gesamte britische Moralphilosophie, worin jene ihren Niederschlag gefunden haben. Auf keinem anderen Gebiet geht die Gleichung zwischen Volkscharakter und Philosophie glatter auf als auf diesem. Diese Ethik ist uns Deutschen stets als völlig wesensfremd erschienen ... Aber auch die theoretische Philosophie ist von *cant* nicht frei. Es ist auffallend, daß es nur ganz wenige britische Denker gibt, die sich unverhohlen zum Materialismus bekennen. Sie nennen ihre Lehre Empirismus, Sensualismus, Pragmatismus, Realismus, Positivismus u. ä. Aber alle diese schönen ›Ismen‹ sind im letzten Grunde nur verfeinerte Formen grob-materialistischen Denkens. Der Terminus ›Materialismus‹ hat nun einmal einen üblen Beigeschmack, weshalb es vorteilhafter ist, sich seiner nicht zu bedienen. In seiner Vermeidung aber liegt der verdeckende und verhüllende Charakter des *cant*, der aber nicht aus bewußter Absicht entspringt, sondern sich von der gewöhnlichen Heuchelei darin unterscheidet, daß er im Unterbewußtsein verläuft, aber um so tiefer im Wesen des Charakters wurzelt.« Dieses politisch motivierte Urteil stützte sich übrigens auf Nietzsche, der über die britische Philosophie und die britische Geistesart geäußert hatte: »Das ist keine philosophische Rasse – diese Engländer. Bacon bedeutet einen Angriff auf den philosophischen Geist überhaupt, Hobbes, Hume und Locke eine Erniedrigung und Wert-Minderung des Begriffs ›Philosoph‹ für mehr als ein Jahrhundert.«[152]

Eingehend auf die politische Gesamtlage und die strategischen Linien der ideologischen Beeinflussung der Bevölkerung, versuchte Ferdinand Weinhandl schließlich Ende 1943 ein generell verändertes Bild der europäischen Aufklärung zu zeichnen, um sie in die Kontinuität »deutschen Denkens« aufnehmen zu können. Er entdeckte den »germanischen Kern« der Aufklärungsbewegung: Über all den Anstoß erregenden Formen »des humanistischen und humanitären Denkens, über dem Vernunftkult und dem politischen Programm der Französischen Revolution, der Freimaurerei und Judenemanzipation darf aber der positive germanische Kern der Aufklärung nicht übersehen werden, wenn es um das Weltbild der Aufklärung geht.

Deutschland hat sich hier am besten in ganz Europa den klaren Blick auf das Gesunde, Organische, für die Wirklichkeit gegenüber den rationalistischen Abstraktionen, für die Totalität des organisch Zusammengehörenden gegenüber dem Universalismus und d. h.

gegenüber der Uniformität gewahrt. Ein Zeugnis ebensosehr für sein Blut wie für das Werk seiner geistigen Führer.« Wolle man der europäischen Aufklärung in ihrem tiefsten und positiven Sinn gerecht werden, müsse man diesen Kern ins Auge fassen. »Erst in diesem größeren und ursprünglicheren, rassisch bestimmten Gesamtrahmen treten dann Sondererscheinungen und Metamorphosen auf wie das ›westliche‹ Denken oder als geistige Ablösung der Cromwellschen Protektoratsregierung der mit Locke beginnende englische Liberalismus, der französische Materialismus und schließlich, was man meist allein im Auge hat, wenn man von der Aufklärung des 18. Jahrhunderts spricht: der universalistische Rationalismus und rationalistische Universalismus des 18. Jahrhunderts.« Mit dieser Argumentation hat es Weinhandl schon fast geschafft: Die Aufklärung ist all dessen, was sie zur Aufklärung macht, entkleidet und die deutsche Aufklärung als ihrem Wesen nach nicht-aufklärerisch bestimmt. Weinhandl kann feststellen: »Damit siegt die höchste Form der Aufklärung, die durch und durch germanische stahlklare, nüchterne Selbstprüfung des Geistes über ihren gefährlichsten Feind, über das ›aufklärerische‹, rationalistische und logizistische ›Nichts als‹, über die niederen und bequemen Formen der Aufklärung, die sich nur zu bereitwillig und selbstbewußt auch den Titel der Aufklärung anmaßen ... Wo immer die Aufklärung ungeschichtlich nur im negativen Sinn gesehen wird, spricht der weltanschauliche Gegner.«[153]

Das bislang für den Nationalsozialismus gültige, von der »rassischen Artung« abgeleitete rein negative Bild der Aufklärung wurde damit außer Kraft gesetzt, da es den veränderten politischen Anforderungen nicht mehr entsprach. Ersetzt wurde es durch eine demagogische Anerkennung der Aufklärung, die die originären politisch progressiven Ideen der Aufklärung und die durch sie bewirkte Inthronisation der Vernunft wie gehabt verurteilte. Die Naziphilosophie lieferte somit im Bedarfsfall beides frei Haus, sowohl den offenen wie den versteckten Angriff auf Humanität, Gleichheit, Freiheit und Vernunft, je nach politischer Konjunktur.

Zahlreiche letztlich »rassisch« begründete Traditionsbezüge stellten die Naziphilosophen auch zur Philosophie der griechischen Antike, zu Platon und Heraklit her. Mit Vorliebe beriefen sie sich auf Heraklits berühmtes Diktum: »Kampf ist der Vater von allem, der König von allem; die einen macht er zu Göttern, die anderen zu Menschen, die einen zu Sklaven, die anderen zu Freien.«[154] Es wurde immer wieder herangezogen: als Autoritätsbeweis für die Wertverschiedenheit der menschlichen Rassen wie zur Rechtfertigung von Raubkriegen. Der historische Kontext des Philosophems sowie der unter der Oberfläche der anthropomorphen Formulierung liegende weitreichende Sinn wurde nicht beachtet. Der große antike Dialektiker wurde zur Begründung der angeblich naturgewollten Macht des Stärkeren und der Unterordnung der Schwachen, für die Rechtfertigung des rassistisch begründeten faschistischen Krieges benutzt.[155] Hermann Glockner erklärte damit den Kampf der »deutschen Philosophie« gegen den »undeutschen Geist«. Die Philosophie ziehe damit in den Krieg. »Und es ist gut, daß Krieg ist«, denn »der Kampf ist der Vater aller Dinge«.[156] Alfred Baeumler gar stilisierte die faschistische Kriegstreiberei mit Blick auf das in Rede stehende Wort zur »herakliteischen Weltanschauung«, die generell als Wertmaß bei der Beurteilung philosophischen Denkens diene.[157] An Platon würdigten die Naziphilosophen besonders die elitären Züge seiner Staatstheorie, wobei dem biologisch ausgelegten Gedanken der Auslese das besondere Wohlwollen galt.[158] Andererseits wurde Platon kritisiert, weil er an die Spitze des Seelenlebens den Intellekt, die Vernunft, gestellt hatte, während doch »Wille und nicht Intellekt der Kern unseres Daseins« sei.[159]

Die Philosophen Leibniz, Kant und Fichte, deren Gedanken für die Naziideologie »passend« gemacht wurden, feierte man als die Vertreter »typisch deutscher Denkart«. Die rassistischen Ideen von Paul de Lagarde, Joseph Arthur Gobineau, Houston Stewart Chamberlain und Friedrich Nietzsche galten als Ausdruck deutscher, nordischer oder germanischer Geistesart. Andere »Propheten des Nationalsozialismus«, bei denen das »Rassedenken« zu wünschen übrigließ, wurden heftig attackiert.[160] Selbst bei berühmten Wissenschaftlern, wie Wilhelm von Humboldt, wurden Bekenntnisse zum Judentum heftig kritisiert.

In ihm, monierte Grunsky, fand »das Humanitätsideal seinen vorzüglichsten Ausdruck«, auf dem »wie auf einem mächtigen Grundpfeiler die liberalistische Geistigkeit ihr Gedankengebäude« errichtete. »Man mag Humboldts geniale Leistungen auf dem Gebiet der Sprachwissenschaft und Sprachphilosophie, die wichtigen Anregungen, die er durch seine griechischen und indoarischen Studien (Bhagavadgita) gab, nebst vielen menschlich sympathischen Zügen und großen Gedanken noch so hoch einschätzen«, schrieb er in einer Rezension zu dem Buch von Wilhelm Grau »Wilhelm von Humboldt und das Problem des Juden« (1935). Entscheidend sei ein anderer Punkt. Nach der »vorzüglichen wissenschaftlichen Leistung des jungen Historikers Wilhelm Grau« werde man »von jetzt ab nicht mehr über die wahrhaft furchtbare Tatsache hinwegkommen, die Grau zum erstenmal aufgedeckt hat: daß dieser Mann mit seiner molluskenhaften Überempfänglichkeit, der keine gleich starke produktive Kraft die Waage hielt, in den entscheidenden Jahren seiner Entwicklung vollkommen im jüdischen Lebensraum stand und von ihm aus geformt wurde. Das Bild, das Grau unter Heranziehung eines erdrückenden Beweismaterials vor uns aufrollt, ist grenzenlos erschütternd. Es ist ein trostloser, sich mehr als einmal bis zum Widerlichen steigernder Anblick, den jungen Humboldt im Kreise seiner jüdischen Freundinnen und Freunde zu sehen und dann zu verfolgen, wie er diesen Einfluß nie mehr vollständig loswerden konnte ... Wie kommt es, konnte man früher fragen, daß ein bedeutender Deutscher aus seinem innersten deutschen Wesen heraus ein Menschheitsideal entwickeln konnte, das zum Fanal der jüdisch-liberalistischen Geisteshaltung wurde? Grau zeigt, daß in dieser Hinsicht gar nicht deutsches Wesen sprach. Denn erst wurde Humboldt vom Jüdischen her geformt, vom Bazillus der Zersetzung infiziert, bevor er sich zum großen Schirmherrn des Judentums entwickelte, in die Judenemanzipation fördernd eingriff und ihr die geistigen Waffen lieferte ... Nein, es war kein Zufall, daß gerade Wilhelm von Humboldt als Heros der jüdisch-liberalistischen Haltung in die Geschichte eingegangen ist.« Mit diesem Buch, so schließt der Rezensent, »hat die junge nationalsozialistische Wissenschaft einen Schlag geführt, durch den eine bisher für unantastbar gehaltene Stütze der jüdisch-liberalistischen Geisteshaltung zusammenbricht«.[161] Deutsch sein heißt Judenhasser sein – das war die Quintessenz.

Hegel als Kronzeuge?

Andererseits scheute man sich nicht, rassistisches bzw. antisemitisches Denken auch dort zu unterstellen, wo solche Geisteshaltung gar nicht vorhanden war. Vor allem einige Neuhegelianer, die sich auf die Seite des deutschen Faschismus schlugen, unterstellten Hegel rassistische Ideen und antisemitische Vorbehalte, ohne stichhaltige Belege beibringen zu können. So entdeckte Theodor Haering bei Hegel den »Gedanken vom völkisch-stammlich-rassischen Wert im menschlichen Dasein« in dessen »Anordnung der Natur- und Geistesphänomene«.[162] Eberhard Fahrenhorst hingegen unterstellte der Hegelschen Staatsauffassung eine antisemitische Basis. Hegels Auffassung über das Verhältnis von individuellem Willen und seiner Objektivierung im Staat beruhe auf Judenhaß: »So verachtet er das unwürdige Herrschafts-Knechtsschaftsverhältnis der jüdischen Religion.« Mit diesem heftigen Argument ist für Fahrenhorst der antisemitische Hegel und »die hohe sittliche Kraft dieser Ansichten« perfekt.[163]

Mit Hegel taten sich die Naziphilosophen besonders schwer. Für seine Einordnung und Auslegung fanden sie keine einheitliche Linie. Als der große Verfechter der Vernunft und vor allem als wesentliche geistige Quelle des Marxismus mußte ihnen die Hegelsche Philosophie unerträglich sein. Andererseits war Hegels Leistung so epochal, daß er nicht ohne weiteres zu ignorieren war. Die Folge davon war, daß das Spektrum der Hegelbewertung von absoluter Ablehnung bis zu Versuchen reichte, ihn der faschistischen Denkart an- und einzupassen. Es standen sich zwei Positionen gegenüber: Zum einen gab es die strikte *Ablehnung* der Hegelschen Philosophie. Sie zog gegen den theoriegeschichtlichen Zusammenhang von Hegel und Marx, gegen die Hegelsche Konzeption von Vernunft und Fortschritt in der Geschichte und gegen die Hegelsche Dialektik als universelle revolutionäre Entwicklungslehre auf der Basis des rationalen Denkens zu Felde. Ihr stand die *Rezeption* und angebliche Weiterführung und Aktualisierung der Hegelschen Philosophie entgegen. Sie verfolgte das Ziel, mit der Lehre Hegels die politischen und militärischen Absichten des faschistischen Regimes theoretisch zu untermauern; dafür bot der Rückgriff des italienischen Faschismus auf Hegel zusätzliche Handhabe.

Eine »Hegelerneuerung« mit dem ausdrücklichen Hinweis auf das nachahmenswerte Beispiel des italienischen Faschismus wurde unter anderem von Herbert Franz verfochten: »Der Staatsbegriff der italienischen Staatsphilosophie der Gegenwart ist maßgeblich vom Hegelschen Staatsdenken beeinflußt. Während die politische Ideologie des Faschismus das Leibhaft-Lebendige, Urkonkrete der Gemeinschaft im Begriff des Staates ausdrückt, wodurch zugleich der Staat den sekundären Charakter der Schema-Form verliert und gleichsam zu einer inbegrifflichen, allseitigen Lebensmacht wird, neigt die Ideologie des Nationalsozialismus dazu, dieses Leibhaftige des Gemeinschaftsdaseins im Begriffe der ›Volksordnung‹ auszudrücken. Dabei ergibt sich die seltsame Paradoxie, daß Hegel, der Vater des leibhaftig-lebendigen Staatsbegriffs, in Italien als eine der unbezweifelten Autoritäten gilt, während er in Deutschland sich gegenwärtig manche Anfeindungen gefallen lassen muß. Würde man sich dagegen *die* Mühe mit Hegel machen, die dieser große Geist wahrlich verdient, so würde man bald einsehen, daß in dem Hegelschen Begriff der Staatsordnung weitgehend jene Bestimmungen der Lebendigkeit, der Leibhaftigkeit, des organischen Kreislaufs, der als Geist erscheinenden Volkhaftigkeit mitgedacht sind, die gerade den lebensvollen Begriff der ›Volksordnung‹ über den durchschnittlichen Begriff eines schematischen Staatsmechanismus erheben sollen.«[164]

Trotz solcher Bemühungen, Hegel für den Nationalsozialismus zu retten, änderte sich zwischen 1933 und 1945 nichts Grundsätzliches an der Uneinheitlichkeit der Stellung der Naziphilosophen zur Hegelschen Lehre. Einmütigkeit wurde nicht erreicht. Zu den ausgesprochenen Hegel-Gegnern zählten Alfred Rosenberg, Ernst Krieck und Franz Böhm. Andere, gleichfalls eindeutig faschistisch engagierte Philosophen verschiedener Richtungen bemühten sich hingegen, Hegels Staats-, Rechts- und Geschichtsphilosophie, bisweilen sogar die Hegelsche Dialektik so auszulegen, daß sie für den Nationalsozialismus annehmbar erschienen.

Alfred Klemmt schrieb 1938: »Denn diejenige Art des Denkens, die ein Meister Eckhart, ein Paracelsus, ein Nikolaus von Kues und Jakob Böhme, ein Leibniz und Herder, ein Goethe und Schelling, ein Hegel und selbst ein Nietzsche vertrat, war eine ... Logik ... des sogenannten Widerspruchs, der Einheit der Gegensätze, des unendlichen Beziehungsreichtums, des Organischen und Dynamischen, kurzum eine Logik, die das innerste Gefüge der Wirklichkeit und den schlagenden Puls des Lebens selbst zu erfassen strebte. Sie hören seit geraumer Zeit viel von einer Hegel-Renaissance auch in Deutschland reden. Wiewohl wir heute unsere Blicke unbeirrbar und bis zum letzten gestaltungsentschlossen in eine neue, nie dagewesene Zukunft richten, so kann darüber dennoch kein Zweifel sein, daß für die umfassende Neuschöpfung, die einmal ihren mächtigen und weiten Dom über dem dritten Reich wölben soll, auch die große Logik Hegels als Baumaterial mit verwandt werden wird, ebenso wie die übrigen zur Verfügung stehenden Bausteine einer deutschen Logik, die freilich als solche noch niemals ins volle Licht des Bewußtseins getreten ist. Dies zu bewirken, wird eine der vielen Aufgaben sein, die die nationalsozialistische Revolution im Zuge ihrer stufenweisen und vielfältigen Verwirklichung lösen wird ...«

Um keinen Zweifel an seiner Gesinnung aufkommen zu lassen, gibt Klemmt – wie das auch andere prohegelsche Nazis getan haben – seinen Ausführungen die unerläßliche rassische Komponente, indem er von der nationalsozialistischen »Ontologie« zur nationalsozialistischen Geschichtsphilosophie übergeht. »Niemals ist für uns – und eben dies macht einen Hauptpunkt der sog. deutschen Logik aus – das Abstrakt-Allgemeine das eigentlich Seiende ... wir erklären, daß das Abstraktum Menschheit ... das eigentlich Wesentliche und Kernhafte menschlichen Seins gerade außerhalb läßt. Aus diesen ontologischen Grundanschauungen heraus werden die uns nach Blut, Wesen, Boden und Entwicklung ganz verschieden gearteten Völker zu den allein wirklichen Trägern der Geschichte ... Auch hier weisen wir die aufklärerische Vorstellung ... eines für alle Völker und Rassen gleichen Zieles mit Entschiedenheit ab. Wie sich die Menschheit selber in eine unabsehbare reiche Mannigfaltigkeit von Gestalten auseinanderlegt, so ist uns auch das Ziel der geschichtlichen Entwicklung jeweils ein ganz eigentümliches ... unlöslich gebunden an die besonderen Bedingungen des natürlichen Lebensraumes, der Zeit, des Blutes und des Charakters. Demgemäß hat jedes Volk seine eigene Mission in der Geschichte zu erfüllen, jede Rasse ihre ureigensten Anlagen zur Entfaltung zu bringen ...«[165]

Was es mit der Entfaltung der rassischen Anlagen des Deutschtums auf sich hatte, war inzwischen längst kein Geheimnis mehr. Diese Entfaltung bedeutete Welteroberung und Weltkrieg, ungezügelten Terror und industriell betriebenen Massenmord.

Neben Alfred Klemmt gehörten unter anderem Ferdinand Weinhandl, Arnold Gehlen, Hermann Glockner[166], Theodor Haering, Karl Larenz, Julius Binder, Paul Ritterbusch und Hermann Schwarz zu denen, die Hegel für die faschistische Philosophie retten wollten. Zahlenmäßig und hinsichtlich der öffentlichen Wirksamkeit war diese Gruppe gegenüber den Hegelgegnern die Dominierende. Dabei ist den faschisierenden bzw. eindeutig faschistischen Neuhegelianern, und unter ihnen wiederum den neuhegelianischen Rechtsphilosophen, eine besondere Bedeutung beizumessen.

Die Gründe, weshalb die Naziführung die Meinungsverschiedenheiten in puncto Hegel – ohne Einspruch anzumelden – tolerierte, waren ganz pragmatischer Natur. Zum einen hätten Reglementierungen in dieser Frage den von zahlreichen namhaften Neuhegelianern angestrebten Konsens mit dem Hitler-Regime empfindlich gestört.

Zum anderen stellte solche Hegelbeschäftigung auch noch in anderer Hinsicht einen nicht zu unterschätzenden stabilisierenden Faktor dar. Das Auflösen der Grenzen zwischen akademischer Hegelforschung und faschisierender Hegelinterpretation barg für viele Intellektuelle die Möglichkeit der geistigen und politischen Anpassung an den deutschen Faschismus. Und Möglichkeiten dieser Art, das wurde in anderem Zusammenhang schon gezeigt, wurden von »geistig anspruchsvolleren« reaktionär bis konservativ eingestellten Gelehrten nur zu gern genutzt.

Über die gegensätzlichen Positionen der sich herausbildenden Naziphilosophie zu Hegel äußerte sich 1935 Theodor Haering: »Die Bedeutung Hegels für die Kämpfe und Probleme der Gegenwart ist in letzter Zeit verschieden beurteilt worden; neben einer Inanspruchnahme namentlich seiner nationalpolitischen und nationalpädagogischen Gedanken für den neuen Geist in Deutschland steht gelegentlich schroffe Ablehnung.

Es ist erfreulich, hier eine Reihe von Hegelpublikationen anzeigen zu können, die sich ebensosehr von einseitiger Verhimmelung wie von – meist auf nicht genügender Kenntnis Hegels selbst beruhender – einseitiger Verdammung freihalten, vielmehr unsere Kenntnis des trotz allem noch unbekannten Hegel vertiefen und sie zugleich für die Arbeit der Gegenwart fruchtbar zu machen geeignet sind.«[167]

Der Zwiespalt der Nazis war bereits 1931 deutlich geworden, als sich zum hundertsten Male Hegels Todestag jährte. Der Frage nachgehend, »Was bedeutet uns Hegel?«, wurde bereits damals in den Nationalsozialistischen Monatsheften festgestellt, Hegel habe für den Nationalsozialismus sowohl eine negative wie eine positive Bedeutung. Die ausgemacht negative Seite bestünde darin, daß Hegels Philosophie »Ausgangspunkt für das Denken und die Anschauungsweise des größten Gegners des Nationalsozialismus, des Marxismus, wurde«. Andererseits müsse Hegel als der »deutscheste«

aller Philosophen des deutschen Idealismus gelten, »obwohl er in seinen Schriften von seinem Deutschtum nicht so oft spricht«. Dennoch liege in diesem Wesenszug die Bedeutung Hegels für die künftige Philosophie, »die unter dem Schutze nationalsozialistischer Volksgemeinschaft entstehen wird. Diese Philosophie wird nicht dem reinen voraussetzungslosen Geist, der ewig utopisch ist, weil er nicht biologisch gewährleistet ist, nachstreben, sondern wird den Geist erfassen aus den Besonderheiten, den Voraussetzungen rassisch-volkstümlichen Lebens«[168]. Damit war das später befolgte Programm in Umrissen bestimmt.

Die zum Teil rigorose Ablehnung Hegels hatte insofern einen sachlichen Hintergrund, als die Hegelsche Philosophie in ihrer ursprünglich historischen Gestalt *ihrem Wesen nach* tatsächlich nicht mit faschistischem Gedankengut, gleich welcher Art, zu vereinbaren ist. Die vielfältigen Bemühungen, die Hegelsche Philosophie oder auch nur Teile von ihr oder einzelne Gedanken für den Nationalsozialismus aufzubereiten, beruhten daher auch nicht auf der authentischen Hegelschen Philosophie, sondern waren über den Neuhegelianismus vermittelte Fehlinterpretationen und willkürliche Verfälschung. Das eindeutig klarzustellen sind wir dem Hegelschen Erbe und dem Marxismus-Leninismus schuldig, der aus dem authentischen Hegel schöpfte.

In diesem Zusammenhang ist eine korrigierende Bemerkung angezeigt, die die Einschätzung des Verhältnisses von Nazifaschismus und Hegel durch Georg Lukács betrifft. Und zwar nicht, um Lukács zu kritisieren, sondern um eine These zu entkräften, die den Quellen so nicht gerecht wird, nichtsdestoweniger aber von vielen marxistischen Theoretikern ungeprüft übernommen und kanonisiert wurde.

Von Hegel zu Hitler?

Lukács hat betont, daß die Philosophie Hegels für das Banditentum der Hitlerleute »in jeder Hinsicht untragbar« gewesen sei. Das ist richtig, wenn damit zum Ausdruck gebracht werden soll, weshalb nazistischer Geist und Hegelsche Philosophie ihrem Wesen nach nicht miteinander zu vereinbaren sind. Das aber schloß eben nicht aus, und das kommt in Lukács' Einschätzung zu kurz, daß es in praxi ein faschistisches Hegelbild und eine ganze Phalanx namhafter nazistischer Hegelinterpreten gab. Und diese fristeten keineswegs nur ein »kümmerliches Dasein«[169], sondern sie prägten in erheblichem Maße das Gesicht der Naziphilosophie mit.[170]

Dies gilt es zu berücksichtigen, wenn es um das Verhältnis von Hegelscher Philosophie und deutschem Faschismus geht, um so mehr, als Gegner dialektischen Denkens aus diesem historischen Fakt in unseren Tagen politisches Kapital zu schlagen versuchen. So nutzt eine extrem antikommunistische Fraktion spätbürgerlicher Philosophie der Gegenwart die Tatsache faschistischer Hegelrezeption im »Dritten Reich« zu einer direkten Attacke gegen den Marxismus, gegen die materialistische Dialektik und gegen den Sozialismus aus. Die imperialistische Totalitarismus-Doktrin[171] in die Geschichte der Philosophie projizierend, wird behauptet: Marx kommt von Hegel; wenn sich aber von Hegel eine direkte Linie zu Hitler ziehen läßt, gilt dieser Zusammenhang auch für Hitler und Marx. Daraus ergibt sich der Schluß, Nazifaschismus und Sozialismus seien wesensgleich. Damit aber ist das von diesen Totalitarismusanhängern anvisierte Ziel erreicht: Der Antikommunismus ist theoretisch untermauert und philosophiegeschichtlich legitimiert.

Einer der aktivsten Verfechter der These »von Hegel zu Hitler« ist Ernst Topitsch, inzwischen unterstützt von seinem Schüler Hubert Kiesewetter. In offenem Angriff auf den Marxismus verfolgen beide die in ihren Augen seit langem überfällige Aufgabe, die Rolle Hegels und des Hegelianismus »in der Vorbereitung und im Dienste des Dritten Reichs« zu enthüllen.[172]

Damit lenken sie nicht allein bewußt vom objektiven Zusammenhang zwischen dem Kapitalismus in der Periode seiner allgemeinen Krise und dem Faschismus, das heißt vom wahren Schuldigen am Faschismus, dem Monopolkapital, ab. Mit dem Konzept einer ahistorischen und klassenneutralen »Machtstaatideologie«, die angeblich von Hegel produziert und von Faschisten und Marxisten mit unerheblichen Unterschieden praktisch in die Tat umgesetzt worden sei, suggerieren sie zugleich einen kontinuierlichen Weg von Hegel über Marx zu Stalin und zu »heutigen neostalinistischen Tendenzen«, die nach ihrem Dafürhalten nur eine andere Form von Faschismus sind. Um das glaubhaft zu machen operieren sie weniger mit der originären Hegelschen Theorie, sondern greifen bevorzugt auf das Hegelbild des irrationalistischen Neuhegelianismus der ersten Jahrzehnte des zwanzigsten Jahrhunderts zurück, »der in der

Tat – in wichtigen Teilen, wenn auch nicht durchgängig – eine einflußreiche und verbreitete Variante präfaschistischer und faschistischer Ideologie in Europa war«.[173].

Die Hegelsche Philosophie ist sowohl geistesgeschichtlich wie systematisch eine Quelle des Marxismus. Sie enthält kein Gedankengut, das unverfälscht von konservativen oder faschistischen Kräften vereinnahmt werden könnte. Hegel war der bedeutendste Vertreter der klassischen deutschen Philosophie. Er erreichte mit seinen Auffassungen den Gipfelpunkt bürgerlich-progressiven geschichts-, rechts- und entwicklungsphilosophischen Denkens. Gegen die Aufrechterhaltung oder Wiederbelebung der unzutreffenden Charakterisierung Hegels als des »preußischen Staatsphilosophen« und gegen die Rede von der reaktionären Hegelschen Staatsphilosophie, die mitunter auch noch durch marxistische Literatur geistert,[174] ist daher mit Hermann Klenner festzustellen: »Ihrem staats*rechtlichen* Gehalt nach reformerisch, sind Hegels ›Grundlinien der Philosophie des Rechts‹ ihrem staats*philosophischen* Gehalt nach revolutionär.«[175]

Kriegsphilosophie

»Soldaten! ich überliefere euch zur Plünderung – *die Welt*!« Das geistige Klima, welches dem Faschismus vorausging, ihn förderte und eine der Ursachen war, warum »Männer der Bildung, des Unterrichts, der Wissenschaft« keinen Widerstand gegen die braune Barbarei aufboten, ist von vielen Antifaschisten analysiert worden. Besonders anschaulich hat es Thomas Mann im »Doktor Faustus« geschildert: Auf diskursiven Herrenabenden trafen sich namhafte Gelehrte und Künstler und erörterten im kleinen Kreis in einem »unverschämt bezuglosen, juxhaften und unverantwortlichen Geist ... den ungeheuren Wertverlust, den durch das Kriegsgeschehen das Individuum als solches erlitten hatte«. Sie beriefen sich auf Alexis de Tocqueville, Georges Sorel und andere und diagnostizierten »aus Freude an der Erkenntnis, in der immer etwas von Gutheißung liegt« den Anbruch eines Zeitalters, das auf Diktatur und Gewalt, auf die despotische Zwangsherrschaft über nivellierte, atomisierte, kontaktlose und hilflose Massen setzte.

Hier ist es der Dichter Daniel Zur Höhe, dessen makabre Träume »einer in blutigen Feldzügen dem reinen Geiste unterworfenen, von ihm in Schrecken und hohen Züchten gehaltenen Welt galten, wie er es in seinem einzigen Werk ... beschrieben hatte, einem lyrisch-rhetorischen Ausbruch schwelgerischen Terrorismus, dem man erhebliche Wortgewalt zugestehen mußte. Der Signatar dieser Proklamation war eine Wesenheit namens Christus imperator maximus, eine kommandierende Energie, die todbereite Truppen zur Unterwerfung des Erdballs warb, tagesbefehlartige Botschaften erließ, genießerisch-unerbittliche Bedingungen stipulierte, Armut und Keuschheit ausrief und sich nicht genugtun konnte in der hämmernden, mit der Faust aufschlagenden Forderung frag- und grenzenlosen Gehorsams«. Diese Dichtung gipfelte in den oben zitierten Worten.[176]

Das innere Gesetz der faschistischen Ideologie war die Vorbereitung des imperialistischen Expansionskrieges. Dazu gehörte die Rechtfertigung seiner Ziele und die geistige Manipulation seiner Akteure, wurde in allen Lebensbereichen der Kult des Krieges und der Gewalt verbreitet. »In ihren Laboratorien beuten sie die moderne Technik für Giftgase und Pestbakterien aus. Hier erniedrigen sie die Geisteswissenschaft zur feilen Magd ihrer Blutrünstigkeit. Die ganze, ganze faschistische ›Weltanschauung‹ ein Zweckprodukt, ein Präparat eigens für den Krieg!«, so urteilte Hans Günther treffend.[177]

Die Philosophie untermauerte die Verherrlichung des Krieges philosophiehistorisch und philosophisch-systematisch und trug so ihren Teil zur moralischen und geistigen Aufrüstung bei. Das Spezifische der zynischen Kriegsphilosophie der Nazis bestand darin, daß der bereits etablierte imperialistische Aktivismus prinzipiell rassistisch fundiert und ins Extrem gesteigert wurde, daß der Kult der Gewalt und des Terrors keine Tabus mehr kannte und das außenpolitische mit dem innenpolitischen Moment aufs engste verknüpft wurde.

Krieg als »Werkzeug der Kultur«

Obwohl es die nationalsozialistische Bewegung angeblich nicht nötig hatte, »ihren Anspruch an deutsche Menschen auf unbedingte Treue und unbedingten Glauben«, das »Recht, von jedem Deutschen jedes Opfer zu fordern«, durch philosophische Überlegungen zu begründen,[178] waren die Angebote in dieser Richtung zahlreich und vielgestaltig. Einer derjenigen, die dies in charakteristischer Weise formulierten, war Horst von Metzsch, Offizier im ersten Weltkrieg, General der faschistischen Wehrmacht und Dozent für Wehrpolitik an der Hochschule für Politik der NSDAP. Er vertrat dieses Fach zwischen 1940 und 1944 auch an der Berliner Universität.

Obgleich er seine Überlegungen nicht in den Rang von Philosophie erhoben sehen wollte, betrachtete er es als seine Pflicht, die Notwendigkeit der Philosophie für das Denken der Zeit zu betonen und die vor ihr stehenden aktuellen Aufgaben zu benennen. Große Bedeutung maß er der Philosophie für die Profilierung des »neuen deutschen Soldaten« bei, der sich nicht wie der römische seine Philosophie vom Griechen borgen könne; er brauche eine »deutsche Philosophie in deutschem Raume«. Diese werde durch ihre Angleichung an die nationalsozialistische Weltanschauung geadelt, und in dieser Qualität sei sie hervorragend geeignet, den zunächst von außen her geführten Kampf gegen die geistige Aufklärung »durch Überzeugung von innen heraus« zu ergänzen.[179]

Bemerkenswerterweise nannte Metzsch die Philosophie »denkende Betrachtung der Welt«, doch verstand er darunter ein »Deuten« der Wirklichkeit, dessen Bestimmungen durch die Hauptinhalte der faschistischen Politik vorgegeben waren. Auch die Philosophie sei artgebunden und nur als solche unentbehrlich. »Wo aber artverpflichtetes Denken waltet, da wird auch das soldatische Denken nicht fehlen, dann wird der Takt des Blutes auch in den Pulsen der Gelehrtenwelt schlagen und der Philosoph ein Freund des Volkes, aber ihm kein Fremder oder Feind sein ... Aber sie können auch Schädlinge inmitten fruchtbaren Wachsens, Gestrige in einem wachen Volke von morgen oder Propheten sein, denen man in der Fremde folgt, gerade weil sie volksfremd, also falsch denken und sehen. Beides ist gleich verhängnisvoll. Verheißungsvoll, aufrichtend und soldatisch straffend ist aber nur eine Philosophie, die nicht nur beruflich bedeutend ist, sondern in der sich der Philosoph auch als ein berufener Deutscher seiner Zeit erweist ... heute muß gefordert werden, daß auch der Philosoph seine Gedankenarbeit erst an den geistigen und seelischen Daseinsbedürfnissen seiner raumgebundenen Art prüft, bevor er sich zum Ziele setzt, die Menschheit in ihrer Weltweite, die Wissenschaftler aller Zonen, die Denker aller Breiten zu beglücken ... Und schließlich gehört zwangsläufig zum spanischen Florett eine andere Philosophie als zum nordischen

Hammer. Die Jahrhunderte haben nun insofern ihren Mythus, als zuweilen, wie zum Beispiel im zwanzigsten, ganz große Erschütterungen an vielen Orten des Erdballs Gleiches oder doch Ähnliches bloßlegen. Aber der Typus der Völker gleitet in seinem innersten Wesen unberührt über die Jahrhunderte hinweg und mit ihm der blutgebundene Grundcharakter des Denkens. Darum *kann* der Jude nicht raumgebunden philosophieren. Darum *muß* jede seßhaft gewordene Art schollenverbunden forschen. Es sei denn, daß sie sich ihrer Herkunft unverpflichtet fühlt.«[180]

Metzsch, der die Blut-und-Boden-Ideologie unterstützte, bestimmt als Grundanliegen aktuellen »deutschen Philosophierens, die Wehrkräfte der Nation zu mobilisieren« und die Anerkennung der Philosophie davon abhängig zu machen, inwieweit sie in allen ihren Überlegungen das Soldatische, Militärische und Artgebundene artikuliert.

Ihren Niederschlag fanden die von Metzsch propagierten philosophischen Richtlinien unter anderem in einer umfassenden Diskussion über die »Kulturidee des Krieges«, an der neben Philosophen Historiker und Militärs beteiligt waren. Sie erlangte besondere Intensität, als nach der Wiedereinführung der Wehrpflicht 1935 und im Zuge der verstärkten Aufrüstung die faschistische Führung noch stärker daran interessiert war, die Bevölkerung an den Gedanken eines bevorstehenden Krieges nicht nur zu gewöhnen, sondern sie auch dafür zu begeistern. Die wesentlich von der Arbeitsgruppe »Kriegsphilosophie« der »Deutschen Gesellschaft für Wehrpolitik und Wehrwissenschaft« getragene Diskussion verfolgte das Ziel, das Klassenwesen des Krieges wie auch die Vermeidbarkeit von Kriegen zu leugnen und – ausgehend vom nazistischen Rassenmythos – das Gegenteil zu beweisen. Die symptomatischen Positionen der Arbeitsgruppe, die 1937/1938 die »Untrennbarkeit von Krieg und Kultur« zu ihrem Hauptthema gemacht hatte, faßte der Leiter des Arbeitskreises, Karl Linnebach, in einem Aufsatz für die Zeitschrift »Wissen und Wehr« zusammen.

Linnebach, neben Walter Malmsten Schering und Horst von Metzsch einer der faschistischen Clausewitzverfälscher[181], verklärt in dem 1939 publizierten Pamphlet den Krieg zu einem Ausdruck höchster Kultur und zu einem unverzichtbaren Instrument gesellschaftlicher Entwicklung. Ähnlich wie im Jahresbericht der Arbeitsgruppe »Kriegsphilosophie« heißt es in dem genannten Artikel: »Wie Kultur überhaupt die zerstörenden Kräfte der Natur zu gefügigen Werkzeugen umgestaltet, so bildet die Politik die zerstörende Kraft des Krieges zu ihrem Werkzeug um ... Der Form nach ist ein solcher Krieg ein Werkzeug der Kultur und damit selbst eine Kulturleistung ... Der Krieg gleicht in dieser Hinsicht dem Feuer, ohne das die menschliche Kultur unmöglich wäre ... Wir kommen also zu dem Schluß, daß zwischen Kultur und Krieg die denkbar engsten Beziehungen bestehen. Die Tätigkeiten des Staatsmannes, des Feldherrn und des Kriegers sind an sich schon Kulturleistungen, und der Krieg ist ... eine Triebfeder, alle Talente, die der Kultur dienen, bis zum höchsten Grade zu entwickeln, und ein unentbehrliches Mittel, die Kultur weiterzuentwickeln. Man erweist der Kultur keinen Dienst, wenn man diese Tatsache verkennt oder leugnet.«[182]

Linnebach bezieht sich dabei auf Friedrich Nietzsche. »Zarathustra muß seine Jünger zur Eroberung aufreizen: – höchste Gefährlichkeit, höchste Art von Sieg: ihre ganze Moral eine Moral des Krieges – unbedingt siegen wollen.« »Einstweilen«, schrieb Nietzsche, »kennen wir keine anderen Mittel, wodurch mattwerdenden Völkern jene rauhe Energie des Feldlagers, jener tiefe unversöhnliche Haß, jene Mörder-Kaltblütigkeit mit gutem Gewissen, jene gemeinsam organisierende Glut in der Vernichtung des Feindes, jene stolze Gleichgültigkeit gegen große Verluste, gegen das eigene Dasein und das der Befreundeten, jene dumpfe erdbebenhafte Erschütterung der Seelen ebenso stark und sicher mitgeteilt werden könnte, wie dies jeder große Krieg tut.«[183]

»Wer auch immer heute im Dritten Reich den Krieg verherrlicht, er geht auf Nietzsche zurück.«[184] Das wies Hans Günther schon 1935 nach.

Baeumler, einer der eifrigsten faschistischen Nietzsche-Propagandisten, feierte in ihm vor allem den Verkünder und Apologeten des Krieges, den er eben darin wesensverwandt fand mit Hitler und dem deutschen Faschismus überhaupt. Zwar habe der Nationalsozialismus, so Baeumler, in seinem Ursprung kaum unmittelbar aus Nietzsche geschöpft, doch sei der Wesenszusammenhang inzwischen manifest. »In den ersten Jahren nach dem Kriege dachte niemand daran, die neue Bewegung mit Nietzsche in einen Zusammenhang zu bringen. Damals ahnten ja auch nur wenige, was jener Aufbruch des deutschen Volkes, der am 1. August 1914 begonnen hatte, eigentlich bedeutete. Vielen hat erst das Ereignis des Jahres 1933 die Augen dafür geöffnet, daß ein neues Weltalter im Anbrechen ist. Denn mit dem großen Kriege geht es uns wie mit den Gipfeln des Hochgebirges: erst aus einer gewissen Entfernung bekommt man sie überhaupt erst zu Gesicht. Wer aber den großen Krieg zu Gesicht bekommt, der hat zugleich Nietzsche und den Nationalsozialismus gesichtet. Denn aus Feuer und Blut des großen Krieges ist der Nationalsozialismus geboren – er weist *rückwärts* auf die gewaltigste Tat- und Opferbereitschaft unseres Volkes, auf das größte Ereignis unserer Geschichte. Nietzsche aber weist aus seiner Zeit heraus *vorwärts* auf dieses Ereignis.«[185]

Wie später der deutsche Faschismus, so verherrlichte Nietzsche den kommenden Krieg, den er erahnte, wie den Krieg überhaupt, und er sah im Frieden nur *ein* sinnvolles Ziel, die Vorbereitung auf einen neuen Krieg. »Ihr sollt den Frieden lieben als Mittel zu neuen Kriegen. Und den kurzen Frieden mehr als den langen. Euch rate ich nicht zur Arbeit, sondern zum Kampfe. Eure Arbeit sei ein Kampf, euer Friede sei ein Sieg! ... Ihr sagt, die gute Sache sei es, die sogar den Krieg heilige? Ich sage euch: der gute Krieg ist es, der jede Sache heiligt.«[186]

»Gefährlich leben!« lautete Nietzsches Credo. Das »grüne Weideglück der Herde« in Frieden und Harmonie verachtete er. Baeumler greift diese Gedanken Nietzsches – den er einen Philosophen des Heroismus und des Aktivismus nennt[187] – für den Nationalsozialismus begierig auf. Auch er hat für die Vorstellung eines Friedenszustandes jenseits aller Kriege, »diese Schäferidylle der ›Menschheit‹, die nur Schafen einleuchten« könne, nichts als Verachtung übrig. Der Krieg sei der einzige Weg zum Frieden und letztlich das einzige wahre Mittel zu seiner Erhaltung. »Krieg und Frieden sind zwei Seiten derselben Wirklichkeit. Angesichts dieser Wirklichkeit ist es nicht möglich, den Krieg zu etwas Vorübergehendem oder Sekundärem zu stempeln, wie es von den falschen Predigern eines absoluten Friedens immer wieder versucht wird. Aus dem Satz, daß der Friede das Ziel des Krieges sei, versucht man zu folgern: also ist der Friede das wahre Sein, der Krieg aber das unwahre. Oder mit theologischer Deutlichkeit: der Friede ist die Tugend, der Krieg ist die Sünde. Diese Entgegensetzung ist ein Beispiel dafür, wie durch theologisches Denken Seinszusammenhänge zerrissen werden und das Weltbild des Menschen zerstört wird ... Weder Paradies noch Hölle sind etwas Menschliches, menschlich ist die Welt, in der wir leben, menschlich die Welt des Krieges und des Friedens, menschlich ist der Seinszweck von Krieg und Frieden.«[188]

Baeumler greift hier nicht nur den lästigen Pazifismus christlicher Kreise an, der als ein Hemmnis bei der Durchsetzung der Kriegsphilosophie rigoros bekämpft wurde.[189] Er liefert zugleich lebendigen Anschauungsunterricht in Sachen Demagogie. Sein Trick besteht darin, *Menschenwerk* schlechthin »menschlich« zu nennen. Alles vom Menschen Hervorgebrachte, auch der Krieg, ist dieser demagogischen Logik zufolge »menschlich«, so menschenverachtend, so unmenschlich es auch immer sei. Die Hoffnung der Menschen auf einen dauerhaften Frieden in der Welt, die menschlichste aller Ideen, die Idee eines Friedens ohne Beziehung auf einen künftigen Krieg, nennt Baeumler dagegen ein »unmenschliches Wahnbild«, das es durch die Idee des »totalen Krieges« endlich auszurotten gelte.[190]

Doch blieb es nicht bei mehr oder weniger abstrakten Erörterungen zur Frage der Stellung des Krieges in der Gesellschaft und des Verhältnisses von Krieg und Frieden überhaupt. Die faschistischen Theoretiker beließen es nicht dabei, die von ihnen entwickelten philosophischen Positionen unmittelbar mit den konkreten Zielen der nazifaschistischen Diktatur zu verknüpfen und somit an der Propagierung und Legitimierung des faschistischen Gesamtprogramms mitzuarbeiten. Wenn auch die wahren Hintergründe der imperialistischen Kriegstreiberei, durch eine Neuaufteilung der Welt bessere Verwertungsbedingungen für das deutsche Kapital zu schaffen, verschleiert wurden, so blieb doch hinsichtlich der Ziele und Ausmaße des Weltkrieges nichts im Ungewissen. Zur Begründung der Notwendigkeit einer Neuaufteilung der Welt und der damit gegebenen Unausweichlichkeit eines neuen »großen Krieges« schreibt Werner Daitz: »So spaltet sich denn heute die Welt erneut auf in rassisch gebundene Kernräume, in die nun Teile der in den letzten vier Jahrhunderten neu entdeckten Erdräume als Randgebiete oder Kolonien mit einbezogen werden, und in solche Räume, die durch Umartung der dorthin übersiedelten Bewohner anderer Lebensräume nun nach eigenem Gesetz von Blut und Boden als neue rassisch gebundene Lebensräume auftreten.

Während wir uns also in den vergangenen Jahrhunderten angewöhnt haben, unter dem Gesetz der Expansion die Erde rein geographisch-räumlich aufzuteilen, verlangt jetzt die Umkehrung des Pendels, das Gesetz der Sammlung und Scheidung, unter dem wir heute stehen, die Neuordnung der Welt nach rassisch gebundenen Lebensräumen. Die bisher lediglich geographischen Begriffe der

Kontinente werden umgewandelt und neu begrenzt in rassisch gebundene Lebensräume ...

Daß nun bei dieser Scheidung der Welt in rassische Kernräume Überschneidungen und Spannungen auftreten, die nicht durch die Vernunft, sondern durch Kriege gelöst werden müssen, ist unvermeidlich. Daß der erste Teil des Weltkrieges, der von 1914/18, nicht der letzte war, zeigt der heutige zweite Teil, der bereits deutlicher wie der erste die Neuordnung der Welt in rassische Lebensräume hervortreten läßt. Gewiß ist der Frieden, d. h. die Erstrebung einer natürlichen Gleichgewichtslage, das Ziel des Krieges. Aber vor dem Frieden steht der Krieg wie die Pflicht vor dem Leben.«

Europa als Lebensraum der Völker der weißen Rasse reiche von Gibraltar bis zum Ural und vom Nordkap bis Nordafrika. »Seine natürlichen Ergänzungs- und Kolonialräume reichen jedoch weit über Nordasien bis zum Ochotskischen und Bering-Meer, und im Süden bis tief nach Afrika hinein. Hier finden das neue faschistische Imperium und der russische Raum ihre Verpflichtung für die dauernde Sicherung und Stärkung des zentralen Lebensraumes der Völker der weißen Rasse.«[191]

Die von Propaganda und Wissenschaft generalstabsmäßig ausgearbeitete und verbreitete Kriegsideologie sollte jedoch nicht nur die Bevölkerung gegen den »fremdrassigen Feind« mobilmachen. Sie hatte nach innen die Ruhigstellung der Massen zum Ziel – eine für die praktische Realisierung dieser Politik hochwichtige Aufgabe. Dafür erwies sich das rassisch begründete Freund-Feind-Schema als außerordentlich brauchbar. Um die These von der Volksganzheit zu stützen, wurde behauptet, daß Konfliktfreiheit im Inneren und Kampf nach außen gegen den Rassenfeind zwei Seiten einer Medaille seien. Der Kampf gegen den gemeinsamen rassisch minderwertigen Gegner stärke zum einen die Volksgemeinschaft; andererseits verlange die Verteidigung des Deutschtums den rücksichtslosen Kampf gegen den äußeren Feind. Dahinter verbarg sich die Befürwortung des Massenmords. Deutlicher als der führende Philosoph des Nationalsozialismus, Alfred Baeumler, erläuterte das der führende Staatsrechtslehrer, Ernst Forsthoff.[192] In seiner Schrift von 1933 »Der totale Staat« heißt es, Feind sei der Jude und müsse als solcher »unschädlich gemacht werden«; die Hitler-Regierung habe nach der faschistischen Machtergreifung »in Vollziehung der Unterscheidung von Freund und Feind alle diejenigen ausmerzen müssen, die als Artfremde und Feinde nicht länger geduldet werden konnten«.[193]

Auch Baeumler unterschied Freund und Feind nach rassischen Kriterien, sprach von »innerem Frieden« und transponierte den inneren Konflikt zwischen den Klassen demagogisch nach außen, um den politischen Weltherrschaftsanspruch des faschistischen Regimes zu legitimieren. Da es, wie Baeumler ausführte, in dieser Welt zwischen innen und außen, zwischen Lebenszustand und Machtzustand keine wirkliche Trennung gebe, gehöre zur Sicherung des Lebenszustandes, »zur Sicherung von Frieden, Wärme und Glück«, unausweichlich der entschiedenste Kampf gegen den äußeren Gegner. Die Vorstellung, daß der Krieg Ausnahmezustand, der Friede dem Menschen hingegen wesensgemäß sei, verurteilt Baeumler als individualistische, liberale Fiktion.

Totaler Feind – totaler Krieg

Dies ist nur eine Variante, den Krieg als einen notwendigen Bestandteil der Ordnung der Welt auszugeben. Mit verächtlichem Blick auf das »friedvolle liberale Zeitalter«, auf das 1914 das Ereignis des Krieges »wie ein Felsblock zerstörend herabgesaust« sei, entwickelt Baeumler in diesem Kontext seine Konzeption des »totalen Krieges«.[194] Ähnliche Positionen vertraten Erich Ludendorff und Carl Schmitt. Ludendorff, Generalquartiermeister des imperialistischen deutschen Heeres im ersten Weltkrieg, hatte vier Jahre vor Baeumler ein Pamphlet gleichen Titels verfaßt. Carl Schmitt, renommierter Staats- und Völkerrechtler, betonte 1937 in dem Aufsatz »Totaler Feind, totaler Krieg, totaler Staat«, daß »der Krieg der Kern der Dinge« sei. »Von der Art des totalen Krieges her«, hieß es dort, »bestimmen sich Art und Gestaltung der Totalität des Staates; von der besonderen Art der entscheidenden Waffen her bestimmt sich die besondere Art und Gestalt der Totalität des Krieges. Der totale Krieg aber erhält seinen Sinn durch den totalen Feind.«[195]

Da er die rechte Theorie zur rechten Zeit produzierte, war Baeumler Beifall von offizieller Seite sicher. In einer Rezension zu »Bildung und Gemeinschaft«, einer Aufsatz- und Vortragssammlung, die Arbeiten Baeumlers aus den Jahren 1937 bis 1941 zusammenfaßte, stellt Walter Del-Negro fest, Baeumler habe hier eine

Philosophie des Krieges entwickelt, »wie wir sie brauchen«, und zwar »in geradezu klassischer Formulierung«.[196]

Die Grundgedanken, die Baeumler in dem 1939 nach Ausbruch des Krieges geschriebenen Aufsatz »Der totale Krieg« darlegt, sind für die Naziphilosophie symptomatisch, wenngleich Baeumlers Bestimmung des Begriffs »totaler Krieg« mit der üblichen Bestimmung nicht identisch war.

Sie gab sich vielmehr als anspruchsvollere, als *philosophische* Interpretation der landläufigen These vom totalen Krieg, die gewöhnlich nur als eine quantitative Steigerung der Kriegshandlungen ins Extreme verstanden worden war. Baeumler setzt die Akzente anders, und zwar so, daß sich mit der Rede vom totalen Krieg dessen angebliche historische Unvermeidlichkeit verbindet, von der er wiederum auf die ethische Pflicht jedes einzelnen schließt, den faschistischen Krieg zu seiner eigenen natürlichen Angelegenheit zu machen.

»Man wähnte, eine Zeitlang Krieg zu führen, und dann in den alten behaglichen Lebenszustand, wenn auch nicht in den alten Machtzustand, zurückkehren zu können. Lebenszustand und Machtzustand zu trennen, erschien den Menschen von damals selbstverständlich. Der Lebenszustand, in dem sie sich befanden, galt ihnen als etwas Beständiges und Unveränderliches: daß die Güter dieser Erde ausschließlich da seien, um von Menschen erworben und genossen zu werden, war ihnen ein unerschütterliches Dogma ... Als eine unbegreifbare Wirklichkeit trat der Krieg in diese ihm entgegenlächelnde Welt ein. Bis zum heutigen Tage enthüllt sich die liberalistische Auffassung des Daseins in der Bemühung, mit der Erscheinung des Krieges irgendwie ›fertig‹ zu werden, den Krieg in einer Ordnung der Dinge unterzubringen, die ursprünglich nichts von ihm weiß, den Krieg in einer Weltordnung zu lokalisieren, die unkriegerisch ist, in der der Krieg daher einen Ausnahmezustand bedeutet ... Wer geneigt ist, den Krieg als vorläufig, vorübergehend oder zufällig anzusehen, der erweist eben dadurch, daß er im Innersten liberal geblieben ist. Der Liberale flüchtet sich vor der Wirklichkeit des Krieges in die individualistische Fiktion, daß der Mensch wesensgemäß in Frieden lebe und der Krieg nur eine *Unterbrechung* dieses seines wahren, eigentlichen Daseins sei. Gegen diesen Liberalismus richtet sich der Begriff des totalen Krieges ... Unter dem totalen Krieg ist nicht irgendeine wilde Steigerung, eine Radikalisierung des Kampfes überhaupt zu verstehen. Das Wort entspricht vielmehr einer neuen, umfassenden Erkenntnis der menschlichen Wirklichkeit. Wir haben erkannt, daß der Mensch nicht als einzelner, sondern nur als Glied einer geschichtlichen Gemeinschaft zu existieren vermag. Mit dieser Erkenntnis ist aber auch der Begriff des totalen Krieges gesetzt, denn dieser Begriff ist nur eine Folgerung aus dem Begriffe der *totalen Gemeinschaft.*«

Zwar verlocke das Wort »Gemeinschaft«, die damit bezeichnete Wirklichkeit nur von innen zu sehen, nur von der Seite von Frieden, Wärme und Glück, doch müsse man sich über diese Einseitigkeit erheben, denn Gemeinschaft sei auch eine bestimmte Größe in der Welt. »Sie hat Grenzen, sie steht im Zusammenhang mit anderen Gemeinschaften und muß sich in diesem Zusammenhang behaupten.« Früher habe man diese Seite der Gemeinschaft Staatsmännern, Kabinetten, Generalen und Soldaten überlassen; sie waren die Macht, sie schützten den Lebenszustand, in dem »die anderen« sich befanden, wobei diesen anderen jede Neigung fehlte, selber an dem Schutz dieses Lebenszustandes nach außen teilzunehmen. »Das ist die Trennung von Machtzustand und Lebenszustand«, die Baeumler zufolge »durch den totalen Krieg aufgehoben wird«.

Denn wenn die Gemeinschaft einmal von innen »in ihrer ganzen Wahrheit und Unbedingtheit erkannt worden ist – und das bedeutet der Nationalsozialismus in der Geschichte des deutschen Volkes –, dann ist auch erkannt, daß diese Gemeinschaft als Ganzes in den Krieg eintritt. Der Begriff des totalen Krieges gibt der Einsicht Ausdruck, daß jeder Versuch eines Gliedes der Gemeinschaft, sich auf irgendeine Weise außerhalb des Kampfes zu halten, erkenntnismäßig auf einer Fiktion beruht und ethisch ein Verbrechen ist.«

Von diesen Prämissen ausgehend, vollzieht Baeumler nicht nur den Übergang von der Kriegs- zur Erziehungsphilosophie. Es gelingt ihm auch, im gleichen Atemzug mit der Forderung nach »unbedingter Disziplin« aller, sich selbst die Möglichkeit zu erhalten, auch während des Krieges als Universitätslehrer tätig zu sein, sich also nicht den Gefahren der Front aussetzen zu müssen. Da Baeumler neben ätzender Schärfe auch Feigheit nachgesagt wird, betont er gewiß nicht von ungefähr, das allerschwerste Mißverständnis läge darin, »die einzelnen Richtungen in der Gesamtleistung der Gemeinschaft nicht mehr zu unterscheiden und zu wähnen, es müsse nun alles direkt zu den Kriegshandlungen in Beziehung gesetzt werden«. Der Gedanke des totalen Krieges verlange im Gegenteil die klare Sonderung der Funktionen innerhalb der Gesamtheit »und die unbedingte Treue des einzelnen im Festhalten der *ihm* zugeteilten Funktion.«[197] Diese »Treue« aufzubringen ist Baeumler nur zu bereit. »Unerbittlich und streng, im täglichen Unterricht seine Pflicht zu tun, ergriffen und sachlich zugleich der Jugend zu dienen, mitzuschwingen in der stürmischen Begeisterung junger Herzen, die so leicht in solcher Erregung Gründe gegen die Schule zu finden wissen, und dennoch im Amte treu zu bleiben, das ihm anvertraut ist, das ist die besondere Aufgabe des Lehrers in dieser Zeit«.

Erziehungsphilosophie

Wie das Rassedenken und die Apologie des Krieges gehörten erziehungstheoretische Überlegungen zum Standard der NS-Philosophie. Es galt, das »liberal verweichlichte« deutsche Volk für die Zwecke der faschistischen Politik umzuerziehen. Dazu diente ein entsprechendes Erziehungsprogramm, die sogenannte politische Pädagogik.

Der »politische Soldat« als Lebensform

Wenn man das Wesen der Naziphilosophie verstehen will, ist ihr erziehungstheoretisches Denken besonders aufschlußreich. Gerade die Äußerungen zu Fragen der Erziehung veranschaulichen, wie sehr Rassedenken, Aktivismus, Voluntarismus, Wirklichkeitsdemagogie und Kriegsverherrlichung ineinandergreifen und letztlich in der erklärten Absicht zusammentreffen, jenen neuen Menschen zu formen, der als *politischer Soldat* definiert wird. Dieser findet seine Erfüllung darin, als Glied der Bewegung dem Führer bedingungslos Gefolgschaft zu leisten. Eine »Philosophie der soldatischen Erziehung« setzt an die Stelle des »neuhumanistischen Bildes des Menschen das wahre Bild vom politischen Menschen«. »Solange der Gebildete, d. h. der theoretische Mensch als höchster Wert galt, mußte der Soldat als ungebildet, als ungeistig erscheinen. Die pazifistische Propaganda der letzten Jahre konnte sich nur deshalb so hemmungslos verbreiten, weil der soldatische Typus in unserem geistigen System keinen festen Ort hatte. Die eigentümliche Geistigkeit der Soldaten, Soldatentum als Lebensform war nicht erkannt. Das Heer galt nur als Mittel im Dienste der Politik. Nur inoffiziell war es als die eigentliche Schule der männlichen Erziehung bekannt ...

Wir haben für den Typus, der uns als Bild vorschwebt, den Namen des politischen Soldaten gefunden.« Überhaupt bedeute Nationalsozialismus nichts anderes als »die Ersetzung des Gebildeten durch den Typus des Soldaten«.[198]

Als ein entscheidendes Instrument für die Beeinflussung vor allem der Jugend im Geiste des Faschismus bildete die nazistische politische Pädagogik die Grundlage aller erzieherischen Einzelmaßnahmen. Sie war das theoretische Fundament, von dem ausgehend die körperliche und geistige Ertüchtigung der Jugend in Angriff genommen wurde, um sie in die Völkermord- und Raubzüge möglichst widerstandslos einzubinden. Erziehung hatte nur noch die eine Aufgabe, »mit der Schulung im nationalsozialistischen Denken, mit der Einordnung in Volk und Staat, mit der Leibes- und Charaktererziehung« dieses Ziel zu erreichen.[199]

Um diese zentrale Aufgabe zu erfüllen, wurde ein Erziehungssystem entworfen, das »seinem Ursprung nach nicht Werk der pädagogischen Planung, sondern des politischen Kampfes und seiner Gesetze« war;[200] ein Erziehungssystem, das seine pädagogischen Ziele ableitete »von den Erfordernissen des politischen Augenblicks«.[201] Ungeachtet dessen betonten die politischen Pädagogen den philosophischen Anspruch ihrer Theorien.

Alfred Baeumler, Philosoph und Erziehungstheoretiker, machte diesen Anspruch mit Nachdruck geltend, indem er seine Lehre eine Weltanschauungs- bzw. philosophische Pädagogik nannte. »Sobald ... der Mensch als Mensch in Betracht gezogen wird, ist auch schon die Philosophie da«, auf diese Weise begründete er den philosophischen Charakter dieser Lehre.[202]

In seiner Eigenschaft als Ordinarius für politische Pädagogik und Herausgeber der »Internationalen Zeitschrift für Erziehung« verwies Baeumler auf das Erfordernis, Rasse als *Grundbegriff* auch der Erziehungswissenschaft anzuerkennen.[203] Damit bekräftigte er die seit 1933 offizielle Gültigkeit beanspruchende Generallinie, der zufolge die Erziehung zum rassischen Denken auf *allen* Gebieten die entscheidende Rolle spielen müsse. Auch die Erziehungstheorie sollte die Klasseninteressen der Werktätigen verschleiern und die Illusion der Volksgemeinschaft verbreiten, und zwar durch das systematisch verfolgte »große Schulungs- und Erziehungswerk«[204] mit der nazistischen aggressiven Rassenideologie. Die Konformität des deutschen Menschen sollte hergestellt werden, indem man sich auf rassische Anlagen – Entschlossenheit, Treue, Kampf- und Opferbereitschaft – und entsprechende Bedürfnisse berief: Lebensraum im Osten durch Unterjochung bzw. Ausrottung »minderwertiger« Völker. Welch große Bedeutung die Nazis dieser Seite ihrer Ideologie beimaßen, ist daran ablesbar, daß sie die politische Erziehung den Faktor nannten, der »das Fundament des neuen Staates schafft«.[205]

Wie die Naziphilosophie generell in Frontstellung zum sogenannten liberalistischen Individualismus entwickelt wurde, so auch die faschistische Erziehungslehre. Sie sagte den Idealen der bürgerlich-humanistischen Pädagogik den Kampf an, die in der entfalteten Individualität das hohe Ziel ihrer erzieherischen Bemühungen gesehen hatte. Die ostentative Wertschätzung der Bildung und das Ziel, die Individualität des Menschen, seine Sittlichkeit und Humanität zu entfalten, ließen sich mit dem faschistischen Aktivismus nicht vereinbaren. Mit »Hirnwebereien« dieser Art räumte die nazistische politische Pädagogik gründlich auf, wobei das demagogische Argument der »Wirklichkeitsnähe« auch hier seine Schuldigkeit erfüllte. Mit dem Vorwurf der Lebensfremdheit polemisierte man gegen idealistische Gesinnungspädagogik und individualistische Bildungsphilosophie und ging daran, das Verhältnis von Ideen und Wirklichkeit neu zu bestimmen. »Der philosophische ›Idealist‹ redet von einer freien Verantwortung der Persönlichkeit gegenüber einer ›Idee‹. Der philosophische Realist ... steht nicht in unbedingter Freiheit vor einer selbstgeschaffenen Idee, die er zu ›verwirklichen‹ hat, ohne daß es einen objektiven Maßstab gäbe, wie weit er mit dieser Verwirklichung gekommen wäre, sondern er fühlt sich durch eine Wirklichkeit mit bestimmten Maßstäben und Anforderungen gebunden.«[206] Die Brauchbarkeit der nazistischen »Wirklichkeitsdemagogie« erwies sich also auch bei der Formulierung der faschistischen Erziehungstheorie. Zum einen trug sie der NS-Pädagogik Zustimmung ein, da der Anspruch auf Wirklichkeitsnähe von der Pädagogik zu allen Zeiten erhoben worden und als solcher weder ungewöhnlich noch illegitim war. Zum anderen ermöglichte sie, die Grundsätze der faschistischen Ideologie in die Erziehungstheorie einfließen zu lassen. So stand Wirklichkeitsnähe sowohl für Praxisnähe im Sinne der direkten Abhängigkeit der nazistischen pädagogischen Theorie vom politischen Tagesgeschäft des deutschen Faschismus, aber auch für die Interpretation von Vergangenheit und Zukunft vom Standpunkt der Gegenwart, das heißt vom Standpunkt des Nationalsozialismus aus. Beides, die faschistische Umdeutung der Geschichte und die nazistische politische Pädagogik ergänzten dabei wechselseitig und gingen bruchlos ineinander über. Sie waren unterschiedlicher Ausdruck einer Weltanschauung, die die objektive Realität verhöhnte, einen Wirklichkeitsbegriff fernab jeder Wirklichkeit erfand und ein rein voluntaristisches Gesellschaftskonzept verfocht, das dem einzigen Ziel diente, durch Anzettelung eines neuen »großen Krieges« den Status quo in der Welt zugunsten des deutschen Imperialismus zu verändern. »Aus Kampf ist unsere Weltanschauung geboren und aus Kampf die Kraft. Kampf erfordert Charakterhaltung. Unsere ganze Erziehungsarbeit muß deshalb auf die Grundtugenden abgestellt sein: auf Erziehung des Willens, der Treue und des Opfers ... Ursprünglich und lebenserhaltend sind Wille und Gefühl. Der Verstand überprüft nur die Handlungen des Gefühls und des Willens ... Der Typus des nüchternen Verstandesmenschen, den das liberale Zeitalter geformt und gefördert hat, ist vorüber. Für uns ist das Geniale keine ... Entschuldigung für Charakterfehler. Es kommt nicht auf das Denken als solches an, sondern auf das Denken des Besten. So ist der Sinn unserer politischen Schulung kurz umrissen: Charakterlich gefestigte Persönlichkeiten zu erziehen, die immer sich mit dem Volk verbunden fühlen, das sie geboren hat.«[207]

Sich mit der Volksgemeinschaft verbunden zu fühlen, beschränkte sich indessen nicht nur darauf, in Gesinnung und Willen übereinzustimmen.

Wirkliche Verbundenheit wurde nur dort anerkannt, wo faschistische Gesinnung sich in Taten niederschlug. Die Erziehung politischer Soldaten, so Baeumler, dürfe nicht mit der Gesinnung rechnen, denn dies sei in jeder Hinsicht »ein zu dünner Begriff«. Nationalsozialistische Erziehung wende sich stets »an den ganzen Kerl«. Auch kenne sie kein allgemeines Ideal, »sondern nur höchst konkrete Forderungen, die beim Leiblichen beginnen«, diese aber seien »hundertprozentig zu erfüllen«. Die wirklichkeitsenthobene »idealistische Gesinnungspädagogik« dagegen schweige gerade dann, wenn es sich um den Maßstab der Erfüllung handelt. Sie habe keinen Maßstab, sondern überlasse das Urteil dem einzelnen, weil sie den Maßstab der Gemeinschaft nicht kennt und weil sie den Begriff des Typus verschmäht, »der mit dem Führerprinzip verbunden ist«. Das alte Erziehungssystem, das durch die politische Pädagogik ersetzt wurde, habe Individualitäten hervorbringen wollen. Das Ergebnis aber seien »sich neutral verhaltende Mittelmäßigkeiten« gewesen, für die der Nationalsozialismus nur Verachtung hat.[208] Er hingegen will die für den faschistischen Staat bedingungslos Partei ergreifende Persönlichkeit, die ohne Wenn und Aber zu jedem Einsatz bereit ist, die im Namen des Nationalsozialismus auch Verbrechen begeht, ohne sie als solche zu empfinden.

»Persönlichkeit«, verlautbart der Reichspressechef, »ist man nur durch Leistung innerhalb und für die Gemeinschaft ... Der Begriff der Persönlichkeit setzt die Anerkennung der Gemeinschaft, ob früher oder später, voraus ... Persönlichkeit ist selbstwertige Ganzheit, die als dienendes Glied des Ganzen selbst ihre Funktion erfüllt. In der Persönlichkeit spiegelt sich das Ganze wie der Makrokosmos im Mikrokosmos. Deshalb läßt die Persönlichkeit sich auch nicht durch naturwissenschaftliche Denkmethoden oder psychologische Zergliederungen erfassen, sondern ist nur vom Gesichtskreis der Gemeinschaft aus erkennbar und begreiflich.« Die notwendige innere Einheit, die erfaßt werden müsse und in die »die Spaltungen eines fehlgeleiteten individualistischen Denkens« niemals hinabreichen würde, sei die Gemeinschaft des Blutes, der Rasse. Sie »hebt die gegensätzlichen Inhalte des Geistes auf und führt sie zur Ganzheit des Wesens zurück, in dem allein die Persönlichkeit ruht«.

Gegen die Interessen des Individuums wie gegen die Interessen der arbeitenden Klasse gerichtet, bildete die rassistisch interpretierte Idee der Gemeinschaft den Fixpunkt der nazifaschistischen Erziehungs- und Persönlichkeitstheorie. Wer sich nicht für das Hitlerregime einsetzte, grenzte sich aus der Gemeinschaft aus, ließ fremdes Blut sprechen und galt daher als Un-Person. Ihm wandten sich nicht mehr die Erzieher des »Dritten Reiches« zu, sondern dessen Vollstrecker.

Erziehung zur Persönlichkeit im Sinne des Faschismus war ein integrativer Bestandteil der faschistischen Machtausübung, war Mittel für einen barbarischen Zweck. »Von der Grunderkenntnis des rassisch bedingten, gemeinschaftsbewußten Denkens aus ordnen sich uns die Begriffe des Lebens neu. Alle Gebiete des Lebens werden hiervon erfaßt, und auf allen Gebieten hat sich ein Sinneswandel vollzogen. Wie die Begriffe der Politik, der Wirtschaft, des Rechtes, der Kunst, der Wissenschaft, der Presse usw. aus selbstherrlicher, unfruchtbarer Eigenständigkeit zu dienenden Zweckmitteln unseres völkischen Lebens geworden sind, so auch die Erziehung.«

Die Idee der Gemeinschaft habe die Starre und die Verkrampfung, zu der der liberalistische Individualismus führte, gelöst. Sie sei »die Zauberformel, die uns das Wunder des Dritten Reiches begreifen läßt«.[209] Doch diese Idee der Gemeinschaft mußte propagiert werden, und das geschah in der praktischen Erziehung, aber auch auf dem Wege der Erziehungstheorie. Dem Einfallsreichtum der politischen Pädagogen waren dabei kaum Grenzen gesetzt.

So besagte eine der markanten, auf die Volksgemeinschaftsideologie bezogenen Thesen zum Beispiel, politische Erziehung erschöpfe sich nicht in einer »stumpfsinnigen ›Staatsbürgerkunde‹«, sondern betreibe »lebendige Volkstumskunde«. Auch würden die politischen Leiter nicht zu Beamten, zu Führern des Staates erzogen, sondern zu Führern des Volkes. – Nur wenige der Adressaten vermochten diese Phrasen zu durchschauen. Die Mehrzahl des deutschen Volkes fiel darauf herein und ließ sich willig führen.

Die auch und gerade in der Erziehungstheorie strapazierte Volksgemeinschaftsphraseologie wurde darüber hinaus dazu benutzt, das geflügelte Wort von den Deutschen als dem Volk der Dichter und Denker zu entkräften. Denn das deutsche Volk sollte nicht dichten und denken, sondern in naher Zukunft Krieg führen und gewinnen, und dazu bedurfte es einer entsprechenden Mentalität. Einen praktikablen Ausweg, der auch weniger grobe Gemüter zufriedenstellen konnte, fand man in der willkürlichen Unterscheidung verschiedener Seiten des Deutschtums, die in der Geschichte des deutschen Volkes als unterschiedliche Typen Existenz gewonnen hätten: Der »faustischen Natur des nordischen Menschen« seien die Dichter und Denker entsprungen; aus »Mut und Treue« dagegen die unvergänglichen Gestalten der deutschen Heerführer. Für die Gegenwart aber sei entscheidend, daß aus dem Kampf gegen den Bolschewismus der dritte Typus des Deutschen entstand: der politische Führer.

Seine Aufgabe bestehe darin, als politischer Prediger Überzeugungsarbeit zu leisten,[210] das heißt »mit innerer Festigkeit und in unbeirrbarer Zähigkeit ... die Grundlagen der nationalsozialistischen Anschauung auszugestalten und durch gemeinsame Schulung aller Gliederungen der Bewegung die innere Einheit und Einigkeit zu festigen, die Jugend aber kompromißlos heranzuziehen für die großen Aufgaben der Zukunft«.[211]

Überhaupt war die Jugend die große Zielgruppe, die vom Nazifaschismus vereinnahmt werden sollte und auch vereinnahmt wurde. Auch das erklärt den besonderen Stellenwert, den man der »politischen Pädagogik« beimaß. Die Jugend wurde emphatisch angesprochen und dem Alter gegenüber in jeder Hinsicht als überlegen gefeiert. Von Hitler wurden die jungen Menschen bewußt angespornt, bei ihrem Ehrgeiz gepackt und frühzeitig in verantwortliche Positionen berufen. Hans Frank wurde zum Beispiel mit 29 Jahren Reichsleiter der NSDAP; Heinrich Himmler im Alter von 28 Jahren Reichsführer-SS. Das Amt des Jugendführers der NSDAP übernahm Baldur von Schirach als 26jähriger. Die Überlebenskämpfe des deutschen Kapitals, das sich über die Partei der Unbedingtheit des Fühlens und Urteilens und der rein körperlichen Energie der Jugend bediente, wurden als »Rebellion der Jugend« ausgegeben, die sich gegen eine alte, morsch gewordene Welt erhebe.[212] »Der Nationalsozialismus braucht nicht um die Jugend zu buhlen, weil er selber Jugend ist. Das Bürgertum ist vor lauter Altertum heute bereits wieder kindisch geworden, der Marxismus steht an der Schwelle zum Greisenalter und zuckt im letzten Kampf noch krampfhaft und schmerzhaft auf. Der Tritt der braunen Kolonnen aber ist fest und sicher, weil eine jugendfrische Idee den Atem belebt und ein neuer Glaube den Herzmuskel gestärkt hat.«[213]

»Philosophie der Leibesübungen«

Die Verführung der Jugend durch faschistische Propaganda erhielt nach 1933 in Gestalt der politischen Pädagogik »wissenschaftliches Gepräge«. Dabei wurde auch die propagandistisch so wirksame Entgegensetzung von Jugend und Alter geschickt benutzt, um die für die politische Pädagogik charakteristische Gegenüberstellung von Bildung und Erziehung zu erklären. Eine besondere Bedeutung kam in diesem Zusammenhang der sogenannten *Philosophie der Leibesübungen* zu, um die sich Alfred Baeumler mit Nachdruck verdient zu machen suchte.

Da politische Erziehung, so wie sie von den Nazis verstanden wurde, in hohem Maße körperliche Ertüchtigung bedeutete, lag der Gedanke nahe, der faschistischen Philosophie der Erziehung als spezielles Teilgebiet eine Philosophie der Leibesübungen zuzuordnen. Das bisherige Fehlen einer solchen Disziplin wurde zum einen mit der »überscharfen Bindung der Theorie an die Einzelwissenschaft« begründet. Zum anderen wurde für diesen angeblichen Mangel die »Vorherrschaft des leiblosen philosophischen Idealismus« verantwortlich gemacht, der eine »unbefangene Würdigung des Leibes« grundsätzlich ausgeschlossen habe.

Ein Problem bestand jedoch darin, daß es gerade in der Arbeiterklasse eine entwickelte Sportbewegung gab. Darauf bezugnehmend warnt Baeumler davor, die »Reformation der Leibesübungen« auch nur in die Nähe der Sportbewegung zu rücken, da beide auf unvereinbaren, ja gegensätzlichen Prinzipien beruhen. Das Prinzip der Leibesübungen sei die Gemeinschaft; die Sportbewegung hingegen folge dem Prinzip des einzelnen. Sie sei daher als letzter Ausläufer der »liberalistischen Epoche«, als eine letzte Bekundung des Liberalismus zu begreifen, die einen »grunddeutschen Instinkt« in die falsche Bahn gelenkt habe. Im Mittelpunkt der Sportbewegung stehe die Höchstleistung des einzelnen – ein Ziel, das keinen Wert und Inhalt in sich selber trage. Als »ein Symbol für den Übergang in den Bereich der bloßen Quantität« wird die Sportbewegung als ihrer Natur nach positivistisch und rationalistisch abgelehnt. Ihr Platz wird der nicht internationalistischen, sondern spezifisch deutschen, »irrationalistisch gearteten Gymnastikbewegung« zugewiesen. Baeumler zögerte nicht, diesen Bereich der Erziehung als einen Ausdruck neuer Religiosität zu feiern, in ihm einen Kultus der unbewußten Kräfte zu erkennen, die ihre Wurzeln im Leben des Ganzen haben. Diese unbewußten Gemeinschaftskräfte freizulegen, erachtet Baeumler als eine lohnenswerte Aufgabe der nationalsozialistischen Pädagogik und als ein Bewährungsfeld der Leibeserziehung.

Der Leibeserziehung komme noch aus einem weiteren Grunde herausragende Bedeutung zu. Wiederum auf Nietzsche verweisend, betont Baeumler, daß man am Leitfaden des Leibes zu jener echten und klaren menschlichen Trennung der Geschlechter gelange, wie sie allen großen und gesunden Zeiten eigen war, sowie zu der nicht minder bedeutsamen Trennung der Lebensphasen, der Trennung von Jugend und Alter. In all dem habe der Liberalismus versagt: Er vertrete die demokratische und humanistische Auffassung von der Gleichheit der Menschen, von der Ebenbürtigkeit von Mann und Frau sowie der Achtung vor dem Alter und seiner Weisheit, das heißt der Bildung, die nur in der *Zeit* erfolge, das Moment des *Raumes* aber nicht tangiere. Allein aus diesem Grunde schon schlössen das Leib-Seele-Denken des Nationalsozialismus und das des liberalistischen Individualismus einander aus. Der Nationalsozialismus habe sich auf die Jugend und damit wieder auf den ganzen Menschen besonnen, der ein raumfüllendes Wesen, nicht bloß gebildete Persönlichkeit sei. Als solcher aber müsse er im Raum der Gemeinschaft gesehen werden, der wegführe von den Fiktionen des theoretischen Menschen und hinführe zum wirklichen Menschen, dessen Haltung den Kräften seiner *Rasse* und seines *Volkstums* entspricht.

Zur Frage der »Haltung«, der besondere Aufmerksamkeit gewidmet wird, führt Baeumler, der sich als »Philosoph des Leib-Seelischen« versteht, aus: Die Wiedergewinnung des Leiblichen im Menschenbild des Nationalsozialismus, die zugleich eine Besinnung auf den Raum darstelle, bedeute nichts geringeres als »eine Wende der Zeiten«: »Wir kommen aus einem Zeitalter der technischen Raumbeherrschung, der ›äußerlichen‹ Raumeroberung. Das gleiche Zeitalter aber, das sich technisch den Raum unterwarf, entzog den Menschen *seinem* ihn unmittelbar umgebenden Raume. Es wurde ein Zeitalter der Weltwirtschaft und des Internationalismus der Werte. Der Deckname für diesen Wertinternationalismus wurde das ursprünglich aristokratische Wort Bildung. Unter dem Subjekt der ›Bildung‹ ist dabei eine reine ›Innerlichkeit‹, eine rein geistige ›Persönlichkeit‹ zu verstehen. In dem eingebildeten Raume dieser Persönlichkeit können alle Werte eine ebenso eingebildete Verschmelzung erfahren. Hier ist alles unwirklich, phantastisch, und diese Unwirklichkeit erreicht ihren Höhepunkt, wenn zu dem allem die Forderung der ›Körperkultur‹ hinzutritt. Das reine Innere stellt die Forderung der Pflege des Körpers auf; der Leib, der doch seinen Sinn in sich selber trägt, muß vom Geist her gerechtfertigt werden. Vergebens müht sich die gebildete Persönlichkeit ab, *Haltung* zu gewinnen. Haltung ist nicht nur etwas ›Innerliches‹, sondern auch etwas Räumlich-Äußerliches. Haltung erwächst nur da, wo Inneres und Äußeres zugleich sind. Eine Stellung kann man ›einnehmen‹, eine Haltung nicht. Der moderne Mensch ist der Mensch ohne Haltung, oder der Mensch einer künstlichen, schauspielerhaften Haltung (Pose). Er ist haltungslos, weil er ohne Verhältnis zu dem ihn unmittelbar umgebenden Raume ist. Den Weltraum hat er erobert, den nächsten Raum hat er verloren. Den Menschen in das richtige Verhältnis zum Raume zu setzen, der ihn umgibt, nenne ich die Arbeit der *Erziehung*. Erziehung ist also leibhaft und räumlich im Gegensatz zu der rein innerlichen, über die Zeiten sich ausbreitenden rein ›innerlichen‹ Bildung.«[214]

Obwohl mit keinem Wort direkt ausgesprochen, ist das nazistisch vereinnahmte geopolitische Konzept förmlich mit Händen zu greifen. Und wohl jeder, der dem Nationalsozialismus Neigung entgegenbrachte, wird aus dem pseudowissenschaftlichen Gebräu die entsprechenden Implikationen herausgelesen haben. Mit anderen Worten: Was Baeumler mit der Theorie der Leibesübungen entwickelte, diente unmittelbar der Verbreitung und der Rechtfertigung der verlogenen Volk-ohne-Raum-Ideologie und damit letzten Endes der körperlichen *und* der ideologischen Vorbereitung des imperialistischen Krieges.

Versucht man, die Quintessenz der nazistischen Erziehungslehre in wenigen Worten zusammenzufassen, so kann man sagen: Nicht Bildung stand für die Faschisten auf der Tagesordnung, sondern Erziehung. Nicht Wissen war gefragt, sondern soldatische Haltung. Nicht Intelligenz und selbständiges Denken sollten Beurteilungsmaßstäbe sein, sondern unbeirrbarer Glaube an die faschistischen Symbole und bedingungslose Bereitschaft zu jeglicher Tat. Nicht das Individuum in seiner objektiven gesellschaftlichen Bestimmtheit interessierte, sondern der Typus, die sich in der rassischen Gemeinschaft bewährende Persönlichkeit.

»Deutscher Erkenntniswille«

Mit der Begründung, die neue Zeit sei mit dem alten Denken nicht mehr zu verstehen, entstand auch eine den Bedürfnissen der faschistischen Ideologie angepaßte Erkenntnislehre. Im Zentrum ihrer Systematik, soweit an einer solchen gearbeitet wurde, stand zumeist der Begriff des *Ganzen*, oder – wie bei Weinhandl – der spezifischere Begriff der *Gestalt*. Eine besondere Rolle spielte auch der Begriff des *Symbols*.[215]

Objektiv lief diese Erkenntnislehre darauf hinaus, ein methodisch-theoretisches Instrumentarium bereitzustellen, womit man das Klassenwesen des faschistischen deutschen Staates verschleiern und die Erkenntnis der realen gesellschaftlichen Zusammenhänge und Vorgänge überhaupt unterbinden konnte. Sachlich bedeutete die hochtrabend als »Achsendrehung der Erkenntnis« ausgegebene Erkenntnistheorie eine alle bisherigen antirationalistischen Tendenzen der imperialistischen Philosophie übertreffende Hinwendung zum Irrationalismus.

Von der Erkenntnis zur »Schau«

Der Aufgabe, eine auf die spezifischen Bedürfnisse der Naziideologie zugeschnittene Erkenntnislehre auszuarbeiten, widmete sich vor allem der Kieler Philosophieprofessor Ferdinand Weinhandl.[216] Zielstrebig ging er nach 1933 daran, die von ihm schon vorher entwickelte Erkenntnismethode, die er »Gestalt*analyse*« nannte, für den Nationalsozialismus zweckdienlich aufzubereiten. Dies fiel ihm um so leichter, als seine Auffassungen von vornherein wesentliche Ansatzpunkte für eine faschistische Ausrichtung enthielten. Auch im Falle erkenntnistheoretischer Erwägungen zeigte sich, daß der Übergang von allgemein reaktionärem zu faschistischem Denken oft fließend war. Mit der Änderung einiger Akzente gelang es Weinhandl problemlos, seiner Konzeption die nazistischen Axiome einzugliedern. Das Resultat war eine in die »wirklichkeitsnahe politische Philosophie« der Nazis eingebettete Erkenntnislehre.

Als Hauptfunktion seiner Erkenntnismethode bestimmt Weinhandl den *Kampf gegen den Materialismus*. Trotz oder gerade wegen seiner »unausrottbaren Kraft« sei der philosophische Materialismus eine der »gefährlichsten Irrlehren« und zugleich eines der »lehrreichsten Beispiele« für die Macht und die Gefahren rationalen Denkens. Darüber hinaus sollte das von Weinhandl entwickelte Erkenntnisverfahren vor der nicht minder gefährlichen »rationalistischen *Dialektik*« bewahren. Weinhandl machte somit planmäßig Front gegen die beiden Hauptpfeiler der marxistischen Philosophie.

Die abstruse Polemik, die Weinhandl von subjektiv-idealistischen Positionen aus führt, bestand ihrem Kern nach in der Behauptung: Materialisten kennen keine Einheit in der Mannigfaltigkeit, weil sie ein autonomes Bewußtsein nicht anerkennen. Daher mache philosophischer Materialismus auch Begriffe wie »Ganzes« und »Gestalt« sinnlos. »Materielles *ist* wohl eventuell Verbindung, daß es aber *Verbindung*, das setzt bereits in jedem Fall Bewußtsein voraus, d. h., es setzt Wissen, gleichzeitiges Gewußthaben von Mehrerem, nämlich von miteinander Verbundenem voraus.« Da im Begriff der

Materie nach materialistischer Auffassung der Begriff des Bewußtseins nicht vorkomme, der Materialismus im Gegenteil darauf aus sei, das, was man Bewußtsein nenne, auf rein materielle Erscheinungen, »restlos auf bloße ›Materie‹ und Bewegung materieller Teilchen« zurückzuführen, erweise er sich als wissenschaftlich unzulänglich. Ein Materiebegriff, der das Merkmal des Bewußtseins, der Beseelung und dergleichen nicht enthalte, sei zwar denkbar, doch stelle das lediglich eine Abstraktion aus einer Welt dar, »die mehr als bloße Materie, nämlich *Bewußtseinswelt, gewußte Mannigfaltigkeit* ist«.

So nachdrücklich Weinhandl jedoch die Anerkennung eines »unzurückführbaren Bewußtseins« forderte, für die Klärung des Verhältnisses von Materie und Bewußtsein hatte er keine Lösung parat. »In welcher Beziehung das ... ›Bewußtsein‹ zu dem jeweiligen menschlichen Körper, zum organischen Leben usw. steht, all das sind viel zu ungeklärte Fragen, als daß wir auf sie hier eingehen könnten.« Weinhandl verzichtete deshalb darauf, »das Bewußtsein irgendwie zu definieren«, und begnügte sich mit der Beteuerung, ihm käme es einzig und allein darauf an, a) die Unerläßlichkeit des Bewußtseins für jede ganzheitliche Philosophie und b) die Unmöglichkeit seiner materialistischen Herleitung aus Atombewegungen usw. nachzuweisen und »durch neue, triftige Argumente« zu verstärken.[217] Doch sogar gegen Idealismus und Irrationalismus, die er in Wahrheit verteidigte und auf die Spitze trieb, zog er zu Felde.[218]

Weinhandls Absicht bestand darin, Glauben und Intuition als bevorzugte Erkenntnismethoden darzustellen, die von der Wissenschaft, so seine Meinung, bisher zu Unrecht negativ beurteilt worden seien: »Die Wissenschaft zieht den dicksten Strich, den sie ziehen kann, zwischen dem, was der Mensch wissen, und dem, was er nur ›glauben‹ kann, und sie hält das erstere für wirklichkeitsnäher, sozusagen für wichtiger als das letztere. Wir aber erleben heute, was allem rechnenden und errechnenden *Verstand* unmöglich erscheinen mußte und was zeigt, daß der unbändige und sieghafte *Glaube* mehr und Wesentlicheres vom Wesen der Wirklichkeit enthält und vorwegnimmt als das geistige Wissen, das seine Güte nach dem Grad seiner Sicherheit bemißt.«[219]

Diese Absage an das wissenschaftliche Denken hält Weinhandl nicht davon ab, Glauben und Intuition als erfolgreiche Grundlagen »positiver wissenschaftlicher Arbeit« auszugeben und in diesem Zusammenhang die »Gestaltanalyse« als adäquate Methodik anzupreisen.[220] In einem Aufsatz zum Begriff der Intuition spricht Weinhandl sein Credo aus, das zugleich seinen politischen Standort bestimmt: »Wenn wir uns als Nationalsozialisten die ursprünglichen Unterschiede der Rassen und ihrer Weltbilder durch niemand wegdisputieren lassen, so wissen wir auch, daß damit nicht nur der Biologie, sondern auch den Geisteswissenschaften umfangreiche und schlechthin neue Aufgaben erstanden sind, die mit derselben methodischen Strenge und Unantastbarkeit lösbar sind wie alle Probleme, in deren Bearbeitung die deutsche Wissenschaft bisher führend und bahnbrechend war. Wenn man im Ausland schon triumphiert, daß wir auf diesen neuen Gebieten über unbeweisbare Behauptungen nicht hinauskommen könnten, so sehen wir darin nur einen erneuten Beweis für die grobschlächtige positivistische Methodik, die dort die Grenzen dessen bestimmt, was Wissenschaft bestenfalls zu leisten fähig ist und was nicht. Indessen liegen die neuen Werkzeuge bei uns schon bereit, die allen diesen Aufgaben gewachsen sind. Zu ihnen gehört auch ein intuitives Verfahren, das über romantische Versprechungen und bloße Programme hinaus seine Leistungsfähigkeit in positiver wissenschaftlicher Arbeit erweist.«

Das bereitliegende, angeblich den strengen Maßstäben der Wissenschaft gerecht werdende Verfahren, von dem Weinhandl spricht, besteht wie gesagt darin, die Intuition als dominierende Erkenntnismethode direkt in die Wissenschaft einzubauen. Dabei gibt Weinhandl vor, dies auf der Grundlage eines neuen, wissenschaftlichen Begriffs der Intuition leisten zu können, der im Unterschied zu dem vor 1933 gebräuchlichen kein leeres methodisches Versprechen bleibe, sondern tatsächlich dem *deutschen Erkenntniswillen* gerecht werde, den Dingen auf den Grund zu gehen.[221] »Ich habe mir gesagt: Überall, wo mich etwas so anspricht, daß ich das Gefühl habe, daß ich mit allem, was ich mir bisher darüber gedacht habe, noch nicht beim Wesen, noch nicht beim Wesentlichen bin, daß da noch irgendwas ›los ist‹, da muß doch *im Eindruck selbst* der Anlaß zu diesem Gefühl liegen. Dann aber *kann* dieses ›Wesentliche‹, noch nicht Gefaßte nicht etwas schlechthin Andersartiges, Transzendentes ›hinter‹ dem mir vor Augen liegenden sein. Sondern ich muß nur versuchen, die vielleicht sehr schwer faßbaren Züge zu ermitteln und herauszuschälen, an denen der fragliche Eindruck hängt.«

Mit solcher Trivialisierung des Problems von Wesen und Erscheinung öffnet er der reinen Willkür Tür und Tor. Solange der Eindruck bestehe, der Kern, das Wesen einer Sache sei noch nicht erfaßt, müsse man einfach so lange in sie »hineinlauschen«, bis der Eindruck befriedigend sei. Dann könne davon ausgegangen werden, daß man bei ihrer ›Grundphysiognomie‹ angekommen sei.[222] Es spricht alles dafür, daß solches für Weinhandl beispielsweise bei den nationalsozialistischen Rassevorstellungen erreicht ist, die er voll und ganz teilt. Nach ausreichendem »Hineinlauschen in die Volksganzheit« hat sich offenbar auch dem Nationalsozialisten Weinhandl die Rasse als »höhere Physiognomie« der neuen Wirklichkeit zu erkennen gegeben, deren »wurzelhafte Bedeutung« für das menschliche und gesellschaftliche Leben (einschließlich der Erkenntnis) mit materialistischen Forschungsmethoden niemals hätte aufgedeckt werden können. Der Glaube an Rasse und Nation werde vom politischen und philosophischen Gegner »zum bloßen psychologischen Ausdruck einer ›solipsistischen Philosophie‹ deklassiert. Wo es in Wahrheit um Gestalten der Wirklichkeit geht, freilich um solche höherer Ordnung, die atomistisches Denken nicht kennt ...«[223]

Die gesamte Polemik Weinhandls beruht darauf, daß er in der bisherigen Geschichte der Erkenntnistheorie zwei kontroverse Denkweisen feststellt, denen er beiden das »organische Denken« als das überlegene entgegenstellt. Die eine ist das »aristotelisch-thomistische Denken«, das von Gattungsbegriffen ausgeht und die Mannigfaltigkeit des Besonderen aus dem Allgemeinen ausgliedert. Die andere sieht er im mechanisch-materialistischen Denken, welches in den verschiedenen Erscheinungen nur unterschiedliche Kombinationen letzter Elemente der Materie erblicke, die man für das allein Wirkliche hält. Mit dem Argument, beide Denkweisen wären zwar entgegengesetzt, dem Wesen nach aber identische Formen eines die Wirklichkeit *logisch konstruierenden* und nur *mathematisch-quantitativen* Denkens, führt er als die notwendige Gegenposition das *organische Denken* ein. Seine Überlegenheit liege darin, daß es »nicht mehr wie bisher von oben herunter oder von letzten gleichförmigen Teilchen der Materie hinauf die Wirklichkeit konstruiert, sondern in den Erscheinungen selbst verankert ist«. Damit stehe dem »Denken einer abstrakten, bloß mathematisch-quantitativen Natur ... ein ganz anderes gegenüber, das bis in den Bereich des Anorganischen, des Klimas, der Landschaft hinein den *Charakter* gelten läßt«[224].

Was Weinhandl demagogisch als Überwindung lebensfremden idealistischen bzw. positivistisch-materialistischen und »atomistischen« Denkens ausgibt, erweist sich somit als die sattsam bekannte Preisgabe der *Philosophie* an die *Mythen des Nationalsozialismus,* womit von vornherein jede Wissenschaftlichkeit und Objektivität der philosophischen Erkenntnis unmöglich gemacht ist.

Der leitende Gedanke auch in Weinhandls Erkenntnistheorie ist: Ablösung der *Begriffsphilosophie* durch die nationalsozialistische *Wirklichkeitsphilosophie.* Der fundamentale Unterschied beider wird dahingehend bestimmt, daß die erstere dasjenige, was in der Wirklichkeit »anschaulich« sei, wie zum Beispiel Gestalten, in nur gedachte, unselbständig-begriffliche Gegensätze verwandle, wie beispielsweise Form und Inhalt. Die nationalsozialistische Wirklichkeitsphilosophie zeichne sich hingegen durch den Gebrauch von Kategorien aus, die »Anschauliches«, nicht bloß »Gedachtes« zum Ausdruck bringen. Am deutlichsten zeige sich das, so Weinhandl, im fundamentalen Begriff der *Natur,* der durch das neue Herangehen völlig verwandelt worden sei: »Durch die ursprüngliche Anschaulichkeit ist zugleich aber auch ein Natur- und Wirklichkeitsbegriff gewonnen, der nicht mehr im Gegensatz steht zur belebten und beseelten Welt, aber auch nicht ... zu jener Natur, in die all unsere politisch-geschichtliche Existenz eingebettet ist. Es ist jener umfassendere Naturbegriff, der auch noch die Begriffe ›Landschaft‹ und ›Heimat‹ einschließt. *In einem abstrakten universalistischen Wirklichkeitsbild haben die Begriffe Blut und Boden keinen Platz. Für die Natur, von deren ewigen Gesetzen das Leben der Menschen und die Zukunft der Völker abhängt, sind sie Grundbegriffe und Urphänomene geworden.«*[225]

Weinhandl spricht von großartigen Möglichkeiten, die sich mit solcher inhaltlichen Neubestimmung des Naturbegriffs eröffnen, und er wußte diese auch konsequent zu nutzen. Er denunzierte das materialistische Denken als einseitig und abstrakt, schob die Auffassung vom Bewußtsein als ideeller Form der Widerspiegelung der objektiven Realität als unnütze und überflüssige Annahme beiseite und machte gegen »wirklichkeitsfernes« idealistisches Philosophieren Front, ohne selbst den Boden des Idealismus zu verlassen. Vor allem aber gestattete ihm sein Natur-Begriff, den Eindruck zu erwecken, durch die »dem Leben entsprechende ganzheitliche« Bestimmung der Wirklichkeit sei die unauflösliche Verbundenheit von *nationalsozialistischer Philosophie* und *nationalsozialistischer Poli-*

tik wissenschaftlich hinreichend bewiesen: »Indem Philosophie stets auf das Bild des Lebens und der Wirklichkeit als Ganzes geht, schließt sie immer auch die Umrißlinien der politischen Wirklichkeit, politische Anschauungen, Stellungnahmen und Überzeugungen ausgesprochen oder unausgesprochen mit ein. Das Leben ist eben nicht ein Leben überhaupt, sondern immer ein Leben in irgendwie gestalteten Gemeinschaften. Damit aber wird nun Philosophieren selbst zur politischen Waffe ...«[226]

Was durch die Uminterpretation des Wirklichkeits- bzw. des Naturbegriffs in der Theorie möglich geworden war, nämlich die Philosophie mit den Nazi-Mythen zu durchseuchen, das sollte für die *Methode* der Begriff der Gestalt und die auf ihm basierende »Erkenntnistheorie des physiognomischen Sehens« erfüllen, die von Weinhandl propagiert wurde. Über den Zusammenhang beider schreibt er: »Die Rückbeziehung auf die Wirklichkeit von Natur und Geschichte im ursprünglichen Sinn echter Lebensnähe begünstigt nun philosophisch jene Betrachtungsweise, die dieser Wirklichkeit selbst in dieser ihrer ursprünglichen Gegebenheitsweise angepaßt ist und sie nicht verfälscht, sondern im Gegenteil das ›Gesicht‹ dieser Wirklichkeit gegen alle universalistischen Vereinfachungen und gegen alle abstrakten freischwebenden Formalismen bewahrt und auch theoretisch zur Geltung bringt. Bedenkt man, daß die Würdigung des Rassegedankens in der Erkenntnistheorie mit sich bringt, daß man Rücksicht zu nehmen hat darauf, daß jede Rasse, jedes Volk die Wirklichkeit nach anderen Richtungen sieht, andere Seiten, andere Züge betont und heraushebt, so daß sich verschiedene und gewiß auch verschieden tiefe Bilder der einen Wirklichkeit ergeben, so erweist es sich unausbleiblich, daß Philosophie und Erkenntnistheorie, wollen sie dieser neuen Lage überhaupt gerecht werden, von einer *Erkenntnistheorie des physiognomischen Sehens* ausgehen müssen, daß sie diesen grundlegenden Unterschieden der Physiognomie Rechnung tragen müssen. Damit ergibt sich aber ganz natürlich und wie von selbst die lebendige Aufnahme des Erbes der Goetheschen Philosophie der Gestalt.«[227]

Wie andere Naziphilosophen Hegel verfälschten und mißbrauchten, so mißbraucht Weinhandl Goethe. Weinhandls Berufung auf Goethes Morphologie und dessen Hochschätzung der Anschauung, um dem eigenen Gestaltbegriff besonderen Nachdruck zu verleihen, entbehrt jeder sachlichen Berechtigung. Goethes philosophische Positionen sind denen Weinhandls geradezu entgegengesetzt.[228] Abgesehen davon, daß man die philosophischen Elaborate des Naziphilosophen überhaupt nicht in Beziehung setzen kann zur vielschichtigen philosophischen Leistung Goethes, die überaus Bedeutsames zur Entwicklung des weltanschaulich-philosophischen Denkens in Deutschland in dem langen Zeitabschnitt zwischen Sturm-und-Drang-Periode und französischer Julirevolution beitrug, ist festzustellen: Goethes synthetische Methode ist antiempiristisch orientiert und wendet sich gegen das metaphysische Denken des 18. Jahrhunderts. Sein auf ganzheitliche Betrachtung der Wirklichkeit gerichtetes Denken enthält, nicht zuletzt als Resultat seiner naturwissenschaftlichen Forschungen, starke *materialistische* Züge. Demgemäß geht Goethes Assimilation von Gedanken der klassischen deutschen Philosophie in einer Weise vor sich, daß diese ihres prononciert idealistischen Charakters entkleidet werden. Er betont den Gesamtzusammenhang der Natur mit antiidealistischem Akzent. Diesem Boden entwächst das Goethesche Postulat der Anschaulichkeit, welches nachdrücklich die »Gegenständlichkeit« des Denkens verficht – in dem Sinne, daß sich das Denken nicht von den Gegenständen, die ihm Objekt sind, entfernen darf.

Weinhandls Denken ist im Gegensatz dazu ein *betont antimaterialistisches*. Während Goethe in idealistischen Worten oft ausgesprochen materialistische Gedanken äußerte, verbirgt sich in den scheinbar materialistischen Formulierungen Weinhandls stets ein extremer Idealismus. So ist auch Weinhandls Plagiat der Goetheschen »Anschaulichkeit« nur vordergründig gegen wirklichkeitsfremdes Denken gerichtet; in Wahrheit wendet es sich gegen den rationalen Charakter wissenschaftlicher Erkenntnis und dient dem Einschleusen irrationalistischer Auffassungen in die Philosophie.

Goethes Position entgegengesetzt ist auch Weinhandls Verhältnis zur Dialektik. Weinhandl ist ein ausgemachter Feind der Dialektik, die er für »rationalistisch« und »gefährlich« hält. Aus diesem Grunde läßt er es dabei bewenden, Goethes dialektischen Gestaltbegriff mehr oder weniger als bloße Vokabel aufzunehmen, und die Relativierung, die er bei Goethe erfährt, fallenzulassen. »Der Deutsche«, bemerkt Goethe mit wacher Kritik, »hat für den Komplex des Daseins eines wirklichen Wesens das Wort Gestalt. Er abstrahiert bei diesem Ausdruck von dem Beweglichen, er nimmt an, daß ein Zusammengehöriges festgestellt, abgeschlossen und in seinem Charakter fixiert sei.« Das trifft bezeichnenderweise auf Weinhandl zu. Goethe hingegen grenzt sich davon ab: »Betrachten wir aber alle Gestalten, besonders die organischen, so finden wir, daß nirgend ein Bestehendes, nirgend ein Ruhendes, ein Abgeschlossenes vorkommt, sondern daß vielmehr alles in einer steten Bewegung schwanke ... Wollen wir also eine Morphologie einleiten, so dürfen wir nicht von Gestalt sprechen; sondern, wenn wir das Wort brauchen, uns allenfalls dabei nur die Idee, den Begriff oder ein in der Erfahrung nur für den Augenblick Festgehaltenes denken.«[229]

Bei Weinhandl kommt diese Einschränkung nicht vor. Gestalt und Konstanz des Wesens sind für ihn zwei Seiten ein und derselben Medaille, was er unter anderem im »Gestaltcharakter« der deutschen Philosophie unwiderlegbar bewiesen sieht. »Blutmäßig bedingt«, zeichne sie sich durch ein von den ersten Formen ihres Auftretens bis in die Gegenwart konstant gebliebenes, einheitliches Wesen aus. »Gestalt« ist, so Weinhandls Prämisse, der Ausdruck einer die Zeiten und Veränderungen überdauernden Konstanz; »Gestalt« ist Ausdruck »überhistorischer Ganzheit«. Weinhandl beginnt seine »Morphologie« daher nicht zufällig in der von Goethe gerade *abgelehnten* Form. Er beginnt sie mit »Gestalt« und läßt sie mit »Gestalt« auch enden.

Die das kategoriale Grundgefüge der Goetheschen Dialektik bestimmenden Begriffe Metamorphose, Polarität, Steigerung, die den Kern der Weltanschauung des reifen Goethe ausmachen, gehen bei Weinhandl gänzlich verloren. Korrekter, sie werden ihres »unpassenden« progressiven Charakters wegen bewußt eliminiert. Das Ergebnis besteht darin, daß Weinhandls Gestaltbegriff der von Goethe entwickelten Auffassung von Gestalt direkt widerspricht. Zielt »Gestalt« bei Goethe auf das dialektische Begreifen wirklicher Entwicklung, so verwendet Weinhandl den Gestaltbegriff, um den Gedanken der Entwicklung, der qualitativen Veränderung und besonders des Vergehens gerade auszuschließen.

Die Morphologie Goethes gründet sich auf einen Gestaltbegriff, der nicht im Sinne eines Abgeschlossenen, Fixierten, sondern dynamisch, im Sinne der Fixierung eines tatsächlich *Werdenden* gebraucht werden muß. Goethe notiert: »Die Gestalt ist ein Bewegliches, ein Werdendes, ein Vergehendes. Gestaltenlehre ist Verwandlungslehre.«[230] Weinhandl dagegen konzipiert seine Lehre von der Gestalt als eine Lehre von der übergreifenden *Konstanz*, innerhalb derer das Werden nur episodischer Natur ist, die Bewegung das qualitative Maß nicht sprengt. So bleibt »Gestalt« ganz und gar statisch. Sie wird zum mystischen »Urphänomen«. Bei Goethe hat das Urphänomen nichts Mystisches an sich. Die Begriffe Urtypus und Metamorphose bezeichnen eine Situation, in der die Dialektik von Wesen und Erscheinung und der Prozeßcharakter des organischen Geschehens begriffen, das Wesen und die Mechanismen der Entstehung der Arten jedoch noch nicht entdeckt waren. Engels wertet die Leistung Goethes (und die Lamarcks) als »geniale Vorahnung der späteren Entwicklungstheorie«.[231] Bei Weinhandl hingegen figuriert das »Urphänomen« nurmehr als Metapher mystischer Urgründe des Seins, die in ihrer Transzendenz dem rationalen wissenschaftlichen Denken nicht zugänglich seien, sondern nur einem Denken, in welchem die Intuition dominiert.

Diesen Gestaltbegriff stellt Weinhandl ins Zentrum seiner – stolz nationalsozialistisch genannten – Erkenntnistheorie, die sich voll und ganz mit der offiziellen Position deckt. So heißt es in Meyers Lexikon von 1938: »Die Befähigung, Gestalt aufzufassen, d. h. gestalthaft zu erleben, ist rassisch bedingt. Sie eignet der nordischen Rasse in besonders hohem Maße und gehört zu den Grundbedingungen des gerade ihr eigenen Schöpfertums. Demgegenüber leugnen diejenigen, die das quantitativ-mechanische Weltbild der exakten Naturwissenschaften als echte Wirklichkeit unterschieben wollen, das Vorhandensein gewachsener, sinnausweisender Gestalt überhaupt; dies liegt besonders dem jüdischen Denken nahe ...«[232]

»Gestalt« ist die Kategorie, die von Weinhandl zum *methodischen Grundbegriff* einer »zeitgemäßen« Erkenntnistheorie erhoben wird. Sie gestattet ihm unauffällig und ohne größeren Aufwand, *die mit der Uminterpretation des Naturbegriffs begonnene Verwischung der Grenzen zwischen Materiellem und Ideellem erkenntnistheoretisch zu vollenden.* Das Ergebnis ist jene »Erkenntnistheorie des physiognomischen Sehens«[233], die »Einbettung des Denkens in die Anschauung«[234], die das alte, der neuen geschichtlichen und politischen Wirklichkeit nicht mehr entsprechende Erkenntnisideal des Begriffs durch das Prinzip der Anschauung ersetzt,[235] und dieses findet seinen konzentrierten Ausdruck im Begriff der Gestalt, der immer mit der Vorstellung des Räumlichen, des Topographischen verbunden ist. Die »anschauliche Gestalt« wird zum Ausgangspunkt wissenschaftlicher Forschung gemacht. Sie wird zum Maßstab deklariert, an dem sich alle Theoriebildung zu verifizieren, dem sich alle wissenschaftliche Erkenntnis, sich selbst überprüfend, einzugliedern hat.[236]

Das Denken, so fordert Weinhandl, muß anschaulich, sinnlich

werden, ungeachtet des Mißtrauens, das einem solchen Denken entgegengebracht würde: »Wie tief das Mißtrauen gegen den Wert und die Bedeutung der Anschauung in Wahrheit auch heute noch ist, das merkt man erst, wenn man von Anschauung, Anschaulichkeit, Lebensnähe, Intuition usw. nicht nur redet, sondern ein Denken in der äußersten sinnlichen Veranschaulichung und Verdeutlichung als Forderung aufstellt. Sogleich ist dann der Einwand bei der Hand, daß es sich dabei doch nur ... um eine nachträgliche Veranschaulichung handeln könne, die im Prinzip also selbstverständlich entbehrlich sei. Die eigentliche Erkenntnis müsse der geforderten Veranschaulichung und dem graphischen Denken schon vorhergegangen sein. Hinter allen diesen und ähnlichen Bewertungen aber steht als letzte und tiefste immer unausgesprochen die, daß die geforderte äußerste sinnliche Anschaulichkeit des Denkens notwendig oberflächlich und ohne Tiefe, simpel und trivial sein müsse.«[237]

Weinhandl, vom Gegenteil überzeugt, läßt sich von solchen Vorbehalten jedoch nicht schrecken und verkündet unbeirrt: »Wir brauchen uns nur über die bloßen Worte und Begriffe hinaus der optischen Darstellungsmittel, der Zeichnung und Farbe zu bedienen, so können wir im Gegensatz zum bloßen Wortdenken alles einzelne in *einem* Blick überschauen und die meist ganz unbemerkte anschauliche Grundgestalt zur letztmöglichen Verdeutlichung bringen ... So wird das *gestaltanalytische Verfahren* zu einem Nach-, Mit-, und Herauszeichnen im wörtlichen Sinn, zum Auf-der-Tafel-, Auf-dem-Reißbrett-Denken«[238]: das Denken selbst wird graphisch.

Doch hütet sich Weinhandl aus demagogischen Gründen, diese Diskriminierung des begrifflichen Denkens allzu deutlich werden zu lassen, hätte es ihn doch der Möglichkeit beraubt, Front gegen jene Erkenntnisauffassungen zu machen, welche für die Lebensphilosophie in der Zeit vor 1933 typisch waren und die den von ihr vertretenen Irrationalismus, gemessen an den Bedürfnissen des Nationalsozialismus, zu unverhohlen ausgesprochen hatte.[239] Er betont deshalb ausdrücklich: »In der Anschauung den Muttergrund aller Erkenntnis ... zu betonen«, habe mit der begriffsfeindlichen Anschauung des Intuitionismus nichts zu tun. »Wohl mag begriffslose Schau, die nicht zum Denken verpflichtet, bequemer und erbaulicher sein als die Strenge und Zucht echter Wissenschaft. Aber Wissenschaft hat nicht erbaulich zu sein.«[240] Der letzte Satz, der ein

Diktum Hegels ist, wird von Weinhandl doppelt zu Unrecht zitiert. Was er zu Papier bringt, ist himmelweit entfernt von Zucht und Strenge echter Wissenschaft.

Bestärkt durch kritische Bemerkungen, wie sie Alfred Rosenberg gegen Ludwig Klages' »blanken« Irrationalismus vorbringt, beteuert Weinhandl demagogisch: »Aber, und das muß den formlosen ›intuitionistischen‹ Bestrebungen gerade der jüngsten Vergangenheit gegenüber betont werden, *was* sich da als Gestalt, als Grundgestalt, Typus, Gesetz, Urphänomen ›durch Phänomene dem Anschauen‹ offenbart, *das schließt den Begriff nicht aus, sondern ein.* Darum und nur darum vermag der Gestaltgedanke ohne jede Gewaltsamkeit die Forderungen der Wissenschaft ebenso wie die des Lebens zu erfüllen, darum ist er wirklich die Brücke, die Wissenschaft und Leben verbinden kann. Gerade weil wir im Gestaltbegriff den methodischen *Grundbegriff* für die Bewältigung weltanschaulicher Probleme sehen, das Werkzeug, das auch geeignet ist, die rassischen Physiognomien des Weltbildes zu erfassen, gerade deshalb lehnen wir es auch ab, diese Philosophie der Gestalt auf den Gegensatz des erkenntnistheoretischen Idealismus und Realismus festzulegen.«

Besonders heftig wandte sich Weinhandl verständlicherweise gegen eine dem Materialismus zuneigende Interpretation des Gestaltbegriffs, wie er sie beispielsweise von jener Richtung der Gestaltpsychologie vertreten sieht, »die sich vor 1933 als ›Berliner Schule‹ bezeichnete«. Sie habe, soweit ihr eine allgemeinere Bedeutung zukommt, trotz der Bezeichnung »Gestalttheorie« nichts mit dem Gestaltgedanken zu tun gehabt, »sondern war reiner Materialismus«. Weinhandl bezeichnet sie daher als ein »Produkt echt jüdischen Geistes«. Sie berufe sich ebenso ungerechtfertigt auf »Anschauung« und »Morphologie« wie Edmund Husserl mit seiner Phänomenologie. Erst der Nationalsozialismus, unterstreicht Weinhandl, die Sachlage völlig verfälschend, habe das Recht, in der »weltanschaulichen Grunderkenntnis von der die Jahrtausende überbrückenden Konstanz der Rasse ein Verbindendes mit Goethes Lebenslehre zu erblicken. »Das Beständige im Wechsel, diese alles durchdringende Grundanschauung Goethes, ist ein Kernstück unserer Weltanschauung und unseres Wirklichkeitsbildes geworden.«[241]

Doch verstand sich Weinhandl nicht schlechthin als »Ganzheitsphilosoph«. Für einen Nationalsozialisten war diese Bezeichnung seinem Dafürhalten nach zu ungenau, weshalb er auch den von ihm entwickelten Gestaltbegriff betont von »bloßer Ganzheit« abrückt. Die Gründe dafür, daß er das Gestaltdenken als eine für den Nationalsozialismus *unerläßliche* Präzisierung des Ganzheitsdenkens ausgibt, liegen wiederum auf der politischen Ebene. Von Weinhandl wird das in der ihm eigenen Diktion genau reflektiert: »Man sagte, der Nationalsozialismus bekämpfe den Positivismus, und man meinte die exakte Naturforschung. Man übersah, daß diese und der Positivismus nicht dasselbe sind und daß der Nationalsozialismus nicht daran denkt, sich irgendwie vom Wege der exakten Forschung zu trennen. Oder man erklärte mehr oder minder programmatisch, daß nunmehr die Zeit für eine ganzheitliche Wissenschaft gekommen sei. Aber man schien nicht gemerkt zu haben, daß ›Ganzheit‹ für den einen dies und für den anderen jenes mitbedeutet und daß alles darauf ankommt, was man unter diesem Wort versteht ...

›Die‹ Natur, die keine Unterschiede der Menschen und Rassen kennt, ist uns genau so eine leere Abstraktion wie ›die‹ Menschheit, auch wenn man mit einem solchen Naturbegriff das schönste Gefühl der Ganzheit verbindet ... Zwischen Ganzheit und Ganzheit ist mindestens ein so großer Unterschied wie zwischen ganzheitlichem und mechanistischem Denken, das man ihm gewöhnlich entgegensetzt. Das Schlagwort verdeckt die Vieldeutigkeiten ... Gegen *atomistisches, mechanistisches, materialistisches Denken Front machen, heißt noch lange nicht, mit uns auch in der Anerkennung des Rassegedankens im materiellen und geistigen Leben der Völker und in den praktischen Folgerungen aus dieser Erkenntnis zusammengehen.* Darum kommt man dem Gegensatz, um den es heute weltanschaulich geht, auch nicht dadurch auf die Spur, daß man atomistisches und ganzheitliches Denken einander im allgemeinen gegenüberstellt. Es wird sich zeigen, daß es in der Tat auf diesen Gegensatz ankommt. Aber er muß in seinen tiefsten Wurzeln aufgesucht und bis in seine letzten Konsequenzen verfolgt werden. Und dann betrifft er ein verschiedenes Verhältnis *zur Natur.*«[242] Weinhandls Vorbehalte gegen die Kategorie des Ganzen wurzeln also in der Erfahrung, daß Anerkennung des Ganzheitsdenkens und Anerkennung des Faschismus durchaus nicht a priori zusammentrafen.

Als ein besonders negatives Beispiel dieser Art führt der Kieler Philosoph den prominenten Biologen und Neovitalisten Hans Driesch an, gegen den er in mehreren Artikeln heftig polemisiert. Driesch, der die Bedeutung des Ganzheitsdenkens für das wissenschaftliche Erkennen nach der Jahrhundertwende in Deutschland wieder ins Bewußtsein rückte, hatte den zunehmenden demagogischen Mißbrauch des Ganzheitsdenkens durch präfaschistische und nationalsozialistische Ideologen mit wachsendem Unbehagen verfolgt. Er fühlte sich für die Einführung des Ganzheitsbegriffs in die neuere Philosophie verantwortlich und verwahrte sich bereits 1930 öffentlich dagegen, daß ihm Verwendungen dieses Begriffs zur Last gelegt wurden, die er »für den Fortgang klarer, echter Philosophie als höchst gefährlich« einschätzte.[243] Von dieser Haltung ging Driesch auch nicht ab, nachdem er, bald nach der Machtübernahme durch den Faschismus, von seinen Lehrverpflichtungen an der Leipziger Universität entbunden und vorzeitig emeritiert worden war.[244] Dem Plan seines Freundes und Kommentators seiner Schriften Otto Heinichen, die Flucht nach vorn anzutreten und Beziehungen zwischen seiner Ganzheitslehre und der nationalsozialistischen Ideologie herzustellen, widersetzte er sich erfolgreich.

Ebenso ablehnend begegnet er dem Antrag von P. Gast, der im Januar 1936 zu bedenken gibt, man könne die Volksgemeinschaft in Drieschs Sinne als eine biologische Ganzheit bezeichnen, wie sich Drieschs vitalistische Ganzheitsphilosophie überhaupt trefflich zur wissenschaftlichen Grundlegung des nationalsozialistischen Begriffssystems eigne. Doch einem Staatswesen, das die »Förderung der Kultur in die Hände von Henkern gelegt hat, die gar nicht wissen, was Kultur ist«[245], konnte der Humanist und Demokrat Driesch nicht Grundwerte seines philosophischen Schaffens zueignen.[246]

Als Biologe und Philosoph war er ein Repräsentant der kleinen Gruppe bürgerlicher Wissenschaftler, die sich auch nach 1933 unbeirrt zu Vernunft und rationalem Handeln bekannten. In Wort und Tat hatte er gegen den Chauvinismus, den deutschen Militarismus, Rassismus, Kolonialismus und Faschismus gekämpft und 1927 aus seiner vitalistischen Ganzheitstheorie eine beeindruckende Ethik der Verantwortung für die Belange des sozialen Ganzen und der Sicherung des Friedens entwickelt. Politisch sympathisierte er mit Pazifisten und fortschrittlichen Liberalen wie Joseph Wirth, Friedrich Wilhelm Foerster und Ludwig Quidde.[247]

Daher also Weinhandls Polemik: »Wenn aber ... Hans Driesch das Wort Ganzheit verwendet, um es auf Begriffe wie ›Volk‹ und ›Staat‹ *nicht* anzuwenden, so ist das nicht nur falsch, sondern arbeitet von der entgegengesetzten Seite unsern politischen und weltanschaulichen Gegnern in die Hand.« Um solche »Unwägbarkeiten«

künftig auszuschalten, setzte sich Weinhandl emphatisch für den »präziseren« Gestaltbegriff ein, ohne den Gedanken der Ganzheit anzutasten: »... wir werden nur um so deutlicher sagen, was wir meinen.«[248] Da der Gestaltbegriff Weinhandl zufolge die »Grundphysiognomie« des Hitlerreiches, »Rasse« und »völkische Gemeinschaft«, unzweideutig zum Ausdruck bringe, wollte er ihn schließlich zum Grundbegriff der Philosophie überhaupt erhoben sehen, wohingegen er »Ganzheit« zur bloßen Eigenschaft von »Gestalt« erklärte.[249]

Doch entdeckte Weinhandl noch einen anderen Vorzug jenes Begriffs, der es einmal mehr ermöglichte, Philosophie unversehens in faschistische Politik zu verwandeln. Dieser lag in der Bindung des Gestaltbegriffs an die Kategorie des Raumes.

Lebensraum – erkenntnistheoretisch begründet

Da Weinhandl Gestalt als die »sichtbar anschauliche Form« eines Phänomens interpretierte, war es nur logisch, daß er jeder Gestalt eine räumliche Natur bzw. eine räumliche Dimension zusprach. Dies lieferte nicht nur den Vorwand für die absurde Forderung, das »Wortdenken« durch ein »Denken im Raum«, durch »graphisches Denken«, zu ersetzen. Das Aufeinanderverweisen von Raum und Gestalt bot Weinhandl darüber hinaus die Handhabe, Philosophie und Mythos zu verbinden. Raum, meinte Weinhandl, sei nicht nur der entscheidende Aspekt der Gestalten, mit denen sich die Philosophie beschäftigte, sondern Raum sei zugleich eine »mythische Dimension«, sobald er nur »groß« genug sei. Allen mythischen Gebilden sei eine »Größe des Raumes« eigen, und zwar in vertikaler und in horizontaler Richtung sowie als unbestimmte Tiefe und Tiefenerstreckung in die Erde hinein. Die Assoziation zu »Lebensraum«, die sich hier einstellt, war sicher kein Zufall. Doch waren damit die politischen Potenzen dieses Philosophens noch nicht erschöpft.

Weinhandl erweiterte das Bezugsfeld noch, indem er die Möglichkeit erwähnte, daß schlechthin »jede Wirklichkeit« allein durch das Moment der »Großheit«, im wörtlichen wie im übertragenen Sinne, eine mythische Erhöhung erfahren, sich ins Mythische steigern könne.[250] Damit verklärte Weinhandl nicht nur die Expansionsgelüste des deutschen Faschismus, er fand auch einen relativ treffenden theoretischen Ausdruck für die Wirkungsgesetze von Kunst und Propaganda, so wie sie die deutschen Faschisten verstanden. Einer ihrer Leitsätze lautete bekanntlich: Kunst muß Propaganda sein, weil Propaganda selbst Kunst ist.[251] Durchgesetzt, realisiert wurde das Umschlagen von Kunst in Propaganda und Propaganda in Kunst nicht zuletzt mit den Mitteln der »Größe«, der Steigerung der Architektur und propagandistischer Massenveranstaltungen ins *Überdimensionale*. Erinnert sei an das Projekt der Hohen Schule, deren architektonische Maßlosigkeit als ein Paradigma genommen werden kann für den *generellen Drang des Nationalsozialismus zum Exzessiven*. Selbst der Totalitätsanspruch der nationalsozialistischen Weltanschauung kann dem Erscheinungsbild nach als eine Adaption an den Gedanken der »Großheit« interpretiert werden, den Weinhandl als den Weg zur »größeren, höheren Wirklichkeit«, als den Weg »zum Wirkenden« beschreibt. Wer diesen Weg beschreite, bringe das zuvor Tote und Starre in einen dynamischen Lebenszusammenhang, weil die »mythische Großheit« auf das Gefühl und die Willensenergien des Menschen wirke, wodurch die Wirklichkeit »wirklicher« und »wesenhafter« erlebt werde, als das sonst jemals der Fall sei. Dadurch aber komme zur Vorstellung des Raumes noch ein anderes entscheidendes kategoriales Moment hinzu: die »Tiefe«, die »Tiefenbewegung in den größeren Raum hinein«. Sie bilde, und das ist unbestreitbar ein verblüffender Einfall, letztlich das *Kriterium der Wahrheit*, denn was tief sei, das sei auch wahr. Sich auf Baeumler berufend, verfällt Weinhandl letztlich darauf, den Mythos als »Großbild einer Weltanschauung« zu definieren, dessen Wahrheit nicht in irgendeiner Verifizierbarkeit liege, »denn Tiefe und Größe des Lebens sind letztlich immer wahr«, sondern »in seiner Kraft und Wirkung und Verbindlichkeit«.[252] Daraus aber ergibt sich: Der Nationalismus als Weltanschauung ist verbindlich. Er ist kraftvoll zur Wirkung gekommen. Also ist der Nationalsozialismus wahr! Mehr konnte eine nazistische Erkenntnistheorie wahrlich nicht leisten.

4. Die Rolle Alfred Baeumlers im Philosophiebetrieb des »Dritten Reiches«

Vom konservativen zum faschistischen Philosophen

Wenn heute über Philosophie und Philosophen in der Zeit der faschistischen Nazidiktatur gesprochen wird, dann wird gewöhnlich ein Name zuerst genannt: Alfred Baeumler.

Neben Ernst Krieck firmierte er als der führende Naziphilosoph.[1] Allerdings, und das gilt es zu beachten, gelang es Baeumler trotz seiner exponierten Stellung im Hitlerreich nicht, diesen Titel offiziell für sich zu gewinnen. Die Naziführung legte Wert darauf, weder einen bestimmten Philosophen der Vergangenheit als unmittelbaren Vorläufer des Nationalsozialismus anzuerkennen, noch gestattete sie, einen der NS-Philosophen, die sich in ihren Dienst gestellt hatten, als *den* Vertreter nationalsozialistischer Philosophie herausstellen zu lassen. Rosenbergs Privatsekretär Heinrich Härtle begründete diese Linie damit, daß die Philosophie, wie jedes große Kunstwerk, an die Einzelpersönlichkeit gebunden sei, daß sich in der Philosophie die Rasse in *einer* Persönlichkeit offenbare.[2] Da aber keine Persönlichkeit des deutschen Geisteslebens der Gegenwart oder der Zukunft so umfassend sein könne, »daß sie von sich aus alle philosophischen Möglichkeiten der nationalsozialistischen Weltanschauung ausschöpfen könnte«, wäre es »eine Verarmung und Verengung des philosophischen Lebens der Zukunft, wenn ihm die Farbigkeit und die Vielfalt fehlten, die aus dem Miteinander und Gegeneinander des Kampfes großer philosophischer Persönlichkeiten erwächst«[3]. In diesem Sinne, so fuhr er fort, könne heute noch nicht von einer nationalsozialistischen Philosophie gesprochen werden, sondern es gebe vorerst nur ein nationalsozialistisches Philosophieren.

»Die verantwortlichen Partei- und Staatsstellen können sich daher am allerwenigsten am *Beginn* einer neuen philosophischen Epoche in ihrer wissenschaftspolitischen Führungsaufgabe dogmatisch allein auf *eine* der neuen philosophischen Richtungen und Persönlichkeiten festlegen ...

Würde, besonders in der Frühzeit einer neuen philosophischen Entwicklung, eine bestimmt geprägte Einzelpersönlichkeit und Einzelrichtung für sich dogmatisch die philosophische Alleinherrschaft beanspruchen, so würde dadurch die philosophische Gesamtentwicklung in einer Weise gehemmt und gestört, die zur Unfruchtbarkeit führen müßte und damit schließlich auch zur Erstarrung dieser Einzelrichtung ...«[4] Für die weltanschauliche Entwicklung des Nationalsozialismus und für die Durchdringung von Weltanschauung und Wissenschaft, Weltanschauung und Philosophie sei es daher eine besonders glückliche Fügung, daß die politische Lenkung dieser Entwicklung einer Persönlichkeit anvertraut sei, »die wie der Beauftragte des Führers für die Überwachung der gesamten weltanschaulichen und geistigen Erziehung und der Beauftragte des Führers für die Hohe Schule, Reichsleiter Alfred *Rosenberg*, zutiefst in die philosophische Problematik unserer Zeit eingedrungen ist, selbst im eigenen Werke entscheidende philosophische Erkenntnisse und Impulse gegeben hat und trotzdem frei und großzügig über allen philosophischen Gruppen und Richtungen steht als Förderer aller *aufbauenden* Kräfte«[5].

Dennoch trifft die Wertung zu, Baeumler habe an der Spitze der Hierarchie der Naziphilosophen gestanden. Die Angaben zu seiner Person werden das belegen.

Etwas anders dagegen verhält es sich meiner Auffassung nach mit Ernst Krieck, der oft in einem Atemzug mit Baeumler als Nr. 1 der Naziphilosophie genannt wird. Seine Bedeutung für den faschistischen Wissenschafts- und Philosophiebetrieb ist deutlich geringer zu veranschlagen als die Baeumlers. Nach anfänglicher größerer Popularität, vor allem als frühzeitig zum Nazifaschismus sich bekennender Erziehungswissenschaftler[6], geht Kriecks Anerkennung durch die Naziführung wie auch sein geistiger Einfluß gegen Mitte der dreißiger Jahre merklich zurück, trotz der von ihm zwischen 1936 und 1938 verfaßten dickleibigen »Völkisch-politischen Anthropologie«, mit der er den faschistischen Machthabern seine Huldigung darbringt. Obwohl sich an Kriecks faschistischer Einstellung bis zum Schluß nichts ändert und er sich mit einer Vielzahl von Publikationen intensiv bemüht, »im Spiel« zu bleiben, büßt er mehr und mehr an Reputation ein. Über die Gründe dafür wird im Zusammenhang mit Baeumlers Werdegang noch die Rede sein.

Wer aber war nun dieser Alfred Baeumler, der, 1933 gleichsam aus der Versenkung auftauchend, während der zwölfjährigen Existenz des »Tausendjährigen Reiches« die Geschicke der Philosophie entscheidend mitbestimmte und an maßgeblicher Stelle das dunkelste Kapitel der Berliner Universitätsgeschichte mitschrieb? Wer war dieser Alfred Baeumler, der sich schuldig machte, indem er seine Person und sein geistiges Vermögen bedingungslos und ohne Skrupel in den Dienst der faschistischen Diktatur stellte? Wer war dieser reaktionäre karrieristische Wissenschaftler, der mit seinen spezifischen Mitteln, mit den Mitteln der Philosophie, die schwärzeste Reaktion als »Revolution« verherrlichte, der den philosophischen Idealismus und den nazistischen weltanschaulichen Mystizismus als »Realismus« ausgab, der die Unterordnung des Geistes unter den barbarischen faschistischen Staat als »Rückkehr des Geistes zur Wirklichkeit« pries und die Herrschaft der braunen Henker als ein »neues politisches Weltalter« begrüßte?

Bis 1933 ist Baeumlers Werdegang unauffällig. Es ist der Weg eines dem Konservatismus zuzurechnenden bürgerlichen Akademikers, dessen Denken geprägt ist vom Geist der Nachkriegszeit. Obwohl auch er lebensphilosophischen Einflüssen unterliegt, zeigt er für den wie eine Seuche um sich greifenden Antirationalismus zunächst noch keine übermäßige Affinität. Noch Anfang der zwanziger Jahre verbindet sich ihm Philosophie mit dem Bedürfnis nach Begrifflichkeit, Rationalität und Vernunft.[7]

1887 in Neustadt an der Tafelfichte im tschechischen Teil Österreichs als Sohn eines Porzellanmalers und späteren Versicherungsbeamten geboren, promovierte Baeumler 1914 als Schüler von Max Dessoir mit einem Thema über Immanuel Kant zum Dr. phil.[8] Wenige Monate später wird er bis Kriegsende zum Militärdienst eingezogen. Ursprünglich österreichischer Staatsbürger, wird er 1918 durch die Gründung der Tschechoslowakischen Republik Angehöriger dieses Staates. 1920 erfolgt seine Einbürgerung ins Deutsche Reich.

Nach dem Krieg, ins zivile Leben zurückgekehrt, nennt sich Baeumler einige Jahre »freier Schriftsteller«. In diese Zeit fallen seine ersten Hegel-Editionen. 1922 leitet er nicht ohne Einfühlungsvermögen, wenngleich lebensphilosophisch akzentuiert, Hegels »Ästhetik« ein. Ihr folgen ein Jahr darauf die »Vorlesungen über die

Geschichte der Philosophie«. 1928 ediert Baeumler schließlich eine Auswahl von Hegels Schriften zur Gesellschaftsphilosophie. Parallel zu seiner Beschäftigung mit Hegel arbeitet Baeumler aber auch weiter zu Kant. 1924 habilitiert er sich auf der Grundlage einer Veröffentlichung über Kants »Kritik der Urteilskraft«. Nach zeitweiliger Lehrtätigkeit an der Lehrerbildungsanstalt Dresden erhält Baeumler noch im selben Jahr eine Privatdozentur an der Technischen Hochschule der Elbestadt. Seit 1925 gehört er der Vereinigung (später Landesverband) der höheren Staatsbeamten Deutschlands an. Einige Jahre unterhält er Beziehungen zum Katholischen Brenner-Kreis.[9] In einer Partei ist er offensichtlich nicht organisiert.

Als der renommierte Neuhegelianer Richard Kroner[10] 1928 von Dresden an die Universität Kiel wechselt, reflektiert Baeumler auf dessen frei gewordenen Lehrstuhl. Durch Fürsprache des mit ihm bekannten Ernst Niekisch[11] erhält er die ersehnte Berufung, die ihn davon befreit, wöchentlich 22 Unterrichtsstunden erteilen zu müssen. Seine zunächst außerordentliche Professur wird 1929 in eine ordentliche Professur umgewandelt.

Ab Mitte der zwanziger Jahre befaßt sich Baeumler dann, außer mit Kant und Hegel, nachhaltig mit Johann Jakob Bachofen, dem »Mythologen der Romantik«. Er bringt dessen Werke neu heraus und versieht sie, so das Urteil von Zeitgenossen, mit einer beeindruckenden Einleitung. Baeumler feiert in Bachofen den Höhepunkt der geistesgeschichtlichen Strömung der Romantik, in der er eine klassische Epoche »germanisch-deutscher« Gestaltungskraft zu finden meint.[12] Dabei hat er vor allem die späte Heidelberger Romantik im Auge, da erst bei Achim von Arnim, Clemens Brentano, Joseph von Görres, Friedrich Creuzer wie auch bei den Brüdern Jacob und Wilhelm Grimm und bei Friedrich Carl von Savigny jenes ernste Streben zu spüren sei, dem »Ursprung des eigenen Seins« näherzukommen. Ihre tief religiös motivierte Liebe zur Vergangenheit habe die eigentümliche, Baeumler stark beeindruckende geschichtsphilosophische Methode hervorgebracht, die in den Ereignissen und Kunstwerken lediglich Symbole sehe, hinter denen die tiefere mythische Wirklichkeit erst aufzuspüren sei. Bachofen bildet für Baeumler insofern den Höhepunkt dieser Entwicklung, als dieser – im Bemühen, die zwischenmenschlichen Verhältnisse von ihren mythischen Ursprüngen her zu verstehen – seiner Auffassung nach die romantisch-irrationale Methode der Symboldeutung voll entwickelt habe.[13] Baeumler, davon ausgehend, daß es dank dieser Methode möglich geworden sei, die »innere Geschichte des Volkes« zu schreiben, sieht sich seither dieser Form des irrationalistischen Denkens eng verbunden. Vor allem nach 1933 räumt Baeumler dem Symbolischen in seinen erkenntnistheoretischen Überlegungen eine zentrale Bedeutung ein, wobei er den engen Zusammenhang zur faschistischen »politischen Philosophie« besonders deutlich herauszuarbeiten sucht.[14]

1927 läßt eine neue Arbeit Baeumlers, in der er dem Verhältnis von Bachofen und Nietzsche nachgeht, keinen Zweifel mehr daran, daß er in Nietzsche inzwischen seinen eigentlichen geistigen Ahnherrn gefunden hat.[15] Von nun an predigt er dessen Willen zur Macht und ruft zur Besinnung auf die heroischen Grundkräfte des aus germanischen Urgründen fließenden deutschen Wesens auf. Seine ganze Hoffnung setzt Baeumler auf das »aller Urbanität und Zivilisation feindliche nordische Barbarentum«, auf die trotzig kriegerische »Tatbereitschaft«, die als »Rasseinstinkt« noch immer in jedem Deutschen angelegt sei.[16]

Angeregt durch Nietzsche, bekennt sich Baeumler zum »kriegerischen Wesen der Deutschen«, woraus er auch jenes Anliegen ableitet, das seine gesamten späteren erziehungsphilosophischen und politisch-pädagogischen Arbeiten durchziehen wird: die Formung des deutschen Menschen aus seinem innersten Wesen, aus seinen Trieben und Instinkten.[17] Bereits in dieser Phase sieht sich Baeumler, nach dem Vorbild Nietzsches, als »heroischer Philosoph«. Seine philosophischen Auffassungen kennzeichnet er entsprechend als »heroischen Realismus«[18], worunter er eine auf Tat hinauslaufende »Wirklichkeitsphilosophie« versteht, wie sie bereits oben im Umriß angedeutet wurde.

Dem Muster solcher »heroischen« Lehren folgend, zielt auch der »heroische Realismus« Baeumlers auf eine grundsätzliche, nicht nur auf den Kriegszustand bezogene Entwertung der materiellen Sphäre des menschlichen Daseins. Hartung hat diese Haltung treffend charakterisiert: »Ihre Funktion hat sie im Kampf gegen den ›Materialismus‹, den man als ›niedriges‹ Verlangen nach persönlichem Glück, Liebe, Essen und Trinken verteufelt und mit dem man vor allem den marxistischen realen Humanismus zu treffen sucht. Folgerichtig predigt der ›heroische Realismus‹ eine strenge innerweltliche Askese. Sein Ideal ist der Mensch, der sein ganzes Dasein unter die Idee des ›Dienstes‹ stellt, der sich jederzeit fraglos ›einsetzt‹ und opfert, gehorsam den Befehlen mythischer Befehlshaber, und dies alles nicht eines irdischen oder überirdischen Heils wegen, sondern weil die Mächte, ›aus‹ denen er lebt, es so wollen.«[19]

In die Zeit der geistigen Neuorientierung Baeumlers fällt eine interessante Episode, die ein charakteristisches Licht auf den politischen Standort und die Persönlichkeit Baeumlers wirft. Es ist die bereits erwähnte Bekanntschaft und vorübergehende Zusammenarbeit mit Ernst Niekisch, der seit 1929/30 immer eindeutiger gegen den Faschismus Stellung bezog.[20]

Enttäuscht von den rechten Führern der Sozialdemokratie und vom Weimarer Parlamentarismus war Niekisch, der 1918/19 an den revolutionären Ereignissen in München teilgenommen hatte und zeitweilig Vorsitzender des Zentralen Münchener Arbeiter- und Soldatenrates war, »zum zornigen Gegner des Versailler Diktatfriedens geworden. Er hatte eine eigene Bewegung geschaffen, die sich vorwiegend aus kleinbürgerlichen Intellektuellen rekrutierte und um eine seit 1926 erscheinende Monatsschrift sammelte: ›Widerstand‹ – ein Organ, das in den Westmächten den Unterdrücker anderer Nationen und die Säulen des Weltkapitalismus bekämpfte«[21].

Wohl deshalb, weil es in den ersten Jahren scheinen mochte, als ob ihre Polemik gegen die Demokratien des kapitalistischen Westens und ihre Bevorzugung des autoritären Staatswesens einen Gleichklang mit den Zielen des rechten Lagers bedeuteten, das nichts anderes als ein wiedererstarktes Deutschland anstrebte, fand sich Baeumler bereit, dem Ersuchen Niekischs zuzustimmen und am »Widerstand« mitzuarbeiten.

Der Überzeugung Niekischs, daß ein starkes Deutschland nur errichtet werden könne, wenn es mit der Sowjetunion freundschaftlich verbunden sei, dürfte Baeumler jedoch kaum Sympathie entgegengebracht haben, sowenig wie er später Niekischs antifaschistische Positionen zu teilen bereit war.

Baeumler, ein »kleiner Mann, etwas vierschrötig«, der wegen seines großen Kopfes »wie ein Gnom« wirkte, beschäftigten in der Zeit, als er zu Niekisch kam, antipreußische Stimmungen. Wie sich Niekisch erinnerte, haßte er die Hohenzollern und verteidigte den großdeutschen Standort. Hitler sei von Baeumler in dieser Phase noch schroff abgelehnt worden. Von verschiedenen Seiten wurden Baeumler Intelligenz und literarisches Vermögen bescheinigt. Auch Niekisch charakterisierte ihn als ungewöhnlich geistreich, als einen Mann guter Einfälle und erleuchtender Intentionen.[22] Selbst Thomas Mann sah sich nach der Lektüre von Baeumlers Bachofen-Einleitung veranlaßt – bei aller Abneigung, die er gegen die »Nachtschwärmerei« des Themas hegte – dieselbe als »groß und geistvoll«, als »tief und prächtig« zu loben.[23] Daneben wurde Baeumler jedoch »ätzende Schärfe« nachgesagt und ein übersteigertes Selbstwertgefühl »bis zur Arroganz«, das ihn hinderte, mit seinen Mitmenschen in Kontakt zu treten, und ihm auch bei seinen Studenten die Resonanz versagte.[24] Diese Züge, vor allem aber sein »heroischer Anspruch«, standen allerdings »einigermaßen im Gegensatz zu der Ängstlichkeit, die er an den Tag legte, sooft er am *›Widerstand‹* mitarbeitete. Seine Aufsätze mußten unter Pseudonym erscheinen, und jedesmal wählte er einen anderen Decknamen«[25]. Auch der Chronist des Reichsinstituts für Geschichte des neuen Deutschlands, Helmut Heiber, kommt nicht umhin festzustellen, daß Baeumler bei allem heroischen Schwadronieren eher feig war.[26] Dafür spricht auch, daß Baeumler, inzwischen voll auf den Nationalsozialismus eingeschwenkt, 1934 den »Widerstand« bei der Gestapo denunzierte, was wohl seine Art war, die Flucht nach vorn anzutreten.[27]

Wie wenig Baeumlers persönliche Haltung oft den von ihm verfochtenen Maximen entsprach, geht auch daraus hervor, daß er ungeachtet der apodiktischen Verurteilung bürgerlichen Besitzstrebens[28] die Umzugskosten für seinen Wohnungswechsel von Dresden nach Berlin im Jahre 1933 in der kleinlichsten Weise abrechnete und es sich nicht nehmen ließ, 1,– RM Gebühr für den Gasmesser aufzulisten. Auch existiert an der Berliner Universität ein »Vorgang Baeumler«, weil der Institutschef über einen längeren Zeitraum hinweg Kinderzuschläge bezogen hatte, die ihm nicht mehr zustanden.[29]

Baeumlers offener ideologischer Frontenwechsel vom Konservatismus zum Faschismus erfolgte 1932, angeblich nachdem er Hitler auf einem Vortragsabend des Dresdener Herrenclubs hatte sprechen hören, zu dem er eingeladen worden war. Hitlers Rede sei für ihn ein Ereignis gewesen. Hitler sei ein dämonischer Mensch, dessen Instinkt man sicher vertrauen dürfe.[30]

Aus den Personalakten der Berliner Universität ist allerdings ersichtlich, daß Baeumler bereits im Frühjahr 1931 für die »Bewegung« tätig war,[31] ohne daß dort über die Art der Betätigung für die Nazis genauere Angaben vorliegen. Gleichviel, ob Baeumler schon 1931 oder erst ein Jahr darauf zum Nationalsozialismus stieß: Indem er sich auf die Seite des deutschen Faschismus schlug, vollzog er einen Schritt, der sich in seiner Entwicklung längst angebahnt hatte. Die spezifische Weise seiner Nietzscherezeption hatte diese künftige Konsequenz bereits signalisiert. Von nun an beginnt die Zeit der eigentlichen Wirksamkeit Baeumlers. Und diese ist sowohl theoretischer wie wissenschaftspolitischer Natur.

Auf beiden Gebieten ehrgeizig und produktiv, übernimmt Baeumler vielfältige Funktionen im Apparat, publiziert aber auch äußerst rege. Sein ab 1933 eher politisch-pädagogisch denn philosophisch angelegtes Werk findet sich zusammengefaßt in drei Bänden seiner gesammelten kleineren Schriften: »Männerbund und Wissenschaft« (1934)[32], »Politik und Erziehung« (1937), »Bildung und Gemeinschaft« (1942). Dem Stil der nationalsozialistischen Publizistik entsprechen am meisten »Weltdemokratie und Nationalsozialismus« (1943) sowie die auch separat erschienene Einleitung zu Alfred Rosenbergs Schriften und Reden mit dem Titel »Alfred Rosenberg und der Mythos des 20. Jahrhunderts« (1934). Mit Ausnahme der überwiegend in den zwanziger Jahren entstandenen »Studien zur deutschen Geistesgeschichte« (1937) wurden alle diese Schriften Baeumlers nach der Zerschlagung des Hitlerfaschismus auf Befehl des Alliierten Kontrollrates auf die Liste der auszusondernden Literatur gesetzt.

Baeumler selbst befand sich nach der Befreiung Deutschlands von der faschistischen Diktatur zumindest bis 1947 im Internierungslager Ludwigsburg. In einem Schreiben des Öffentlichen Klägers vom 15. Dezember 1947 an die Universität Berlin werden als formale Belastungen Baeumlers angeführt: Mitgliedschaft in der NSDAP von 1933 bis 1945, Reichsamtsleiter von 1934 bis 1945; NSDDoB von 1934 bis 1945; NSV von 1934 bis 1945. Ob Baeumler als langjähriger enger Mitarbeiter Rosenbergs, der als einer der Hauptkriegsverbrecher zum Tode durch den Strang verurteilt wurde, ebenfalls zur Verantwortung gezogen wurde, konnte nicht festgestellt werden. Sicher ist, daß er bis zu seinem Tode am 19. März 1968, offenbar unbehelligt in Eningen bei Reutlingen lebte. Eine neuerliche Karriere, wie sie anderen Naziprofessoren (genannt seien aus der großen Schar nur die in unserem Zusammenhang erwähnten Arnold Gehlen, Karl Larenz, Ernst Rudolf Huber und Hermann Glockner) in der BRD beschieden war,[33] blieb Baeumler wohl wegen der allzu exponierten Position und der Publizität seines Namens verschlossen. Allerdings wurden, neben wenigen neuen Arbeiten, einige seiner Schriften aus den zwanziger Jahren wiederaufgelegt. Mehr konnte man offenbar offiziell für den Intimus von Rosenberg nicht tun. Die Neuauflage der Habilitationsschrift im Jahre 1967 könnte möglicherweise als Festgabe anläßlich des 80. Geburtstages von Baeumler gedacht gewesen sein. Eine Vermutung, für die einiges spricht, denkt man an die feierlichen Begängnisse der runden Geburtstage anderer ehemals renommierter Naziwissenschaftler, die im anderen Deutschland schnell wieder zu Einfluß und Ehren kamen.[34]

Gehen wir über die biographischen Daten hinaus und lassen wir die psychologischen Momente beiseite, so bestätigt sich in der Person Alfred Baeumlers einmal mehr die im Wesen der Sache angelegte Affinität konservativer Geisteshaltung zur faschistischen Ideologie. Ablesbar wird die Kontinuität der Gedankenwelt des konservativen und des faschistischen Baeumler unter anderem an der ihm vorschwebenden *neuen Philosophie vom Menschen,* deren Kern darin bestehe, das auf die Entfaltung der Persönlichkeit ausgerichtete »liberalistische Menschenbild« durch den »Typus des politischen Soldaten« zu ersetzen,[35] der sich moralischen Maßstäben im herkömmlichen Sinne entzieht. »Die moralistisch-humanistische Weltansicht, mit der die bürgerliche Gesellschaft sich rechtfertigt, ist durch eine neue zu verdrängen. Die neue Philosophie des Menschen geht nicht aus von der Abstraktion der ›Persönlichkeit‹, sondern vom konkreten MENSCHEN, der einer bestimmten Rasse, einem bestimmten Volkstum und einem geschichtlichen Zustand angehört ... An die Stelle der ›Gesellschaft‹ tritt bei uns das VOLK. Das Volk lebt, fühlt und denkt unhumanistisch und ungesellschaftlich.«[36] Deutschland sei daher auch nicht ein Volk der Dichter und Denker, es sei kein Volk von Träumern und Theoretikern, sondern ein »Volk von Soldaten«, ein »Volk von Aktivisten«. Dies habe der Weltkrieg, »mit dem die deutsche Revolution begann«, erneut bewiesen. Die geistige Kraft aber, die dazu befähigte, den Weltkrieg durchzustehen, sei eben *nicht* »die *neuhumanistisch-idealistische Philosophie,* sondern die immanente Philosophie der soldatischen Erziehung« gewesen.[37]

Genau dieser Philosophie will Baeumler präzise Gestalt verleihen. Konzentrierten Ausdruck und praktische Relevanz erlangen diese seine Gedanken unter anderem in der Idee des *Männerbundes.* Für diese Idee hegte Baeumler über die Jahre hinweg eine besondere Vorliebe[38], weil sie – politisch-militärisch aufgezäumt – der Verherrlichung soldatischer Tugenden entgegenkam. Sie verhalf daher auch nicht nur jener Sammlung tendenziöser pädagogisch-philosophischer Aufsätze und Reden aus den Jahren 1930 bis 1934 zum Titel, die Baeumler populär werden ließ.[39] Sie umriß darüber hinaus auch die politische Zielrichtung ziemlich genau, von der alle pädagogischen Reflexionen Baeumlers vor und nach 1933 durchdrungen waren: die organisierte Vorbereitung des jungen Deutschen auf die Realität des künftigen »großen Krieges«.

Aber auch zur moralischen Diskreditierung der Arbeiterbewegung war Baeumler die Männerbündelei willkommen. Feminisierung und verhaßte Demokratisierung in eins setzend, entdeckt Baeumler seinen Studenten: »Wenn Sie die Feminisierung studieren wollen, die mit der demokratischen Gesellschaft verbunden ist, dann studieren sie die Ideologie und Praxis der Sozialdemokratischen Partei in Deutschland. Diese Partei ist nicht zufällig zugleich ein Propagandabüro für Ausbreitung erotischer Beziehungen; sie unterstützt Zeltlager der halbwüchsigen Jugend, in denen Buben und Mädel durcheinander liegen, sie hat einen Arbeitersportverein gegründet, der die Deutsche Turnerschaft verdrängen soll und der bei großen Veranstaltungen grundsätzlich nur Männlein und Weiblein gemischt zeigt ...« Wie das revolutionäre Frankreich, so kenne auch die Arbeiterbewegung, die nicht zufällig politischen und geistigen Anschluß gerade dort suche, »eine solche Sehnsucht nach dem Männerbund nicht«. Aber beobachte man nur das Vordringen des Weibes in der demokratischen Republik, dann wisse man, »was die bloße *Tatsache des* Männerbundes bedeutet«.[40] Aus dieser Gesinnung heraus begann Baeumler seine Vorlesungen ostentativ mit den Worten: Meine Herren! Seine Studentinnen waren Luft für ihn.[41]

Der Feind, gegen den die junge Generation aufgeputscht werden sollte, war der Bolschewismus, der Kommunismus, der Marxismus. Um diesem Todfeind beizukommen, erachtete es auch Baeumler für unabdingbar, in der Jugend die unerschütterliche Überzeugung auszubilden, daß in diesem »schicksalhaften« Kampf rationale Überlegung ebenso desorientierend sei wie humanistische Ressentiments und daß alles darauf ankomme, an »die Symbole« zu glauben. Deshalb predigte Baeumler nicht nur in immer neuen Variationen das Nietzsche-Wort, daß der wahrhaft Handelnde stets »wissenlos« sei. Wo es sich anbot, betonte er mit zynischer Offenheit immer auch den notwendig gewissenlosen Charakter des Nationalsozialismus. »Wer unter Humanität eine politische und geistige Organisation alles dessen, was Menschenantlitz trägt, versteht, dem erwidern wir: Wir sind nicht human ... Das ist unser Begriff von Humanität: Humanität ist da, wo Menschen an ein Symbol glauben und sich einsetzen, wo ein Symbol begeistert und fortreißt zu Gestaltungen und Taten ... ›Menschlich‹ ist ein Volk nicht dann, wenn es alle Rassen duldet ..., sondern menschlich ist es dann, wenn es sich mit all seiner Kraft bemüht, sich selber menschlich in große Form zu bringen.«[42]

Vor allem Gedanken dieser Art dürften es gewesen sein, durch welche sich Baeumler den neuen Machthabern empfahl, die ihm schließlich wenige Wochen nach dem Machtantritt Hitlers die Berufung an die Berliner Universität bescherten, der er umgehend Folge leistete. Ohne daß das Einverständnis der Fakultät eingeholt worden wäre, wird Baeumler der Universität oktroyiert. Er übernimmt den neueingerichteten Lehrstuhl für politische Pädagogik, der noch dem Pädagogischen Seminar der Philosophischen Fakultät untersteht, dessen Leitung zu dieser Zeit in den Händen von Eduard Spranger liegt. Die Gründung eines Instituts für politische Pädagogik, dessen Chef Baeumler werden soll, steht jedoch bereits fest. Das offizielle Datum seiner Amtsübernahme, der 1. Mai 1933, ist zugleich das Datum seines Eintritts in die NSDAP.[43] Um diese Übereinstimmung zu erreichen, hatte Rosenberg mehrfach beim Reichsschatzmeister Schwarz interveniert. Da allein aus Sachsen 150000 Anträge vorlagen, mußte Baeumlers Antrag bevorzugt bearbeitet werden. Zumindest sollte er, wie Rosenberg betonte, »bei seiner Rede auf der Reichsgründungsfeier 1934 im Braunhemd auftreten können«.[44] Wie das Aufnahmedatum beweist, war die Sorge Rosenbergs schon sehr viel früher gegenstandslos geworden.

Baeumlers politische Aktivitäten

Seinem politischen und pädagogischen Auftrag wurde Baeumler von Anfang an über alle Maßen gerecht, unbetroffen davon, daß ihn alte Nazis als Opportunisten empfanden und dies oft drastisch zum Ausdruck brachten.[45] Als am 10. Mai auf dem Berliner Opernplatz Bücher brennen, ist Alfred Baeumler selbstverständlich dabei. Erst wenige Tage im Amt, ist der Ordinarius für politische Pädagogik einer der Hauptakteure des makabren Schauspiels. Nachdem sich die Studenten auf dem Hegelplatz hinter der Universität gesammelt haben, formieren sie sich, um mit klingendem Spiel unter der Führung von Baeumler über den Kupfergraben zum Studentenhaus in der Oranienburger Straße zu ziehen. Dazu bemerkte das Neuköllner Tageblatt: »Hier herrscht schon in den Stunden vor Eintreffen des Zuges fieberhafte Tätigkeit. Fackeln wurden verteilt, letzte Anordnungen getroffen. Um 9.30 Uhr traf der Zug, den eine große Menschenmenge begleitete und in dem uniformierte Studenten, Chargierte der Verbindungen, Couleur-Studenten und Freistudenten in großer Zahl vereinigt waren, vor dem Studentenhaus ein.«[46] Nach einer Ansprache des Leiters des nationalsozialistischen Studentenbundes Kreis 10, des Philosophiestudenten Fritz Hippler, marschierten die einzelnen Züge, wiederum angeführt von Baeumler, mit den Bücherwagen »im Licht der Fackeln« durch die Oranienburger Straße, Hannoversche Straße, Hessische, Invalidenstraße über den Königsplatz und durch das Brandenburger Tor, die Linden entlang zum Opernplatz, wo der symbolische Akt des »Kampfes wider den undeutschen Geist« vollzogen werden sollte. Mehr als zwanzigtausend Bände, darunter die Schriften von Franz Mehring, Rosa Luxemburg und August Bebel, von Heinrich Mann, Heinrich Heine und Erich Kästner, von Kurt Tucholsky und Carl von Ossietzki, Alfred Kerr, Sigmund Freud, Erich Maria Remarque zerfallen in den Flammen der zum Scheiterhaufen gefügten Fackeln zu Asche. Von markigen Worten begleitet, werden sie von Studenten ins Feuer geworfen, die einmal die geistige Elite des »Tausendjährigen Reiches« bilden sollen. Die ersten Bücher jedoch, die unter den Klängen vaterländischer Weisen und Marschlieder auflodern, sind die von Karl Marx, begleitet vom Spruch des ersten Rufers: »Gegen Klassenkampf und Materialismus, für Volksgemeinschaft und idealistische Lebenshaltung.«[47]

Doch reduzierten sich Baeumlers Aktivitäten an diesem Tag nicht auf diesen Teil der beispiellosen Schändung des menschlichen Geistes. Schon zuvor hatte er für den Prolog des theatralischen Exzesses gesorgt. Bevor sich die Studenten auf dem Hegelplatz formierten, hatten sie im großen Hörsaal 38 der Alma Mater Berolinensis bereits der Antrittsvorlesung Alfred Baeumlers beigewohnt, die sich – wie die Nazijournaille kommentierte – zu einem »Ereignis« gestaltete. »Der größte Teil der Studenten nahm in SA-Uniformen an der Vorlesung teil. Vor Beginn der Vorlesung marschierte eine studentische Fahnenabordnung mit dem Hakenkreuzbanner ein.«[48] Sorgfältig auf die bevorstehende Aktion abgestimmt, bildete

Baeumlers Vorlesung den Auftakt zu dem unmittelbar in ihrem Anschluß erfolgenden Autodafé. Sein Anliegen bestand darin, die jungen Menschen gehörig einzustimmen, das heißt die Pogromstimmung der zu erheblichen Teilen bereits faschisierten Studentenschaft weiter anzuheizen – und zwar über den Anlaß des Tages hinaus.

Um dies zu erreichen, zieht Baeumler alle Register: Er bedient sich der Demagogie, greift zur offenen und versteckten Lüge, schreckt nicht davor zurück, in der zynisch-brutalen Diktion eines Göring zum psychischen und physischen Terror aufzurufen – im Namen der »nationalsozialistischen Revolution«, im Namen des »Weltalters des Sozialismus«. Der Zuschauer, so rechtfertigt Baeumler die Ausschreitungen der fanatisierten faschistischen Studenten, könne niemals wissen, ob es sich bei derartigen Aktionen »um höchsten Ernst und geschichtliche Taten« handle oder bloßen Radau. Das wisse nur derjenige, »dessen Seele mitschwingt, der das Bild des Kommenden und die unbedingte Verpflichtung selber in sich trägt«.[49]

Das »Institut für politische Pädagogik«

Mit seiner Berufung nach Berlin hat Baeumler eine wichtige Schaltstelle im ideologischen Manipulierungssystem der nationalsozialistischen Universität übernommen. Man erwartet von ihm einen prinzipiellen Beitrag zur politischen Ausrichtung der Studenten im Sinne der faschistischen Weltanschauung. Ihn zu leisten, ist Baeumler ohne Einschränkungen bereit. Zugleich ist es die Aufgabe des von Baeumler geleiteten Instituts für politische Pädagogik, das am 13. Juli 1933 eröffnet wird, die ideologische Gleichschaltung der Geisteswissenschaften insgesamt voranzutreiben. Welche Vorstellungen Baeumler in diesem Zusammenhang entwickelt, geht aus seiner Begründung des Haushaltsentwurfs für das Institut hervor. Um zu veranschaulichen, wie umfassend seine Pläne angelegt waren, soll dieses Papier im Wortlaut wiedergegeben werden:

»Die neue Staatsführung hat vom ersten Augenblick an die erzieherischen Aufgaben ins Auge gefaßt, die mit der Übernahme der Macht verbunden waren. Dem preußischen Minister für Wissenschaft, Kunst und Volksbildung fiel dabei in besonderem Maße die Aufgabe zu, die Universitäten zu den neuen Aufgaben des Staates in innere Beziehung zu setzen. Der Herr Minister hat daher beschlossen, an der Universität Berlin einen Lehrstuhl für politische Pädagogik zu gründen und diesem Lehrstuhl ein Institut anzugliedern, das die Aufgabe hat, die wissenschaftlichen Grundlagen der neuen Staatserziehung herauszuarbeiten.

Die politische Pädagogik als Wissenschaft ist gegründet auf die Philosophie. Im Mittelpunkt des Instituts stehen die Vorlesungen und Übungen über die philosophischen Grundlagen der Politik und Pädagogik, die vom Direktor des Instituts abgehalten werden. Die geschichtliche Aufgabe des Instituts besteht darin, an die Stelle des ausgearbeiteten Begriffssystems der Pädagogik des Liberalismus ein tragfähiges Begriffssystem aus neuem Geiste zu setzen. Dazu ist erforderlich, die gesamte Wirklichkeit des werdenden Staates erkennend zu durchdringen – eine Aufgabe, die nur von einer realistischen Philosophie gelöst werden kann, die mit der Forschung derjenigen Wissenschaften in innigster Fühlung ist, die das Handeln des Menschen zum Gegenstand haben. Und zwar handelt es sich dabei nicht etwa nur um die Übernahme von Ergebnissen aus anderen Disziplinen, sondern um eine Konzentration der wichtigsten Geisteswissenschaften um einen neuen Mittelpunkt. Diese Konzentration wird im Reiche der Forschung der im Bezirk der Wirklichkeit stattfindenden politischen Konzentration entsprechen. Die neue Wirklichkeit stellt den Geisteswissenschaften neue Aufgaben. Der neue deutsche Mensch, der *politische* Mensch, wird des Kosmos derjenigen Wissenschaften, die man ›Staatswissenschaften‹ im weitesten Sinne des Wortes nennen könnte, ansichtig.

Eine Hauptaufgabe des Instituts für politische Pädagogik ist es, den politischen Gehalt der in der philosophischen und juristischen Fakultät zerstreuten Geisteswissenschaften sichtbar werden zu lassen und so diesen Wissenschaften einen neuen lebendigen Mittelpunkt zu geben.

Das Institut baut sich in folgenden Abteilungen auf:

I. *Philosophie* und *Pädagogik*

Die in philosophischen und pädagogischen Systemen ausdrücklich niedergelegten politischen Gedanken werden rekonstruiert und auf ihren Gehalt geprüft.

II. *Die politischen Systeme*

Aus Quellen verschiedenster Art (Verfassungen und Verfassungsentwürfen, Staatsschriften, Flugschriften, Biographien, Zeitungen) werden die großen politischen Gedankensysteme herausgearbeitet. Es sind dies vor allem folgende Systeme: Naturrecht. Liberalismus. Konservatismus. Sozialreformismus. Marxismus. Leninismus (Bolschewismus). Faschismus. Nationalsozialismus.

III. *Staatswissenschaften*

Die *Rassen-* und *Völkerkunde* sowie die Bevölkerungswissenschaft, die sonst isoliert dastehen, erfahren ihre Einordnung in den politisch-pädagogischen Zusammenhang. Der immanent politische Gehalt der Begriffe, mit denen die *Rechtswissenschaft*, die *Wirtschaftswissenschaften*, die *Kulturkunde*, die *Volks- und Nationalitätenkunde* arbeiten, wird systematisch ins Bewußtsein gehoben. Analog der Rassen- und Völkerkunde finden die *Geopolitik* und die *Wehrwissenschaften* ihren natürlichen Anschluß an das Gesamtsystem der Staatswissenschaften.

Der geschichtlichen Abteilung des Instituts fällt die Aufgabe zu, eine vergleichende Wissenschaft von den realen politischen Ordnungen zu entwickeln.

Es ergeben sich hier die Unterabteilungen: Vorgeschichte. Altertum. Mittelalter. Deutschland. Oesterreich. Skandinavien. England. Frankreich. Italien. Rußland. Der Weltkrieg, seine Vorgeschichte und Nachgeschichte.

Die dringenden Arbeiten, die durch diese Titel bezeichnet sind, können nur durch einen Stab von Assistenten, Referenten und Mitarbeitern in Angriff genommen werden. Der finanziellen Notlage des Staates entsprechend beginnt das Institut zunächst lediglich mit einem wissenschaftlichen Assistenten, einer wissenschaftlichen Hilfskraft und einer Bibliothekarin, die gleichzeitig den Bürodienst versieht.

In seinen Räumen soll das Institut diejenigen Studenten vereinigen, die ein entschiedenes politisches Wollen mit dem Streben nach wissenschaftlicher Klarheit und Befähigung zur Theorie verbinden. Durch seinen Mitarbeiterkreis, durch seine Vereinigung von Vorlesungen, Übungen und Kursen, die bisher überhaupt nicht gehalten wurden oder in der Zerstreuung untergingen, soll es seine Mitglieder zu bewußten politischen Menschen erziehen.

Im Institut sollen auch Arbeitsgemeinschaften, Kolloquien und

Vorträge abgehalten werden von Männern, die im öffentlichen Leben stehen, ohne der Universität anzugehören, vorausgesetzt, daß ein wissenschaftlicher oder erzieherischer Gewinn zu erwarten ist.

Die Bibliothek des Instituts soll als einzige in Deutschland alles vereinigen, was für die politische Erziehung der deutschen Menschen von Bedeutung ist. Durch seine Bibliothek und seine Arbeit soll das Institut zu einem Mittelpunkt politischer und erzieherischer Erkenntnis in Deutschland werden. Eine besondere Aufgabe des Instituts wird es sein, die politischen Gedankenbewegungen in anderen Staaten zu studieren. Zu diesem Zweck soll die wissenschaftliche politische Literatur (periodische und nichtperiodische) beobachtet werden, so daß eine Art Informationsstelle über die politischen Gedankenbewegungen des Auslands entsteht. Entsprechend wird versucht werden, das Institut auch für das Ausland zu einer Informationsstelle für die deutsche politische Gedankenbewegung zu machen. Die in Berlin studierenden Ausländer sollen zum Zweck des Studiums des Nationalsozialismus an das Institut herangezogen werden.

gez. Prof. Dr. Baeumler«[50]

Um diese weitreichenden Pläne in die Tat umzusetzen, bedurfte es einer Reihe materieller Voraussetzungen, die zu schaffen sowohl im Interesse Baeumlers wie der Universität und des Ministeriums lagen, praktisch aber nur sehr eingeschränkt realisiert wurden. Zunächst galt es, entsprechende Räumlichkeiten bereitzustellen, was bereits die ersten Schwierigkeiten mit sich brachte, da »eine räumliche Erweiterung des vorhandenen pädagogischen Seminars im Hause Dorotheenstraße 6 nicht möglich« war.[51] Der dem Ministerium diesbezüglich unterbreitete Vorschlag sah vor, die bisher an Frau Reinhardt-Heims[52] im Hause am Kupfergraben 7 vermieteten Räume für diesen Zweck zur Verfügung zu stellen. Bezugnehmend auf einen entsprechenden Erlaß vom 6. Juli 1933[53] wurde mitgeteilt, man habe Frau Reinhardt-Heims die Wohnung »vorsorglich« zum 1. Oktober 1933 gekündigt, was dadurch erleichtert worden sei, daß eine Kündigung schon 1932 ausgesprochen worden war, mithin ein vertragloser Zustand vorlag und die Mieterin zudem bis Anfang Juli einen Mietrückstand von 1293,26 RM schulde. Bis zur Räumung der Wohnung mußte sich der neue Institutsdirektor allerdings mit dem ehemaligen Dienstzimmer Prof. Beckers im Erdgeschoß desselben Hauses begnügen.[54]

Für die innere Einrichtung und »apparative Ausstattung« der Räumlichkeiten stellte der Fiskus Anfang 1934 einen einmaligen Zuschuß von 13700 RM bereit, von denen Baeumler 700,– RM für die Installation eines Rundfunkgerätes zu verwenden gedachte. Bekanntlich spielte diese neue technische Errungenschaft im Arsenal der faschistischen Propaganda eine herausragende Rolle.[55]

Mit den 1933 eingeleiteten vielfältigen Aktivitäten waren Baeumlers Vorstellungen, wie er von seinem Platze aus auf möglichst umfassende Weise dem Nationalsozialismus dienen könne, jedoch keineswegs erschöpft. Ganz offensichtlich im Ergebnis der engen Zusammenarbeit mit Rosenberg, der über die Jahre hinweg seinen Kampf mit der Kirche ausfocht[56], stellte der vielseitige Baeumler im Juli 1939 den Antrag, das Institut für politische Pädagogik um eine wissenschaftliche Abteilung zu erweitern, die sich speziell der Auseinandersetzung mit dem Konfessionalismus zuwenden sollte. Dieser Antrag wurde vom Dekan »auf das wärmste« befürwortet, da es »eine bekannte Tatsache sei, daß z. B. die ›katholische Aktion‹ in dieser Hinsicht dem Nationalsozialismus gegenüber in der Vorhand ist«. Die Forschungsansätze, die Prof. Baeumler aufzeige, seien durchaus fruchtbar und auch seiner Meinung nach ihre Verfolgung notwendig.[57]

Bereits vier Jahre zuvor war außerdem eine Abteilung »Arbeitsdienst« am Institut für politische Pädagogik ins Leben gerufen worden, deren wissenschaftliche Arbeiten, wie betont wurde, völlig aus der Praxis schöpften. Die von dieser Abteilung im Anschluß an Vorlesungen und Übungen initiierten Exkursionen, so wurde dem Ministerium beflissen mitgeteilt, dienten »der Verlebendigung und Vertiefung der wissenschaftlichen Arbeit, die nicht allein theoretisch durchgeführt werden kann, sondern sich allein im steten Zusammenhang mit der Praxis entfaltet«.[58]

Besonderen Ehrgeiz verwendete Baeumler auf die Institutsbibliothek, die 1935 rund 15000 Bände umfaßte »einschließlich des Materials, das dem Institut im Jahre 1933 vom Geheimen Staatspolizeiamt überwiesen worden ist«. Im Februar 1938 sind 18000 Bände registriert, und es gibt eine marxistische Sonderbibliothek, die von Baeumlers damaligem Assistenten Kurt Utermann mit aufgebaut worden war. 1939 werden von Baeumler als Bibliotheksbestand 20000 Bände angegeben. Baeumlers Vorstellungen gingen dahin, die Bibliothek in Form einer politischen Bibliothek zu gestalten, »die, zum ersten Mal nach den Weltanschauungen ausgerichtet, für den Aufbau der künftigen großen politischen Bibliotheken richtunggebend sein soll«.[59]

Neben dem Beitrag, den Baeumler mit seinem Institut auch für die Weiterbildung der Dozentenschaft zu leisten gedachte,[60] engagierte er sich selbstredend auch für die zahlreichen Aufgaben, die von außen an ihn herangetragen wurden. Um allen Verpflichtungen und Vorhaben nachkommen zu können, benötigte er natürlich entsprechendes Personal. In einem Brief vom 27. April 1939 an Reichsminister Rust begründete er seine Ansprüche ausführlich: »Außer dem normalen Arbeitsbetrieb eines Universitäts-Instituts, der Verbindung von Professoren und Studenten und der verwaltungstechnischen Aufgaben ist das Institut für politische Pädagogik mit einer Reihe bedeutsamer wissenschaftlicher und politischer Aufgaben betraut, die sich zum Teil von meiner Herausgebertätigkeit der ›Internationalen Zeitschrift für Erziehung‹ und der Zeitschrift ›Weltanschauung und Schule‹, die ich im Auftrage des Herrn Minister herausgebe, herleiten. Das Ministerium erbittet laufend Gutachten über literarische Neuerscheinungen auf pädagogischem Gebiet von meinem Institut. Durch meine Bücher und durch die zahlreichen Vorträge im Lande angeregt, wenden sich Lehrer und erzieherisch Interessierte ständig durch Vorlage eigener Arbeiten mit der Bitte um Rat und Förderung an das Institut ... Die Vorprüfung eines Teiles des mir übersandten Materials und der häufige Umgang mit maßgeblichen Persönlichkeiten des Erziehungswesens (auch des Auslands und neuerdings der Wehrmacht) erfordern Kräfte, die neben guter wissenschaftlicher Qualität Reife und Sicherheit des Urteils besitzen ...«[61]

Über zwei Assistentenstellen, deren Besetzung naturgemäß häufig wechselt[62], kommt Baeumler jedoch nicht hinaus. Noch 1937 wird der von ihm immer wieder erneuerte Antrag, wenigstens die außerplanmäßigen Assistentenstellen in planmäßige umzuwandeln, abgelehnt.[63] Doch sind das wohl fast die einzigen Schwierigkeiten, mit denen sich Baeumler auseinanderzusetzen hatte.

Von den ersten Tagen seines Amtsantritts an sitzt Baeumler fest im Sattel, obwohl der Leiter des Pädagogischen Seminars der Philosophischen Fakultät, der renommierte Eduard Spranger, Baeumlers Berufung zum Ordinarius und künftigen Direktor des Instituts für politische Pädagogik mit einer empörten Aktion quittiert. Als Baeumlers bevorstehende Berufung publik wird, reicht Spranger, der sich übergangen fühlt, spontan seinen Rücktritt ein. Allerdings nimmt er dieses Gesuch bereits im Juni 1933 mit dem Ausdruck des Bedauerns zurück. Die Tatsache, 1933 um seine Demission ersucht zu haben, und die positive Wirkung dieses Schritts in der Öffentlichkeit[64] nutzte Spranger nach der Zerschlagung des Hitlerfaschismus als Beweis für seine frühe Nazi-Gegnerschaft. Diese Darstellung Sprangers ist jedoch meines Erachtens nicht ganz korrekt. In dem 1945 geschriebenen, zehn Jahre darauf aber erst gedruckten Manuskript »Mein Konflikt mit der Hitler-Regierung 1933« beschreibt Spranger rückblickend die Motive für diesen Schritt folgendermaßen: »Seit dem Sommer 1932 machte sich unter der Studentenschaft der deutschen Hochschule zunehmende Unruhe bemerkbar. Insbesondere die nationalsozialistische Gruppe forderte ein neues Studentenrecht, hetzte gegen jüdische Dozenten und unternahm Aktionen gegen einzelne mißliebige Persönlichkeiten. Diese Bewegung ist nur lokalgeschichtlich festzuhalten. Mir wurde sie besonders bekannt aus den Erfahrungen meines Freundes Litt, der in Leipzig das Rektorat bekleidete. Er regte auf dem Hochschulverbandstag in Danzig im Oktober 1932 eine Erklärung der Hochschullehrer an, in der gegen die Unzuverlässigkeit und Lügenhaftigkeit der genannten Gruppe Stellung genommen werden sollte. Diesem Plan widersprach ich in der Diskussion, weil ich die Bewegung der nationalen Studenten noch im Kern für echt, nur in der Form für undiszipliniert hielt. Auch hätte es eine sehr schädliche Wirkung für die Hochschule gehabt, wenn sie sich zu der nationalen Welle, die damals noch viel Gesundes mit sich führte und mit heißen Erwartungen begrüßt wurde, nur schulmeisterlich geäußert hätte. Der Schritt unterblieb also.

Anfang 1933 jedoch häuften sich die Besorgnisse für Bestand und Geist der deutschen Hochschule auch in Berlin. Die lokalen Übergriffe mehrten sich. Die Studenten warfen sich zu Richtern ihrer

Lehrer auf und übten eine Gesinnungsschnüffelei, die eines Metternich würdig gewesen wäre. Dadurch erschienen Lehrfreiheit und Unabsetzbarkeit der Dozenten bereits erheblich gefährdet. Das immer deutlicher sich enthüllende Dogma der nationalsozialistischen Bewegung mußte diese Befürchtungen verstärken, zumal die Parallele zu den Vorgängen in Italien unverkennbar war ... Seit 1933 aber erscholl vernehmlich der Ruf nach der ›politischen Hochschule‹, und diese Parole mußte Übergriffe der lokalen Studentenschaften wie einzelner Persönlichkeiten decken. Es war zugleich die Ära der bekannten ›Gleichschaltung‹, die nun auch an die Universitäten immer näher heranrückte.«[65]

Aus diesem Selbstzeugnis geht zunächst einmal hervor, daß es keine prinzipielle Ablehnung des Nationalsozialismus, seiner Inhalte und Ziele war, die Spranger veranlaßte, dem deutschen Faschismus gegenüber schließlich Distanz zu wahren. Es waren vielmehr die »unschönen« und unlauteren Methoden, deren sich die neuen Kräfte bedienten, sowie – und das vor allem – die ihn unmittelbar persönlich berührenden Beschränkungen in der Lehrfreiheit und die seinen Berufsstand betreffende Aufhebung der sozialen Sicherheit in Gestalt der Kündbarkeit der Dozenten, die seinen Widerspruch erregten. Darüber hinaus führte Spranger religiöse Gründe an, die ihn an der Zustimmung zu den neuen Maßnahmen gehindert hätten, da er in ihnen eine »Vergottung des Volkes« sah, die er »nicht mitmachen konnte«.

Den eigentlichen Konflikt dagegen, um den es bei all dem ging, spielt Spranger herunter und bezeichnet ihn nur als den »affektauslösenden Accedens«, obwohl ihm eine erheblich größere Bedeutung zugemessen werden muß. Sprangers eigenen Erinnerungen nach traf ihn Baeumlers Ernennung zum Professor für politische Pädagogik und die Gründung eines neuen – nicht ihm, sondern Baeumler unterstellten – entsprechenden Instituts völlig unvorbereitet. Von beiden Maßnahmen erfährt er erst, als diese bereits unwiderrufliche Tatsachen sind.

Er empfindet sich eindeutig benachteiligt und empfindlich zurückgesetzt, was er auch deutlich artikuliert: »Ich selbst glaubte, dem wichtigen Zusammenhang zwischen Staat und Erziehung in meinen Schriften und Vorlesungen auf eine wissenschaftliche Weise erhebliche Aufmerksamkeit gewidmet zu haben, und ich durfte für mich in Anspruch nehmen, daß ich zugleich für deutsche Gesinnung, also für das Nationale im Geiste eines gesunden Nationalismus, nämlich der Pflege der besten einheimischen Traditionen, eingetreten war. Solange es noch möglich war, Hitlers Absichten mit einer sittlichen Wiedergeburt des deutschen Volkes zu verwechseln, konnte also von ›nationaler‹ Seite gegen mich kein Vorwurf erhoben werden. Im Gegenteil: ich erhoffte eine Befreiung von bloßer Parteipädagogik, die sich in der letzten Zeit an den Universitäten breitgemacht hatte. Soviel aber war sofort zu erkennen, daß der neue Minister Rust und seine Mitarbeiter von meinen Bestrebungen überhaupt nicht Kenntnis genommen hatten ... In meinen Aufzeichnungen aus jenen Tagen finde ich hierzu folgende Notiz: ›Blitzartig das Bewußtsein: Das ist die Grenze! Hier beginnt die schablonierte (alias politisierte) Universität. Noch am gleichen Abend«, es handelt sich um den 24. April 1933, an dem Spranger in den Nachmittagsstunden mit dem Sinologen Otto Franke allgemeine hochschulpolitische Fragen besprochen hatte, »suchte ich Franke ein zweites Mal auf und teilte ihm meine Absicht mit, mein Rücktrittsgesuch einzureichen. Er nahm sie anfangs mit Zurückhaltung, dann mit wachsender Zustimmung auf. Bei der Bekanntheit meines Namens erhoffte auch er von dem Schritt eine günstige Wirkung für die Gesamtlage der Hochschule.«[66] Derart bestärkt, vor allem was die zu erwartende Wirkung dieses Schrittes anbelangt, und insgeheim wohl auch auf irgendeine persönliche Rehabilitierung hoffend, reicht Spranger seine vorzeitige Emeritierung ein, erreicht aber nicht die beabsichtigte Wirkung.

»Am 31. Mai wurde mir vom Ministerialdirektor Gerullis brieflich mitgeteilt, daß der Minister Rust bereit sei, mich zu empfangen. In den verflossenen mehr als fünf Wochen waren natürlich die akuten Dinge, aus denen der Streit entstanden war, so abgekühlt, daß nun schon eine ganz andere Situation gegeben war. Meinerseits hatte ich aus den eigenen und fremden Erfahrungen gelernt, daß der einzelne gegen die Welle der Revolution nichts vermochte. Ein mir sehr wohlgesinnter Staatsrechtslehrer nannte das Vorgehen eines einzelnen ›geradezu Selbstmord‹. Mir wurde vor der Begegnung mit Rust durch den Dekan (wohl auftragsgemäß) angedeutet, das Gespräch werde nicht den Verlauf nehmen, daß der Minister mich bitten würde, auf meinen Platz zurückzukehren. In der Form des Kampfes war also nichts mehr zu erreichen. Ich mußte versuchen, der Idee von Wissenschaft und Hochschulerziehung zu dienen, indem ich an der Universität blieb. Soviel wenigstens durfte ich nach Ansicht meiner Freunde erwarten, daß man sich fürs erste nicht wieder an mich heranwagen würde. Mein Fall hatte doch im Auslande einiges Aufsehen erregt, und damals, ja noch für ziemlich lange Zeit, legte man auf eine gute Note bei den ausländischen Gelehrten und Hochschulen Gewicht ... der Minister hörte der Begründung meiner Beschwerden mit sehr nervösem Mienenspiel zu, das sich aber milderte, als er meinen Entschluß, das Abschiedsgesuch zurückzuziehen, vernahm. Sichtlich erleichtert, begann er mit den Worten: ›Herr Professor, ich begrüße Sie.‹ Dann setzte er mit Bezug auf den ersten Punkt, die Haltung der Studentenschaft, auseinander, er sei im Begriff gewesen, die Disziplin wiederherzustellen; da habe ich seine Aktion durchkreuzt. Mit Bezug auf die Ernennung von XY (= Baeumler – *M. L.*) ... behauptete er, es sei keine Kränkung beabsichtigt gewesen. An mich habe man überhaupt dabei nicht gedacht. XY hätte eine politische Professur erhalten sollen; man sei zunächst in Verlegenheit gewesen, wie man das Kind habe nennen sollen; schließlich sei die Bezeichnung ›politische Pädagogik‹ als eine glückliche Lösung aufgetaucht. – Der Minister äußerte den Wunsch, daß ich mit einer öffentlichen Erklärung die Zurücknahme meines Gesuches motivierte.

Der Wortlaut dieser Erklärung wurde wenige Tage später mit Gerullis vereinbart. Ich stellte fest, daß er mir die Demütigung, die in dem Rückzug lag, von sich aus erleichtert hat. Sie lautete (vgl. ›Vossische Zeitung‹ vom 13. Juni 1933): ›Bei der Einreichung meines Rücktrittsgesuches vom 25. April d. J. kannte ich die Maßnahmen des Herrn Ministers zur Wiederherstellung des Vertrauensverhältnisses zwischen Studentenschaft und Professoren nicht in vollem Umfange. Die Besorgnisse, die mich damals erfüllt haben, darf ich als nicht mehr begründet ansehen. In dem lebhaften Wunsch, meine Arbeit wie bisher in naher Verbundenheit mit der akademischen Jugend dem deutschen Volk und Staat widmen zu können, habe ich im Einverständnis mit Herrn Minister Rust mein Gesuch um Versetzung in den Ruhestand zurückgezogen.‹

... Mein Einfluß in der Universität und Fakultät war natürlich zu Ende, auch ich selbst zog mich von Geschäften, die über meine Lehrtätigkeit hinausgingen, für die Dauer der ganzen Epoche zurück ... Jedoch ließ man mich vom Winter 1934/35 an in Ruhe, und ich konnte meine Lehrtätigkeit fortsetzen, wobei ich allerdings einen Teil meiner Hauptgebiete dauernd ausschalten mußte.«[67]

Es scheint, so »charaktervoll« ist Sprangers Gegnerschaft gegen den Nationalsozialismus wohl doch nicht gewesen.[68] Auf keinen Fall ist Spranger, wie das mitunter geschieht,[69] in seiner Haltung zum Nazifaschismus mit Theodor Litt zu vergleichen, der sich als ein wirklich charaktervoller, persönliche Konsequenzen nicht scheuender Gegner des Regimes erwies. Seine vom bürgerlichen Humanismus und lauterer wissenschaftlicher Gesinnung getragenen Ressentiments waren prinzipieller Natur. »Als einziger der führenden deutschen Erziehungswissenschaftler ist Theodor Litt dem Konflikt mit der nationalsozialistischen ›Weltanschauung‹, der in der Konsequenz seines philosophischen und pädagogischen Denkens lag, nicht ausgewichen.«[70] Besonderen Staub wirbelte eine Rede auf, die Theodor Litt am 10. November 1934 in Köln in der Kant-Gesellschaft hielt. Sie war der Auslöser für eine Pressekampagne gegen Litt, welcher bereits 1932, als damaliger Rektor der Leipziger Universität, immer wieder den Unwillen der Führung der nationalsozialistischen Studentenschaft erregte, weil er ihre Aktivitäten behinderte, wo er konnte. Als Reaktion auf Litts Vortrag zum Thema »Philosophie und Zeitgeist«, der am 8. November 1934 vom »Völkischen Beobachter« angekündigt worden war, setzt im selben Blatt am 14. November, vier Tage nach dem Ereignis, die Hetzjagd ein. Unter der Schlagzeile »Studenten greifen an!« wird dieser Artikel am 17. Dezember 1934 von der »Leipziger Hochschul-Zeitung«, dem amtlichen Organ der NSDStB, Hochschulgruppe Universität Leipzig, und der Deutschen Studentenschaft in der Reichsschaft der Studierenden, übernommen. Im Kommentar dazu wird die Gelegenheit ergriffen, um zu erklären:

»Prof. Litt ist ein in der Wissenschaft auch über Deutschlands Grenzen hinaus bekannter und geschätzter Mann.

Prof. Litt ist an der Universität Leipzig Professor für Philosophie und Pädagogik.

Prof. Litt ist kein Nationalsozialist!«

Diese letzte Feststellung war natürlich der Kern der ganzen Aktion, in der es weiter heißt: »Wenn aber jemand, den wir nicht als Nationalsozialisten ansehen können und der sich selbst wohl kaum als solcher bezeichnen möchte, vor allem dem Teil der Studenten pädagogische Vorlesungen hält und seine Kulturtheorie als Weltanschauung mitgibt, der später einmal die nationalsozialistische Erziehung des Volkes als Lehrer durchzuführen hat, so ist das nicht nur eine Gefährdung der politischen Erziehung der Studenten, sondern eine Gefährdung der politischen Erziehung unseres gesamten Volkes.«[71]

Diese Stellungnahmen sind Grund genug, um Litt kurzerhand mit einem Vorlesungsverbot zu belegen, das jedoch, wegen des Aufsehens, das die Angriffe auf Litt im Ausland erregen, zu Jahresbeginn wieder aufgehoben wird. Die Angelegenheit herunterspielend, teilt die Pressestelle der Leipziger Universität den »Fall Litt« betreffend mit: »In der Leipziger Hochschul-Zeitung vom 17. Dezember 1934 war ein im ›Völkischen Beobachter‹ erschienener Aufsatz abgedruckt und erörtert worden, in dem an einem von Prof. Dr. Litt in der Kant-Gesellschaft gehaltenen Vortrag Kritik geübt wurde. Da bei den Studierenden die Meinung hierüber geteilt war und da ferner die Weihnachtsferien unmittelbar bevorstanden, ordnete der Rektor das Ausfallen der Vorlesungen Prof. Litts für die wenigen Tage vor Weihnachten an. Der Rektor hat gleich am 20. Dez. mit dem Dekan der Philosophischen Fakultät und dem Kreisführer Mitte der Deutschen Studentenschaft« (Erich Engelhaupt, Herausgeber der nazistischen Leipziger Hochschul-Zeitung) »dem sächsischen Minister für Volksbildung Bericht erstattet.

Es wird nunmehr an führender Parteistelle entschieden werden, ob eine Philosophie, wie Prof. Litt sie vertritt, mit den Grundsätzen des nationalsozialistischen Staates verträglich ist.

Damit sind die Universität Leipzig und die Führung der Studentenschaft der Sorge um den Fall Litt enthoben, und Prof. Litt hat am ersten Vorlesungstage der Universität im neuen Jahr seine Vorlesungen wieder aufgenommen. Gegenüber den in auswärtigen Blättern erschienenen Meldungen sei ausdrücklich festgestellt, daß die Ordnung an der Universität Leipzig *keinerlei Störungen* erfahren hat.«[72]

Litt verbleibt zunächst im Amt, doch ist sein »Fall« damit nicht beigelegt. 1936, als sich die Machtverhältnisse in Deutschland weiter stabilisiert haben, wird im Zusammenhang mit der Zehnjahresfeier des NS-Studentenbundes die Stimmungsmache gegen Litt erneut angeheizt. Den Aufhänger bildet diesmal ein »Wahrhaftiger Bericht über die Geschichte des Leipziger AStA«, in dem ausführlich auf Theodor Litts antinationalsozialistische Haltung eingegangen wird, die er als Rektor der Universität Leipzig bereits 1932 eingenommen habe und in deren Kontinuität er auch heute noch stehe.[73]

Damit allerdings hatte der Nazimob recht. Am 28. Oktober 1936 reicht Litt beim Reichserziehungsminister den Antrag ein, seiner Verpflichtungen in der Philosophischen Fakultät der Universität

Leipzig enthoben zu werden.[74] Die Entbindung vom Amt erreicht Litt durch ein Schreiben vom 13. August 1937. »Mit Ende September d. J.« ist er »in Unehren« emeritiert. Von der Gestapo wird über ihn nachträglich und als Ergänzung seines Schritts ein Vortragsverbot für das Land Sachsen verhängt.[75]

»Säuberung« der Bibliotheken

Baeumler, das völlige Gegenteil solcher Hochschullehrer wie Litt, nimmt dagegen jede Gelegenheit wahr, seine Position im nazifaschistischen Wissenschafts- und Ideologiebetrieb auszubauen und zu festigen. Und die Naziführung weiß sich seiner zu bedienen. Offenbar wiederum auf Anweisung Rosenbergs ist Baeumler an maßgeblicher Stelle an der Ausarbeitung von »schwarzen Listen« beteiligt, in denen die von den Nazis für die Vernichtung vorgesehene wissenschaftliche und politisch-weltanschauliche Literatur zusammengestellt wird. Verantwortlich für diese Aufgabe zeichnet der Kampfbund für deutsche Kultur e. V., der unter der Leitung des Chef-Ideologen Rosenberg steht. Aufschluß über die Arbeitsweise der Listen-Kommission und die Rolle Baeumlers in diesem Gremium gibt ein vertraulicher Brief des Kampfbundes an den Staatssekretär des Kultusministeriums, Hans Hinkel. In Ergänzung früherer Berichterstattung wird Hinkel, mit der Bitte um kritische Stellungnahme, das Protokoll über »die letzten Besprechungen in der Deutschen Bücherei in Leipzig vom 16. Juni 1933« zugeleitet, worin es heißt:

»An den Sitzungen in der Deutschen Bücherei nahmen teil: vormittags (10.30 bis 13.00 Uhr) unter dem Vorsitz des Herrn Professor Baeumler die Herren: Von Berlin: Stadtrat Hagemeyer, Staatsanwaltsrat Nutlmann, Dr. Wismann, Urban, Velmede;

Aus Leipzig: Dr. Burkhardt, Dr. Cordes, Generaldir. Dr. Hass, Dr. Luther, Dr. Montebaur, Privatdozent Dr. Ritterbusch, Fräulein Dr. von Schönberg, Dr. Schönebaum, Direktor Dr. Uhlendahl, Prof. Dr. Volkelt; ... Es wurden besprochen vormittags die Listen: ›Recht, Politik, Staatswissenschaften‹, ›Geschichte‹, ›Pädagogik und Jugendbewegung‹, ›Weltanschauung‹, nachmittags die Liste ›Sexualliteratur‹.

Zu Beginn der Sitzung ergab sich eine nochmalige Auseinandersetzung über die Grundsätze bei der Aufstellung der Listen, wobei

Prof. Baeumler betonte, daß durch die Herstellung der Listen kein Kampf der Meinungen entstehen solle. Er halte deshalb klare Begründungen für jedes einzelne Werk für sehr wichtig, da sie in die ganze Welt hinausgetragen werden sollen. Es sollen Begründungen sein, die der Größe des einzelnen keinen Abbruch tun, aber den grundsätzlichen Standpunkt scharf klarlegen. Überhaupt sei um der Volkspolitik willen eine scharfe Liste unbedingt notwendig.

Auf Grund dieser Darlegungen bittet Herr Urban Herrn Prof. Baeumler, die Grundsätze für die weiteren Listen selbst aufzustellen. Prof. Baeumler übernimmt die Ausarbeitung dieser Grundsätze; sie sollen ausgedehnt werden auf die Listen ›Geschichte‹, ›Recht, Politik, Staatswissenschaften‹, ›Pädagogik und Jugendbewegung‹, ›Weltanschauung‹. Danach wirft Herr Prof. Volkelt die Frage auf: Was heißt überhaupt verbieten?, worauf Herr Prof. Baeumler ihm entgegnet, daß damit die vollständige Ausmerzung der vorhandenen Bücherbestände gemeint sei ...«[76]

Parteiämter, Schlachtfelderfahrten und Machtkämpfe

Zusätzlich zu diesen und vielfältigen anderen Anforderungen[77], die Baeumler im Auftrag der Naziführung erfüllt, wird er im November 1933 im Auftrag des preußischen Kultusministers verpflichtet, in Ergänzung der mit ihm getroffenen Vereinbarungen über die politische Pädagogik neben seinem Berufungsfach »auch die Philosophie in Vorlesungen und Übungen zu vertreten«.[78] Wohl zu Recht erhofft man sich damit eine stärkere Nazifizierung auch dieses Fachgebietes, in dem sich, wie vorn belegt, der alte akademische Geist mit größerer Zähigkeit behauptet als in anderen Disziplinen. Man weiß inzwischen bei den maßgeblichen Instanzen, daß es nicht nur ein Lippenbekenntnis war, als Baeumler in seiner Antrittsvorlesung verlautbarte: »Aber eine Hochschule, die selbst im Jahre der Revolution nur von der Führung durch Geist und Idee, nicht von der Führung durch Adolf Hitler und Horst Wessel redet, ist unpolitisch.«[79]

Die von der Naziführung in ihn gesetzten Erwartungen erfüllt Baeumler in einem solchen Maße, daß er auch in der Nazipartei bald Karriere macht. Bereits 1934 übernimmt Baeumler die Leitung der Abteilung Wissenschaft im Amt des Reichsleiters Alfred Rosenberg, des »Beauftragten des Führers für die gesamte weltanschauliche Schulung und Erziehung der NSDAP« (zugleich Leiter des außenpolitischen Amtes der NSDAP und 1941 bis 1945 Reichsminister für die besetzten Ostgebiete). Damit weitet sich Baeumlers Einflußsphäre weiter aus. Er ist nun der unmittelbare Verbindungsmann Rosenbergs zur gesamten deutschen Universitäts- und Geisteswelt. In dieser Eigenschaft gehört Baeumler überdies dem Vorstand der Halleschen Wissenschaftlichen Gesellschaft an. Ab 1935 ist er zudem Herausgeber der »Internationalen Zeitschrift für Erziehung«. Ein Jahr später gibt er zusätzlich die neu gegründete Zeitschrift »Weltanschauung und Schule« heraus.[80] Im April 1936 wird er in den Führerrat der Deutschen Gesellschaft für Zeitungswissenschaft berufen. Als im Juni 1937 die Entscheidung ansteht, den »Führer« der deutschen Abordnung zum IX. Internationalen Kongreß für Philosophie in Paris zu bestimmen, fällt die Wahl auf Baeumler, »den Vorkämpfer nationalsozialistischer Wissenschaft«.[81]

Als Mitglieder, die der Hochschulverwaltung unterstanden, gehörten der Delegation neben Baeumler an: Prof. Dr. Wilhelm Burkamp (Rostock), Prof. Dr. Cay von Brockdorff (Kiel), Prof. Dr. Julius Ebbinghaus (Rostock), Ass. Dr. Gerhard Gentzen (Göttingen), Prof. Dr. Heinrich Heimsoeth (Köln), Prof. Dr. Schulz (Münster), Prof. Dr. Kratzer (Münster), Prof. Dr. Hans Hermes (Münster), Prof. Dr. Richard Thurnwald (Berlin), Prof. Dr. Arnold Gehlen (Leipzig), Doz. Dr. Hans Pfeil (Würzburg). Der Antrag des emeritierten Prof. Dr. Edmund Husserl auf Genehmigung zur Teilnahme an dem Kongreß und Übernahme eines Vortrags wird abgelehnt.[82]

Nachdem Baeumler 1937 bereits zum Reichsamtsleiter aufgestiegen war, darf er sich mit Wirkung vom 20. April 1941 auf persönliche Anweisung von Hitler »Dienstleiter« der NSDAP nennen. Am 26. September 1942 wird ihm das Treudienstehrenzeichen zweiter Stufe verliehen. Im März 1943 wird unter Baeumlers Vorsitz die sogenannte »Röver-Kommission« gebildet[83], die die Aufgabe hat, das sich immer ernster abzeichnende Nachwuchsproblem im Erzieher- und Lehrerberuf zu behandeln.

All diese Daten zerstreuen jeden Zweifel: Baeumler, der bereits 1934/1935 anläßlich einer Sondervortragsreihe an der Deutschen Hochschule für Politik der NSDAP für würdig befunden wurde, neben dem Stellvertreter Hitlers, Rudolf Heß, den Reichsministern Joseph Goebbels, Hermann Göring und Walter Darré, dem Reichsleiter Alfred Rosenberg, dem Reichsjugendführer Baldur von Schirach und dem ebenfalls der Nazipartei zugehörigen Philosophen und

Rektor der Freiburger Universität, Martin Heidegger, aufzutreten – er zählt zur braunen Prominenz.

So kann es sich Baeumler auch leisten, mehrfach und mit Nachdruck Anträge auf Beurlaubung von seinen Universitätsverpflichtungen zu stellen. Zur Erfüllung eines ihm vom »Beauftragten des Führers für die Überwachung der gesamten geistigen und weltanschaulichen Schulung und Erziehung der NSDAP« erteilten Auftrags ersucht er um Freistellung für das Wintersemester 1939/1940. Doch wird dieses Anliegen zunächst abgelehnt, mit der Begründung, die Universität Berlin sei »zu einer Bedarfsstelle erster Ordnung erklärt worden«. Erst auf »nochmalige dringliche Bitte«, das bedeutet wahrscheinlich auf den Druck Rosenbergs hin, wird im Oktober 1939 die Zustimmung gegeben. Baeumler wird dann sogar bis Ende 1940 befreit, nachdem er vom 20. bis 26. September 1940 Urlaub genommen hatte, um an einer vom Oberkommando des Heeres veranstalteten »Schlachtfelderfahrt« teilzunehmen, zu der er persönlich eingeladen worden war.[84] Anlaß für das Freistellungsersuchen war aller Wahrscheinlichkeit nach ein großer Auftrag Rosenbergs, der Baeumler verpflichtete, »die entscheidenden Geisteskämpfe und Persönlichkeiten des deutschen Geschehens« zu behandeln. In einem darüber Auskunft erteilenden Schreiben an den Stellvertreter des Führers vom 3. Mai 1940 berichtet Rosenberg: »Die Arbeit führt eben Prof. Dr. Baeumler, mein Amtsleiter des Amtes Wissenschaft, durch, den ich habe beurlauben lassen. Ich werde sie nach Fertigstellung dem Führer und Ihnen vorlegen lassen ...«[85]

Der Konkurrent Ernst Krieck

Trotz seines Sonderstatus bleibt es Baeumler jedoch nicht erspart, um seine Stellung als führender Naziphilosoph kämpfen zu müssen. Ernst Krieck[86] erhebt ebenfalls auf diesen Titel Anspruch und macht ihm den Platz streitig. Ihr Verhältnis zueinander ist entsprechend giftig.[87] Seinen Höhepunkt erreicht der Zwist zwischen den ehemals befreundeten Ehrenmitgliedern des Reichsinstituts für Geschichte des neuen Deutschlands, »als das Wissenschaftsministerium im Frühjahr 1939 den Sammelband ›Deutsche Wissenschaft, Arbeit und Aufgabe‹ herausbrachte, der Hitler zum 50. Geburtstag als Rechenschaftslegung der deutschen Wissenschaft über ›ihre Arbeit im Rahmen der ihr gestellten Aufgabe‹ gewidmet war«.[88] Unter der Rubrik »Philosophie« enthielt jenes Werk ausnahmsweise *zwei* Beiträge: aber nicht etwa, »weil die alte Königin der Wissenschaften sich im nationalsozialistischen Staate so ganz besonderer Wertschätzung erfreut hätte, sondern vielmehr, weil es hier, anders als auf den übrigen Gebieten, Schwierigkeiten bereitet hatte, den nationalsozialistischen Repräsentanten des Faches zu finden«.[89]

Die Entscheidung, beide Beiträge in die »Festgabe« aufzunehmen, hatte eine geschäftige Auseinandersetzung zur Folge, in deren Verlauf Krieck von Baeumler abgekanzelt wurde, weil jener Baeumler in seinem Artikel kritisiert und sich selbst herausgestellt hatte.[90] Letztlich blieb ihr Streit allerdings ohne Ergebnis. »Bormann als die letzten Endes maßgebliche Instanz zeigte sich ungerührt. Rosenbergs letzte Bitte, bei einem Neudruck wenigstens Kriecks Beitrag zu entfernen, ist wohl nicht mehr aktuell geworden.«[91]

Es ist kennzeichnend für die nationalsozialistische Philosophie, daß zwei letztlich so unterschiedliche Philosophen wie Baeumler und Krieck den Anspruch erhoben, die authentische philosophische Interpretation des Nationalsozialismus zu liefern. Sie unterschieden sich selbstverständlich nicht, was die Basis ihrer Theorien, die nationalsozialistischen Kernthesen betraf. Aber es waren auch nicht nur Probleme am Rande, in denen ihre Auffassungen auseinandergingen. Wobei sich Baeumler insgesamt, was den Inhalt wie die Diktion seiner Schriften betrifft, im Vorteil befand. Er verstand es deutlich besser als sein Konkurrent, der Naziideologie und ihren imperialen Zielen den adäquaten politisch-philosophischen Ausdruck zu verleihen, einen Ausdruck, der planvoll verschleiernde Demagogie, akademisch frisierte Lüge und zynisch offene Brutalität verband.

Krieck, der sich in der gleichen Richtung und auf das gleiche Ziel orientierte, war weniger gewandt und geriet gelegentlich ins Stolpern, durch Fallstricke, die er sich selber legte. Ausgerechnet Schopenhauer, Gobineau und Nietzsche bezichtigte er einer »asiatischen Selbstvergottung«.[92] Verbal wenig konform mit der landläufigen Propaganda, machte er mehr gegen »Asiatismus« und willenstötenden »Buddhismus« Front[93] als gegen Marxismus und Judentum, auch wenn er diese als die konzentrierten Erscheinungsweisen jener vorstellt. Vor allem aber wußte Krieck sich Gegner zu machen dadurch, daß er den Krieg als eine Krankheit des Volkes bezeichnete, weil – wie er sagt – in seinem Gefolge »Unordnung der Sitten, Störungen des geordneten Lebensrhythmus und gewaltsame Opfer an Menschenleben« drohen.[94] Diese wenig linientreuen Ansichten vermochte Krieck durch keine noch so eilfertige Anpassung auszugleichen, schon gar nicht durch die ganz im allgemeinen verbleibende These von der notwendigen »völkischen Hygiene«, die in der »Pflege des Arteigenen« und in der »Reinigung vom Artfremden, Artfeindlichen in Volksgebrauch, Volksgut, Volksglauben« bestehen sollte.[95] So mußte den Machthabern letzten Endes Baeumlers Entwurf vom »kriegerischen Machtstaat« entschieden willkommener sein als Kriecks Konzept vom »völkischen Erziehungsstaat«, auch wenn Krieck denselben als ein »Zuchtsystem von unerbittlicher Härte« verstanden wissen will[96] und dem Zuchtbegriff selbst einen »biologisch-rassischen Sinn« verleiht.[97]

Hinzu kommt, daß Krieck mehr als andere bestrebt war, seiner Philosophie, der »völkisch-politischen Anthropologie«, trotz der extrem mystischen Inhalte einen *systematischen* Charakter zu verleihen. Auch das handelte ihm statt der erhofften Anerkennung eher Kritik ein. Krieck, der nicht verstehen konnte, weshalb er zunehmend unter Beschuß genommen wurde, meinte später, es sei dieser Zug zum Systematischen gewesen, der ihn um den Erfolg gebracht habe: »Darum habe ich alles Bekennen nach Möglichkeit in Form des Erkennens nach Weisen der Philosophie und Wissenschaft umgesetzt ..., um zu beweisen und zu begründen, mindestens aber um begrifflich klarzulegen, wo zuletzt kaum mehr bewiesen und begründet werden kann, wo Glaube allein spricht und zu wirken hat. Vielleich bin ich da noch etwas im 19. Jahrhundert stekkengeblieben. Das hat sich denn auch gerächt.«[98]

Doch war die Kritik an seinem Werk und seiner Person weit prinzipieller angelegt, als Krieck das zunächst wahrhaben wollte.[99] Nachhaltiger noch als die Einwände seiner Fachkollegen erschütterte Kriecks Autorität als führender Vertreter der nationalsozialistischen Erziehungslehre, der zugleich den Anspruch erhob, führender Philosoph zu sein, die Kritik aus den Reihen der Partei. Nach jahrelangem beredtem Schweigen, über das sich Krieck wiederholt beklagte, brachte der offenbar von langer Hand vorbereitete Artikel des Hamburger Pädagogen Wilhelm Arp vom November 1939 den angestauten Ärger offen zum Ausdruck.[100] Unter der Überschrift »Zum Begriff der Erziehung« versucht Arp nicht nur den Nachweis zu führen, daß Kriecks Erziehungsbegriff den Grundprinzipien der nationalsozialistischen Weltanschauung widerspreche. Er wirft

Krieck auch vor, seine »romantischen« Spekulationen seien an den konkreten politischen und pädagogischen Problemen des nationalsozialistischen Staates völlig vorbeigegangen.[101] So fühlt sich der ehemalige Volksschullehrer aus Baden denn betrogen: von den Akademikern, die ihn – den bloßen Dr. h. c. – nicht recht für voll nehmen; von den Naziführern, die ihn merklich weniger beachten. In einer Mischung von Selbstmitleid, Wut und Aggressivität klärt er das Publikum über seine Seelenlage auf: »Ich höre aber schon wieder das ... sich erhebende mißtönende Geschrei, das sich doch selten genug an die Öffentlichkeit wagt. Sei's drum. Ich bin an diese Tonart nun schon so lange gewöhnt wie an das systematische Schweigen der Organe der ›öffentlichen Meinung‹ und der ebenso verkrampften wie verängstigten und stumpfen Wissenschaft.«[102]

Doch war auch Baeumler gewissen Anfeindungen bzw. Vorbehalten, vor allem seitens der Altnazis, ausgesetzt, die freilich ohne Wirkung blieben. In einer politischen Beurteilung seiner Gauleitung zum Beispiel wurde zwar seine nationalsozialistische Gesinnung außer Zweifel gestellt, der »persönliche Einsatz« eines Dozenten aber, der nicht nur Lehrer, sondern auch Kamerad sein wolle, wurde vermißt: »Er ist intellektuell«, lautete das kritisch-abfällige Urteil. Drastischer formulierte ein gewisser Wildhagen, der Baeumler als Vizepräsidenten der deutschen Forschungsgemeinschaft abgelehnt hatte, wofür dieser von Rosenberg vorgeschlagen worden war. Er nannte Baeumler ein »denkendes Pferd« und den »gesinnungslosesten Lumpen, den er kenne«.[103]

Wenngleich die hier Urteilenden Baeumler, was das Verabscheuungswürdige seines Denkens und Tuns anbelangt, nicht nachstanden, sind solche Charakterisierungen durchaus bezeichnend. Dafür, daß Baeumler verschlagen zu agieren vermochte, finden sich eine Reihe von Indizien; namentlich was seine Beziehung zu Hegel betrifft, taktierte er recht geschickt.

Mit Hegel oder gegen Hegel?

Bekanntlich war Baeumlers Mäzen Rosenberg ein verbohrter Gegner der Hegelschen Philosophie und machte diese ablehnende Haltung im »Mythus« zum Programm. Damit stellt sich natürlich die Frage, wie kam Baeumler, der ehemalige Hegelherausgeber und Hegelinterpret, mit dieser für ihn heiklen Situation klar?

Die Antwort von Wilhelm Raimund Beyer, Baeumler habe um seiner Karriere willen die Auffassung Rosenbergs zu der seinen gemacht,[104] trifft, wenn man genau hinsieht, nicht den Kern. Sicher heult Baeumler coram publico ab 1933 – auch was Hegel betrifft – mit den Wölfen.[105] Aber einiges deutet darauf hin, daß er Rosenbergs absolutes Hegel-Verdikt nicht teilte und partiell geschickt unterlief. Als Intimus von Rosenberg konnte sich Baeumler nicht den faschistischen Hegel*anhängern* anschließen, doch arbeitete er mit der für ihn charakteristischen Vorsicht zielstrebig daran, sich trotz der Hegelgegnerschaft Rosenbergs selbst offiziell mit Hegel beschäftigen zu können.

Als an der Berliner Universität über die Nachfolge für den verstorbenen Prof. H. Maier verhandelt wird, ein Prozeß, der sich über ein Jahr hinzieht, ist es bemerkenswerterweise Baeumler, der auf einer Kommissionssitzung den anderen Mitgliedern gegenüber betont, daß »ein Hegelforscher heute mehr bedeute als ein Kantforscher wie Bruno Bauch«, welcher neben weiteren Anwärtern für die Nachfolge vorgeschlagen worden war.[106] Dieses Indiz, das für die oben aufgestellte These spricht, wird durch ein weiteres ergänzt. Auch für den alljährlich ausgeschriebenen Preis der Philosophischen Fakultät reicht Baeumler im Rektoratsjahr 1935/1936 ein Hegelthema ein: »Es ist die Entwicklung des Begriffes *Volk* bei Hegel im Zusammenhange mit einer Kritik der Behandlung dieses Begriffs in der neueren Hegel-Literatur darzustellen.« Im Jahr darauf stellt er das Thema sogar noch einmal, weil es nicht bearbeitet worden war.[107] Möglicherweise verfolgte Baeumler damit die Absicht, nachweisen zu lassen, daß die allgemein von den offiziellen Ideologen der NSDAP postulierte Kluft zwischen Hegel und dem Nationalsozialismus eigentlich eine Kluft sei zwischen der »neueren Hegel-Literatur« (insbesondere der »jüdischen« Hegelinterpretation, einschließlich der marxistischen) und dem Nationalsozialismus. Daß also ein von »Fehlinterpretationen« gereinigter Hegel, wenn nicht in den Nationalsozialismus selbst, so doch wenigstens in das »germanische Erbe« aufgenommen werden könne. Solche oder ähnliche Überlegungen würden auch erklären, weshalb Baeumlers Lehrveranstaltungen an der Berliner Universität einen unerwartet hohen Anteil an Vorlesungen und Übungen zur Philosophie Hegels aufweisen, und zwar ohne Einschränkung bis 1945.[108]

Auf ein Lavieren Baeumlers in seiner Haltung zur Hegelschen Philosophie deuten auch einige offizielle Äußerungen zum Geist der deutschen Klassik hin, die einen sichtlich anderen Ton anschlagen als beispielsweise Bemerkungen von Krieck zum gleichen Gegenstand.[109] Wo Krieck, wie Rosenberg, nur kategorisch ablehnt und schroff verurteilt, da will Baeumler »argumentierende Kritik«, eine Kritik, die es ihm erlaubt, weiterhin Hegel-Studien zu betreiben, und – wo es sich anbietet – für den Nationalsozialismus weniger Gefährliches oder gar »Brauchbares« gelten zu lassen. In *diesem* Sinne ist meines Erachtens auch jenes Diktum zu verstehen, welches oft gerade als Beleg angeführt wird für Baeumlers absolutes Umschwenken auf Rosenbergsche Positionen: »Die systematische Kritik an der ideologischen Überlieferung gehört mit zu unserer künftigen Arbeit.« Das Schwergewicht liegt hier, wie der Kontext eindeutig zeigt, nicht auf Kritik als Verketzerung, sondern auf Kritik als »Auseinandersetzung«. Diese Unterscheidung ist insofern bedeutsam, als Baeumler Kritik ausdrücklich nur dann für gerechtfertigt hält, wenn es sich, wie er sagt, um einen politischen Gegner handelt, der nicht in Bausch und Bogen abzulehnen ist, sondern der es verdient, daß ihm Aufmerksamkeit entgegengebracht wird. Im Gegensatz zum Marxismus, bei dem es sich lediglich um »geistige Giftstoffe« handle, die es radikal und *ohne* Diskussion auszumerzen gelte[110], müsse im klassischen deutschen Idealismus, so Baeumlers Argument, ein achtbarer Kontrahent anerkannt werden, Hegel natürlich eingeschlossen. Auch sei die Beschäftigung mit Hegel aus dem Grunde opportun, weil die Begründung, Hegels Philosophie sei am Maßstab des Nationalsozialismus gemessen unpolitisch und daher unzeitgemäß, allzu vereinfachend sei. Baeumler hält dem entgegen, *für ihre Zeit* müsse der Hegelschen Philosophie durchaus ein politischer Charakter zugebilligt werden, den sie freilich eingebüßt habe, als sich die Verhältnisse änderten, denen diese Philosophie entsprach. Mit dieser Argumentation gelingt es Baeumler, sowohl Rosenbergs Verdikt unangetastet zu lassen, als auch seine eigenen Interessen zu wahren. Er kann die Verurteilung Hegels im großen und ganzen teilen und dennoch für eine Hegelbeschäftigung plädieren.

Ob in Baeumlers Lehrveranstaltungen zur Hegelschen Philosophie die Ablehnung oder gar eine positive Bezugnahme überwog, kann heute nicht mehr gesagt werden. Doch wäre die Antwort auf diese Frage für die Beurteilung Baeumlers ohnehin nebensächlich. In allen seinen Aktivitäten, den geistigen wie den praktischen, erwies er sich als ein überzeugter Diener und Denker des »Dritten Reichs«.

In seinen Lebenserinnerungen schildert Almos Csongár, wie der Professor auf einen ungarischen Studenten wirkte, der 1943/1944 seltsamerweise gar nicht wußte, daß hier »der Chefexperte der Nazis in weltanschaulichen Fragen« vor ihm stand, ein Mann, der seine Karriere als einer der Hauptakteure der Bücherverbrennung auf dem Berliner Opernplatz begonnen hatte.

Klein, untersetzt, mit breiter Glatze, entsprach er gar nicht dem Bild des »heroischen Philosophen«, das er entworfen hatte. Er sprach in kurzen, abgehackten Sätzen, um den Eindruck eines befehlsgewohnten Menschen zu erwecken. Csongár erwähnt, daß Baeumler die »zunächst in der Nachfolge Hegels versuchte Nietzsche-Deutung« nach 1933 für den Hausgebrauch der Nazis einseitig auf den späten Nietzsche zurechtgestutzt habe.[111]

»... so doktrinär nicht«?

Einige Autoren in der Bundesrepublik meinen, Baeumler müsse differenzierter gesehen werden, er sei kein Nazi der üblichen Machart gewesen. Nicht nur, daß er nie völliges »Parteichinesisch« geschrieben habe[112], es fänden sich bei ihm auch zahlreiche Gedanken, die eine Diskrepanz zu parteioffiziellen Meinungen erkennen ließen. So urteilt Winfried Joch: »Aber selbst innerhalb der NS-Ideologie ist Baeumlers Theorie so doktrinär nicht. Es finden sich in seinen Schriften Äußerungen gegen den Militarismus und gegen die Verherrlichung des soldatischen ›Heldentodes‹«. Joch bezieht sich auf Baeumlers Formulierung »Militarismus ist Heroismus mit schlechtem Gewissen« (»Männerbund und Wissenschaft«, S. 14). Da er sich an den Wortlaut hält, ohne hier auf Baeumlers generelle Auffassungen zum Krieg Bezug zu nehmen, entgeht ihm, was Baeumler eigentlich zum Ausdruck bringt: Daß nämlich wahrer Heroismus Kriegstreiberei ohne schlechtes Gewissen ist. Und so gesehen, gibt es nicht die mindeste Distanz zur Naziideologie. Was Baeumler hier verbreitet, *ist* faschistischer Geist, und zwar in Reinkultur.

Auch das von Joch beigebrachte Zitat: »Es gibt eine ›schneidige‹ Begründung des Heldentodes, bei der es einem den Rücken hinunterläuft.« (Ebenda, S. 21), beweist nicht das Gegenteil. Etliche Äußerungen Baeumlers belegen eindeutig, daß er nichts gegen den Heldentod einzuwenden hat, doch legt er Wert auf die mystische Weihe, mit der dieser Tod von den Nazis umgeben wird. Eine bloß »schneidige« Begründung nach Art des Generalstabs im ersten Weltkrieg scheint Baeumler für die »Völkische Gemeinschaft« des Hitlerreichs nicht mehr angemessen. Sicher ist es eine wichtige Aufgabe der wissenschaftlichen Forschung, auch solche Details herauszuarbeiten, doch gilt es dann vor allem, sie auch richtig zu werten. Wenn das jedoch nur oberflächlich geschieht und das berechtigte Streben nach differenzierter Sicht darein mündet, in »Nuancierungen, Abweichungen und Divergenzen«, die bei Baeumler zu finden sind – ungeachtet seiner Gesamtbiographie nach 1933 –, ein »Maß an Kritik« am Nationalsozialismus und seiner Ideologie zu vermuten, »das möglicherweise anders als auf der Grundlage des NS-Vokabulars gar nicht hätte geäußert werden können«, so schlägt wissenschaftliche Akribie in ihr Gegenteil um und gibt Anlaß, über ihre Absichten nachzudenken. Festzustellen, »von ›völliger Linientreue‹ zu reden, ist allzu undifferenziert und unsachgemäß«[113], ohne mit der gleichen Akribie den faschistischen Denker Baeumler zu analysieren, ist eine gefährliche Verharmlosung seiner theoretischen Elaborate, der nicht stattgegeben werden darf. Die Bemerkung Baeumlers, »niemals werden wir vergessen, was wir dem Humanismus verdanken«, könne nicht anders gewertet werden als die Friedensbeteuerungen Rosenbergs und Hitlers.[114]

Schlußbemerkung

Als ich 1985 mit der Erarbeitung des vorliegenden Buches begann, dessen Grundzüge bereits zwei Jahre zuvor mit dem Abschluß meiner Dissertation B Gestalt angenommen hatten, ging es mir als Philosophin vor allem darum, nachzuweisen, daß der deutsche Faschismus entgegen dem noch immer gängigen Paradigma der Philosophielosigkeit des Nationalsozialismus sehr wohl eine Philosophie hatte. Eine Philosophie, die der Gleichsetzung von Vernunft und Philosophie Hohn sprach; eine Philosophie, deren Wesenskern Unmenschlichkeit und Grausamkeit war. Es ging mir um den Nachweis, daß professionelle Philosophen die ihnen eigenen Denkmittel einsetzten, um der »nationalen Revolution« der dreißiger Jahre Reputation zu verschaffen. Ich wollte zeigen, daß bestallte Philosophen einen verhängnisvollen Beitrag zur Konstitution der Macht des deutschen Faschismus leisteten, indem sie den Nationalsozialismus durch Zuführung der ihnen an die Hand gegebenen philosophischen Traditionsmächte stützten und verdeckt oder offen legitimierten.

Zugleich verfolgte ich mit der Aufarbeitung dieses philosophie- bzw. ideologietheoretischen Problems die Absicht, als marxistische Wissenschaftlerin einen aktiven Beitrag zum Antifaschismus zu leisten, der für jeden Bürger unseres Landes verfassungsmäßiger Auftrag ist und, was jeden mit Genugtuung erfüllen sollte, auch in einer künftigen neuen Verfassung der DDR verankert sein wird. Betroffen von der ungebrochenen Kontinuität rechtsextremistischer und neofaschistischer Kräfte besonders in der BRD und in dem Bewußtsein, daß sich antifaschistisches Wirken nicht auf die Wahrung von Traditionen beschränken darf, wollte ich mit den mir gegebenen Mitteln auch in die Auseinandersetzung mit dieser gefahrvollen Entwicklung eingreifen. Jetzt, zwei Jahre nach Fertigstellung des Manuskripts und unmittelbar vor der Drucklegung desselben, erhält nun dieser Aspekt zusätzliches Gewicht, einen bedrückenden Grad von Aktualität.

Wir stehen vor der Situation, daß auch in unserem Land, ungeachtet seiner antifaschistischen Fundamente, neofaschistische und neonazistische Aktivitäten um sich greifen. Vor allem müssen wir der bitteren Erkenntnis ins Auge sehen, daß diese Tendenzen auch die Folge der Fehlentwicklungen in unserem Lande selbst sind. Nicht nur nationalistische, auch rechtsextreme Stimmungen nehmen beträchtliche Ausmaße an. Aus aktuellen Untersuchungen geht hervor, daß sich der Rechtsradikalismus bei uns in der verdeckten Aufbauphase befindet.

Dem kann man nur begegnen, wenn man in bedingungsloser Offenheit die heutigen Triebkräfte des Neofaschismus auch bei uns untersucht und seine geistigen Wurzeln offenlegt. Nicht nur die Wissenschaftler, alle Parteien und demokratischen Kräfte müssen sich mit diesen Tatsachen auseinandersetzen, und das heißt mit den heutigen Problemen junger Leute. Geschichte muß in ihrer ganzen Wahrheit vermittelt werden, nichts darf weggelassen und nichts darf beschönigt werden. Nur so kann die zweite Nachkriegsgeneration, unsere heutige Jugend, zu antifaschistischen Einstellungen gelangen.

Berlin, Dezember 1989 Monika Leske

Anmerkungen

Einleitung

1 Siehe Erika Mann: Zehn Millionen Kinder. Die Erziehung der Jugend im Dritten Reich, mit einer Einführung von Thomas Mann, Berlin 1988, S. 5, 6 und 7.
2 Thomas Mann: Doktor Faustus. In: Gesammelte Werke, Berlin 1956 ff., Sechster Band, S. 542.
3 Siehe ebenda, S. 494 sowie Thomas Mann: Leiden an Deutschland. Tagebuchblätter aus den Jahren 1933 und 1934. – Deutsche Ansprache. Ein Appell an die Vernunft (1930). – Deutsche Hörer! (1945). In: Gesammelte Werke, Zwölfter Band, S. 108, 119, 540, 667, 706, 744.
4 Siehe Ulfried Geuter: Die Professionalisierung der deutschen Psychologie im Nationalsozialismus, Frankfurt a. M. 1984.
5 Siehe Wolfgang Wächter: Naturforschung und kritische Ontologie, Rostock 1967, S. 41.
6 Siehe Arnold Schölzel: Philosophie an der Universität Berlin zwischen 1848 und 1945. In: Deutsche Zeitschrift für Philosophie (im folgenden DZfPh), 1987, Heft 9, S. 778.
7 Siehe: Philosophenlexikon, hrsg. von Erhard Lange und Dietrich Alexander, Berlin 1982, S. 343.
8 Zit. in: Arnold Schölzel: Zur Tätigkeit Nicolai Hartmanns an der Berliner Universität. In: Wissenschaftliche Zeitschrift der Humboldt-Universität zu Berlin. Gesellschafts- und sprachwissenschaftliche Reihe, 1984, Heft 1, S. 64.
9 Zu den marxistischen Arbeiten, in denen auf die Ausformung und Lage der Philosophie im »Dritten Reich« bzw. auf einzelne ihrer Aspekte oder einzelne Vertreter der nazistischen Philosophie eingegangen wird, gehören: Walter Wolf: Kritik der Unvernunft. Zur Analyse der nationalsozialistischen Pseudophilosophie, Weimar 1947. – Georg Lukács: Schicksalswende. Beiträge zu einer neuen deutschen Ideologie, Berlin 1948. – Georg Lukács: Existentialismus oder Marxismus?, Ber-

lin 1951. – Georg Lukács: Die Zerstörung der Vernunft. Der Weg des Irrationalismus von Schelling zu Hitler, Berlin 1955. – Wolfgang Heise: Aufbruch in die Illusion. Zur Kritik der bürgerlichen Philosophie in Deutschland, Berlin 1964. – Stepan Odujev: Auf den Spuren Zarathustras. Der Einfluß Nietzsches auf die bürgerliche deutsche Philosophie, Berlin 1977. – Werner Rügemer: Philosophische Anthropologie in der Epochenkrise, Köln 1978. – Heinz Malorny: Friedrich Nietzsche und der deutsche Faschismus. In: Faschismusforschung. Positionen, Probleme, Polemik, hrsg. von Dietrich Eichholtz und Kurt Gossweiler, Berlin 1980, S. 279ff. – Hans Günther: Der Herren eigner Geist (1935), Berlin und Weimar 1981. – Georg Lukács: Wie ist die faschistische Philosophie in Deutschland entstanden? (1933), Budapest 1982. – Georg Lukács: Wie ist Deutschland zum Zentrum der reaktionären Ideologie geworden? (1947), Budapest 1982.

10 Zum Wesen des Faschismus als extrem reaktionärer ideologischer Strömung und politischer Bewegung des besonders aggressiven staatsmonopolistischen Kapitalismus siehe unter anderem: Erich Paterna u. a.: Deutschland 1933 bis 1939. Von der Machtübertragung an den Faschismus bis zur Entfesselung des zweiten Weltkrieges, Berlin 1969. – Faschismusforschung, Berlin 1980. – Joachim Petzold: Faschismus. Regime des Verbrechens, Berlin 1984. – Reinhard Opitz: Über die Entstehung und Verhinderung von Faschismus. In: Argument 87, Berlin (West), November 1974. – Reinhard Opitz: Faschismus und Neofaschismus, Berlin 1984. – Kurt Gossweiler: Aufsätze zum Faschismus, Berlin 1986. – Heinz Bergschicker: Deutsche Chronik 1933–1945. Ein Zeitbild der faschistischen Diktatur, Berlin 1988.

11 Siehe Manfred Weißbecker: Der Faschismus in der Gegenwart. Grundlagen – Erscheinungsformen – Aktivitäten – Organisationen. In: Faschismusforschung, S. 209ff. – Eberhard Hackethal: Faschismus in Lateinamerika. In: Ebenda, S. 237ff.

12 Siehe Norbert Madloch: Neue Nazis in der BRD und in Westberlin. In: Einheit, 1989, Heft 5, S. 460ff.

13 Siehe Elfriede Lewerenz: Zur Bestimmung des imperialistischen Wesens des Faschismus durch die Kommunistische Internationale (1922–1935). In: Faschismusforschung, S. 21ff.

14 Georgi Dimitroff: Für die Einheit der Arbeiterklasse gegen den Faschismus. Schlußwort zur Diskussion des zweiten Hauptreferates auf dem VII. Weltkongreß der Kommunistischen Internationale, 13. August 1935. In: Georgi Dimitroff: Gegen Faschismus und Krieg. Ausgewählte Reden und Schriften, Leipzig 1982, S. 140.

15 Neben den in der Fußnote 9 aufgeführten Arbeiten seien als Auswahl neuerer Publikationen genannt: Manfred Weißbecker: Entteufelung der braunen Barbarei. Zu einigen neueren Tendenzen in der Geschichtsschreibung der BRD über Faschismus und faschistische Führer, Ber-

lin 1975. – Kurt Pätzold: Faschismus, Rassenwahn, Judenverfolgung. Eine Studie zur politischen Strategie und Taktik des faschistischen deutschen Imperialismus (1933–1945), Berlin 1975. – Joachim Petzold: Konservative Theoretiker des deutschen Faschismus. Jungkonservative Ideologen in der Weimarer Republik als geistige Wegbereiter der faschistischen Diktatur, Berlin 1978. – Gerhard Lozek/Ralf Richter: Legende oder Rechtfertigung? Zur Kritik der Faschismustheorien in der bürgerlichen Geschichtsschreibung, Berlin 1979. – Lotte Zumpe: Wirtschaft und Staat in Deutschland 1933 bis 1945, Berlin 1980. – Kurt Pätzold/Manfred Weißbecker: Hakenkreuz und Totenkopf. Die Partei des Verbrechens, Berlin 1981. – Joachim Petzold: Die Demagogie des Hitlerfaschismus. Die politische Funktion der Naziideologie auf dem Wege zur faschistischen Diktatur, Berlin 1982. – Lionel Richard: Deutscher Faschismus und Kultur, Berlin 1982. – Günter Hartung: Literatur und Ästhetik des deutschen Faschismus, Berlin 1983. – Jutta Wardetzky: Theaterpolitik im faschistischen Deutschland. Studien und Dokumente, Berlin 1983. – Karl Obermann: Exil Paris. Im Kampf gegen Kultur- und Bildungsabbau im faschistischen Deutschland (1933–1939), Berlin 1984. – Kurt Gossweiler: Kapital, Reichswehr und NSDAP 1919–1924, Berlin 1984. – Verfolgung, Vertreibung, Vernichtung. Dokumente des faschistischen Antisemitismus. 1933–1942, hrsg. von Kurt Pätzold, Leipzig 1984.

16 Siehe Peter Hüttenberger: Bibliographie zum Nationalsozialismus, Göttingen 1980, S. 819. In den Vorbemerkungen wird darauf hingewiesen, daß sowohl Lokal- und Regionalgeschichte wie auch das in der deutschen (bürgerlichen) Geschichtswissenschaft traditionell oft behandelte Problemfeld der Verwaltungsgeschichte keine ausreichende Beachtung gefunden hätten. Vor allem fehlten grundlegende Arbeiten über einzelne Ministerien und Behörden sowie die unmittelbaren Zusammenhänge zwischen der staatlichen Verwaltung aller Zweige mit den übrigen Bereichen der Politik und Gesellschaft. Auch fehlten Titel zur Geschichte einzelner Gruppierungen der Gesellschaft, zum Beispiel, so Hüttenberger, »des Mittelstandes, der Bauern, der Angestellten und kleineren Berufsgruppen wie der Ärzte, Rechtsanwälte und Apotheker«. Ähnliches konstatieren H. Mehrtens und Stefan Richter. Sie stellen fest, daß der gesamte Wissenschaftsbetrieb unter dem Nationalsozialismus ein nahezu unbearbeitetes Gebiet geblieben ist. Zwar gäbe es Biographisches, Erinnerungen und die Beschreibung einiger Teilaspekte, doch eine systematische Aufarbeitung, die inhaltliche Entwicklung, organisatorische Bedingungen und die Wechselwirkung mit dem System einschließt, habe für diese Epoche kaum begonnen. (Siehe: Naturwissenschaft, Technik und NS-Ideologie. Beiträge zur Wissenschaftsgeschichte des Dritten Reichs. Hrsg. von H. Mehrtens und Stefan Richter, Frankfurt a. M. 1980.)

17 Werner Röhr/Simone Barck: Nachwort zu Hans Günther: Der Herren eigner Geist, S. 775.
18 Siehe ebenda, S. 762.
19 Ebenda, S. 774.
20 Georgi Dimitroff: Die Offensive des Faschismus und die Aufgaben der Kommunistischen Internationale im Kampf für die Einheit der Arbeiterklasse gegen den Faschismus. Referat auf dem VII. Weltkongreß der Kommunistischen Internationale, 2. August 1935. In: Georgi Dimitroff: Gegen Faschismus und Krieg, S. 119.
21 Siehe Joachim Petzold: Die Demagogie des Hitlerfaschismus, S. VII–XIV.
22 Kurt Pätzold: Die Propaganda der Rassendoktrin und die Taktik der »Einzelaktionen«. In: Verfolgung, Vertreibung, Vernichtung, S. 72.
23 Joachim Petzold: Die Demagogie des Hitlerfaschismus, S. XIV.
24 Siehe Reinhard Opitz: Zur gegenwärtigen Diskussion um Faschismus und Neofaschismus. In: Marxistische Blätter, 1983, Heft 1, S. 48ff.
25 Siehe Klaus Höpcke: Eine Schimpfkanonade, die unterblieb. (Luther und unsere Sprache. II). In: Die Weltbühne, 1983, Heft 13.
26 Eine komprimierte Darstellung des Anteils einzelner Ideologen als geistige Wegbereiter des Faschismus (Nietzsche, Lagarde, Langbehn, Chamberlain) sowie der konstitutiven Rolle von antisemitischem Rassismus, Sozialdarwinismus und Geopolitik stellt Joachim Petzold seiner Untersuchung zur Demagogie des Hitlerfaschismus voran. Siehe weiter zum Problem Sozialdarwinismus, Rassismus und Antisemitismus Reinhard Opitz: Faschismus und Neofaschismus, S. 5–29 sowie Joachim Petzolds grundlegendes Werk über die jungkonservativen Ideologen als geistige Wegbereiter der faschistischen Diktatur. Über die Bedeutung der Philosophie Nietzsches für die faschistische Ideologie siehe die entsprechenden Arbeiten von Heinz Malorny und Stepan Odujev.

1. NS-Hochschul- und Wissenschaftspolitik

1 Siehe Wolfgang Schlicker/Josef Glaser: Tendenzen und Konsequenzen faschistischer Wissenschaftspolitik nach dem 30. Januar 1933. In: Zeitschrift für Geschichtswissenschaft (im folgenden ZfG), 1983, Heft 10, S. 885ff. – Geschichte der Universität Jena 1548/58–1958, Bd. I, Jena 1962, S. 498ff. – Geschichte der TU Dresden 1828–1978, Berlin 1978, S. 96ff. – Alma mater Lipsiensis. Geschichte der Karl-Marx-Universität Leipzig, Leipzig 1984, S. 261ff.
2 Wissenschaft in Berlin, Berlin 1987, S. 510.
3 Siehe Karl Obermann: Exil Paris. Gegen Kultur- und Bildungsabbau im faschistischen Deutschland 1933–1939, S. 199. – Karl Jaspers: Die Wis-

senschaft im Hitlerstaat. In: Konstanzer Blätter für Hochschulfragen, 1965, Heft 2, S. 5ff.

4 Gerhard Rühle: Das Dritte Reich. Das erste Jahr, S. 151.

5 Lexikon zur Parteiengeschichte. Die bürgerlichen und kleinbürgerlichen Parteien und Verbände in Deutschland (1789–1945), hrsg. von Dieter Fricke u. a., Leipzig 1985, Bd. 3, S. 500.

6 Wilhelm Frick (1877–1946), seit 1904 bayerischer Regierungsbeamter; als Oberamtmann in der Polizeidirektion München 1922/1923 Anhänger und Förderer Adolf Hitlers. Nach dem Putsch von 1923 zu Festungshaft verurteilt, 1924 Reichstagsabgeordneter, 1930 Volksbildungsminister von Thüringen, 1933 bis 1943 Reichsinnenminister. Betrieb mit unzähligen Gesetzen und anderen Normativakten die Kennzeichnung, Versklavung und Vernichtung von Angehörigen anderer Völker. 1946 in den Nürnberger Kriegsverbrecherprozessen verurteilt und hingerichtet.

7 Hermann Göring (1893–1946), im ersten Weltkrieg Kommandant des Jagdgeschwaders »Richthofen«. 1923 erster SA-Führer, 1927 als persönlicher Beauftragter Hitlers in Berlin, 1932 Reichstagspräsident, 1933 Preußischer Ministerpräsident, 1935 Reichsluftfahrtminister und Oberbefehlshaber der Luftwaffe, 1940 Reichsmarschall, designierter Nachfolger Hitlers. Hauptakteur der militärischen und diplomatischen Kriegsvorbereitungen Deutschlands. Organisator der KZ, forcierte die »Endlösung der Judenfrage«. 1946 vom Nürnberger Tribunal zum Tode verurteilt, beging Selbstmord.

8 Der ehemalige Studienrat und spätere Reichserziehungsminister Bernhard Rust zählte schon 1925 zur faschistischen Führungsspitze. Gemeinsam mit anderen Gauleitern sowie Gregor Strasser und Joseph Goebbels war er im September 1925 an der Gründung der »Arbeitsgemeinschaft der Nord- und Nordwestdeutschen Gaue der NSDAP« beteiligt. Als 1945 der Zusammenbruch des Hitlerfaschismus nahe bevorstand, entzog sich Rust der Verantwortung für sein verbrecherisches Tun durch Selbstmord. (Siehe Kurt Pätzold/Manfred Weißbecker: Hakenkreuz und Totenkopf, S. 382.)

9 ZfG, 1983, Heft 10, S. 884/885.

10 Wissenschaft im Dritten Reich. Hrsg. von Peter Lundgreen, Frankfurt a. M. 1985, S. 11.

11 Siehe: Reichsgesetzblatt I. 1933, S. 175ff.

12 Siehe Kurt Pätzold: Faschismus Rassenwahn Judenverfolgung, S. 81. – Hans Mommsen: Beamtentum im Dritten Reich, Stuttgart 1966, S. 91ff., 151ff. – Hans Maier: Nationalsozialistische Hochschulpolitik. In: Die deutsche Universität im Dritten Reich, München 1966, S. 81ff. – Peter Lundgreen: Hochschulpolitik und Wissenschaft im Dritten Reich. In: Wissenschaft im Dritten Reich, S. 19/20.

13 Siehe Ulfried Geuter: Die Professionalisierung der deutschen Psychologie im Nationalsozialismus, S. 12. In der zeitgenössischen, dem Preußi-

schen Ministerpräsidenten und Reichsminister Hermann Göring »in Verehrung« gewidmeten Jahrbuchreihe »Das Dritte Reich« kommentiert der Verfasser, der 1932 von Hitler mit der Führung des Nationalsozialistischen Deutschen Studendenbundes beauftragte Gerhard Rühle, das Gesetz wie folgt: »Durch dieses äußerst einschneidende Gesetz schuf sich die nationalsozialistische Revolution die Möglichkeit, das Beamtentum von politisch und rassisch nicht tragbaren Elementen zu säubern ... Das Gesetz richtete sich in erster Linie gegen die ›Parteibuchbeamten‹ und die in immer größerer Anzahl eingedrungenen Beamten jüdischer Abstammung. Denn Nationalsozialismus ist nicht zuletzt eine *Haltung*. Haltung ist eine Frage der *Rasse*. Nichtarische Beamte sind in einem nationalsozialistischen Staate, der die Organisation des einheitlich rassisch gebundenen Volkes ist, nicht tragbar.« (Gerhard Rühle: Das Dritte Reich, S. 113.)

14 Verfolgung, Vertreibung, Vernichtung, S. 46.

15 Siehe Werner Krauss: Marburg unter dem Naziregime. In: Sinn und Form, 1983, Heft 5, S. 941.

16 ZfG, 1983, Heft 10, S. 887.

17 Siehe ebenda, S. 886.

18 Verfolgung, Vertreibung, Vernichtung, S. 46.

19 Siehe Hans Maier: Nationalsozialistische Hochschulpolitik. In: Die deutsche Universität im Dritten Reich, S. 81ff.

20 Siehe Hans-Peter Bleuel: Deutschlands Bekenner. Professoren zwischen Kaiserreich und Diktatur, Bern/München/Wien 1968, S. 219/220.

21 Siehe Karl Obermann: Exil Paris, S. 225.

22 Peter Lundgreen: Hochschulpolitik und Wissenschaft im Dritten Reich. In: Wissenschaft im Dritten Reich, S. 12.

23 Siehe Hans-Peter Bleuel: Deutschlands Bekenner, S. 220.

24 ZfG, 1983, Heft 10, S. 890.

25 Siehe ebenda.

26 Siehe Hans-Peter Bleuel: Deutschlands Bekenner, S. 220.

27 Siehe Arnold Schölzel: Philosophie an der Universität Berlin zwischen 1848 und 1945. In: DZfPh, 1987, Heft 9, S. 778.

28 Die Humboldt-Universität gestern – heute – morgen, Berlin 1960, S. 111. Die von Rudolf Schottländer zusammengestellte Dokumentation über die Verfolgung von Berliner Wissenschaftlern durch den deutschen Faschismus, die bisher nur als Manuskript in einigen Bibliotheken der DDR zugänglich war, erschien 1988 in Berlin (West) in Buchform.

29 ZfG, 1983, Heft 10, S. 889.

30 Mit dem nebulösen Begriff »völkisch« wurden insbesondere von rassistisch-antisemitischen Kräften die verschiedensten Schattierungen des Chauvinismus der deutschen Großbourgeoisie bezeichnet. Zur Entstehung der »völkischen« Richtung im politischen Kräftespektrum der bür-

gerlichen Gesellschaft siehe Reinhard Opitz: Faschismus und Neofaschismus, S. 5 bis 40.

31 Zit. in: Hans-Peter Bleuel: Deutschlands Bekenner, S. 189.

32 Ebenda.

33 Ebenda.

34 Ebenda, S. 197.

35 Herbert Marcuse: Mein 20. Jahrhundert. Zit. in: Ebenda, S. 198.

36 Wolfgang Schlicker: Beiträge zur Erforschung der Wissenschafts- und Auswärtigen Kulturpolitik im imperialistischen Deutschland 1917/18 bis 1945. Diss. B, Martin-Luther-Universität Halle 1977, S. 31.

37 Siehe Wolfgang Ruge: Das Ende von Weimar. Monopolkapital und Hitler, Berlin 1983.

38 Schon in den Jahren nach dem ersten Weltkrieg war eine nationalistische, vom »großdeutschen Gedanken« beherrschte und rassistisch orientierte reaktionäre Studentenorganisation entstanden. Die »aus dem Geist völkischer Gemeinschaft im Andenken an die Gefallenen von Langemark« entstandene »Deutsche Studentenschaft« erfaßte neben allen »reichsdeutschen Studierenden« auch die in Deutschland studierenden »Nichtreichsangehörigen, ... soweit sie deutschblütig« waren. (Siehe Gerhard Rühle: Das Dritte Reich, S. 151.) Gegen die diskriminierende Anwendung des »blutsmäßigen ›Volksbürgerprinzips‹« führten die linksorientierten und demokratisch gesinnten Studenten an den deutschen Hochschulen einen energischen Kampf, der sich im Laufe der Zeit zu einer erbitterten Auseinandersetzung zuspitzte. Der sich in Konfrontation zur »Deutschen Studentenschaft« (und zum 1925/26 gegründeten NSDStB) daraus entwickelnde sogenannte Verfassungskampf endete schließlich 1927 für die »Deutsche Studentenschaft« mit dem Entzug der staatlichen Anerkennung durch die preußische Regierung. Obwohl sich diesem Vorgehen andere Länderregierungen anschlossen, weigerte sich die »Deutsche Studentenschaft«, ihre Verfassung entsprechend den Forderungen der, wie sie es nannten, »jüdisch geleiteten marxistischen und liberalistischen Kräfte« zu ändern. Diese Tatsache wurde später von den faschistischen Machthabern nicht vergessen und gebührend gewürdigt.

39 Erziehung und Schulung im Dritten Reich, hrsg. von Manfred Heinemann, Teil 2. Hochschule, Erwachsenenbildung, Stuttgart 1980, S. 38.

40 Völkischer Beobachter, 29. Juli 1932.

41 Kurt Pätzold/Manfred Weißbecker: Hakenkreuz und Totenkopf, S. 175.

42 Erziehung und Schulung im Dritten Reich, S. 32.

43 Völkischer Beobachter, 4. März 1933.

44 Erscheinungsort Dresden, ohne Jahresangabe (1933). In einer »machtvollen Kundgebung« am 11. November 1933 in Leipzig richteten darüber hinaus »deutsche Wissenschaftler von Weltruf« einen »Appell an die Gebildeten der ganzen Welt« und forderten »ihr Verstehen für Hit-

lers Kampf um Deutschlands Gleichberechtigung«. Zu den Unterzeichnern gehörten unter anderem der Mediziner Geheimrat Prof. Dr. Ernst Ferdinand Sauerbruch, der Münchner Kunsthistoriker Prof. Wilhelm Pinder, der Anthropologe und Rektor der Berliner Universität Prof. Dr. Eugen Fischer, der Philosoph und Freiburger Universitätsrektor Prof. Dr. Martin Heidegger. (Siehe Gerhard Rühle: Das Dritte Reich, S. 157.)

45 Erziehung und Schulung im Dritten Reich, S. 40.

46 Rudolf Heß (1894–1987), seit 1920 Mitglied der NSDAP, 1923 beteiligt am Hitler-Putsch, Schüler des Geopolitikers Karl Haushofer, 1925 bis 1932 Privatsekretär von Hitler. Ab 1933 Stellvertreter des Führers und Reichsminister, sanktionierte an entscheidender Stelle die faschistische Annexionspolitik und die Resultate des verbrecherischen imperialistischen Angriffskrieges. 1941 Flug nach England. 1946 in Nürnberg zu lebenslänglichem Zuchthaus verurteilt. 1987 im Alliierten Kriegsverbrechergefängnis in Spandau gestorben.

47 Erziehung und Schulung im Dritten Reich, S. 40.

48 Völkischer Beobachter, 5. November 1932.

49 Friedrich Oskar Stäbel, Dr.-Ing., Jahrgang 1901, 1933 zum Führer der »Deutschen Studentenschaft« ernannt, Referent für Studienfragen im Reichsministerium des Innern, Reichsführer des NSDStB, 1933 Mitglied des Reichstages, Wahlkreis Baden, 1934 Leiter der Abteilung Studentenangelegenheiten in der NS-Reichsjugendführung. Herausgeber der nazifaschistischen »Deutschen Studentenzeitung«.

50 Zum »Boykott« vom 1. April 1933 als dem ersten Höhepunkt der Judenverfolgung, dem die »Einzelaktionen« von 1935 und schließlich der Pogrom vom 9./10. November 1938 folgten, siehe Kurt Pätzold: Faschismus Rassenwahn Judenverfolgung, S. 53ff. – Verfolgung, Vertreibung, Vernichtung, S. 48ff.

51 Ebenda, S. 52/53.

52 Siehe Wolfgang Schlicker: Beiträge zur Erforschung der Wissenschafts- und auswärtigen Kulturpolitik im imperialistischen Deutschland, S. 80/81. – Ulfried Geuter: Die Professionalisierung der deutschen Psychologie im Nationalsozialismus, S. 102. – Hans-Peter Bleuel: Deutschlands Bekenner, S. 220.

53 Zur antifaschistischen wissenschaftspolitischen Arbeit im Exil siehe unter anderem Ursula Adam: Die Freie Deutsche Hochschule in London (1942–1945) – ein Beispiel der wissenschaftspolitischen Arbeit der KPD-Organisation in Großbritannien. In: KPD und Wissenschaftsentwicklung 1919–1945, hrsg. von Peter Altner und Günter Kröber, Berlin 1986, S. 146ff. – Karl Obermann: Exil Paris, S. 27, 34.

54 ZfG, 1983, Heft 10, S. 884.

55 Siehe ebenda, S. 884, 887.

56 Siehe Gerhard Rühle: Das Dritte Reich, S. 151, 153.

57 Erziehung und Schulung im Dritten Reich, S. 18ff.

58 Siehe Karl Obermann: Exil Paris, S. 132.
59 Erziehung und Schulung im Dritten Reich, S. 22.
60 Siehe Karl Obermann: Exil Paris, S. 132.
61 Siehe Ulfried Geuter: Die Professionalisierung der deutschen Psychologie im Nationalsozialismus, S. 115.
62 Erziehung und Schulung im Dritten Reich, S. 18, Anm. 11 (Dokumente des Reichsstudentenwerks, des Reichsstudentenführers und der Rektorenkonferenz).
63 Siehe ebenda, S. 19.
64 Der faschistische Vierjahresplan bildete das wirtschaftspolitische Konzept für den Blitzkrieg. In seiner geheimen Denkschrift vom August 1936 brachte Hitler dieses Ziel des staatsmonopolistischen Programms zur Förderung der Produktion von kriegswichtigen Rohstoffen, der Entwicklung von Ersatzstoffen und bestimmter landwirtschaftlicher Produkte offen zum Ausdruck. In ihr hieß es, daß die deutsche Armee in vier Jahren einsatzfähig und die deutsche Wirtschaft in vier Jahren kriegsfähig sein müsse. Der Vierjahresplan wurde von Hitler bei der Eröffnung des 8. Reichsparteitages der NSDAP in Nürnberg am 9. September 1936 verkündet und trat mit der »Verordnung des Führers zur Durchführung des Vierjahresplanes« vom 18. Oktober 1936 in Kraft. Mit der Verwirklichung der Vierjahresplanpolitik, für deren Durchsetzung eine selbständige Organisation geschaffen wurde (Vierjahresplanbehörde unter Leitung von Hermann Göring), traten die Kriegsvorbereitungen in ihr konkretes Stadium.
65 Karl Obermann: Exil Paris, S. 167.
66 Gerhard Günther: Unverständige Philosophie. In: Bücherkunde, 1938, Heft 8, S. 416.
67 Erziehung und Schulung im Dritten Reich, S. 18ff. – Peter Lundgreen: Hochschulpolitik und Wissenschaft im Dritten Reich. In: Wissenschaft im Dritten Reich, S. 14/15.
68 Karl Christoph Lingelbach: Erziehung und Erziehungstheorien im nationalsozialistischen Deutschland. Marburger Forschungen zur Pädagogik, Bd. 3, Weinheim/Basel/Berlin (West) 1970, S. 185.
69 Ulfried Geuter: Die Professionalisierung der deutschen Psychologie im Nationalsozialismus, S. 115.
70 Siehe ebenda.
71 Siehe dazu den entsprechenden Abschnitt »Vorbehalte und Widerstände gegen die NS-Wissenschaftsreform«.
72 Im folgenden eine Auswahl entsprechender Titel: Josef Ammelounx: Deutsche Wissenschaft auf neuem Wege. In: Deutschlands Erneuerung (München), 1943, Nr. 1/2, S. 2–13. – Joseph Goebbels: Von der Arbeit des Geistes. In: Das Reich (Berlin), 13. Juni 1943, S. 1–2. – Joseph Goebbels: Der geistige Arbeiter im Schicksalskampf des Reichs. Rede vor der Heidelberger Universität am 9. Juli 1943, München 1943. – Walter

Groß: Nationalsozialismus und Wissenschaft. In: NSMH, 1943, Heft 154, S. 4–23. – Eitel Kaper: Stolz auf unsere Forscher. In: Parteipresse-Sonderdienst (Berlin), 24. August 1943. – Karl Krauch: Wissenschaft – eine wichtige Waffe. In: Deutsche Zeitung in den Niederlanden (Amsterdam), 14. Juli 1943. – Rudolf Mentzel: Deutsche Forschung im Kriege. In: Völkischer Beobachter, 10. Juli 1943, S. 1–2. – Friedrich Pfister: Wissenschaft und Leben. In: Straßburger Monatshefte, 1943, Nr. 4, S. 218–226. – Ernst Schrewe: Rede auf einer Großkundgebung in Hamburg am 8. Juni 1943. Manuskript PPK-Archiv. – Gustav Adolf Scheel: Rundfunkrede über Hochschule, Wissenschaft und Studententum im Kriege, Berlin, 19. Mai 1943. Wortlaut in: Sonderdienst der Reichspropagandaleitung, Nr. 25/43, Berlin, 31. Mai 1943. – Die deutsche Dozentin im Kriege. In: Frauenkultur (Leipzig), 1943, Herbst-Nr., S. 6–7. – Paul Hirth: In den Hörsälen. Das Gesicht der zweiten Kriegsstudentengeneration. In: Parteipresse-Sonderdienst, 4. Januar 1944, Blatt 1–6. – Herbert Scurla: Planvolle Zusammenarbeit der europäischen Wissenschaft. In: Geist der Zeit (Berlin), 1943, Nr. 5, S. 239–250.

73 Daß die Naziführung zu diesem Zeitpunkt in einer effektiven Wissenschaft bereits mehr oder weniger die alleinige Rettung sah, geht aus einer Äußerung von Goebbels hervor, der gleichsam beschwörend verkündete, nach dem Sieg müsse den deutschen Technikern, Konstrukteuren, Erfindern und Forschern »auf Knien gedankt werden«, wenn deutlich werde, welchen Anteil am Sieg sie hatten. (Siehe Joseph Goebbels: Der geistige Arbeiter im Schicksalskampf des Reichs. Rede vor der Heidelberger Universität am 9. Juli 1943.)

74 Goebbels Tagebücher aus den Jahren 1942 bis 1943 mit anderen Dokumenten, hrsg. von Louis P. Lochner, 1948, S. 348.

75 Georg Kotowski: Nationalsozialistische Wissenschaftspolitik. In: Nationalsozialismus und die deutsche Universität, Berlin 1966, S. 220/221.

76 Siehe Leon Poliakov/Josef Wulf: Das Dritte Reich und seine Denker. Dokumentensammlung, Berlin-Grunewald 1959, S. 38ff.

77 Siehe Karl-Heinz Ludwig: Technik und Ingenieure im Dritten Reich, Düsseldorf 1974, S. 288ff.

78 Die aktuelle Lage des Akademikernachwuchses kennzeichnend, konstatiert Albert Müller 1942 noch immer ein »unabweisbares Bedürfnis nach jungen Akademikern«. Zur Lösung des Problems empfiehlt er – neben der Erhöhung der Zahl der Abiturienten – vorzeitigen Schulabgang, Auslese auf der Grundschule, Steigerung der Anzahl der Studierenden, Heranziehung von Soldaten zur Hochschule, die Möglichkeit der Sonderreifeprüfung, des Begabtenabiturs usw. (Siehe Albert Müller: Der akademische Nachwuchs. In: Junges Deutschland, Berlin, 1942, Nr. 2, S. 27–32.) Bereits 1939 hatte Staatsminister Otto Wacker ähnlich lautende Verordnungen über neue Ausleseverfahren im Rahmen der »völkischen Erziehungsaufgaben an den Hochschulen« ange-

kündigt, nachdem von der Reichsstudentenführung für die kommenden Jahre das Fehlen von 5000 bis 8000 Jungakademikern prognostiziert worden war. (Siehe Otto Wacker: Wissenschaftspolitik und Nachwuchs. Rede, gehalten auf der Ersten Großdeutschen Rektorenkonferenz in Berlin, 7. März 1939, Gräfenhainichen 1939, Manuskriptdruck.) Er unterstützte damit die Linie Rusts, die von diesem erneut auf der »Tagung der wissenschaftlichen Hochschulen des Großdeutschen Reiches« am 10. März 1939 verfochten wurde. Schwerpunkte seiner Rede bildeten die Bedeutung für den Vierjahresplan, die Gründung des Reichsforschungsrates, die durch die Studienzeitverkürzung erforderlich werdende Überprüfung der Studienpläne auf allen Gebieten, Einzelheiten zur Nachwuchsfrage (wie zum Beispiel die Notwendigkeit einer »totalen Auslese aus allen Schichten des Volkes«), das Leistungsprinzip, die Beibehaltung der Reifeprüfung, die Schulgeldfreiheit sowie die Warnung vor der vorzeitigen Spezialisierung der Studenten als einer Gefahr für das geistige Leistungsniveau Deutschlands. (Siehe den längeren Auszug aus Rusts Rede in: Völkischer Beobachter, 11. März 1939, S. 6.) Trotz zunehmender Intensität der Bemühungen, in die zielgerichtet auch das Medium Rundfunk eingeschaltet wurde, blieb der Erfolg jedoch so minimal, daß das Problem eben auch drei Jahre später noch in voller Schärfe stand.

79 Siehe unter anderem Walter Groß: Nationalsozialismus und Wissenschaft. In: NSMH, 1943, Heft 154, S. 4–23.

80 Siehe Georg Kotowski: Nationalsozialistische Wissenschaftspolitik. In: Nationalsozialismus und die deutsche Universität, S. 356.

81 Über die Zusammensetzung des Senats der Berliner Universität siehe Wolfgang Schlicker: Beiträge zur Erforschung der Wissenschafts- und Auswärtigen Kulturpolitik im imperialistischen Deutschland, S. 79, 95, 98ff.

82 Graphisch läßt sich die Abhängigkeit der Verwaltungsspitze von der NSDAP (unter anderem bei Berufungsverfahren) wie folgt veranschaulichen (nach Ulfried Geuter):

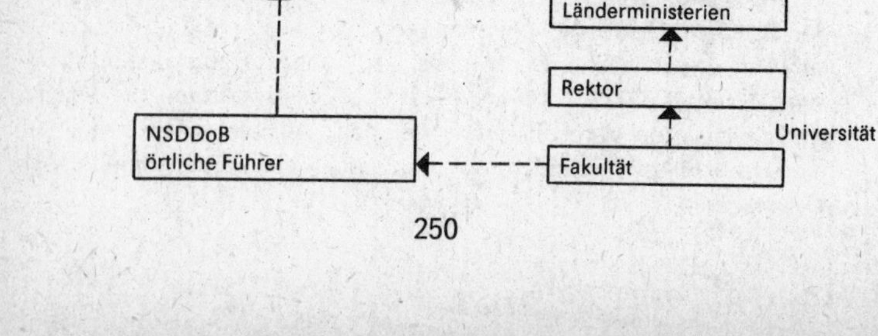

83 Siehe Karl Obermann: Exil Paris, S. 133, 136.

84 Hans Frank (1900–1946), 1927 Leiter der Rechtsabteilung der NSDAP, Reichstagsabgeordneter der NSDAP-Fraktion, 1933 kurze Zeit bayerischer Justizminister. 1934 Reichsminister ohne Geschäftsbereich und Reichsrechtsführer, Präsident der Akademie für Deutsches Recht, 1939–1945 Generalgouverneur in Polen. Verschleppte mehr als hunderttausend polnische Bürger als Sklavenarbeiter nach Deutschland, wirkte mit an der Ermordung von drei Millionen Juden. 1946 in Nürnberg zum Tode verurteilt und hingerichtet.

85 Unter Wilhelm Tempel gegründet. Baldur von Schirach hatte die Leitung des NSDStB bis 1932 inne. Als Hitler ihn zum Reichsjugendführer ernennt, übernimmt das Amt Gerhard Rühle (1932/33). Auf dem auf ein Jahr Amtszeit festgesetzten Posten folgt ihm 1933/34 Oskar Stäbel.

86 Siehe: Die Organisationen der NSDAP. In: NSMH, 1930, S. 34–45.

87 Erziehung und Schulung im Dritten Reich, S. 66.

88 Über die Ernennung von Professoren und Dozenten im Zeichen der »nationalsozialistischen Erneuerung der Hochschule« siehe Karl Obermann: Exil Paris, S. 192–203.

89 Erziehung und Schulung im Dritten Reich, S. 13.

90 Rundschreiben des Sächsischen Ministeriums für Volksbildung vom 21. Februar 1934. Siehe Peter Lundgreen: Hochschulpolitik und Wissenschaft im Dritten Reich. In: Wissenschaft im Dritten Reich, S. 28. Da sich mit ihrem Inkrafttreten besonders an jenen Universitäten, an denen nazistischer Wissenschaftsnachwuchs bereits vorhanden war, die Chancen der älteren Berufungsanwärter erheblich verringerten, suchten die Fakultäten verschiedentlich nach einem Ausweg für diese Bewerber. So wandte sich zum Beispiel die Philosophische Fakultät der Universität Leipzig im November 1935 an den Verantwortlichen im sächsischen Volksbildungsministerium, Oberregierungsrat Werner Studentkowski, mit der Bitte, das Ministerium möge die Dozenten Boesler, Behm und Schingnitz an andere Universitäten versetzen lassen, da die übereinstimmende Meinung in Leipzig herrsche, hier würden sie nicht weiterkommen. Als »nach dem alten Verfahren habilitierte Privatdozenten« würden sie sich »gegenüber den Neuhabilitierten in einem gewissen Nachteil befinden«. »Es ist anzunehmen, daß nur Neuhabilitierte bezahlte Dozenturen an deutschen Hochschulen bekommen werden, da die Neuhabilitierten bekanntlich einer strengeren Überprüfung – in jeder Beziehung – unterworfen werden.« Aus diesen Gründen, so wurde angekündigt, werde die Fakultät versuchen, möglichst viele von denjenigen, die nach dem alten Verfahren habilitiert wurden und deren vorgeschriebene Wartezeit abgelaufen ist, zu Titularprofessoren zu ernennen, um ihnen auf diese Weise bessere Chancen für Berufungen nach außen zu geben. (Vgl. Universitätsarchiv Leipzig, Personalakte 455, Blatt 58.) Die Biographie von Studentkowski läßt kaum einen

Zweifel, wie er derartige Vorschläge beantwortet haben dürfte. Werner Studentkowski, Jahrgang 1903. 1927 bis 1928 Gauredner der NSDAP im Gau Berlin-Brandenburg, anschließend Reichsredner der NSDAP. 1930 Mitglied im Sächsischen Landtag, NSDAP-Fraktion. 1933 bis 1934 Leiter des Seminars für politische Erziehung an der Universität Leipzig; gleichzeitig Gauschulungsleiter der NSDAP, Gau Sachsen. 1933 Mitglied des Reichstages, Wahlkreis Leipzig. 1934 bis 1938 Oberregierungsrat, anschließend bis 1941 Regierungsdirektor im sächsischen Volksbildungsministerium (Leiter der Hochschulabteilung und des Amtes für nationalsozialistische Erwachsenenbildung). 1941 Reichsamtsleiter in der Reichspropagandaleitung der NSDAP, SA-Oberführer.

91 Siehe Peter Lundgreen: Hochschulpolitik und Wissenschaft im Dritten Reich. In: Wissenschaft im Dritten Reich, S. 13.

92 Reichsgesetzblatt I, 1935, S. 23/24.

93 Reichsgesetzblatt I, 1935, S. 1156, S. 1333–1334, S. 1524–1525.

94 Siehe dazu unter »Vorbehalte und Widerstände gegen die NS-Wissenschaftsreform«, S. 49ff.

95 Siehe Wolfgang Schlicker: Beiträge zur Erforschung der Wissenschafts- und Auswärtigen Kulturpolitik im imperialistischen Deutschland, S. 140ff.

96 Karl Obermann führt dazu aus: »Hauptmann a. D. Richard Kolb wurde mit Wirkung vom Oktober 1938 zum nebenamtlichen außerordentlichen Professor in der mathematisch-naturwissenschaftlichen Fakultät der Universität Jena ernannt mit der Verpflichtung, die Wehrgeschichte und Wehrphilosophie in Vorlesungen und Übungen zu vertreten. Major a. D. Dr. Walther Malmsten Schering wurde in der philosophischen Fakultät der Universität Berlin der Lehrstuhl für Psychologie und Charakterologie übertragen; gleichzeitig erfolgte seine Ernennung zum außerordentlichen Professor. Seit 1935 vertritt er die Kriegsphilosophie und -soziologie an der Universität Berlin. Intendanturrat Dr. Sperlich wurde beauftragt, an der Wirtschaftshochschule Berlin über Wehr- und Kriegswirtschaft zu lesen. Die Rektorenernennungen zum Beginn des Wintersemesters 1938/39 stehen im Zeichen der beschleunigten Durchführung der ›Erneuerung der Hochschule‹. Der seit 1933 an der Universität Heidelberg lehrende Vertreter der Wehrwissenschaft, Prof. Dr. Paul Schmitthenner, wurde zum Rektor der Universität Heidelberg ernannt. Professor der Rechte, Dr. Paul Giesecke, 1933/34 an der Handelshochschule in Berlin, wurde zum Rektor der Universität Marburg ernannt. Die Neueinsetzung des Rektors an der Technischen Hochschule Berlin wurde zu einem politischen und militärischen Ereignis ausgestaltet, bei dem Dr. Ley und der Führer des Nationalsozialistischen Kraftfahrerkorps, Hühnlein, der General der Infanterie Liebmann, der Kommandant von Berlin, Generalleutnant Seifert, Generalmajor Thomas, Polizeipräsident Graf von Helldorf und der Stellvertre-

tende Amtschef des Reichserziehungsministeriums Professor Groh, zugegen waren. Der neue Rektor nennt sich NSKK-Oberführer Professor Dr. Storm. Die Errichtung der wehrtechnischen Fakultät wurde im Rahmen der Feier besonders gewürdigt.« (Karl Obermann: Exil Paris, S. 192/193.)

97 Massiven Ausdruck fand die weltweite Verurteilung der faschistischen Rassenpolitik unter anderem in dem im Juli 1938 abgehaltenen Pariser Weltkongreß gegen Rassenhetze und Antisemitismus. (Siehe Wolfgang Schlicker: Beiträge zur Erforschung der Wissenschafts- und Auswärtigen Kulturpolitik im imperialistischen Deutschland, S. 146.)

98 Ebenda, S. 148.

99 Ebenda.

100 Sie hatte auch nicht außer acht gelassen, sofort nach dem Machtantritt der Nazis alle vor 1933 »wegen ihrer nationalsozialistischen Haltung und Betätigung Verfolgten und Bestraften« zu rehabilitieren. Ein entsprechendes Gesetz vom 23. Juli 1933 schrieb vor, entsprechende Vermerke in Personalakten zu streichen, Geldstrafen zurückzuzahlen, Strafversetzungen umzuwandeln und Amtsentlassungen rückgängig zu machen.

101 Joseph Goebbels (1897–1945), 1925/26 Gaugeschäftsführer der NSDAP im Ruhrgebiet und Redakteur der »Nationalsozialistischen Briefe«, 1926 Gauleiter in Berlin, 1927 Herausgeber des »Angriff«. 1930 Reichspropagandaleiter der NSDAP, Einpeitscher massenaufhetzender Kampfmethoden, machte Demagogie und Lüge zur perfektionierten Hauptmethode der faschistischen Propaganda. 1933 Reichsminister für Volksaufklärung und Propaganda. Zentralisierte ab Kriegsbeginn endgültig Leitung und Koordinierung der Propaganda in seiner Hand. Beging während der siegreichen Kämpfe der Roten Armee um Berlin Selbstmord.

102 Alfred Rosenberg, (1893–1946) in Reval, nächst Hitler der wichtigste Naziideologe. Vom Internationalen Militärgerichtshof in Nürnberg als einer der 12 Hauptkriegsverbrecher am 30. September 1946 im Namen der Völker der Antihitlerkoalition zum Tode verurteilt und am 16. Oktober 1946 hingerichtet. 1910 Studium an der Technischen Hochschule Riga, Fortsetzung des Studiums ab 1915 in Moskau, seit 1918 in Berlin, später in München. Nach Rosenbergs Aussage vor dem Militärgerichtshof am 18. April 1946 in Nürnberg: schriftstellerische und politische Tätigkeit ab 1919. 1923 bis 1945 Hauptschriftleiter des »Völkischen Beobachters«. Gründete als Hitlers Beauftragter nach dem Hitler-Putsch als Nachfolgeorganisation der zeitweilig verbotenen NSDAP die »Großdeutsche Volksgemeinschaft«. Gründer des nazifaschistischen »Kampfbundes für deutsche Kultur« (1929 bis 1934) und Herausgeber der »Nationalsozialistischen Monatshefte« (1930 bis 1945). »Der Mythus des 20. Jahrhunderts« (1930) von Rosenberg war neben Hitlers »Mein

Kampf« das zweite Standardwerk der Naziideologie (Auflagenhöhe über 1 Million Exemplare). Er erhielt als erster den 1937 gestifteten Deutschen Nationalpreis. »Als Erstem unter den Lebenden«, so Goebbels in seiner Laudatio, »hat der Führer den Deutschen Nationalpreis dem P(artei)g(enossen) *Alfred Rosenberg* verliehen. Alfred Rosenberg hat in seinen Werken in hervorragendstem Maße die Weltanschauung des *Nationalsozialismus wissenschaftlich und intuitiv begründen* und festigen geholfen. In einem unermüdlichen Kampf um die Reinhaltung der nationalsozialistischen Weltanschauung hat er sich ganz besondere Verdienste erworben. Erst eine spätere Zeit wird wohl zu ermessen vermögen, wie tief der Einfluß dieses Mannes auf die geistige und weltanschauliche Gestaltung des nationalsozialistischen Reiches ist.« (Völkischer Beobachter, 8. September 1937.) Ab 1933/34 Leiter des Außenpolitischen Amtes der NSDAP und Beauftragter des Führers für die Überwachung der gesamten geistigen und weltanschaulichen Schulung und Erziehung der NSDAP. Inszenierte als Reichsminister für die besetzten Ostgebiete (ab Juli 1941) unzählige Kriegsverbrechen und Verbrechen gegen die Menschlichkeit. Betrieb mit einem Sonderstab den Raub von Kunst- und Kulturschätzen in Europa in großem Stil.
Auf den bedeutenden Einfluß der Lebensphilosophie auf Rosenberg hat Georg Lukács aufmerksam gemacht: »Direkter ist der Einfluß der Lebensphilosophie bei Rosenberg zu sehen. Freilich überwiegt auch bei diesem ganz offenkundig der überzeugungslose Zynismus, nur mit der Nuance, daß Rosenberg als Zögling der russischen Weißgardisten, als Schüler Mereshkowskijs und anderer dekadenter Reaktionäre schon bildungsmäßig für eine Rezeption der deutschen Lebensphilosophie prädisponiert war. So ist sein Buch ›Der Mythus des 20. Jahrhunderts‹ eine grob agitatorische Vulgarisierung der letzten Periode der Lebensphilosophie. (Die Anlehnung an Spengler und Klages werden von ihm, ungeachtet aller kritischer Vorbehalte, sogar ausdrücklich zugegeben.) Auch bei ihm finden wir eine mythische geschichtslose Geschichte, eine Leugnung der Weltgeschichte, um die absolute Vorherrschaft der Deutschen in der Welt (und in Deutschland: der Nazis) ›nachzuweisen‹. Auch bei ihm finden wir den brutal militant gewendeten Gegensatz von Leben und Tod, von Intuition und Vernunft; auch bei ihm gehört der vehement demagogische Angriff auf Geist und Wissenschaft zu den zentralen Punkten der Begründung des neuen Mythos. Der Gegensatz von Leben und Tod erscheint hier als der der Germanen und der Juden; des schaffenden und des raffenden Kapitals usw. Die mit Dilthey erstarkende aristokratische Erkenntnistheorie wird zur mythischen Unfehlbarkeit des ›Führers‹. Die Kulturkreistheorie Spenglers, dieser soziologische Solipsismus, erscheint als die Lehre von der ewigen Wesenheit voneinander schroff geschiedener Klassen, die miteinander nur in der Form der gegenseitigen Vernichtung verkehren können. Die Typen-

lehre der Lebensphilosophie erscheint als die Forderung der Schaffung von Typen: als die Herrschaft des Banditentums der SA und SS. In alledem ist philosophisch, selbst wenn man als Maßgabe das philosophische Niveau der letzten Phasen der Lebensphilosophie nimmt, nichts Neues mehr. Die Lebensphilosophie eines Rosenberg ist nur mehr ein Herrschaftsinstrument für die Verbrechen des neuen imperialistischen Weltkrieges und seiner Vorbereitung.« (Georg Lukács: Die Zerstörung der Vernunft, Bd. II: Irrationalismus und Imperialismus, Darmstadt/Neuwied 1973, S. 209/210.)

103 Siehe Wolfgang Schlicker: Beiträge zur Erforschung der Wissenschafts- und Auswärtigen Kulturpolitik im imperialistischen Deutschland, S. 93.

104 Heinrich Himmler (1900–1945), 1925 bis 1927 Sekretär Gregor Strassers, ab 1929 Reichsführer der SS, 1933/34 Leiter der Politischen Polizei, 1936 Chef der Gestapo. Ab 1939 Reichskommissar für die Festigung deutschen Volkstums, 1943 Reichsminister des Innern, 1944 Befehlshaber des Ersatzheeres. Nach gescheitertem Versuch, im Mai 1945 unterzutauchen, Selbstmord. Während des zweiten Weltkrieges wurde die Himmler unterstehende SS als der verbrecherischste Teil der NSDAP zum wichtigsten Instrument der faschistischen Massenmord- und Ausrottungspraxis.

105 Erziehung und Schulung im Dritten Reich, S. 127.

106 Gegen Rosenberg beanspruchte Robert Ley, den Gedanken der Hohen Schule als erster propagiert zu haben. Er benutzte dieses Argument, um sehr viel stärker als vorgesehen in die Leitung der Hohen Schule einbezogen zu werden. (Siehe dazu Reinhard Bollmus: Zum Projekt einer nationalsozialistischen Alternativuniversität. Alfred Rosenbergs »Hohe Schule«. In: Erziehung und Schulung im Dritten Reich, S. 133.)

107 Das politische Tagebuch Alfred Rosenbergs aus den Jahren 1934/35 und 1939/40, hrsg. von Hans-Guenther Seraphim, Göttingen 1956, S. 121, Eintragung vom 7. Februar 1940.

108 Siehe Reinhard Bollmus: Zum Projekt einer nationalsozialistischen Alternativuniversität. In: Erziehung und Schulung im Dritten Reich, S. 131.

109 Siehe ebenda, S. 134, 136.

110 Siehe ebenda, S. 132.

111 Bollmus verweist auf das undatierte Dokument »Grundzüge für den Erbau der Hohen Schule«, dessen Entstehung er 1938 ansetzt, da der 1. März 1938 als Endtermin für die Einreichung der Architekturentwürfe genannt wird. (Siehe ebenda, S. 131, 132.)

112 Ebenda, S. 132.

113 Alfred Rosenberg: Die Hohe Schule am Chiemsee. In: Die Kunst im Dritten Reich, Januar 1939, Folge 1.

114 Otto Dietrich: Zwölf Jahre mit Hitler, München 1955, S. 208/209.

115 Alfred Rosenberg: Die Hohe Schule am Chiemsee. In: Die Kunst im Dritten Reich, Januar 1939, S. 24.

116 Aus einem Brief Rosenbergs an Heß vom 3. Mai 1940 geht hervor, daß Baeumlers Projekt »Deutsche Geschichte« bereits 1940 als »nicht realisierbar« eingeschätzt wurde und der Autor angehalten war, ein zweibändiges Werk unter dem Titel »Der Weg zum Reich« zu verfassen. (Siehe Akten der Parteikanzlei der NSDAP, München/New York/London/Paris, Teil 1, Band 1, Personenregister A. Baeumler. Nr. 24 620. Dok. H 801 00 191–216 [CXL III–282]; 801 00 300–12 [CXL III–366].)

117 Heinrich Härtle, Jahrgang 1905, 1927 Eintritt in die NSDAP, Sekretär von Alfred Rosenberg. 1933 bis 1936 Student an der DHP der NSDAP. Bis 1939 Hauptabteilungsleiter im Hauptschulamt der DAF, ab April 1939 bis 1945 Referent und ab April 1941 kommissarischer Leiter des Hauptamts Wissenschaft der Dienststelle Rosenberg. Zuletzt in der Stellung eines Oberbereichsleiters. Ab 1944 Leiter des Hauptamts »Überstaatliche Mächte« mit den Unterabteilungen »Judentum« und »Bolschewismus« im Amt Rosenberg. Er fand In der BRD in den fünfziger Jahren ein erneutes Wirkungsfeld. Zahlreiche Veröffentlichungen in neonazistischen Organen im alten antikommunistischen und faschistischen Geist, Versuch einer Rehabilitation von Alfred Rosenberg. Für seine vielfältigen »Verdienste« erhielt er unter anderem den Schillerpreis des Deutschen Kulturwerkes und den Huttenpreis der Gesellschaft für freie Publizistik. Ehrenmitglied der Akademie für Kultur und Bildung. Lebte bis 1984 in München. Verfaßte und publizierte zwischen 1936 und 1980 ausschließlich faschistische und neofaschistische Schriften, unter anderem: Die nationalsozialistischen Grundlagen der Arbeitspolitik (1936). – Der deutsche Arbeiter und die päpstliche Sozialpolitik (1937). – Berufsständische Vereine als Machtinstrument des politischen Katholizismus (1937). – Nietzsche und der Nationalsozialismus (1937). – Vom Ständestaat zur Priesterherrschaft. Eine Abrechnung mit Othmar Spann (1938). – Othmar Spann, der Philosoph des christlichen Ständestaats. In: NSMH, 1938, Heft 101. – Weltanschauung und Wissenschaft. In: NSMH, 1939, Heft 114. – Bolschewismus als Wissenschaft. In: NSMH, 1941, Heft 137. – Nationalsozialistische Philosophie? In: NSMH, 1941, Heft 138. – Die ideologischen Grundlagen des Bolschewismus (1944). Dieses Machwerk erschien 1955 im Holstein Verlag Hamburg erneut unter dem Pseudonym Herbert Steinberg und mit einem anderen Titel versehen: »Marxismus-Leninismus-Stalinismus«. – Großdeutschland. Traum und Tragödie. Rosenbergs Kritik am Hitlerismus (1955/1970). – Freispruch für Deutschland. Unsere Soldaten vor dem Nürnberger Tribunal (1965). – Amerikas Krieg gegen Deutschland (1968). – Was Holocaust verschweigt (1979). – H. St. Chamberlain, der Bekenntnisdeutsche. Zum 125. Geburtstag des »Sehers von Bayreuth«.

In: Klüter Blätter, 1980, Heft 9. Zahlreiche Aufsätze in neonazistischen Presseerzeugnissen, so in: »Deutsche Wochenzeitung. Für nationale Politik, Kultur und Wissenschaft«, »Deutsche Nachrichten« und »Klüter Blätter« (im letzteren ständiger Mitarbeiter).

118 Siehe Reinhard Bollmus: Zum Projekt einer nationalsozialistischen Alternativuniversität. In: Erziehung und Schulung im Dritten Reich, S. 144.

119 Dokument vom 21. Juni 1942 über die Absicht Rosenbergs, den Leiter des Rassenpolitischen Amtes zum Leiter des Hauptamtes Wissenschaft zu machen. In: Akten der Parteikanzlei der NSDAP Nr. 26482 Dok. W 12603206f. (187).

120 Siehe Reinhard Bollmus: Zum Projekt einer nationalsozialistischen Alternativuniversität. In: Erziehung und Schulung im Dritten Reich, S. 144, 145.

121 Wirsing war später Chefredakteur der BRD-Zeitung »Christ und Welt«. (Siehe Helmut Heiber: Walter Frank und sein Reichsinstitut für Geschichte des neuen Deutschlands, Stuttgart 1966, S. 1078.)

122 Auszüge aus den Reden von Rosenberg und von Institutsdirektor Wilhelm Grau anläßlich der Eröffnung des Instituts zur Erforschung der Judenfrage finden sich in: Völkischer Beobachter, 27. März 1941, S. 5. Eine kürzere Wiedergabe der Rede von Walter Groß auf der Arbeitstagung des Instituts am 27. März bringt der Völkische Beobachter, 28. März 1941, S. 6.

123 Entsprechende Dokumente über die Entsendung der Rosenberg unterstehenden »Kommission« auf Anordnung Hitlers sowie die Bestätigung Rosenbergs, daß er lediglich auf die wissenschaftlichen Bestände der »beschlagnahmten« Bibliotheken reflektiere, die übrigen dagegen »selbstverständlich« dem Auswärtigen Amt bzw. der Staatspolizei zur Verfügung stünden, siehe: Akten der Parteikanzlei der NSDAP, Nr. 24710, Dok. W 12602483–86, 538, 557–66 (184); 12604858 (243).

124 Siehe Kurt Pätzold/Manfred Weißbecker: Hakenkreuz und Totenkopf, S. 323. – Reinhard Bollmus: Zum Projekt einer nationalsozialistischen Alternativuniversität. In: Erziehung und Schulung im Dritten Reich, S. 138.

125 Siehe Reinhard Bollmus, ebenda.

126 Geplant waren in München das Institut für Indogermanische Geistesgeschichte, Leiter: Prof. Dr. Richard Harder; in Stuttgart bzw. Schelklingen/Württemberg: Institut für Biologie und Rassenlehre unter Prof. Dr. Walter Groß, vertreten durch Dr. Werner Hüttig; in Hamburg: Institut für Überseeforschung, unter Prof. Dr. Gustav Adolf Rein; in Halle: Institut für Religionswissenschaft unter Prof. Dr. Wilhelm Brachmann; in Detmold-Münster bzw. Graz (Stift Rein): Institut für Deutsche Volkstumskunde unter Dr. Karl Heiding; in St. Andrä bei Villach/Kärnten: Zentralbibliothek der Hohen Schule unter Dr. Walter Grothe; in Prag:

Institut für Ostforschung; in Kiel: Institut für Germanische Forschung; in Straßburg: Germanisch-gallicanisches Institut.

127 Siehe die im Detail etwas voneinander abweichenden Angaben bei Reinhard Bollmus: Zum Projekt einer nationalsozialistischen Alternativuniversität. In: Erziehung und Schulung im Dritten Reich, S. 141/142 und Leon Poliakov/Josef Wulf: Das Dritte Reich und seine Denker, S. 132ff.

128 Siehe Reinhard Bollmus: Zum Projekt einer nationalsozialistischen Alternativuniversität. In: Erziehung und Schulung im Dritten Reich, S. 142.

129 Dokumentation der Kompetenzstreitigkeiten für den Zeitraum zwischen dem 3. Mai und 6. September 1940 in: Akten der Parteikanzlei der NSDAP Nr. 24623, Dok. W 12602466–80 (184).

130 Siehe ebenda Nr. 27014, Dok. W/H 12603327f; 12603663f (189); 12604797–804; 813f (241); 12604837–51 (242); 12605045–67 (260); 80100060ff (CXL II–209).

131 Ley, Robert (1890–1945), ab 1924 Mitglied der NSDAP, 1925 Gauleiter der NSDAP im Rheinland, 1925 in Köln Gründung der Nazizeitung »Westdeutscher Beobachter« mit finanzieller Unterstützung durch den IG-Farben Konzern. 1933 Reichsorganisationsleiter der NSDAP. Im Mai 1933 führend beteiligt an der Zerschlagung der Gewerkschaften und der Gründung der faschistischen Zwangsorganisation Deutsche Arbeitsfront (DAF), 1933 bis 1945 Reichsleiter der DAF. 1945 Selbstmord vor Prozeßbeginn in Nürnberg. (Siehe unter anderem Karl Obermann: Exil Paris, S. 193, Anm. 1. – Kurt Pätzold/Manfred Weißbecker: Hakenkreuz und Totenkopf, S. 222ff., S. 383.)

132 Akten der Parteikanzlei der NSDAP, Nr. 27105, Dok. H 80100053–56 (CXL II–203).

133 Siehe Wolfgang Schlicker: Beiträge zur Erforschung der Wissenschafts- und Auswärtigen Kulturpolitik im imperialistischen Deutschland, Anm. 251.

134 Johannes Stark: Philipp Lenard 75 Jahre. In: Völkischer Beobachter, 6. Juni 1937. – Siehe auch: Wissenschaft in Berlin, S. 529ff.

135 Ausgehend von dem Vorwurf, eine Reihe von Wissenschaftlern zehre noch immer von den Überlieferungen des liberalistischen Zeitalters und bringe den Forderungen der Gegenwart nur ungenügendes Verständnis entgegen, versuchte zum Beispiel ein Arnold Ruge 1940 »Grundgesetze der völkischen Erneuerung der Wissenschaft zu entwikkeln«. (Siehe Arnold Ruge: Völkische Wissenschaft, Berlin 1940.) Auch die Seitenhiebe, die Joseph Goebbels 1943 im Zusammenhang mit der Lobpreisung der »verdienstvollen Leistungen der deutschen Gelehrten, Forscher, Wissenschaftler und Erfinder im Hinblick auf den modernen technisierten Krieg« gegen den »dekadenten Intellektualismus« austeilte, hatten diesen Hintergrund. (Siehe Joseph Goebbels: Von der Arbeit des Geistes. – Joseph Goebbels: Der geistige Arbeiter im Schick-

salskampf des Reiches. Rede vor der Heidelberger Universität am 9. Juli 1943.)

136 Werner Krauss: Marburg unter dem Naziregime. In: Sinn und Form, 1983, Heft 5, S. 942.

137 Das politische Tagebuch Alfred Rosenbergs aus den Jahren 1934/35 und 1939/40, hrsg. von Hans Guenther Seraphim. Eintragung vom 7. Februar 1940.

138 Werner Krauss: Marburg unter dem Naziregime. In: Sinn und Form, 1983, Heft 5, S. 942.

139 Karl Jaspers: Die Wissenschaft im Hitlerstaat. In: Konstanzer Blätter für Hochschulfragen, Mai 1965, Heft 2, S. 7.

140 Helmut Heiber: Walter Frank und sein Reichsinstitut für Geschichte des neuen Deutschlands, S. 14.

141 Vorwort zu: NS-Bibliographie. Monatshefte der parteiamtlichen Prüfungskommission zum Schutze des NS-Schrifttums, hrsg. von Reichsleiter Philipp Bouhler, Berlin 1936, Heft 1, S. XXXI. Die Aufgabe der Kommission kennzeichnend, hieß es, sie werde, »wissenschaftlich getarnte, meist von der älteren Generation herrührende Angriffe auf die nationalsozialistische Bewegung zurückweisen«. (Ebenda, S. XXX.) Empfohlen wurden hingegen »wissenschaftliche Arbeiten von hohem Wirklichkeitswert«, der dann in Erscheinung trete, »wenn sie unmittelbar geschöpft sind aus dem Weltanschauungsgut der nationalsozialistischen Idee, in der unbedingten Loslösung von alter Begrifflichkeit als Voraussetzung für Erfassen und Erkennen des Neuen.« (Ebenda.)

142 Ebenda, S. XIX. (Als erste rein zeitpolitische Dissertation weist das Verzeichnis der Universitäts- und Hochschulschriften Deutschlands aus: P. Sachse: SA-Männer von Leipzig. Ein Beitrag zur Rassenkunde Deutschlands. Phil. Diss., Leipzig 1934.)

143 Siehe ebenda, S. XXX/XXXI.

144 Helmut Heiber: Walter Frank und sein Reichsinstitut für Geschichte des neuen Deutschlands, S. 14.

145 Siehe ebenda.

146 Siehe die Rubrik »Kritik der Zeit« in: NSMH, 1935, S. 470.

147 »Nach der Entlassung von Gelb bemühte sich das Ministerium aus offensichtlich politischen Gründen darum, der Hallenser philosophischen Fakultät den Privatdozenten Heinrich Schole aufzudrücken. Die Fakultät hatte im Juli 1934 eine Liste mit 1. Sander, 2. Lersch und Metzger und 3. Seifert vorgelegt. Die Nennung von Seifert schien – nach der Begründung der Liste – eher eine Lückenfüllung zu sein; Lersch und Metzger kamen kaum in Frage, da sie erst Privatdozenten waren, und Sander war gerade nach Jena berufen worden. Das Ministerium entschied sich zunächst für eine Zwischenlösung und beauftragte Otto Schultze mit der Vertretung der Psychologie auf dem Lehrstuhl des entlassenen Philosophen Emil Utitz; er wurde jedoch von der Fakultät mas-

siv abgelehnt und blieb nur kurz in Halle. Kirchenrat Mattiat vom RMWEV schrieb nun am 15. 3. 1935, die Fakultät möge einen neuen Dreiervorschlag unterbreiten und sich dabei auch über Schole und Carl Jesinghaus äußern. Offensichtlich hatte das Ministerium ein Interesse, beide auf Professorenstellen unterzubringen. Die Fakultät hielt jedoch an ihrer Liste fest und bezeichnete Jesinghaus und Schole als nicht geeignet für das Ordinariat ... Am 22. 11. 1935 beauftragte das Ministerium Schole einfach mit der Vertretung des Lehrstuhls, damit sich die Fakultät ein Bild über ihn machen könne. Doch dies fiel sehr schlecht aus. Hatte die Fakultät Gelb, als sie ihn nach Halle holte, allein aufgrund psychologischer Schriften für ausgewiesen angesehen, so wurde nun gegen Schole argumentiert, dieser sei ›ausschließlich Psychologe‹, das Ordinariat aber eines für ›naturwissenschaftliche Philosophie und Psychologie‹. Man darf daher vermuten, daß dieses Argument als ein taktisches kam, weil man Schole aus anderen – auch politischen – Gründen nicht wollte. Die negative Einschätzung der Befähigung Scholes wurde vom Rektor unterstützt. Das Ministerium ließ sich nicht beirren und forderte am 4. 7. 1936 die Fakultät erneut auf, ›zu einer endgültigen Berufung Scholes Stellung zu nehmen‹. Als die Universität bei ihrer Liste blieb und selbst Jaensch, der bekannte nationalsozialistische Wortführer der DGfPs, in einem Brief an Emil Abderhalden als Präsidenten der Leopoldina in Halle vier andere Namen nannte, schien das Ministerium einen Rückzieher zu machen. Zum Sommersemester 1937 wurde Metzger mit der Lehrstuhlvertretung beauftragt. Schole konnte sich über all das nur beklagen; es schien sein ›Gerechtigkeitsgefühl‹ zu verletzen. Er schrieb am 18. 12. 1935 an den Rektor, beim Ministerium in Berlin habe man ihm eine Berufung in Aussicht gestellt, ›da die Psychologie mit sehr wenig nationalsozialistischen Augen berufe‹; Mattiat habe sich für ihn eingesetzt, auch in Frankfurt: ›Ein natürliches Gerechtigkeitsgefühl hält bei mir die Überzeugung wach, daß ich mir an derjenigen Hochschulgattung, an der ich jetzt 14 Jahre lang – ohne Aussicht auf Beförderung! – in verbissenem Trotz den Kampf gegen Judentum, Volksverfall, Liberalismus, Marxismus usw. geführt habe, ein Anrecht auf volle Einreihung verdient habe. Meine einfache Logik bleibt die: hier acht oder neun unbesetzte Lehrstühle, dort drei Jahre lang der Ruf: Wir haben für sie keine zuverlässigen Männer! Ich erhebe den Anspruch, zuverlässig zu sein ...‹. Diese Logik war aber nicht die Logik der Universitäten. Mattiat versuchte Schole ohne Erfolg auch in Hamburg, Berlin und Königsberg unterzubringen. Dem Hamburger Rektor bescheinigte der Hallenser Rektor dabei im September 1936 gerne die Befähigung Scholes, den man selber gerade abdrängen wollte. Auch Jaensch setzte sich in Hamburg für ihn ein, aber mit deutlich einschränkenden Bemerkungen über seine wissenschaftliche Qualifikation. Nachdem Schole vom Ministerium auch in Königsberg, Göttingen und Greifswald für jeweils kurze Zeiträume mit der vertretungsweisen Wahrnehmung einer Professur beauftragt worden war, wozu die Zustimmung der Fakultät nicht eingeholt werden mußte, machte man ihn schließlich 1938 zum nicht beamteten außerordentlichen Professor der Universität Greifswald. Ordinarius wurde er nie.« (Ulfried Geuter: Die Professionalisierung der deutschen Psychologie im Nationalsozialismus, S. 111/112.)

148 Werner Krauss: Marburg unter dem Naziregime. In: Sinn und Form, 1983, Heft 5, S. 943.

149 Ebenda. Werner Krauss gehört zu den wenigen namhaften Wissenschaftlern, die während der Hitlerdiktatur zum organisierten Widerstand fanden. Wegen aktiver Teilnahme am Widerstandskampf wurde er im November 1942 mit anderen Mitgliedern der Schulze-Boysen/Harnack-Gruppe verhaftet und im Januar 1943 zum Tode verurteilt. Dank geschickt abgefaßter psychiatrischer Gutachten gelang es, über eine zweite Hauptverhandlung im September 1944 das Todesurteil in eine fünfjährige Zuchthausstrafe umzuwandeln. Der im März 1945 ergehende Befehl des Reichskriegsgerichts, den für den militärischen Dienst untauglichen Gefangenen der Gestapo zum Arbeitseinsatz in einem Konzentrationslager zu überstellen, konnte im Chaos des Regime-Zusammenbruchs nicht mehr ausgeführt werden. In einen Lazarettzug geschmuggelt, gelang es Krauss, das von der Naziherrschaft schon befreite Gebiet zu erreichen. Kurz nach der Kapitulation war er wieder in Marburg. 1947 folgte der standhafte Antifaschist einem Ruf an die Universität Leipzig, der er bis zu seinem Tode 1976 angehörte. (Siehe Manfred Naumann: Prolegomena zu einer Werner-Krauss-Biographie. In: Sinn und Form, 1983, Heft 5, S. 946ff.)

150 Hans F. K. Günther, Dr. phil., geb. 1891 in Freiburg im Breisgau. Politischer Schriftsteller, führender Rassenideologe des »Dritten Reiches« (»Rassengünther«); verfaßte auf Anregung des Verlegers J. F. Lehmann, in dessen Verlag bereits seit 1904 das »Archiv für Rassenwesen und Gesellschaftsbiologie« und ab 1913 die rassistische Zeitschrift »Deutschlands Erneuerung« herausgegeben wurden, die 1922 erschienene »Rassenkunde des deutschen Volkes«, die das Standardwerk und die parteioffizielle Grundlage des nazifaschistischen Rassismus wurde. Von der thüringischen Landesregierung des Faschisten Wilhelm Frick gegen den Protest von Rektor und Senat als »erster Vorposten des Nationalsozialismus auf der feindlichen Hochschule« 1930 auf den neugegründeten Lehrstuhl für Sozialanthropologie (Begriff wurde geprägt vom Begründer der »deutschen Rassenhygiene« Alfred Ploetz) an die Universität Jena berufen. Antrittsvorlesung zum Thema: »Über die Ursachen des Rassenverfalls des deutschen Volkes seit der Völkerwanderungszeit« in Anwesenheit von Adolf Hitler. Auf der Kulturtagung des Nazi-Parteitages 1935 in München wurde der erstmals vergebene Preis für Wissenschaft der NSDAP an Günther verliehen. Er folgte im Som-

mer 1935 dem zum Reichsinnenminister ernannten Frick nach Berlin. Verfasser zahlreicher rassistischer Schriften: Rassenkunde des deutschen Volkes (1922). – Rassenkunde Europas (1924). – Der nordische Gedanke unter den Deutschen (1925). – Adel und Rasse (1926). – Rasse und Stil (1926). – Platon als Hüter des Lebens. Platons Zucht- und Erziehungsgedanken und deren Bedeutung für die Gegenwart (1928). – Rassengeschichte des hellenischen und des römischen Volkes (1928). – Rassenkunde des jüdischen Volkes (1929). – Kleine Rassenkunde des deutschen Volkes (»Volksgünther«) (1929, 1935: 131.–145. Tausend). – Volk und Staat in ihrer Stellung zu Vererbung und Auslese (1933). – Die nordische Rasse bei den Indogermanen Asiens (1933). – Die Verstädterung. Ihre Gefahren für Volk und Staat vom Standpunkt der Lebensforschung und der Gesellschaftswissenschaft (1934). – Herkunft und Rassengeschichte der Germanen (1935).
Nach 1945 vom Bonner Staat großzügig versorgt, erhielt er Publikationsmöglichkeiten für seine Bücher, die teilweise in faktisch unveränderten Neuauflagen der Ausgaben vor 1945 in westdeutschen Verlagen erscheinen konnten. Veröffentlicht Aufsätze, die das alte Gedankengut transportieren, in rechtsradikalen Zeitschriften der BRD, unter anderem in der DHLZ. 1953 zum korrespondierenden Mitglied der American Society of Human Genetics gewählt. 1957 Versuch einer »Wissenschaftlichen Ehrenrettung« in der DHLZ; neuerliche Aktivitäten in derselben Richtung 1960.

151 Lothar Stengel von Rutkowski, geb. 1908 in Hof zu Berge/Lettland. Universitätsdozent, Medizinalrat und Abteilungsleiter beim Thüringischen Landesamt für Rassenwesen; Hauptsturmführer der Waffen-SS. Vertrat vorbehaltlos die rassistische faschistische »politische Biologie«, einschließlich der praktischen »bevölkerungspolitischen Maßnahmen des Nationalsozialismus«. 1939 Promotion zum Dr. med. mit dem Thema: Die unterschiedliche Fortpflanzung. Untersuchung über die Fortpflanzung der 20000 thüringischen Bauern, München/Berlin 1939 (92 S.); Habilitation 1940 zum Thema: Was ist ein Volk? Der biologische Volksbegriff. Eine kulturbiologische Untersuchung. Seine Definition und seine Bedeutung für Wissenschaft, Weltanschauung und Politik, Erfurt 1940 (177 S.). Publizierte unter anderem: Rasse und Geist. In: NSMH, 1933. – Hans F. K. Günther, der Programmatiker des Nordischen Gedankens. In: NSMH, 1935, 2 Teile. – Sein und Werden im Erdgeschehen. In: Zeitschrift für deutsche Kulturphilosophie, Tübingen, 10 Bd., 1943, Nr. 1. – Eine Philosophie der Rasse. In: NSMH, 1944.

152 Lothar Stengel von Rutkowski: Hans F. K. Günther, der Programmatiker des Nordischen Gedankens. In: NSMH, 1935, S. 1101, 1105/1106.

153 Siehe Karl Corino: Nachwort. In: Intellektuelle im Bann des Nationalsozialismus, Hamburg 1980, S. 244.

154 Siehe Karl Obermann: Exil Paris, S. 172.

155 Walter Groß: Nationalsozialismus und Wissenschaft. In: NSMH, 1943, Heft 154, S. 4.
156 Siehe Karl Obermann: Exil Paris, S. 228.
157 Siehe: Die Bewegung, Nr. 51, 20. Dezember 1938.
158 Siehe Karl Obermann: Exil Paris, S. 234.
159 Siehe ebenda, S. 135/136.
160 Ebenda, S. 236ff.
161 Johannes R. Becher: Der Aufstand im Menschen, Berlin und Weimar 1983, S. 160.
162 Zit. in: Erziehung und Schulung im Dritten Reich, S. 16/17.
163 Verfolgung, Vertreibung, Vernichtung, S. 73.
164 Siehe: Bericht über die Arbeitstagung der Reichsstelle zur Förderung des deutschen Schrifttums vom 8. bis 10. März 1935. In: NSMH, 1935, S. 375f.
165 Zit. in: Karl Obermann: Exil Paris, S. 231.
166 Siehe Karlheinz Rüdiger: Politische Wissenschaft im Aufbau. Zum Ausbau des Hoheneichen-Verlages als weltanschaulich-wissenschaftlicher Verlag der NSDAP. In: NSMH, 1939, S. 722ff.
167 Siehe Karl Obermann: Exil Paris, S. 203.
168 Ferdinand Weinhandl: Philosophie – Werkzeug und Waffe, Neumünster/Holstein 1940.
169 Standort des Exemplars: Deutsche Staatsbibliothek Berlin. Signatur: AA 49476.

2. Weltanschauung total

1 Viktor Klemperer: LTI. Notizbuch eines Philologen, Leipzig 1975, S. 106.
2 Ebenda, S. 153/154.
3 Siehe: Deutsches Wörterbuch von Jacob und Wilhelm Grimm, Vierzehnter Band, I. Abtlg., 1. Teil, Leipzig 1955, S. 1530–1538.
4 Siehe Hans Heinz Holz: Metaphysik. In: Enzyklopädie zur bürgerlichen Philosophie im 19. und 20. Jahrhundert, hrsg. von Manfred Buhr, Leipzig 1988, S. 133ff.
5 Houston Steward Chamberlain: Die Grundlagen des 19. Jahrhunderts, München 1906, S. 876f. Chamberlain (1855–1927), britischer Offizier, Schriftsteller, Kulturphilosoph. Schwiegersohn Richard Wagners. Er paßte den Rassismus von Arthur Gobineau den Machtansprüchen speziell des deutschen Kapitals an. 1885 aus Deutschenverehrung nach Deutschland umgesiedelt, verherrlichte er ein »arisches Schöpfertum«. Er verarbeitete in seinem Hauptwerk »Die Grundlagen des 19. Jahrhunderts.« (1899) völkisch-rassische Ideen zu einer den imperialistischen ideologischen Bedürfnissen entsprechenden philosophischen Weltsicht. Von den Nazis wurde er als einer ihrer Vordenker gefeiert. Siehe

dazu auch Günter Hartung: Literatur und Ästhetik des deutschen Faschismus, S. 152.

6 Clara Zetkin: Der Kampf gegen den Faschismus. Protokolle der Konferenz der Erweiterten Exekutive der kommunistischen Internationale, Hamburg 1924, S. 204.

7 Houston Stewart Chamberlain: Die Grundlagen des 19. Jahrhunderts, S. 876.

8 Siehe ebenda, S. 879.

9 Victor Klemperer: LTI, S. 21/22.

10 Cornelia C. Berning: Die Sprache des Nationalsozialismus. In: Zeitschrift für deutsche Wortforschung, 1961, Heft 3, S. 171. – Siehe ferner: Bertolt Brecht: Über die Theatralik des Faschismus (1939/40). In: Schriften zum Theater, Bd. V, S. 94, 101/102.

11 Victor Klemperer: LTI, S. 105/106, 107.

12 Georg Lukács: Die Erkenntnistheorie Lenins und die Probleme der modernen Philosophie. In: Beiträge zur Kritik der bürgerlichen Ideologie, Berlin 1986, S. 69.

13 Siehe Georg Wilhelm Friedrich Hegel: Phänomenologie des Geistes, Berlin 1964, S. 21, und Karl Marx: Das Kapital. Erster Band. In: Marx/Engels: Werke (im folgenden MEW), Bd. 23, S. 28. Zum Inhalt und zur Geschichte des Totalitätsbegriffs siehe Monika Leske: Die Kategorie der Totalität in der materialistischen Dialektik. In: DZfPh, 1978, Heft 3. – Monika Leske: Totalitätsbegriff und Gesellschaftsanalyse. In: Monika Leske/Götz Redlow/Gottfried Stiehler: Warum es sich lohnt, um Begriffe zu streiten, Berlin 1982.

14 Georg Lukács in: Beiträge zur Kritik der bürgerlichen Ideologie, S. 69.

15 Carl Schmitt: Positionen und Begriffe im Kampf mit Weimar – Genf – Versailles 1923–1939, Hamburg 1940, S. 235.

16 Siehe: Sturz ins Dritte Reich. Historische Miniaturen und Porträts 1933/35, Leipzig/Jena/Berlin 1983, S. 278.

17 Die Totalitarismus-Doktrin im Antikommunismus, Berlin 1985, S. 57ff. Siehe auch Giovanni Gentile: Grundlagen des Faschismus, Köln 1936. Gentile, der im Aktionismus seiner »Philosophie der Praxis« den Kern faschistischer Geistesart sah, trug als langjähriges Mitglied der faschistischen Regierung wesentlich dazu bei, diese Theorie als tragendes Prinzip des Staates zu verankern. »Die wahre Bedeutung des Faschismus«, heißt es bei ihm, »ermißt sich nicht aus den besonderen Thesen, die er, theoretisch oder praktisch, Mal für Mal annimmt. ... Oft hat er sich die Erreichung eines Ziels, die Verwirklichung einer Idee, die Zurücklegung eines Weges vorgesetzt und hat dann bei der Probe nicht gezögert, den Kurs zu ändern und das betreffende Ziel oder die betreffende Idee als unvereinbar mit dem eigenen Prinzip zu verwerfen. ... Oft hat er Reformen angekündigt, deren Ankündigung politisch günstig war, aber zu deren Ausführung er sich deshalb allein nicht ver-

pflichtet glaubte. Die wahren Beschlüsse des Duce sind immer die, die gleichzeitig formuliert und ausgeführt werden. Deshalb rühmt er sich, ›Tempist‹ zu sein und im richtigen Moment zu beschließen und zu handeln.« (Ebenda, S. 33.) Am 15. April 1944 wurde Gentile vor seiner Florentiner Villa von Partisanen erschossen. (Siehe Nicola De Domenico: Gentiles Praxis-Philosophie und ihr Einfluß auf die Marx-Rezeption in Italien. In: Arbeit und Reflexion, hrsg. von Peter Furth, Köln 1980, S. 140.)

18 Hans Günther: Der Herren eigner Geist, S. 210.

19 Aus der Flut der Beispiele seien wenigstens einige Belege beigebracht: »Da die Weltanschauung des Nationalsozialismus nicht eine Parteianschauung vertritt, sondern in ihrer Totalität das ganze Volk erfassen soll, wird sie damit zum Gemeingut aller.« (Paul Meyer-Bennekenstein: Geleitwort zu: U. Ungerer: Das Schrifttum des Nationalsozialismus 1919–1934. Forschungsberichte zur Wissenschaft des Nationalsozialismus, Heft 1, S. VI.)
»Es handelt sich darum, entsprechend der nationalsozialistischen Weltanschauung und der Totalität dafür zu sorgen, daß die organische Betrachtungsweise sich auf allen Gebieten durchsetzt.« (Max Frauendorfer: Der ständische Aufbau ist eine Aufgabe der Politik. In: Völkischer Beobachter, 18. Juni 1934.)
»Der Nationalsozialismus ist eine Weltanschauung, d. h., er kann sich nicht auf einen Fragenkomplex beschränken, sondern muß die Forderung der Totalität erheben.« (Ebenda.)
»Unsere historische Aufgabe ... ist der Zusammenschluß, ist die Einigung der gesamten jungen Generation, denn es geht um das Prinzip der Totalität, das wir all die Jahre hindurch gewahrt haben, und gerade hieran müssen wir auch weiter festhalten.« (Pressebericht über das Auftreten von Reichsleiter Alfred Rosenberg und Reichsjugendführer Baldur von Schirach auf der Kulturkundgebung der HJ-Presse. In: Völkischer Beobachter, 7. November 1934.)
»Es wird ein Glück sein, wenn diese Bewegung bald zu der von ihr erstrebten Totalität kommt. Viele Schwierigkeiten würden dadurch erspart.« (Ausführungen des Reichswehrministers Blomberg im Juni 1933 in Bad Wildungen. In: Ausgewählte Dokumente zur Geschichte des Nationalsozialismus 1933–1945. Hrsg. von H. A. Jacobsen/W. Jochmann, Bielefeld 1960. Dort erstmals veröffentlichtes Dokument vom 1. Juni 1933.)
»Das liberalistische Zeitalter mit seiner Hingabe an einen hemmungslosen Individualismus wurde abgelöst wiederum durch die Totalität einer Weltanschauung, die vom Politischen her dem deutschen Volk eine geistige Gestalt in der von Adolf Hitler geschaffenen Einheit der Nation gab.« (Horst Dressler-Andress: Der Rundfunk. In: Deutsche Kultur im Neuen Reich, hrsg. von Alfred Dreyer, Berlin 1934, S. 102.)

»... die Wirkung auf die Totalität des Volkes hin, auf die Totalität einheitlicher weltanschaulicher Erlebnisse kann lediglich der Rundfunk üben.« (Ebenda.)

20 Siehe Gerhard Rühle: Das Dritte Reich. Das erste Jahr. 1933, Berlin 1934, S. 38.

21 Siehe Joseph Goebbels: Wesen und Gestaltung des Nationalsozialismus, Berlin 1934, S. 18.

22 Siehe Ernst Rudolf Huber: Verfassung, Hamburg 1937, S. 302/303. Bezeichnend für die Rolle, die Huber im »Dritten Reich« spielte, ist eine Aufgabe, die ihm gemeinsam mit den Rechtsphilosophen Karl Larenz und Georg Dahm von den faschistischen Machthabern übertragen wurde. Die drei Wissenschaftler wurden vom Preußischen Kultusminister an die Universität Kiel berufen, um dort »ein Beispiel für die nationalsozialistische Durchdringung der Wissenschaft zu setzen«. Wie entsprechende Publikationen belegen, widmeten sich die so »Ausgezeichneten« dieser Aufgabe mit ganzer Kraft. (Siehe dazu Karl Dietrich Erdmann: Wissenschaft im Dritten Reich, Kiel 1967, S. 14ff., 23/24.) Ein zwar peripheres, aber aufschlußreiches Detail für Hubers Verrat der Wissenschaft an den Geist des deutschen Faschismus ist seine Besprechung von Baeumlers »Männerbund und Wissenschaft« in den »Blättern für Deutsche Philosophie«, Bd. 8, 1934, Heft 2, S. 177ff. Wissenschaftlich kommt Huber aus dem Kreis um Carl Schmitt, der als der führende bürgerliche Staatsrechtler galt. Schmitt hatte den von Hitler und Hindenburg in Potsdam besiegelten Pakt sozusagen legitimiert und damit gleichsam den Beweis geliefert, daß Konservatismus und Nazismus ein festes und dauerhaftes Bündnis eingegangen waren. Der Übergang Schmitts vom Konservatismus zum Nationalismus – am 1. Mai 1933 wurde er Mitglied der NSDAP – war für die Nazis besonders am Beginn ihrer Herrschaft von nicht zu unterschätzendem Gewicht. Die profaschistischen Stellungnahmen Schmitts waren mit ausgeprägt antisemitischen Positionen verbunden, und die Verfolgung und Ermordung von Kommunisten fanden von vornherein seine Zustimmung. (Siehe Joachim Petzold: Konservative Theoretiker des deutschen Faschismus, besonders S. 168–175, S. 233–242. – Friedrich Tomberg: Konservative Wegbereitung des Faschismus in der politischen Philosophie Carl Schmitts. In: Argument, 1974, Heft 87, S. 604ff.

23 Ernst Rudolf Huber: Verfassung, S. 62.

24 Zur Person Ernst Jüngers siehe Joachim Petzold: Konservative Theoretiker des deutschen Faschismus, S. 10, 193ff., 217ff. – Joachim Petzold: Ernst Jüngers Beitrag zur faschistischen Kriegspsychologie. In: Militärgeschichte, 1977, Heft 6, S. 107ff. Über die Rolle Jüngers bei der Herausgabe antidemokratischer Zeitungen und Zeitschriften und seine Mitarbeit an ihnen siehe Lionel Richard: Deutscher Faschismus und Kultur, S. 51.

25 Ernst Forsthoff: Der totale Staat, Hamburg 1933. Wie der oben genannte Huber stammt Forsthoff aus dem Bannkreis von Schmitt. Er gehörte in den zwanziger Jahren und darüber hinaus zum Vorstand der 1917 angesichts der »drohenden nationalen Niederlage« als Durchhalteorganisation gegen die »liberale« Kantgesellschaft von Bruno Bauch gegründeten »Deutschen Philosophischen Gesellschaft« (neben Hans Freyer, Nicolai Hartmann, Heinz Heimsoeth, Erich Rothacker, Max Wundt, Alfred Baeumler, Gunther Ipsen, Ludwig Klages, Paul Kluckhohn, Ernst Krieck, Theodor Litt, Heinrich Rickert, Hans Schwarz, Othmar Spann, Viktor v. Weizsäcker, Erich Haensch, Theodor L. Haering, Eduard Spranger, Carl August Emge und anderen). Im faschistischen Deutschland bekleidete Forsthoff verschiedene Ordinariate auf dem Gebiet der Rechtswissenschaft: 1933 Universität Frankfurt a. M.; 1935 Universität Hamburg; 1936 Universität Königsberg; 1941 Universität Wien; 1943 Universität Heidelberg.

Als sich integrierender NS-Rechtstheoretiker und militanter Hochschullehrer partizipierten Forsthoff und die anderen willigen und lautstarken Propagandisten der nazifaschistischen Rechtsvorstellungen am nationalsozialistischen Monopol der Rechtsauslegung auf Universitätsebene. Neben Forsthoff gehörten zu diesem Stoßtrupp an den rechtswissenschaftlichen Fakultäten unter anderem Reinhard Höhn, Heinrich Henkel, Georg Dahm, Friedrich Schaffstein, Karl Larenz, Heinrich Lange, Ernst Rudolf Huber. (Siehe Gerhard Mauz: Ernst Forsthoff und andere ... In: Intellektuelle im Bann des Nationalsozialismus, Hamburg 1980, S. 199.) Nach 1945 kehrte der auch weiterhin politisch extrem rechts stehende renommierte faschistische Rechtswissenschaftler ins westdeutsche Hochschulwesen zurück. Als Referent und Gutachter war Forsthoff, der sich offen zu seiner faschistischen Vergangenheit bekannte, darüber hinaus ein Vertrauensmann der Monopole und brachte seine Erfahrungen in die Bonner Rüstungs- und Expansionspolitik ein. (Siehe Ludwig Elm: Hochschule und Neofaschismus.) Von 1960 bis 1963 fungierte Forsthoff als Präsident des Obersten Verfassungsgerichts der Republik Zypern. Anläßlich seines 65. Geburtstages erschien in München 1967 eine Festgabe, die auch eine Bibliographie seiner Schriften enthält. Sein Engagement für den Nationalsozialismus betreffend, stellt Werner Rügemer Forsthoff in eine Reihe mit dem in der BRD gleichfalls wieder Karriere machenden Arnold Gehlen und den weniger bekannt gewesenen Philosophen Hans Freyer und Hans Günther, vergleicht ihn aber auch mit Carl Schmitt und Martin Heidegger. (Siehe Werner Rügemer: Philosophische Anthropologie und Epochenkrise, S. 137.)

26 Siehe: Völkischer Beobachter, 9. Januar 1934.

27 Ebenda. Zu den Auseinandersetzungen um den Begriff »totaler Staat« siehe Ernst Forsthoff: Der totale Staat (1933). – Roland Freisler: Totaler Staat? – Nationalsozialistischer Staat! In: Deutsche Justiz, 1934, S. 43. –

Ernst Rudolf Huber: Die Totalität des völkischen Staates. In: Die Tat, 1934, S. 30ff. – Ernst Rudolf Huber: Die Einheit der Staatsgewalt. In: Deutsche Juristen Zeitung, 1934, Sp. 950ff. – Ernst Rudolf Huber: Vom Sinn der Verfassung (1938). – Ernst Jünger: Die totale Mobilmachung (1934[2]). – Carl Schmitt: Der Hüter der Verfassung (1931, S. 78ff). – Carl Schmitt: Weiterentwicklung des totalen Staates in Deutschland. In: Europäische Revue, 1933, S. 65.

28 Joseph Goebbels: Wesen und Gestaltung des Nationalsozialismus, S. 18.

29 Siehe Walter Schlangen: Theorie und Ideologie des Totalitarismus, Bonn 1972, S. 27/28.

30 »Wir haben für den Typus, der uns als Bild vorschwebt, den Namen des politischen Soldaten gefunden.« (Alfred Baeumler: Männerbund und Wissenschaft, Berlin 1937. Antrittsvorlesung in Berlin am 10. Mai 1933, S. 129.)

31 Die Verknüpfung von Totalität mit Unmittelbarkeit unter Ausschluß der Idee der Vermittlung verfälschte Totalität zur Absolutheit, zur allumfassenden Ganzheit, deren schöpferische Quelle im Mythos liegt.

32 Siehe Alfred Baeumler: Der politische Mensch. In: Männerbund und Wissenschaft, S. 154.

33 Hans Löhr: Wesen und Sinn der nationalsozialistischen Akademie des NSD-Dozentenbundes der Christian-Albrechts-Universität. In: Kieler Blätter, 1938, Heft 1, S. 40.

34 Hans Heyse: Idee und Existenz, Hamburg 1935, S. 322.

35 Alfred Baeumler: Der politische Mensch. In: Männerbund und Wissenschaft, S. 155.

36 Zit. in: Ernst Niekisch: Das Reich der niederen Dämonen, o. O. 1953, S. 197.

37 Karl Astel, Dr. med., Jahrgang 1898, arbeitete in führenden Positionen an der Durchsetzung der faschistischen Rassenpolitik. 1925 bis 1933 Leiter der sportärztlichen Untersuchungs- und Beratungsstelle München, ab 1933 Präsident des Thüringischen Landesamtes für Rassenwesen in Weimar. 1934 Ernennung zum Leiter des staatlichen Gesundheits- und Wohlfahrtswesens im Thüringischen Innenministerium, 1934 Berufung zum Lehrbeauftragten für menschliche Zuchtlehre und Vererbungsforschung an die Universität Jena. 1935 bis 1945 ordentlicher Professor an der Universität Jena, ab 1935 Direktor des Instituts für menschliche Erblehre und Rassenpolitik. 1939 Ernennung zum Rektor, Thüringischer Staatsrat. Publikationen unter anderem: Rassendämmerung und ihre Meisterung durch Geist und Tat als Schicksalsfrage der weißen Völker. In: Nationalsozialistische Monatshefte (im folgenden NSMH), 1935, S. 194–215. – Erbbestandsaufnahme – Erbarchiv. In: Völkische Wissenschaft, 1935, Heft 4. – Die Aufgabe der nationalsozialistischen Hochschule auf rassischer Grundlage. In: Öffentlicher Jugendge-

sundheitsdienst, 1937, Heft 20. – Die Aufgabe. Rede zur Eröffnung des Wintersemesters 1936/37 an der Universität Jena, Jena 1937. –Züchterische Familienkunde, 1937. – Die unterschiedliche Fortpflanzung. Untersuchung über die Fortpflanzung von 12000 Beamten und Angestellten der Thüringischen Staatsverwaltung, München und Berlin 1939.

38 Karl Astel: Rassendämmerung und ihre Meisterung durch Geist und Tat als Schicksalsfrage der weißen Völker. In: NSMH, 1935, S. 207.

39 Siehe Alfred Rosenberg: Weltanschauung und Wissenschaft. Fünf Vorträge der dritten Reichsarbeitstagung der Dienststelle für Schrifttumspflege bei dem Beauftragten des Führers für die gesamte geistige und weltanschauliche Erziehung der NSDAP und der Reichsstelle zur Förderung des deutschen Schrifttums, Bayreuth 1937, S. 7.

40 Ebenda, S. 4 und 7.

41 In ihrer Ablehnung der Rationalität beriefen sich die Naziideologen auf die Geisteshaltung der Romantiker, die sich gleichfalls gegen eine »intellektualistische Zerstörung« des geistigen Lebens gewandt hatten und das Aussterben der schöpferischen Kräfte beklagten. Doch liegt ein entscheidender Unterschied darin, daß die Nazifaschisten die von den Romantikern verfochtene Idee des Volkes, der Nation, des Volkstums in den Mythos von Blut und Boden und die Dynamik des (geistigen) Lebens in die »Dynamik des Blutes« verkehren. Für den deutschen Faschismus sind die elementaren Kräfte die Kräfte des Blutes, und diese resultieren aus der Rasse. »In diesem Sinne einer pervertierten Romantik verwendet der Nationalsozialismus zum großen Teil in der Romantik entstandene Begriffe wie Volksgemeinschaft, Volksgenosse, Volkstum, Lebensgefühl u. a.« (Cornelia Berning: Die Sprache des Nationalsozialismus. In: Zeitschrift für deutsche Wortforschung, 1961, Heft 3, S. 177/178.)

42 Alfred Klemmt: Wissenschaft und Philosophie im Dritten Reich, Berlin 1938, S. 16/17. Alfred Klemmt, Jahrgang 1895, trat für eine Fundierung der Philosophie auf den nazifaschistischen Kernthesen ein und betonte dabei ihren rationalistischen Anspruch. 1930 bis 1940 Dozent, Studienleiter und Leiter der Abteilung Staats- und Kulturphilosophie an der Deutschen Hochschule für Politik der NSDAP in Berlin, schrieb über Descartes, Pascal, Malebranche, Locke, Berkeley. Siehe auch: Alfred Klemmt: Weltanschauung statt Philosophie? In: NSMH, 1941, Heft 141.

43 Siehe Cornelia Berning: Die Sprache des Nationalsozialismus. In: Zeitschrift für deutsche Wortforschung, 1961, Heft 3, S. 171 ff.

44 Ernst Krieck: Völkisch-politische Anthropologie. 2. Teil: Das Handeln und die Ordnungen, Leipzig 1937, S. 170.

45 Siehe Peter Przybylski: Zwischen Galgen und Amnestie, Berlin 1982, S. 13. Ausführlich dazu Karl Saller: Die Rassenlehre des Nationalsozialismus in Wissenschaft und Propaganda, Darmstadt 1961. Zur Herausbil-

dung und Funktion des imperialistischen Rassismus und Antisemitismus siehe Walter Mohrmann: Antisemitismus. Ideologie und Geschichte im Kaiserreich und in der Weimarer Republik, Berlin 1972. – Reinhard Opitz: Faschismus und Neofaschismus, S. 7–25. Zum nazifaschistischen Antisemitismus 1933 bis 1945 siehe Klaus Drobisch/Rudi Goguel/Werner Müller: Juden unterm Hakenkreuz. Verfolgung und Ausrottung der deutschen Juden 1933–1945, Berlin 1973. – Kurt Pätzold: Faschismus, Rassenwahn, Judenverfolgung.

46 Gustav A. Walz: Volkstum, Recht und Staat. In: Alfred Rosenberg: Weltanschauung und Wissenschaft, S. 18.

47 Siehe: Völkischer Beobachter, 3./4. September 1933. Dem Thema von Hitlers großangelegter Parteitagsrede, »Nationalsozialismus und Weltanschauung«, wurden besonders in den ersten Jahren der faschistischen Herrschaft Hunderte Propagandaschriften und Reden gewidmet.

48 Henry Picker: Hitlers Tischgespräche im Führerhauptquartier, Stuttgart 1976, S. 17.

49 Bei der Erarbeitung entsprechender Instrumentarien zur Durchsetzung der »Totalität der Weltanschauung« zu Lasten des rationalen Denkens kam es zu ebenso grotesken wie praktisch wirksamen »Theorien«. So entstanden unter anderem eine »Philosophie der Leibesübungen« und eine Theorie über das »Feiern in der Gemeinschaft«, die darauf abzielten, den Körper gegen den Geist, Instinkte und Emotionen gegen Rationalität und Vernunft auszuspielen. (Siehe Alfred Baeumler: Sinn und Aufbau der deutschen Leibesübungen. In: Männerbund und Wissenschaft, S. 45ff.)

50 Siehe Karl Christoph Lingelbach: Erziehung und Erziehungstheorien im nationalsozialistischen Deutschland. Ursprünge und Wandlungen der 1933–1945 in Deutschland vorherrschenden erziehungstheoretischen Strömungen, ihre politische Funktion und ihr Verhältnis zur außerschulischen Erziehungspraxis des Dritten Reiches, Weinheim 1970. In die gleiche Richtung zielte die extreme Verherrlichung des Soldatentums durch die in enormen Auflagenhöhen verbreitete Kriegsliteratur, die in Vorbereitung und im Gefolge des ersten Weltkrieges entstanden war und den Nazis einen schier unerschöpflichen Fundus lieferte. (Siehe Lionel Richard: Deutscher Faschismus und Kultur, S. 41.)

51 Siehe Gustav A. Walz: Volkstum, Recht und Staat. In: Alfred Rosenberg: Weltanschauung und Wissenschaft, S. 10/11.

52 Alfred Baeumler: Männerbund und Wissenschaft, S. 120/121.

53 Gustave Le Bon: Psychologie der Massen, Stuttgart 1951, S. 4. Verschiedene Autoren sind der Auffassung, Hitler wie auch Mussolini hätten dieses Buch Le Bons gekannt und für sich ausgewertet. (So H. Paechzer: National-Socialist and Fascist Propaganda. In: The Third Rich, S. 173. – A. Stein: Adolf Hitler und Gustave Le Bon. In: Geschichte in Wissenschaft und Unterricht, 1955, S. 362ff.) Doch fehlt bislang für den unmit-

telbaren Rückgriff Hitlers auf Le Bon der bündige Beweis. Eine marxistisch-leninistische Kritik Le Bons findet sich in Robert Steigerwald: Bürgerliche Philosophie und Revisionismus im imperialistischen Deutschland, Berlin 1980, S. 84ff.

54 Alfred Rosenberg: Weltanschauung und Wissenschaft, S. 8.

55 Alfred Baeumler: Männerbund und Wissenschaft, S. 91.

3. Gleichgeschaltete Philosophie

1 Heinrich Henkel: Konstruierter oder lebendiger Sozialismus? Ein Wort gegen die Literaten. In: NSMH, 1930, S. 242/243.

2 Siehe Werner Rügemer: Philosophische Anthropologie und Epochenkrise, S. 97/98.

3 Zit. in: Gerhard Mauz: Ernst Forsthoff und andere ... In: Intellektuelle im Bann des Nationalsozialismus, S. 200.

4 So die Worte des sowjetischen Anklägers im Prozeß gegen die Hauptkriegsverbrecher vor dem Internationalen Militärgerichtshof in Nürnberg über den Angeklagten Hans Fritzsche. Fritzsche hat bis 1942 die 2300 deutschen Tageszeitungen ideologisch gelenkt und war danach Leiter der Rundfunkabteilung im Goebbels-Ministerium und Generalbevollmächtigter für die politische Organisation des faschistischen Rundfunks. Siehe Peter Przybylski: Zwischen Galgen und Amnestie, S. 48.

5 Siehe Ernst Krieck: Heil und Kraft, Leipzig 1943, Vorwort.

6 Otto Dietrich, Dr. rer. pol. (1897–1952), 1931 bis 1945 Reichspressechef der NSDAP. 24. Dezember 1932 Eintritt in die SS, 1933 Vizepräsident der Reichspressekammer, 27. Januar 1934 SS-Gruppenführer. 1938 bis 1945 Pressechef der Reichsregierung und Staatssekretär im Reichsinnenministerium für Volksaufklärung und Propaganda, Präsident der Reichspressekammer. 1941 SS-Obergruppenführer. Am 11. April 1949 durch Urteil des Militärgerichtshofes IV in Nürnberg als Kriegsverbrecher zu sieben Jahren Gefängnis verurteilt.
Schrieb unter anderem: Mit Hitler in die Macht (1934). – Die philosophischen Grundlagen des Nationalsozialismus (1935). – Revolution des Denkens (1939). – Die geistigen Grundlagen des neuen Europa (1941). – Zwölf Jahre mit Hitler (1955).

7 Das politische Tagebuch Alfred Rosenbergs aus den Jahren 1934/35 und 1939/40, S. 50.

8 Siehe Alfred Baeumler: Alfred Rosenberg und der Mythus des 20. Jahrhunderts, München 1943, S. 108.

9 Das politische Tagebuch Alfred Rosenbergs aus den Jahren 1934/35 und 1939/40, S. 50.

10 Joseph Goebbels: Wesen und Gestaltung des Nationalsozialismus, S. 6, 12.

11 Hamburger Fremdenblatt: »Dr. Dietrich hat sich bemüht, das Ringen

um die nationalsozialistische Weltanschauung auf eine streng philosophische Ebene zu übertragen, und man darf ihm das Zeugnis ausstellen, daß er damit zur Anregung der Geister viel beigetragen hat. Insbesondere gelang es ihm, den Beweis zu erbringen, daß es möglich ist, fern von allen politischen Tagesfragen den Inhalt der nationalsozialistischen Weltanschauung in den reinen Höhen des absoluten Denkens zu durchforschen.« – Westdeutscher Beobachter unter der Überschrift »Das erlösende Wort«: »Dr. Dietrich, dem seit langem der Ruf eines klaren und umfassenden philosophischen Denkers vorausgeht, hat der nationalsozialistischen Weltanschauung die so lange von der geistigen Welt erwartete Formulierung als wissenschaftlich-philosophische Lehre gegeben. Mit umfassender Kenntnis der Dinge wurden hier, gleichzeitig mit der Exaktheit wissenschaftlicher Logik und Methodik, die großen geistigen Gestaltungskämpfe unserer Zeit im Sinn unserer Weltanschauung gedeutet. In seiner Gedankentiefe, in der kristallklaren logischen Fassung seiner philosophischen Formulierung und in der Kühnheit seines Angriffs gegen die philosophischen Systeme der Vergangenheit und Gegenwart ist Dietrichs Kölner Universitätsvortrag außer den Werken Rosenbergs zweifellos *die beste bisher vorhandene Deutung unserer Idee.* Von dieser großartigen Diskussionsgrundlage aus kann der Kampf um die Weltanschauung in seiner umfassenden Größe entbrennen und die endgültige Scheidung der Geister weiter treiben.« – Düsseldorfer Volksparole: »Der Vortrag Dr. Dietrichs Ist ein weithin wirkender Richtweiser auf dem Weg vom Ich zum Wir. Wir freuen uns, daß es ein Mann aus der nationalsozialistischen Presse ist, der als Helfer und Vertrauter des Führers der geistigen Offensive des Nationalsozialismus einen neuen starken Impuls gegeben hat.« – Nationalzeitung (Essen): Hier wird von der *Ausfüllung einer klaffenden Lücke in der geistigen Arbeit der Partei* gesprochen und erklärt: »Wenn von Dr. Dietrich jetzt die Anregung ausgeht, dem Nationalsozialismus gewissermaßen eine philosophische Erklärung zu geben, so muß das im Interesse nicht nur der NSDAP, sondern vor allem im Interesse des gesamten deutschen Volkes auf das herzlichste begrüßt und unterstützt werden!« – Kölnische Zeitung: *»Das Entscheidende an dieser wichtigen Rede ist ihr Vorstoß ins Sachliche*, ihr darstellender Charakter und ein logisch beherrschter Hinweis auf eine schöpferische Idee, kurz der Versuch, einer weltanschaulichen Grundidee die rein wissenschaftliche Beweisführung zu geben.« – Mainzer Anzeiger: »Wer die Kölner Rede Dr. Dietrichs in Gemeinschaft mit den führenden Männern des deutschen Geistesleben am Rhein erleben konnte, der ist gewiß, daß sie – diese Rede war eine Tat! – dem geworfenen Stein gleicht, der die Oberfläche eines trägen Wassers zerreißt und Welle um Welle nach allen Seiten in die Weite treibt. Sie ist wahrscheinlich der erste Anstoß zu jenem starken geistigen Leben, von dem Alfred Rosenberg vorahnend sagte: ›Wir freuen uns auf den funkelnden Geisteskampf‹.« – Nationalsozialistische Schlesische Tageszeitung (Breslau): »Wer einen offenen Sinn für die Entwicklung des revolutionären Umbruchs und für die Zielrichtung des geistigen Geschehens unserer Zeit hat, muß bei dieser Kundgebung aufhorchen. Sie bedeutet in der Tat nichts mehr und nichts weniger als die Ankündigung eines neuen Abschnitts in der nationalsozialistischen Bewegung. Nach der Machtergreifung des Nationalsozialismus in der Regierung und nach der Periode der personellen Gleichschaltung auf allen Gebieten des öffentlichen Lebens wird nunmehr die nächste Epoche der nationalsozialistischen Sachgestaltung auf dem gesamten Gebiet des geistigen Lebens angekündigt.« – Hamburger Nachrichten: »Statt Verfemung des Geistes schlechthin eine Bejahung des tätigen Geistes, der großen Gedanken, die das Leben bestimmen, ein Bekenntnis zur Philosophie der Gemeinschaft, anknüpfend an das Vermächtnis der deutschen Idealisten, die alles andere als weltfremde metaphysische Träumer waren ... Das ist der erfreuliche Gesamteindruck, den die Rede Dr. Dietrichs hinterläßt. Im Innern wird sie hoffentlich zur weiteren Klärung beitragen, nach außen hin das geistige Gesicht des nationalsozialistischen Deutschlands von den Zügen einer fälschlich behaupteten ›Geistfeindschaft‹ reinigen helfen.« – Preußische Zeitung (Königsberg): »Der Nationalsozialismus tritt hiermit in einen neuen Kampfabschnitt im Ringen um die gegenwärtige Gestaltung des deutschen Lebens und der deutschen Zukunft ein. Es ist dabei durchaus nicht belanglos, sondern geradezu symbolisch für die Neuwertung der Philosophie im Reich Adolf Hitlers, daß hier nicht ein Fachphilosoph sprach, sondern ein Nationalsozialist, der mitten im Lebenskampf unseres Volkes steht, der Erkenntnisse und Eindrücke, die er in diesem Kampf sammelte, durch philosophische Schau dem Leben wieder zuführen will.« Zit. in: A.-I. Berndt: Nachwort zu Otto Dietrich »Die philosophischen Grundlagen des Nationalsozialismus«. Ein Aufruf zu den Waffen des deutschen Geistes, Breslau 1934, S. 42ff.

12 Siehe Arnold Gehlen: Der Idealismus und die Gegenwart. In: Völkische Kultur III/1935, S. 323ff. – Arnold Gehlen: Der Idealismus und die Gegenwart. In: Ebenda, S. 560ff. Arnold Gehlen, Dr. phil. (1904–1976), Promotion 1927, Habilitation 1930 an der Universität Leipzig, dort auch Eintritt in die NSDAP am 1. Mai 1933. 1933–1935 Zellenleiter der Ortsgruppe Böhlitz-Ehrenberg bei Leipzig. 1933 Mitgliedschaft im NSDLB. Nach Gründung des NSDDoB auch dort organisiert. An der Universität Leipzig zwei Semester »Amtsleiter der Dozentenschaft« mit dem Auftrag, Berufungen und Ernennungen nach nationalsozialistischen Gesichtspunkten zu befördern. 1936 Tätigkeit an der Akademie des Dozentenbundes. Hielt für die Funktionäre der NSDAP und des NSDLB nationalpolitische Lehrgänge ab. Reisetätigkeit im unmittelbaren Auftrag des RMWEV. Bis etwa 1940 »Lektor der Hauptstelle Schrifttums-

pflege beim Beauftragten des Führers für die Überwachung der gesamten geistigen und weltanschaulichen Erziehung der NSDAP«. In diesem Kontext steile akademische Karriere: Wahrnehmung der Vertretung von durch die »Säuberungswelle« frei gewordenen Professuren an den Universitäten Frankfurt/Main 1933 (für den protestantischen Theologen Paul Tillich, religiöser Sozialist, SPD-Mitglied, Dekan der Philosophischen Fakultät seit 1932) und Leipzig 1934 (für den liberalen jüdischen Gelehrten Hans Driesch, Direktor des Philosophischen Instituts, Betreuer der Dissertation und Habilitation von Gehlen). 1934 Berufung zum ordentlichen Professor für Philosophie in Leipzig. Ersetzung des Ende 1937 von seinen Verpflichtungen entbundenen Theodor Litt, Direktor des Philosophisch-pädagogischen Instituts der Leipziger Universität. Ab 1938 kommissarischer Direktor des Instituts. 1938 Berufung an die von Hitler bevorzugte »Ostuniversität« Königsberg. Dort setzt Gehlen die Berufung von Konrad Lorenz an diese Universität durch. 1940 Wechsel an die Universität Wien. 1940 Leitung des Psychologischen Instituts. 1942 Direktor des Philosophischen Instituts. Unter Beibehaltung der Wiener Professur Oktober 1941 bis Mai 1942 Kreisverwaltungsrat an der »Psychologischen Prüfstelle des Heeres« in Prag. 1942 Vorsitzender der »Deutschen Philosophischen Gesellschaft«.
Nach 1945 erneut breites Wirkungsfeld in der BRD auf der Ebene staatsmonopolistischer Institutionen, so unter anderem 1947 Mitglied des Gründungssenats der »Höheren Verwaltungsakademie« Speyer, von 1951 bis 1953 deren Rektor. 1952 bis 1960 Tätigkeit im Oberverwaltungsgericht des Landes Rheinland-Pfalz. 1961 Professur für Soziologie an der Technischen Hochschule Aachen. Für Fortbildungsveranstaltungen von Bundeswehr, Polizei, Bundespost, Oberlandesgerichtsbezirken, Innenministerien usw. zu zahlreichen Vorträgen eingeladen. Publiziert wieder im selben Verlag, der in den dreißiger und vierziger Jahren seine Arbeiten herausbrachte (in der BRD unter anderem Namen geführt: Athenäum Verlag Bonn, personell und programmatisch jedoch identisch mit dem ehemaligen Junker & Dünnhaupt Verlag Berlin). Manipulierte Texte aus der Nazizeit für die Neuherausgabe in der Bundesrepublik. (Personalangaben vgl. Universitätsarchiv Leipzig, PA 494; weitere Angaben aus: Werner Rügemer: Philosophische Anthropologie und Epochenkrise, S. 96ff, 109f, 136ff.; dort enthalten auch eine umfassende Bibliographie S. 119ff.)

13 Siehe Arnold Gehlen: Der Idealismus und die Gegenwart. In: Völkische Kultur III/1935, S. 323ff. und 560ff.

14 Siehe Werner Rügemer: Philosophische Anthropologie und Epochenkrise, S. 89, 98/99.

15 Siehe: Blätter für Deutsche Philosophie, 1934, Heft 1, S. 65–67.

16 Siehe: Dr. Frank aus dem Deutschen Juristentag. Die Neugestaltung des Deutschen Rechts. In: Frankfurter Zeitung, 1. Oktober 1933, S. 1/2. –

Ferner Berichte ebenda, 2. Oktober 1933, S. 2, 5; 3. Oktober 1933, S. 2; 4. Oktober 1933, S. 3.

17 Siehe Karl Dietrich Erdmann: Wissenschaft im Dritten Reich, Kiel 1967, S. 9.

18 Siehe ebenda, S. 9/10. – Siehe Paul Ritterbusch: Die deutsche Universität und der deutsche Geist. Rede anläßlich der Übernahme des Rektorats der Christiana Albertina am 24. April 1937. In: Kieler Blätter, 1938, Heft 2/3, S. 88ff.

19 Erziehung und Schulung im Dritten Reich, S. 28.

20 Martin Heidegger (1889–1976) begründete neben Karl Jaspers, Jean-Paul Sartre u. a. den Existentialismus als eine der Hauptströmungen der spätbürgerlichen Philosophie. Promotion 1913, Habilitation 1915. Nach Rückkehr aus dem ersten Weltkrieg Privatdozent an der Universität Freiburg i. Br., 1919 Assistent bei Edmund Husserl. 1923 ordentlicher Professor an der Universität Marburg. 1929–1945 Ordinarius an der Universität Freiburg i. Br. in der Nachfolge von Husserl. Nach der Zerschlagung des Faschismus aufgrund seines faschistischen Engagements Entzug der Lehrbefugnis durch den Freiburger Universitätssenat und die französische Besatzungsmacht, die die Emeritierung zur Pensionierung mit reduzierten Bezügen verschärfte. 1951 Wiederanerkennung des Status als Emeritus und bis 1958 als akademischer Lehrer vor einem engen Freundes- und Schülerkreis tätig.

21 Zit. in: Victor Farías: Heidegger und der Nationalsozialismus, Frankfurt a. M. 1989, S. 154/155.

22 Adolf Hitler: Mein Kampf, zit. ebenda.

23 Siehe Victor Farías: Heidegger und der Nationalsozialismus, S. 154 und 22.

24 Siehe Jürgen Habermas: Heidegger – Werk und Weltanschauung. Vorwort. In: Victor Farías: Heidegger und der Nationalsozialismus, S. 22.

25 Siehe Georg Lukács: Existentialismus oder Marxismus?, Berlin 1951, S. 182.

26 Siehe Hans-Martin Gerlach/Reinhard Mocek: Bürgerliches Philosophieren in unserer Zeit, Berlin 1982, S. 183.

27 Georg Lukács: Existentialismus oder Marxismus?, S. 161.

28 Siehe Hans-Martin Gerlach/Reinhard Mocek: Bürgerliches Philosophieren in unserer Zeit, S. 148ff., 177.

29 Siehe Victor Farías: Heidegger und der Nationalsozialismus, S. 282, 142ff.

30 Siehe Jürgen Habermas, ebenda, S. 23–25.

31 Siehe ebenda, S. 24.

32 Siehe ebenda, S. 33–37. – Im Hinblick auf die Heidegger-Renaissance in Frankreich u. a. Ländern und auf die Debatten zur Publikation von Farías (1987 in Frankreich und 1989 in der BRD erschienen) sei darauf hingewiesen, daß es Zweifel am Zusammenhang zwischen dem faschisti-

schen Engagement Heideggers und seiner Philosophie seit den ersten philosophiehistorischen Aufarbeitungen dieses Themas in der DDR niemals gegeben hat. Die Publikation von akribisch ermittelten neuen Zeugnissen dafür erscheint Marxisten deshalb als historische Nachlese zu Untersuchungen, wie sie seit den fünfziger Jahren vorliegen. Vergleiche dazu außer der in diesem Abschnitt zitierten Werke auch: Georg Lukács: Die Zerstörung der Vernunft, Berlin 1954, S. 389ff. – Georg Mende: Studien über die Existenzphilosophie, Berlin 1956. – Die deutsche bürgerliche Philosophie seit der Großen Sozialistischen Oktoberrevolution, Hrsg. Klaus Zweiling, Berlin 1958, S. 43–46. – Wolfgang Heise: Aufbruch in die Illusion, Berlin 1964, S. 419ff. – Zur Geschichte der marxistisch-leninistischen Philosophie in der DDR. Von 1945 bis Anfang der sechziger Jahre, Berlin 1979, S. 103, 127, 140, 612. – Robert Steigerwald: Bürgerliche Philosophie und Revisionismus im faschistischen Deutschland, Berlin 1980, S. 90ff. – Philosophenlexikon, Berlin 1982. – Hans-Martin Gerlach/Reinhard Mocek: Bürgerliches Philosophieren in unserer Zeit, S. 148ff., 176.

33 Victor Farías: Heidegger und der Nationalsozialismus, S. 152ff.

34 Siehe: Wörterbuch der Geschichte, Berlin 1983, S. 743. – Joachim Petzold: Die Demagogie des Hitlerfaschismus, S. 418ff.

35 Victor Farías: Heidegger und der Nationalsozialismus, S. 153.

36 Karl Corino: Nachwort. In: Intellektuelle im Bann des Nationalsozialismus, S. 243.

37 Daß die auf dem Philosophiekongreß gehaltenen Fachvorträge noch nicht »gleichgeschaltet« waren, wurde in einem »Nationalsozialistische Philosophie?« betitelten Artikel von Ernst Krieck übel vermerkt. (Siehe: Volk im Werden. Zweimonatsschrift, hrsg. von Ernst Krieck, Leipzig 1934, S. 311/312.)

38 Siehe: Bericht über die 12. Tagung der Deutschen Philosophischen Gesellschaft zu Magdeburg vom 2. bis 5. Oktober 1933. In: Blätter für Deutsche Philosophie, Bd. 8, 1934, S. 65ff.

39 Alfred Baeumler: Antrittsvorlesung in Berlin am 10. Mai 1933. In: Männerbund und Wissenschaft, S. 123.

40 Hermann Göring vor 1933

41 Werner Rügemer: Philosophische Anthropologie und Epochenkrise, S. 98. Über die Ortsgruppen, ihre Vorstände und die Vortragstätigkeit für das Jahr 1934 gibt Auskunft: Blätter für Deutsche Philosophie, Band 8, 1934, Heft 2. Den Vorstand der Berliner Ortsgruppe bilden Nicolai Hartmann, Eduard Spranger und Hans F. K. Günther. Als Referenten für 1933/34 sind unter anderem angezeigt: Julius Binder (»Der autoritäre Staat«), Heinz Heimsoeth (»Politik und Moral in Hegels Geschichtsphilosophie«), Alfred Baeumler (»Macht und Idee«), Felix Krueger (»Das Eigentümliche deutscher Philosophie und Weltanschauung«).

42 Siehe Ulfried Geuter: Die Professionalisierung der deutschen Psychologie im Nationalsozialismus, S. 129, 123.

43 Siehe Werner Rügemer: Philosophische Anthropologie und Epochenkrise, S. 97.

44 Siehe ebenda, S. 98.

45 Zit. in: Guido Schneeberger: Nachlese zu Heidegger, Bern 1962, S. 187.

46 Siehe: Die Deutsche Geisteswelt für Liste 1. In: Völkischer Beobachter (Süddeutsche Ausgabe), 3. März 1933, Beiblatt.

47 Theodor L. Haering, Dr. phil. (1884–1964), lehrte ab 1919 als Professor für Philosophie in Tübingen. Er gehörte während der Naziherrschaft neben den Philosophen Hermann Glockner und den Rechtsphilosophen Karl Larenz und Julius Binder zu dem sich offen mit dem Faschismus ins Benehmen setzenden Flügel des Neuhegelianismus. Diese Fraktion wird auch »faschisierender Neuhegelianismus« genannt. Haering bestimmte die Philosophie als Fähigkeit, die »rassischen Anlagen« zu »arteigenen Zwecken« zu nutzen und legitimierte mit einem verfälschten Hegel die »totale Macht« des Staates und des Führers. Er ergänzt die herkömmliche Linie des Neuhegelianismus (von der er sich selbst distanzierte) durch den Zusammenhang von »rassischer Grundlage« und »arteigener Kultur«, glaubte damit die »Eigenart des spezifisch deutschen Heroismus« deutlicher ins Bewußtsein heben zu können, die im »dialektischen Charakter des deutschen Geistes« liege. »Einseitigkeiten« der NS-Ideologie (*nur* Gemeinschaft, *nur* Tat usw.) erklärt er mit bestimmten Erfordernissen der Propaganda. Seinem Wesen nach sei der Nationalsozialismus jedoch »dialektisch«, und zwar nicht nur im geistigen, sondern auch im praktisch-politischen Bereich. Die ersten Erfolge des faschistischen Angriffskrieges interpretierte Haering zum Beispiel von dieser Prämisse ausgehend als Überwindung der den anderen Völkern »arteigenen« Einseitigkeit, wie sie sich auch in ihren Philosophien niederschlage und in gleicher Weise überwunden werden müsse.
Größte Breitenwirkung – nach unerwarteter Resonanz auf eine in schwäbischer Mundart gehaltene Rundfunkrede – erzielte Haering mit einer spezifischen Art philosophischer Belletristik, in der auf vorgeblich Hegelscher Grundlage auf die übelste, weil »gemütvolle« Art die Ereignisse im »Dritten Reich« als notwendig dargestellt und seinen Landsleuten angepriesen wurden. Er blieb nach der Zerschlagung des Faschismus im Besitz seines Lehrstuhls, 1951 emeritiert.
Schrieb unter anderem: Rede für den Geist (1935). – Was ist deutsche Philosophie? (1937). – Hegel – Sein Wollen und sein Werk (1929/1938). – Hegels Lehre von Staat und Recht und ihre Bedeutung für die Gegenwart (1940). – Verheißung und Verhängnis der deutschen Art (1941). – Das Deutsche in der deutschen Philosophie (1941). – Die deutsche und die europäische Philosophie (1943).

48 Siehe Ferdinand Weinhandl: Universität und Wissenschaft. In: Kieler Blätter, 1938, Heft 2–3, S. 124.

49 Siehe die 8. Auflage von Meyers Lexikon 1936–1942, die offenkundig eigens nach den Richtlinien der NS-Chefideologen hergestellt wurde. Siehe auch das Stichwort »Philosophie«, zit. in Fußnote, S. 297–299.

50 Siehe Alfred Baeumler: Liberalismus in Unordnung. In: NSMH, 1935, S. 1125.

51 Norbert Guggenbichler: Die weltanschauliche Schulung der deutschen Zahnärzteschaft im nationalsozialistischen Dritten Reich 1933/34. In: der articulator. Diskussionsforum zahnärztlicher Berufe, Nr. 17, 3. Quartal 1986, S. 19.

52 Hans-Peter Bleuel: Deutschlands Bekenner, S. 215.

53 Ernst Krieck: S. 299–301.

54 Siehe Hans Löhr: Wesen und Sinn der nationalsozialistischen Akademie des NS-Dozentenbundes der Christian-Albrechts-Universität. In: Kieler Blätter, 1938, Heft 1.

55 Siehe Heinrich Härtle: Nationalsozialistische Philosophie? In: NSMH, 1941, S. 726.

56 Alfred Klemmt: Weltanschauung statt Philosophie? In: NSMH, 1941, S. 1008, 1012.

57 Heinrich Härtle: Weltanschauung und Wissenschaft. In: NSMH, 1939, S. 775/776.

58 Erziehung und Schulung im Dritten Reich, S. 15, 129/130.

59 Heinrich Härtle: Weltanschauung und Wissenschaft. In: NSMH, 1939, S. 774.

60 Zu Verfälschung und Mißbrauch des theoretischen Werkes Carl von Clausewitz' durch den deutschen Faschismus siehe Andreé Türpe: Die Theorie von Clausewitz in den geistigen Auseinandersetzungen unserer Epoche. Eine Analyse ausgewählter philosophischer und politisch-ideologischer Probleme. Diss. B, Berlin 1986. Publikation in Vorbereitung.

61 Siehe Heinrich Härtle: Weltanschauung und Wissenschaft. In: NSMH, 1939, S. 774, 779.

62 Heinrich Härtle: Nationalsozialistische Philosophie? In: NSMH, 1941, S. 726, 731.

63 Gerhard Lehmann: Die deutsche Philosophie der Gegenwart, Stuttgart 1943, S. XI. Gerhard Lehmann, Dr. phil., Jahrgang 1900, war 1940 Universitätsdozent in Berlin, Mitarbeiter der NS-Akademie der Wissenschaften Göttingen und der Deutschen Akademie der Wissenschaften. Zahlreiche Publikationen zwischen 1922 und 1960; Schwerpunkte: philosophiegeschichtliche Übersichten zum 19. und 20. Jahrhundert, Arbeiten zu Kant: Die Ontologie der Gegenwart in ihren Grundgestalten (1933). – Kants Nachlaßwerke und die Kritik der Urteilskraft (1939). – Eine Ideengeschichte des Nationalsozialismus? In: NSMH, 1939, Heft 114. 1943 erscheint mit Lehmanns »Die deutsche Philosophie der

Gegenwart« einer der wenigen Versuche einer Bestandsaufnahme der zeitgenössischen Philosophie unter Berücksichtigung der aktuellen Entwicklungen. – Die Philosophie des 19. Jahrhunderts (1953). – Ferner 1955 und 1956 zwei weitere Abhandlungen über Kant.

64 Wolfgang Schultz: Arteigenes Denken. In: NSMH, 1935, S. 36/37.

65 Siehe Gerhard Lehmann: Die deutsche Philosophie der Gegenwart, S. 495, 490.

66 Siehe Hans Günther: Der Herren eigner Geist, S. 302/303.

67 Wolfgang Schultz: Arteigenes Denken. In: NSMH, 1935, S. 32.

68 Alfred Rosenberg: Vom Wesen des Nationalsozialismus. Rede auf dem Parteikongreß am 21. August 1929 zu Nürnberg. In: NSMH, 1930, S. 15.

69 Otto Gohdes: Ein Jahr politische Schulung. In: NSMH, 1934, S. 806.

70 Lothar G. Tirala: Rasse und Weltanschauung. In: NSMH, 1934, S. 947/948.

71 Alfred Baeumler: Jugenddienstpflicht, Hitler-Jugend und Schule. In: Weltanschauung und Schule, 1943, Heft 10/12, S. 158.

72 Alfred Baeumler: Männerbund und Wissenschaft, S. 16.

73 Siehe Alfred Baeumler: Bildung und Gemeinschaft, Berlin 1942, S. 190, 194.

74 Siehe Winfried Joch: Theorie einer politischen Pädagogik. Alfred Baeumlers Beitrag zur Pädagogik im Nationalsozialismus, Bern/Frankfurt a. M. 1971 (Inaugural-Dissertation. Manuskriptdruck), S. 118.

75 Siehe Georg Lukács: Wie ist Deutschland zum Zentrum der reaktionären Ideologie geworden?, Budapest 1982, S. 178.

76 Alfred Rosenberg: Vom Wesensgefüge des Nationalsozialismus. In: NSMH, 1930, S. 27/28.

77 Siehe Andreé Türpe: Die Theorie von Clausewitz ..., S. 236, 225ff.

78 Walter Malmsten Schering: Charakter und Gemeinschaft. Grundsätzliches zur Charakterologie, Leipzig 1937, S. 9, 10.

79 Siehe Walter Malmsten Schering: Wehrphilosophie, Leipzig 1939, S. 33/34, 59.

80 Siehe Walter Malmsten Schering: Charakter und Gemeinschaft, S. 29, 30, 33.

81 Alfred Rosenberg: Vom Wesensgefüge des Nationalsozialismus. In: NSMH, 1930, S. 15.

82 Alfred Rosenberg: Gestalt und Leben, Halle 1938, S. 13, 15, 17, 18. (Abgedruckt auch in: NSMH, 1938, S. 386ff.)

83 W. Sluytermann v. Langeweyde: »Intellektuelle« oder »Arbeiter der Stirn«. Siehe Guido Schneeberger: Nachlese zu Heidegger, Dok. 203, S. 240.

84 Siehe Alfred Rosenberg: Gestalt und Leben. In: NSMH, 1938, S. 400.

85 Hans Günther: Der Herren eigner Geist, S. 313.

86 Walter Malmsten Schering: Wehrwissenschaften heute und morgen. In: NSMH, 1941, S. 374.

87 Alfred Klemmt: Wissenschaft und Philosophie im Dritten Reich, S. 17, 18/19.

88 Hans Alfred Grunsky: Die Freiheit des Geistes, Heidelberg 1935, S. 20/21.

89 Siehe Georg Lukács: Die Zerstörung der Vernunft, S. 572. Günther Hartung macht zu Recht darauf aufmerksam, daß die nazifaschistischen Ideologeme keineswegs allein in diesem instrumentellen Sinne gehandhabt wurden. Die nazifaschistische Ideologie gehörte zwar zuerst und vor allem zum Überbau eines expansiven Machtstaats mit staatsmonopolistischem Charakter, doch läßt sich ihre Gesamtfunktion nicht auf die objektive Interessenvertretung des deutschen Imperialismus beschränken. »Vor der demagogischen Wirkung nach außen ist zuerst die Funktion einer Ideologie für den Inhaber in Rechnung zu stellen. Wenn eine Lehre dazu beitragen kann, eine wachsende Menge von Sympathisierenden, eine Anhängerschaft und eine zu allem entschlossene Terrortruppe zu versammeln, muß sie vorher den Verkünder durchdrungen haben. Vielleicht darf man sogar sagen, daß die charismatische Wirkung weniger vom Inhalt des Geredeten, als von dem Eindruck abhing, daß der Redner an das, was er redete, selber ›fanatisch glaubte‹. In den Köpfen Hitlers und einiger Getreuer erfüllte die Ideologie notwendige Aufgaben einer Selbstfanatisierung, durch welche die Träger sich erst auf die Höhe ihrer ›Mission‹ brachten, den geschlagenen deutschen Imperialismus zur Neuaufnahme seines Kampfes um die Welt zu befähigen.« (Günther Hartung: Literatur und Ästhetik des deutschen Faschismus, S. 144/145.)

90 Alfred Klemmt: Wissenschaft und Philosophie im Dritten Reich, S. 17.

91 Ferdinand Weinhandl: Der Gestaltgedanke in der Philosophie des neuen Deutschland. In: Philosophie – Werkzeug und Waffe. Aufsätze, Neumünster/Holstein 1940, S. 2, 7/8.

92 Heinrich Härtle: Bolschewismus als Wissenschaft. In: NSMH, 1941, S. 652/653.

93 Siehe: Rezension zu Johannes Stark: Nationale Erziehung. In: NSMH, 1932, S. 44.

94 Rezension zu J. Trachtenberg: Rotes Rußland rüstet. In: NSMH, 1932, S. 45.

95 Wolfgang Heise: Aufbruch in die Illusion, S. 320.

96 Ferdinand Weinhandl: Organisches Denken. In: Bücherkunde, 1937, Folge 4, S. 198.

97 Ernst Rudolf Huber: Verfassung, S. 61.

98 Ernst Krieck: Völkisch-politische Anthropologie, 1. Teil, S. 80.

99 Gustav A. Walz: Volkstum, Recht und Staat. In: Alfred Rosenberg: Weltanschauung und Wissenschaft, S. 11, 18.

100 Ferdinand Weinhandl: Organisches Denken. In: Bücherkunde, 1937, Folge 4, S. 193, 194, 197.

101 Ferdinand Weinhandl: Der Gestaltgedanke in der Philosophie des neuen Deutschland. In: Philosophie – Werkzeug und Waffe, S. 5.
102 Siehe Georg Lukács: Wie ist Deutschland zum Zentrum der reaktionären Ideologie geworden?, S. 171.
103 Alfred Rosenberg: Der Mythus des 20. Jahrhunderts, S. 224.
104 Georg Lukács: Wie ist Deutschland zum Zentrum der reaktionären Ideologie geworden?, S. 171.
105 H. Schultze: Ansprache auf der Hochschultagung des NSDDoB. In: Nationalsozialismus und Wissenschaft. Gekürzte Wiedergabe der Ansprachen und Vorträge, Berlin 1937, S. 16.
106 W. Kayser: Vom Wesen der Wehrmacht. In: Fünf Vorträge der 3. Reichsarbeitstagung, S. 45.
107 Siehe das Konzept von Otto Dietrich: Revolution des Denkens, Dortmund 1939.
108 Ernst Krieck: Völkisch-politische Anthropologie, 1. Teil, S. 10, 74.
109 Siehe Hans Günther: Der Herren eigner Geist, S. 104.
110 Siehe: Meyers Lexikon, Leipzig 1938ff., Band 4, Spalte 943ff.
111 Siehe Alfred Klemmt: Wissenschaft und Philosophie im Dritten Reich, S. 10, 14, 15, 17.
112 Otto Dietrich: Revolution des Denkens, S. 8, 16.
113 Siehe Ernst Krieck: Völkisch-politische Anthropologie. Teil 1, S. 80.
114 Paul Ritterbusch: Die deutsche Universität und der deutsche Geist. In: Kieler Blätter, 1938, Heft 2–3, S. 88ff.
115 Günter Hartung: Literatur und Ästhetik des deutschen Faschismus, S. 188/189.
116 Siehe Georg Lukács: Wie ist Deutschland zum Zentrum der reaktionären Ideologie geworden?, S. 171.
117 Otto Dietrich: Revolution des Denkens, S. 10, 15.
118 So bei Weinhandl und Dietrich.
119 Gustav A. Walz: Volkstum, Recht und Staat. In: Alfred Rosenberg: Weltanschauung und Wissenschaft, S. 24.
120 Siehe H. Pabel: Die Rasse im deutschen Weltbild. In: NSMH, 1936, S. 843.
121 Alfred Baeumler: Rasse und Persönlichkeit. In: Nationalsozialismus und Wissenschaft, Berlin 1937, S. 23.
122 Walter Groß: Die Einheit des Lebens als Mittelpunkt echter Forschung und Wissenschaft. In: NSMH, 1936, S. 995.
123 Ebenda.
124 Hans Alfred Grunsky: Die Freiheit des Geistes, Heidelberg 1935, S. 25. Hans Alfred Grunsky, Dr. phil., Jahrgang 1902, stellte sich die Aufgabe, die »jüdische Philosophie« auszumerzen und durch eine »germanische Philosophie« zu ersetzen. Promotion 1923 in Tübingen mit einer Dissertation zum Thema »Das Problem der Gleichzeitigkeit in der Relativitätstheorie«. 1927–1930 Forschungsauftrag der Notgemeinschaft Deut-

scher Wissenschaft. 1935 Dozent an der Universität München. Im selben Jahr dort mit der Wahrnehmung eines philosophischen Lehrstuhls beauftragt. 1937–1945 ordentlicher Universitätsprofessor an der Universität München. Mitglied des Reichsinstituts für Geschichte des neuen Deutschlands. 1951 pensioniert. Mitglied der Freien Akademie für Philosophie und Psychologie. Verfaßte unter anderem die rassistischen Schriften: Seele und Staat. Die psychologischen Grundlagen des nationalsozialistischen Sieges über den bürgerlichen und bolschewistischen Menschen, Berlin 1935. – Die Freiheit des Geistes, Hamburg 1935. – Der Einbruch des Judentums in die Philosophie, Berlin 1937. – Baruch Spinoza. In: Forschungen zur Judenfrage, Bd. II, 1937. – Die heutige Erkenntnis des jüdischen Wesens und ihr Erahnen durch den jungen Hegel. In: Forschungen zur Judenfrage, Bd. IV, 1939. – Jacob Böhme als Schöpfer einer germanischen Philosophie des Willens, Hamburg 1940. – Jacob Böhme, Stuttgart 1956.

125 M. Schaper-Haeckel: Die Neuordnung unseres Denkens. Das Jahrhundert des Blutgedankens. In: NSMH, 1941, S. 705.

126 Lothar Stengel von Rutkowski: Hans F. K. Günther, der Programmatiker des Nordischen Gedankens. In: NSMH, 1935, S. 514f.

127 Walter Groß: Die Einheit des Lebens ... In: NSMH, 1936, S. 995.

128 Walter Groß: Der Rassegedanke der Gegenwart. In: NSMH, 1943, S. 514f.

129 Walter Groß: Die Einheit des Lebens ... In: NSMH, 1936, S. 989.

130 Siehe N. Brücher: Lebenskunde. In: NSMH, 1943, S. 316.

131 Siehe Walter Groß: Die Einheit des Lebens ... In: NSMH, 1936, S. 997.

132 Lothar Stengel von Rutkowski: Hans F. K. Günther, der Programmatiker des Nordischen Gedankens (Schluß). In: NSMH, 1935, S. 1104f.

133 Siehe Lothar Stengel von Rutkowski: Eine Philosophie der Rasse. In: NSMH, 1944, S. 79ff. Zum Zusammenhang mit Heideggers Auffassung, nur die germanische Rasse könne theoretisch denken, vergleiche Victor Farías: Heidegger und der Nationalsozialismus, S. 364, sowie S. 152ff. dieser Arbeit.

134 Siehe: Zahnärztliche Rundschau, 1933/17, S. 781ff. (Zitiert bei Norbert Guggenbichler: Die weltanschauliche Schulung der deutschen Zahnärzteschaft im nationalsozialistischen Dritten Reich 1933/34. In: der articulator. Diskussionsforum zahnärztlicher Berufe, Nr. 17, 3. Quartal 1986, S. 20.

135 Heinrich Härtle: Weltanschauung und Wissenschaft. In: NSMH, 1939, S. 775.

136 Siehe Alfred Rosenberg: Der Mythus des 20. Jahrhunderts, S. 689, 120.

137 Lothar Stengel von Rutkowski: Rasse und Geist. In: NSMH, 1933, S. 89, 87f.

138 Siehe Walter Groß: Der Rassegedanke der Gegenwart. In: NSMH, 1943, S. 509.

139 Siehe Alfred Rosenberg: Der Mythus des 20. Jahrhunderts, S. 697.
140 Siehe Alfred Baeumler: Rasse und Persönlichkeit. In: Nationalsozialismus und Wissenschaft, S. 23.
141 Siehe Stepan Odujev: Auf den Spuren Zarathustras, S. 213f. – Siehe Alfred Rosenberg: Der Mythus des 20. Jahrhunderts, S. 683–688.
142 Stepan Odujev: Auf den Spuren Zarathustras, S. 213.
143 Lothar G. Tirala: Rasse und Weltanschauung. In: NSMH, 1934, S. 943.
144 Siehe Otto Dietrich: Die philosophischen Grundlagen des Nationalsozialismus, S. 21.
145 Lothar G. Tirala: Rasse und Weltanschauung. In: NSMH, 1934, S. 944, 947, 949, 946.
146 Otto Dietrich: Die philosophischen Grundlagen des Nationalsozialismus, S. 36f.
147 Alfred Baeumler: Fichte und wir. Gedächtnisrede, gehalten anläßlich des 175. Geburtstages an der Universität Berlin am 27. 5. 1937. In: NSMH, 1937, S. 482f.
148 Siehe Rudolf Metz: Britische Philosophie als Ausdruck britischen Volkscharakters. In: NSMH, 1941, S. 504.
149 Alfred Rosenberg: Krieg der Weltanschauungen. In: NSMH, 1940, S. 326.
150 Siehe Alfred Klemmt: Weltanschauung statt Philosophie? In: NSMH, 1941, S. 1010.
151 Siehe: Wissenschaftseinsatz der Reichsstudentenführung. In: NSMH, 1940, S. 173.
152 Siehe Rudolf Metz: Britische Philosophie als Ausdruck britischen Volkscharakters. In: NSMH, 1941, S. 502, 507.
153 Siehe Ferdinand Weinhandl: Das Weltbild der Aufklärung. In: NSMH, 1943, S. 488, 482.
154 Zitiert in: Helmut Seidel: Von Thales bis Platon, Berlin 1980, S. 75.
155 Zur Verbindung von Sozialdarwinismus und imperialistischem Rassismus bereits im Vorfeld faschistischer Ideologie siehe Reinhard Opitz: Faschismus und Neofaschismus, S. 7ff.
156 Siehe Hermann Glockner: Vom Wesen der deutschen Philosophie, Stuttgart/Berlin 1941, S. 49.
157 Siehe Alfred Baeumler: Nietzsche der Philosoph und Politiker, Leipzig 1937, S. 15, 63f, 73f. – Rezension dazu – wahrscheinlich von Alfred Rosenberg – in: NSMH, 1931, S. 191ff.
158 Siehe L. Haase: Marxismus und Nationalsozialismus. In: NSMH, 1930, S. 201.
159 Hermann Schwarz: Wille und Rassenseele. In: NSMH, 1937, Heft 88, S. 3.
160 Siehe Alfred Rosenberg: Oswald Spengler. In: NSMH, 1930, S. 180ff. – Ders.: Gestalt und Leben. In: NSMH, 1938, S. 386ff.

161 Siehe Hans A. Grunsky: Wilhelm von Humboldt und die Juden. In: NSMH, 1936, S. 556.

162 Theodor Haering: Fichte, Schelling, Hegel. In: Das Deutsche in der deutschen Philosophie, Stuttgart/Berlin 1941, S. 419.

163 Eberhard Fahrenhorst: Geist und Freiheit im System Hegels, Leipzig/Berlin 1934, S. 97, 98.

164 Herbert Franz: Von Herder bis Hegel. Eine bildungsgeschichtliche Ideenvergleichung, Frankfurt a. M. 1938, S. 284.

165 Alfred Klemmt: Wissenschaft und Philosophie im Dritten Reich, S. 14, 27.

166 Hermann Glockner, Dr. phil., Jahrgang 1896, war einer der führenden Vertreter des Neuhegelianismus. 1930 bis 1939 Vorstandsmitglied des 1930 gegründeten Internationalen Hegel-Bundes, seit 1933 Professor in Gießen. Er ging in Übereinstimmung mit der nazistischen Philosophie von einer »germanisch-völkischen« Linie in der europäischen Philosophiegeschichte aus, die in der angeblich von Hegel konzipierten Einheit des »absoluten Gemeinschaftsprinzips und des absoluten Führungsprinzips« kulminiere. Nach seiner Auffassung hat Hitler für die Politik die gleiche Bedeutung wie Hegel für die Philosophie. Neben den offen pronazistischen Bekundungen findet sich bei Glockner in hohem Maß traditionelles, nicht unmittelbar faschistisches konservativ-reaktionäres Gedankengut, für das eine irrationalistische Hegeldeutung unter strikter Ablehnung der Dialektik die Grundlage bildet. Er macht für den von ihm bedauerten »Niedergang der Philosophie« Marxisten und Juden verantwortlich. 1927 bis 1940 ist er Herausgeber der Jubiläumsausgabe der »Sämtlichen Werke« Hegels (Freundesvereinsausgabe) und hat dazu ein vierbändiges Hegel-Lexikon sowie eine zweibändige Hegel-Monographie verfaßt, die er dem überzeugten NS-Hegelianer und Binder-Schüler Karl Larenz widmet. Ab 1934 gab er zusammen mit Larenz an Stelle des bis 1933 erschienenen »Logos« die »Zeitschrift für deutsche Kulturphilosophie« heraus, die ein ausdrücklich an den Ansprüchen des »Dritten Reiches« orientiertes Profil hatte. Zu ihren Autoren, entweder überzeugte Nazis oder sich mit dem faschistischen System arrangierende Akademiker, gehörten unter anderem Bruno Bauch, Julius Binder, Hans Freyer, Theodor Haering, Nicolai Hartmann, Heinz Heimsoeth, Heinrich Rickert, Walter Schönfeld, Eduard Spranger, Max Wundt, Franz Böhm, Ferdinand Weinhandl. Ab 1950 lehrte Glockner als Professor in Braunschweig.

167 Theodor Haering: Übersicht der aktuellen Literatur zur Hegelschen Philosophie. In: Blätter für deutsche Philosophie, 1935, Heft 1, S. 85.

168 Siehe H. Rimke: Hegel und Nietzsche. Was bedeutet uns Hegel? In: NSMH, 1931, S. 559/560.

169 Siehe Georg Lukács: Der deutsche Faschismus und Hegel. In: Schicksalswende. Beiträge zu einer neuen deutschen Ideologie, Berlin 1948, S. 37ff.

170 Siehe W. D. Lasurenko: Hegels Lehre von Krieg und Frieden. In: Dialektik-Staat-Recht, Berlin 1976, S. 44. Einen Konsens zwischen faschistischer Ideologie und Hegelscher Philosophie herzustellen, bemühten sich in Deutschland mehr oder minder intensiv u. a. die pronationalsozialistischen Philosophen und Rechtswissenschaftler: Julius Binder, Friedrich Bülow, Gerhard Dulckeit, Carl August Emge, Eberhard Fahrenhorst, Ernst Forsthoff, Herbert Franz, Gerhard Giese, Hermann Glockner, Theodor Haering, Heinz Heimsoeth, Alfred Klemmt, Otto Koellreutter, Karl Larenz, Werner Schmidt, Max Wundt.
Bewußt gegen das faschisierende bzw. offen faschistische Hegelbild stand die antifaschistische Hegeldeutung von Ernst Bloch, Georg Lukács und Herbert Marcuse. Bereits in den zwanziger Jahren hatte die KPD die philosophische Auseinandersetzung mit dem Neuhegelianismus aufgenommen, der dem politisch vorwärtsdrängenden Hitlerfaschismus indirekt und direkt Vorschub leistete, indem sich namhafte Repräsentanten offen mit den neuhegelianischen Philosophen des italienischen Faschismus – Giovanni Gentile, Guido Calogero u. a. – solidarisierten. Als Teil des Kampfes gegen die reaktionäre bürgerliche Philosophie überhaupt lieferte die KPD, von sowjetischen Wissenschaftlern unterstützt, dem Neuhegelianismus eine heftige Auseinandersetzung. Tribüne dieses Kampfes um das Hegelsche Erbe waren zwischen 1929 und 1932 vor allem »Die Rote Fahne«, »Unter dem Banner des Marxismus« und die »Internationale Presse-Korrespondenz«. Besondere Verdienste erwarben sich in diesem Zusammenhang Wilhelm Guddorf (Pseudonym »Paul Braun«. Siehe Karl Heinz Biernat/Luise Kraushaar: Die Schulze-Boysen/Harnack-Organisation im antifaschistischen Kampf, Berlin 1970, S. 59) und Johann Lorenz Schmidt. Dem Beispiel der »Roten Fahne«, grundsätzliche Beiträge zur revolutionären Rolle der Hegelschen Philosophie im geistigen Leben des deutschen Volkes zu veröffentlichen, folgten zahlreiche andere Zeitungen und Zeitschriften der KPD, darunter der »Marxist«, das »Magazin für alle« und die »Arbeiter-Illustrierte Zeitung«, die mit einer wöchentlichen Auflagenhöhe von über einer halben Million Exemplare einen großen Leserkreis erreichte. Die Anstrengungen der KPD kulminierten im November 1931 in einer öffentlichen Hegel-Kundgebung, die von der »Marxistischen Arbeiterschule« (MASCH) organisiert worden war und sich zu einem überwältigenden Erfolg der Partei gestaltete. Das öffentliche Interesse an der Thematik Hegel und der Marxismus war derart groß, daß der Kundgebungsraum den Zustrom nicht zu fassen vermochte. In einem zweiten Saal wurde daher eine Parallelveranstaltung abgehalten, wo die Referenten (Hermann Duncker und Johann Lorenz Schmidt) ihre Ausführungen wiederholten. Dem 100. Todestag Hegels gewidmet und dem Mitte Oktober 1931 in Berlin abgehaltenen »Internationalen Hegelkongreß« bewußt entgegengestellt, welcher Hegel im

Dienste des Faschismus verfälscht und mißbraucht hatte, war die Hegelkundgebung der KPD nicht nur der wahre Hegelkongreß, sondern auch der erste Hegelkongreß der deutschen Arbeiterklasse.

171 Siehe: Die Totalitarismus-Doktrin im Antikommunismus. Kritik einer Grundkomponente bürgerlicher Ideologie, Berlin 1985. Zur Umfunktionierung der faschisierenden Hegel-Deutung in eine totalitaristische Hegel-Deutung siehe Joachim Kahl: Positivismus als Konservatismus. Eine philosophische Studie zu Struktur und Funktion der positivistischen Denkweise am Beispiel Ernst Topitsch, Köln 1976, S. 165.

172 Ernst Topitsch: Vorwort zu Hubert Kiesewetter: Von Hegel zu Hitler. Eine Analyse der Hegelschen Machtstaatideologie und der politischen Wirkungsgeschichte des Rechtshegelianismus, Hamburg 1974, S. 13ff.

173 Siehe Joachim Kahl: Positivismus als Konservatismus, S. 156.

174 Ulrich Dietzel: Gespräch mit Manfred Wekwerth. In: Sinn und Form, 1985, Heft 6, S. 1133, 1136.

175 Hermann Klenner u. a.: Aktuelle Vernunft. Drei Studien zur Philosophie Hegels, Berlin 1985, S. 108.

176 Thomas Mann: Doktor Faustus. In: Gesammelte Werke, Sechster Band, S. 494.

177 Siehe Hans Günther: Der Herren eigner Geist, S. 91.

178 Matthes Ziegler: Weltanschauung und Staatstreue. In: NSMH, 1938, S. 755, 756.

179 Horst von Metzsch: Schlummernde Wehrkräfte, Oldenburg/Berlin 1935, S. 77, 82, zit. in: Andreé Türpe: Die Theorie von Clausewitz ..., S. 208ff.

180 Horst von Metzsch, zit. ebenda, S. 201f.

181 Siehe ebenda S. 211, 213.

182 Karl Linnebach: Zum Problem Kultur und Krieg. In: Wissen und Wehr, 1939, Heft 7, S. 534f. (zit. in: Andreé Türpe: Die Theorie von Clausewitz ..., S. 214).

183 Friedrich Nietzsche: Also sprach Zarathustra. Ein Buch für alle und keinen, Stuttgart 1930, S.

184 Hans Günther: Der Fall Nietzsche. In: Der Herren eigner Geist, S. 280. Die Einflüsse Nietzsches auf die faschistische Ideologie, die in der Frage des Krieges besonders augenfällig sind, werden von reaktionären bürgerlichen Ideologen, u. a. von Ernst Topitsch und krasser noch von Hubert Kiesewetter, ausdrücklich bestritten. Seit mehreren Jahren wird in der BRD und in Frankreich das Werk Friedrich Nietzsches insbesondere von neokonservativen Kräften erneut und wie gehabt unter verschiedenen Aspekten in Anspruch genommen. Über Gründe und Ziele dieser Nietzsche-Renaissance siehe Heinz Malorny: Tendenzen der Nietzsche-Rezeption in der BRD. In: DZfPh, 1979, Heft 12. – Ders.: Nietzsche-Renaissance in der Welt von gestern. In: Einheit, 1981, Heft 10. Im Unterschied dazu hatte die Arbeiterbewegung, namentlich

die deutsche, »von Anfang an eine klare und unmißverständliche Haltung zu Nietzsche, weil sie eine klare und unmißverständliche Haltung zum Imperialismus und zum Faschismus hatte«. (Manfred Buhr: Es geht um das Phänomen Nietzsche! Unsystematische Bemerkungen anläßlich unproduktiver Polemik und halbierter Empörung. In: Sinn und Form, 1988, Heft 1, S. 201.)
Siehe zur marxistischen Nietzsche-Kritik Georg Lukács: Schicksalswende. Beiträge zu einer neuen deutschen Ideologie, S. 5–36, 37–67, 68–94. – Georg Lukács: Die Zerstörung der Vernunft. – Alexander Abusch: Der Irrweg einer Nation. Ein Beitrag zum Verständnis deutscher Geschichte, Berlin 1947. – Johannes R. Becher: Deutsche Lehre. In: Internationale Literatur. Deutsche Blätter, Moskau, 1943, Heft 4, S. 13ff. – Ders.: Deutsche Sendung. Ein Ruf an die deutsche Nation, Moskau 1943. – Ders.: Zur Frage der politisch-moralischen Vernichtung des Faschismus. In: Die Weltbühne, 1961, Heft 16–18, 20, 21. – Walter Wolf: Kritik der Unvernunft. Zur Analyse der nationalsozialistischen Pseudophilosophie. – Otto Grotewohl: Die geistige Situation der Gegenwart und der Marxismus. Rede auf dem 1. Kulturtag der SED vom 5. bis 7. Mai 1948. In: Deutsche Kulturpolitik, Dresden 1952, S. 1ff. – Wolfgang Heise: Aufbruch in die Illusion, S. 139ff, 158ff., 188ff., 366ff., 459ff. – Ders.: Friedrich Nietzsche. Werke in drei Bänden. In: DZfPh, 1958, Heft 4, S. 653ff. – Stepan Odujev: Auf den Spuren Zarathustras. – Heinz Malorny: Friedrich Nietzsche und der deutsche Faschismus. In: Faschismusforschung. Positionen, Probleme, Polemik, S. 279ff.
Wenn es die marxistische Theorie nach wie vor als eine aktuelle und bedeutsame Aufgabe anerkennt, »sich in kritischer Distanz und mit Souveränität des Phänomens Nietzsche immer wieder anzunehmen, um es unwirksam zu machen« (Manfred Buhr), so bedeutet das uneingeschränkt, sich immer wieder der in diesen Arbeiten niedergelegten grundsätzlichen Positionen zu versichern, am marxistischen antifaschistischen Nietzsche-Bild festzuhalten und unbeirrt von dieser Grundlage ausgehend weiterzuarbeiten.

185 Alfred Baeumler: Nietzsche und der Nationalsozialismus. In: NSMH, 1934, S. 290.

186 Friedrich Nietzsche: Also sprach Zarathustra, S. 49.

187 Alfred Baeumler: Nietzsche und der Nationalsozialismus. In: NSMH, 1934, S. 290, 294f.

188 Siehe Alfred Baeumler: Bildung und Gemeinschaft, S. 36, 37.

189 Siehe: Meldungen aus dem Reich. Die geheimen Lageberichte des Sicherheitsdienstes der SS 1938–1945, Hrsg. von Heinz Boberach, Herrsching 1984, Bd. 2, S. 84/85.

190 Alfred Baeumler: Bildung und Gemeinschaft, S. 37.

191 Werner Daitz: Neuordnung Europas aus Rasse und Raum. In: NSMH, 1940, S. 529ff.

192 Siehe Ludwig Elm: Hochschule und Neofaschismus, S. 128f.
193 Ernst Forsthoff: Der totale Staat (1933). Zit. nach Ludwig Elm, ebenda, S. 129.
194 Alfred Baeumler: Bildung und Gemeinschaft, S. 34, 37.
195 Carl Schmitt: Positionen und Begriffe ..., S. 236. Zu Carl Schmitt und Ernst Forsthoff und ihr Weiterwirken in der BRD siehe Ludwig Elm: Hochschule und Neofaschismus.
196 Siehe Kant-Studien. Neue Folge, Bd. 42, 1942/43, Heft 1 bis 3, S. 291.
197 Alfred Baeumler: Bildung und Gemeinschaft, S. 33, 35, 39.
198 Siehe: Alfred Baeumler: Männerbund und Wissenschaft, S. 129, 116.
199 Wilhelm Hehlmann: Politische Pädagogik. In: Friedrich Hiller (Hrsg.): Deutsche Erziehung im neuen Staat, Langensalza 1935, S. 211. Siehe auch Wilhelm Hehlmann: Pädagogisches Wörterbuch, Stuttgart 1941, S. 319.
200 Ausführungen von Bernhard Rust zu den neuen Bildungsplänen von 1938. In: Die deutsche höhere Schule, 1938, Heft 5, S. 163.
201 Herbert Freudenthal: Deutsche Wissenschaft im Kampf um das Volk. Zur volkserzieherischen Sendung der Volkskunde, Berlin/Leipzig 1935, S. 22.
202 Alfred Baeumler: Bildung und Gemeinschaft, S. 60.
203 Siehe Alfred Baeumler: Rasse als Grundbegriff der Erziehungswissenschaft. In: IZfE 8, 1939, S. 252ff.
204 Walter Groß: Ein Jahr rassenpolitische Erziehung. Kritik und Ausblick. In: NSMH, 1934, S. 834.
205 Otto Gohdes: Ein Jahr politische Schulung. In: NSMH, 1934, S. 808. Siehe auch Karl Christoph Lingelbach: Erziehung und Erziehungstheorien im nationalsozialistischen Deutschland.
206 Alfred Baeumler: Männerbund und Wissenschaft, S. 129, 130, 20.
207 Otto Gohdes: Ein Jahr politische Schulung. In: NSMH, 1934, S. 806.
208 Alfred Baeumler: Männerbund und Wissenschaft, S. 128f.
209 Otto Dietrich: Revolution des Denkens, S. 21, 11.
210 Otto Gohdes: Ein Jahr politische Schulung. In: NSMH, 1934, S. 806, 808.
211 Alfred Rosenberg: Der Parteitag 1934. In: NSMH, 1934, S. 804.
212 Thilo von Trotha: Die Sendung der Jugend. In: NSMH, 1933, S. 56.
213 Alfred Rosenberg: Rebellion der Jugend. In: NSMH, 1930, S. 53.
214 Siehe Alfred Baeumler: Männerbund und Wissenschaft, S. 59–61, 51, 64, 71.
215 Vor allem Baeumler und Weinhandl greifen auf den von der Romantik wiederentdeckten Begriff des Symbols und des Symbolischen zurück. Zum »Symbol« wird alles, was für den Nationalsozialismus von grundsätzlicher Bedeutung ist: »Volk«, »Führer«, »Rasse«, »Gemeinschaft«, »Leben«, Hakenkreuzfahne und Hitlergruß, als Schlüssel zu jener Ganzheit, die von außen nicht zu verstehen, sondern allein durch Beteiligt-

sein zu »deuten«, »symbolisch aufzuschließen« sind. Zur Ganzheit siehe S. 135ff. der vorliegenden Arbeit. Vgl. dazu ferner Alfred Baeumler: Männerbund und Wissenschaft, S.53, 126, 132 bis 137. – Ferdinand Weinhandl: Die Symbolik der Ganzheit. In: Felix Krueger (Hrsg.): Ganzheit und Form, Berlin 1932. – Gerhard Lehmann: Die deutsche Philosophie der Gegenwart, III. Teil, Abschnitte über Weinhandl und Baeumler.

216 Ferdinand Weinhandl, Dr. phil., Jahrgang 1896. Als Schüler von Alexius Meinong (1853–1920) tritt er bereits 1933 im Zusammenhang mit den faschistischen Bücherverbrennungen als Parteigänger des Nationalsozialismus hervor. Er hält am 10. Mai 1937 die sogenannte Brandrede in Kiel. 1921 Habilitation mit einer Arbeit über Urteilsrichtigkeit und Urteilswahrheit, 1922 Privatdozent an der Universität Kiel. Bereits in dieser Zeit konzipiert er Umrisse seiner extrem irrationalistischen Erkenntnistheorie. 1927 außerordentliche Professur an der Universität Kiel, 1935 Berufung zum ordentlichen Universitätsprofessor, 1937 ordentliches Mitglied und wissenschaftlicher Leiter der Wissenschaftlichen Akademie des NSDDoB Kiel und Direktor des philosophischen Seminars der Universität. Bei den Kriegseinsatzarbeiten der Kieler Universität tut er sich besonders hervor. 1942 Professor an der Universität Frankfurt am Main, 1944 bis 1946 Professor an der Universität Graz. Mitglied des Vorstandes des Psychologischen Instituts sowie des Pädagogischen Instituts der Universität. Für die Zeit zwischen 1946 und 1952 konnten keine gesicherten Angaben aufgefunden werden. 1952 ist Weinhandl als beamteter außerordentlicher Professor in Graz tätig, 1958 wieder als ordentlicher Professor. Ungeachtet seiner nazistischen politischen und wissenschaftlichen Vergangenheit wird Weinhandl 1963 in die Societá Italiana di Psicologica Scientifica aufgenommen; 1966 erhält er das Österreichische Ehrenkreuz für Wissenschaft und Kunst I. Klasse. Er schrieb unter anderem: Einführung in das moderne philosophische Denken (1924). – Die Gestaltanalyse (1927). – Das aufschließende Symbol (1929). – Die Metaphysik Goethes (1932). – Die Symbolik der Ganzheit. In: Ganzheit und Form. Hrsg. von F. Krueger, Berlin 1932. – Philosophie und Mythus (1936). – Organisches Denken. In: Bücherkunde, 1937, Folge 4. – Ludwig Klages. In: NSMH, 1938, Heft 94. – Universität und Wissenschaft. In: Kieler Blätter, 1938, Heft 2/3. – Geist und Intellekt. Wissenschaft und Wirklichkeit. In: Kieler Blätter, 1938, Heft 4. – Der deutsche Idealismus und wir, Neumünster 1939. – Die Philosophie an der Universität Kiel im Zeitalter des deutschen Idealismus. Festschrift zum 275jährigen Bestehen der Christian-Albrechts-Universität Kiel, Kiel 1940. – Philosophie – Werkzeug und Waffe, Neumünster/Holstein 1940. – Goethe. In: Das Deutsche in der deutschen Philosophie. Hrsg. von Theodor Haering, Stuttgart 1941. – Das Weltbild der Aufklärung. In: NSMH, 1943, Heft 159. – Wege zum Lebenssinn

(1951). – Hrsg. und Mitautor von: Gestalthaftes Sehen. Gedenkschrift für Christian von Ehrenfels, 1960.

217 Ferdinand Weinhandl: Einführung in das moderne philosophische Denken, Gotha/Stuttgart 1924, S. 19, 22ff., 34–36.

218 Siehe Ferdinand Weinhandl: Geist und Intellekt, Wissenschaft und Wirklichkeit. In: Kieler Blätter 1938, Heft 4.

219 Ferdinand Weinhandl: Philosophie und Mythos, Hamburg 1936, S. 7.

220 Ferdinand Weinhandl: Der Gestaltgedanke in der Philosophie des neuen Deutschland. – Der Begriff der Intuition. – Gestalt und Erkenntnis. – Philosophie als Waffe. In: Ferdinand Weinhandl: Philosophie – Werkzeug und Waffe.

221 Ferdinand Weinhandl: Philosophie – Werkzeug und Waffe, S. 19. Das mir zugängliche Exemplar der genannten Aufsatzsammlung Weinhandls aus den Beständen der Deutschen Staatsbibliothek Berlin (Signatur: AA 49476) weist eine aufschlußreiche handschriftliche Eintragung des ehemaligen Eigentümers auf, der Weinhandls Aufsätze wahrscheinlich 1942 las. Sie hat folgenden Wortlaut: »Von ›Systemzeit‹, ›Zeit vor 1933‹, ›Liberalismus‹ (in der bekannten propagandistischen Bedeutung usw.) lese ich zum ersten Mal bei einem Philosophen!« Diese Bemerkung wirft ein Licht auf die Schrittmacherdienste, die Weinhandl bei der Nazifizierung der akademischen Philosophie leistete.

222 Ferdinand Weinhandl: Philosophie – Werkzeug und Waffe, S. 18.

223 Ebenda, S. 57.

224 Ferdinand Weinhandl: Organisches Denken. In: Bücherkunde, 1937, Folge 4, S. 194, 196.

225 Ferdinand Weinhandl: Philosophie – Werkzeug und Waffe, S. 7, 2 (Hervorhebung – *M. L.*).

226 Ebenda, S. 48.

227 Ebenda, S. 3.

228 Die Ausführungen zu Goethes philosophischen Positionen stützen sich auf Wolfgang Förster: Zur philosophischen Leistung Johann Wolfgang Goethes. In: DZfPh, 1982, Heft 2, S. 191–205. – Siehe auch G. Wolkow: Goethe und die moderne Wissenschaft. In: Sowjetwissenschaft. Kunst und Literatur, 1975, Heft 3.

229 Johann Wolfgang Goethe: Zur Morphologie. Die Absicht eingeleitet. In: Aus Goethes Brieftasche. Die schönsten Aufsätze über Natur, Kunst und Volk, Berlin 1975, S. 72/73.

230 Johann Wolfgang Goethe: Den Inhalt bevorwortet. In: Die Schriften zur Naturwissenschaft. 1. Abt. Bd. 9, Weimar 1947ff., S. 13.

231 Friedrich Engels: Ludwig Feuerbach und der Ausgang der klassischen deutschen Philosophie. In: MEW, Bd. 21, S. 279.

232 Meyers Lexikon, Bd. 4, Leipzig 1938, Sp. 1430.

233 Ferdinand Weinhandl: Philosophie – Werkzeug und Waffe, S. 3.

234 Ebenda, S. 26.

235 Ebenda, S. 4. Obwohl Weinhandl gegen die »begriffsfeindliche Anschauung des Intuitionismus« und gegen die »begriffslose Schau, die nicht zum Denken verpflichtet«, polemisiert (siehe Ferdinand Weinhandl: Geist und Intellekt, Wissenschaft und Wirklichkeit. In: Kieler Blätter, 1938, Heft 4, S. 264), nennt er zugleich den Begriff ein »fast physiognomieloses Unding«, das mit seinem »Fetischismus des Definierens« die »lebensnahe Erforschung der Natur seit dem Beginn der Neuzeit und endlich auch die der Geschichte« immer wieder »ernsthaft bedroht« habe. (Siehe Ferdinand Weinhandl: Philosophie – Werkzeug und Waffe, S. 22.) Mit der Anerkennung des leitenden Prinzips der Anschauung sei dagegen die »verhängnisvolle Auseinanderreißung von Denken und Anschauung endgültig überwunden und der Weg frei zu einem Gestaltdenken, für das viele Probleme nicht mehr existieren, die nur aus falschen Trennungen und Zerreißungen entstanden sind«. (Ebenda S. 27.)

236 Ebenda, S. 3, 4.

237 Ebenda, S. 23.

238 Ebenda, S. 34.

239 Ebenda, S. 23, 28.

240 Ferdinand Weinhandl: Geist und Intellekt, Wissenschaft und Wirklichkeit. In: Kieler Blätter, 1938, Heft 4, S. 264.

241 Ferdinand Weinhandl: Philosophie – Werkzeug und Waffe, S. 4, 15.

242 Ferdinand Weinhandl: Organisches Denken. In: Bücherkunde, 1937, Folge 4, S. 193f. (Hervorhebung – *M. L.*).

243 Hans Driesch: Philosophische Forschungswege, Leipzig 1930. Dem Faschismus nahestehende Biologen entwickelten eine »organische Staatslehre«, deren wesentliche These lautete: Der Staat ist ein ganzheitlicher Organismus und seinen Teilen gegenüber autonom; ihm nicht gemäße Glieder habe er die Pflicht zu liquidieren. Das erklärt, warum Driesch gegen den faschistoiden Mißbrauch des Ganzheitsbegriffs polemisierte. Der an Drieschs Institut tätige Philosoph Hugo Fischer war jahrelang Gesprächspartner von Ernst Jünger, was Driesch nicht verborgen geblieben sein dürfte. Jünger sah in Hugo Fischer – den Armin Mohler für einen der Anreger Ernst Jüngers hält – den »bedeutendsten lebenden philosophischen Kopf«. (Siehe Ernst Niekisch: Gewagtes Leben, Köln/Berlin (West) 1958, S. 192.) Eine gänzlich unangemessene Einschätzung. Weit realistischer urteilt Ernst Niekisch, der Fischer einen »höchst eigentümlichen Geist« eine »wunderliche Mischung von Mystizismus und Rationalität« nennt.

244 Zur Biographie von Hans Driesch (1867–1941) siehe Reinhard Mocek: Hans Driesch. In: Philosophenlexikon, S. 213–215. – Reinhard Mocek: Wilhelm Roux – Hans Driesch. Zur Geschichte der Entwicklung der Physiologie der Tiere, Jena 1974, S. 137/138. – Reinhard Mocek: Neugier und Nutzen. Blicke in die Wissenschaftsgeschichte, Berlin 1988,

S. 198–218. Hans Driesch wurde am 1. Oktober 1933 vorzeitig emeritiert. Am 1. April 1934 erhielt Arnold Gehlen, dessen Dissertations- und Habilitationsschrift Driesch betreut hatte, den Auftrag, den von seinen Lehrverpflichtungen entbundenen linksliberalen, humanistisch orientierten jüdischen Philosophie-Ordinarius »zu vertreten«. Am 1. November 1934 übernahm Gehlen Drieschs Lehrstuhl offiziell. Etwa vier Jahre später wurde abermals Gehlen damit betraut, den unliebsam auffallenden Theodor Litt im Auftrag der Nazis »zu ersetzen«. Ausführlich zu Gehlen und seiner Rolle im Ideologie- und Wissenschaftsbetrieb der Weimarer Republik, im faschistischen Deutschland und in der BRD siehe Werner Rügemer: Philosophische Anthropologie und Epochenkrise.

245 Hans Driesch: Lebenserinnerungen, München/Basel 1951, S. 304.

246 Siehe Reinhard Mocek: Wilhelm Roux – Hans Driesch, S. 138.

247 Siehe Hans Driesch: Die sittliche Tat, Leipzig 1927.

248 Ferdinand Weinhandl: Organisches Denken. In: Bücherkunde, 1937, Folge 4, S. 194.

249 Ferdinand Weinhandl: Philosophie – Werkzeug und Waffe, S. 5.

250 Ferdinand Weinhandl: Philosophie und Mythos, S. 13.

251 Siehe Lionel Richard: Deutscher Faschismus und Kultur, S. 176.

252 Siehe Ferdinand Weinhandl: Philosophie und Mythos, S. 14–16.

4. Die Rolle Alfred Baeumlers im Philosophiebetrieb des »Dritten Reiches«

1 Übereinstimmend gelangen zu dieser Einschätzung Georg Lukács, Hans Günther, Stepan Odujev.

2 Siehe Heinrich Härtle: Nationalsozialistische Philosophie? In: NSMH, 1941, Heft 138, S. 728.

3 Ebenda, S. 728/729. – Siehe dazu auch Alfred Rosenberg: Gestalt und Leben. – Alfred Rosenberg: Rede auf dem Reichsparteitag 1938. – Wilhelm Brachmann: Hermann Schwarz zum 75. Geburtstag. In: NSMH, 1940, S. 46.

4 Ebenda.

5 Ebenda.

6 Daß Kriecks reaktionäre völkische und schließlich nazistische Gesinnung seiner Reputation als akademischer Lehrer und Erzieher der Jugend schon vor 1933 nicht ernstlich abträglich war, verdeutlicht ein aufschlußreicher Vorgang von »Solidarität«. Er vermittelt zugleich einen Eindruck davon, wie wenig die deutsche Professorenschaft das Drohende begriff und wie wenig Kraft sie zu mobilisieren vermochte, dem Schrecklichen zu widerstehen, das sich vor aller Augen zusammenbraute. Bereits 1931 hatte Krieck mit seiner nationalsozialistischen Pro-

grammschrift »Völkischer Gesamtstaat und nationale Erziehung« und einer militanten Sonnwendrede vor Studenten so unmißverständlich politisch Flagge gezeigt, daß sich demokratische Kräfte veranlaßt sahen, gegen Krieck vorzugehen. Die genannte Schrift trug ihm eine sozialdemokratische Anzeige ein. Der pathetische Schlußsatz der Mittsommernachtsansprache (»Heil der deutschen Jugend – Heil dem deutschen Volk – Heil dem Dritten Reich«) führte gar zur verfahrenslosen Strafversetzung des Pädagogen von Frankfurt am Main nach Dortmund. Die Folge davon war, daß sich nicht nur der berüchtigte Autor von »Volk ohne Raum« – Hans Grimm – für Krieck in die Bresche schlug. Auch eine erkleckliche Zahl von Hochschulprofessoren für Pädagogik ergriff in bezeichnender Weise für Krieck Partei. In dem nicht nur von Alfred Baeumler und Erich Jaensch, sondern auch von Andreas Flitner, Georg Kerschensteiner, Theodor Litt und Eduard Spranger unterzeichneten Protestschreiben hieß es: »Professor Krieck ist strafweise nach Dortmund versetzt worden, nicht weil er in einer Ansprache vor Studenten für die NSDAP geworben hätte, sondern lediglich deshalb, weil die Nennung des jahrhundertealten Begriffs ›Drittes Reich‹ als eine Wertung für die genannte Partei mißverstanden werden konnte. In Wahrheit ist ein Mißverständnis dieser Art bei urteilsfähigen Hörern schon deshalb nicht zu befürchten gewesen, weil durch die ausdrückliche Bezugnahme auf Joachim von Floris, Lessing und Moeller van den Bruck der erwähnte Begriff in einen großen ideengeschichtlichen Zusammenhang hineingestellt war ... Es bedeutet ein unerträgliches Maß von Bevormundung, zu schweigen von den Rechten, die aus der Verantwortlichkeit des Volkserziehers folgen, wenn sogar mögliche Mißverständnisse einer Festrede Anlaß zu disziplinarischer Verfolgung geben können.« (Zit. in: Hans-Peter Bleuel: Deutschlands Bekenner, S. 201.) »Die törichte Auslegung des Vorganges«, kommentiert Bleuel treffend das Geschehen, »gipfelte darin, daß die Gelehrten zwar zum einen eine besondere Verantwortlichkeit des ›Volkserziehers‹ konstatierten, sie aber andererseits nicht einmal so weit wahrzunehmen imstande waren, in Kriecks Bezug auf mittelalterliche Reichsmystik allein die gelegene Überhöhung des ganz konkret-politischen Ziels zu sehen, welches er als nationale, soziale und revolutionäre Zeitenwende und unmittelbar bevorstehend in seinen Schriften deutlich genug verfocht. Es ist bezeichnend nicht für die Befangenheit akademischen Denkens in rein geistigen Sphären, sondern für seine erschreckende Korrumpierung durch die ständige Pflege dieser irrationalen Ideenverbindungen.« (Ebenda, S. 202.) Die Mitte der dreißiger Jahre einsetzende Prestigeeinbuße Kriecks ist nicht auf schwindende nazistische Überzeugungen zurückzuführen, sondern auf das Unvermögen Kriecks, sich der veränderten Interessenlage der faschistischen Machthaber flexibel anzupassen. (Siehe auch Anm. 86.)

7 Siehe die Einleitung zu: Hegel. Geschichte der Philosophie, hrsg. von Alfred Baeumler, München 1923, S. 4ff.

8 Alfred Baeumler: Das Problem der Allgemeingültigkeit in Kants Ästhetik, Diss., München 1914. Die biographischen Angaben aus: Personalakte Universitätsarchiv der Humboldt-Universität zu Berlin (UA HUB PA A. Baeumler).

9 Zum Brenner-Kreis siehe Ernst Niekisch: Gewagtes Leben, Köln/Berlin (West) 1958, S. 252.

10 Nach 1933 war Kroner als »jüdischer Hegelinterpret« heftigen Drangsalierungen ausgesetzt, bis er schließlich von der Universität vertrieben wurde. (Siehe Karl Dietrich Erdmann: Wissenschaft im Dritten Reich, S. 8.)

11 Siehe Ernst Niekisch: Gewagtes Leben, S. 251/252.

12 Siehe Karl Christoph Lingelbach: Erziehung und Erziehungstheorien im nationalsozialistischen Deutschland, S. 240.

13 Siehe ebenda, S. 82/83. Siehe auch Anm. zu Romantik und Symbol, S. 139.

14 Siehe Gerhard Lehmann: Die deutsche Philosophie der Gegenwart. 4. Kapitel, 3. Abschnitt: Alfred Baeumler.

15 Alfred Baeumler: Bachofen und Nietzsche. In: Neue Schweizer Rundschau (1927) sowie in: Studien zur deutschen Geistesgeschichte (1937), S. 220–243. Wichtig für Baeumlers anhaltende Nietzsche-Beschäftigung sind »Nietzsche – der Philosoph und Politiker« (1931) sowie Vor- und Nachworte zu verschiedenen Nietzsche-Ausgaben: Kröners achtbändige Dünndruckausgabe: Friedrich Nietzsche Werke. Hrsg. und eingeleitet von Alfred Baeumler, Leipzig 1930ff. – Kröners Taschenbuchausgabe in 12 Bänden, Leipzig 1930 bis 1932. – Nietzsches Philosophie in Selbstzeugnissen. Ausgewählt und herausgegeben von Alfred Baeumler, 2 Bände, Leipzig 1931. – K. Heckel: Nietzsche. Sein Leben und seine Werke, Leipzig 1930 bis 1932.

Eine relativ umfassende Bibliographie der Publikationen Alfred Baeumlers gibt Winfried Joch: Theorie einer politischen Pädagogik. Alfred Baeumlers Beitrag zur Pädagogik im Nationalsozialismus. Inaugural-Dissertation, Frankfurt am Main 1971. Manuskriptdruck. Jochs inhaltlichen Ausführungen und Wertungen ist meines Erachtens nur sehr bedingt zuzustimmen. Das Gesamtresultat, zu dem er gelangt (Baeumler habe gewissermaßen in der Höhle des Löwen eine »andersartige«, der faschistischen Ideologie *nicht* konforme Theorie entwickelt) kann ich nicht teilen. Joch erliegt zu oft Baeumlers gezielt eingesetzten unverdächtigen Worthüllen, ohne zu den damit transportierten faschistischen Inhalten vorzudringen. Nur scheinbar neutrale Thesen Baeumlers, wie etwa die, daß Wirklichkeit und Tatsache nicht dasselbe seien und daß von der Wirklichkeit reden stets heiße, von Vergangenheit und Zukunft zu reden (S. 54), werden von Joch oberflächlich als rationale, mehr oder minder wertfreie Äußerungen genommen, in die darüber hinaus eine gewisse Distanzierung zur parteioffiziellen Lehre hineingedeutet wird. (S. 12, 47, 71, 104, 113.) Joch beachtet nicht konsequent genug, daß Baeumlers verbales Festhalten an Bildung und Rationalität (neben der Betonung von Erziehung und irrationalen Erkenntniskräften) in hohem Maße demagogischer Natur und sein Verständnis von »Vergangenheit« und »Zukunft«, von »Wirklichkeit« und »Gemeinschaft« durchtränkt ist von den gängigen Axiomen der Naziideologie und den imperialen Zielstellungen des deutschen Faschismus. Gewisse Eigenheiten der Baeumlerschen Diktion und ein nicht abzustreitender intellektueller Duktus Baeumlers, der, wie Ernst Rudolf Huber feststellt, nie gänzlich dem nazistischen Parteichinesisch verfiel, rechtfertigen es nach meiner Auffassung nicht, Baeumler eine Ausnahmestellung innerhalb der NS-Ideologie zuzuweisen, geschweige denn in seinen Schriften grundsätzliche Abweichungen von dieser auszumachen. Wenn sich Baeumler »mehr als andere um genaue begriffliche Differenzierungen bemühte« (S. 36), so kann man nur sagen: um so schlimmer. In seinen »bewußt oder unbewußt nebulosen Formulierungen« jedoch die Absicht entdecken zu wollen, »der Konkretion nationalsozialistischer Doktrin zu entgehen, ohne als Kritiker leicht erkannt zu werden« (S. 45ff.), wie Joch das tut, verkennt die objektive Rolle Baeumlers im Hitlerstaat erheblich. Mag manche einzelne Äußerung Baeumlers auch weniger doktrinär denn ambivalent anmuten – im ganzen und in die Tiefe gesehen beweist Baeumler mit jeder seiner Schriften und Reden, daß er ein linientreuer Nazi erster Güte war. Vor allem aber ließ er in praxi keinerlei Zweifel daran, wo er stand. Das von Joch entworfene Bild, Baeumler habe die Reihe der bestehenden »logischen Möglichkeiten« ausgenutzt, »eine totale Identifikation zu vermeiden«; er sei »bestrebt gewesen, die ›reine Scheidung‹ und ›grundsätzliche‹ Stellungnahmen zu meiden« (S. 47/48), verzeichnet erheblich die Perspektive, von der aus Baeumler zu betrachten ist. Baeumler war zwar von seinem gesamten Habitus ein Intellektueller, doch Identifikationsschwierigkeiten mit dem Naziregime hatte er deshalb nicht.

16 Siehe Karl Christoph Lingelbach: Erziehung und Erziehungstheorien im nationalsozialistischen Deutschland, S. 84.

17 Siehe ebenda.

18 Siehe Gerhard Lehmann: Die deutsche Philosophie der Gegenwart, S. 530. Günter Hartung weist darauf hin, daß der »heroische Realismus« vornehmlich von militärfaschistischen Theoretikern entwickelt wurde. Als Schlagwort sei er möglicherweise von Werner Best geprägt worden. 1930 erschien er mehrfach in Ernst Jüngers Sammelband »Krieg und Krieger«. Seine schärfste Fassung hat der »heroische Realismus« nach Auffassung von Hartung im politischen Existentialismus des Staatsrechtlers Carl Schmitt erhalten, der im Krieg die wichtigste existentielle

Menschenbeziehung sah. (Siehe Günter Hartung: Literatur und Ästhetik des deutschen Faschismus, S. 151.)

19 Günter Hartung: Literatur und Ästhetik des deutschen Faschismus, S. 151.

20 Über Niekischs eigenartige Positionen und sein ebenso eigenartiges Traditionsbewußtsein siehe Udo Rößling: Ernst Niekisch: Vom Widerstand gegen Versailles zum Widerstand gegen Hitler. In: Sturz ins Dritte Reich. Historische Miniaturen und Porträts 1933–35, Leipzig/Jena/Berlin 1983, S. 145–150. Anders wird Ernst Niekisch von Reinhard Opitz: Faschismus und Neofaschismus, S. 150–191, beurteilt.

21 Udo Rößling: Ernst Niekisch. In: Sturz ins Dritte Reich, S. 146.

22 Siehe Ernst Niekisch: Gewagtes Leben, S. 252.

23 Siehe Thomas Mann: Pariser Rechenschaft. In: Gesammelte Werke, Zwölfter Band, Berlin 1956, S. 46/47.

24 Siehe Helmut Heiber: Walter Frank und sein Reichsinstitut für Geschichte des neuen Deutschlands, S. 1239 und 588.

25 Baeumler schrieb unter anderem unter den Pseudonymen Leopold Martin und Wolf Ecker (Angabe bei Armin Mohler: Die konservative Revolution in Deutschland 1918–1932. Grundriß ihrer Weltanschauung, Stuttgart 1950, S. 479.)

26 Siehe Helmut Heiber: Walter Frank und sein Reichsinstitut ..., S. 588.

27 Siehe Ernst Niekisch: Gewagtes Leben, S. 252. Zum Verbot des »Widerstand«, siehe ferner Udo Rößling: Ernst Niekisch. In: Sturz ins Dritte Reich, S. 150.

28 Siehe Alfred Baeumler: Männerbund und Wissenschaft, S. 36. Baeumler polemisiert hier gegen die »bürgerliche Lebensform« als den »geschichtlichen Gegner«, dessen Ideal der gebildete und besitzende Privatmann sei. »... das Ziel ist für alle das gleiche: Viel verdienen, gut angezogen sein, mitreden können.« In Abgrenzung dazu fordert Baeumler, die Familie nicht als moralische Vereinigung zwischen freien Personen, sondern von der Rasse, von der Volksgemeinschaft und vom Staat her zu sehen.

29 Siehe Personalakte Alfred Baeumler. Universitätsarchiv der Humboldt-Universität zu Berlin. 21. Band 1. Eröffnet am 8. Mai 1933. Geschlossen 1945. Schreiben des Verwaltungsdirektors an Baeumler vom 8. August 1933. Aus Baeumlers Personalbogen geht hervor, daß er zwei Kinder aus erster Ehe (Eva B., geb. 1. Mai 1916, Walter B., geb. 17. Januar 1918) und drei Kinder aus zweiter Ehe hatte (Cornelia B., geb. 28. Januar 1928; Helena B., geb. 23. April 1931; Hildegard B., geb. 18. August 1936).

30 Siehe Ernst Niekisch: Gewagtes Leben, S. 253.

31 Siehe Personalakte Alfred Baeumler. Mit der Datierung auf 1931 wollte man möglicherweise unterstreichen, daß Baeumler nicht zu den Konjunkturrittern gehörte, die erst 1933 zur NSDAP stießen und von den Altnazis mißtrauisch beargwöhnt wurden. Es mag ein zusätzliches Argu-

ment für Rosenberg gewesen sein, die Aufnahme Baeumlers in die NSDAP zu beschleunigen.

32 Baeumler widmet die Aufsatzsammlung »seinen jungen Freunden« Albert Holfelder und Walter Voigtländer. Holfelder war bereits in Dresden Assistent bei Baeumler gewesen und wurde von ihm nach Berlin übernommen. (Siehe Personalakte Alfred Baeumler. Dok. Ul. Nr. 6276. 1/33.) 1936 steigt der schon in Dresden promovierte Holfelder zum Chef des Amtes für Erziehung im Ministerium Rust auf. Daneben redigiert er die seit 1936 erscheinende aufschlußreiche Zeitschrift »Weltanschauung und Schule«, für die Baeumler als Herausgeber verantwortlich zeichnet.

33 Siehe Ludwig Elm: Hochschule und Neofaschismus. – Reinhard Opitz: Faschismus und Neofaschismus. – R. Seeliger: Braune Universität. Deutsche Hochschullehrer gestern und heute. Eine Dokumentation, München, Teil 1/1964 bis Teil 6/1968.

34 Siehe Ludwig Elm: Hochschule und Neofaschismus.

35 Siehe Alfred Baeumler: Männerbund und Wissenschaft, S. 130.

36 Ebenda, S. 42.

37 Siehe ebenda, S. 121, 122, 129.

38 Die nazifaschistische Idee des Männerbundes fußte auf einer germanisch-glorifizierten Männerbünde-Theorie. Die Männerbünde wurden als Fundamentalprinzip der wichtigsten politischen Vergesellschaftungen ausgegeben: der Kriegergefolgschaft (Treue für den heldischen Führer); der Wehrgemeinschaft (Verteidigung von Familie, Sippe, Heimat); der Staats- und Volksgemeinschaft (Zusammenhalt der Blutsgenossen). Die deutschen Faschisten sahen im Männerbund eine spezifische politisch-militärische Vereinigung der germanischen Freien, eine Gemeinschaft auf der Grundlage einer »Edelauslese« germanischen Mannestums: edel im Sehnen nach Abenteuer und Ruhm, in der Begeisterung für die Werte Ehre und Treue und in der Realisierung einer Lebensführung, deren Inhalt ein imaginäres »heroisches Dasein« bildet. (Siehe Heinrich Kautz: Das zerschlagene Menschenbild. Prinzipien und Ideen zur Wirklichkeit und Ideologie des Nationalsozialismus, St. Augustin 1977, S. 156.)

Im Unterschied dazu spricht man in der Soziologie von Männerbünden als einer typischen Erscheinung mutterrechtlich-agrarischer Kulturen, besonders in Melanesien, Westafrika und Nordamerika, die – wahrscheinlich aus dem Gegensatz der ökonomisch-sozialen Vorrangstellung der Frau erwachsend – sich als Pflanz- und Pflegestätte einer mit Schädelkult und Maskentänzen verbundenen Ahnenverehrung sowie als Erwecker und Gestalter kriegerischer Lebensformen erwiesen. Es handelt sich dabei um Geheimbünde mit besonderen Aufnahmeriten und eigenem Versammlungshaus.

39 Alfred Baeumler: Männerbund und Wissenschaft.

40 Siehe ebenda, S. 40.

41 Baeumler ging davon aus, daß »der Deutsche« wesentlich kriegerischer Natur sei, weshalb bei ihm »die Beziehung zum Weibe niemals vorherrsche«. Wo dies der Fall sei, herrsche Demokratie. Demokratie aber führe in ihrer letzten Konsequenz dazu, »daß Weiber über Männer richten dürfen«, und deshalb, so Baeumler, werde sie in Deutschland niemals gedeihen. (Siehe Alfred Baeumler: Männerbund und Wissenschaft, S. 40.)

42 Ebenda, S. 135.

43 Siehe UA HUB Personalakte Alfred Baeumler. Erklärung Baeumlers vom 19. September 1935. Baeumler war in der NSDAP registriert unter Pg. Nr. 2459241.

44 Helmut Heiber: Walter Frank und sein Reichsinstitut ..., S. 586.

45 Siehe ebenda, S. 586/587.

46 Neuköllner Tageblatt, 12. Mai 1933.

47 Den Bücherverbrennungen, die auch in anderen großen Städten veranstaltet wurden, unter anderem in München, Dresden, Nürnberg, Breslau, Kiel, war ein von der Deutschen Studentenschaft (Hauptamt für Presse und Propaganda) organisierter »Aufklärungsfeldzug wider den undeutschen Geist« vom 12. April bis zum 10. Mai 1933, dem Höhepunkt der Kampagne, vorausgegangen. In seinem Rahmen waren die berüchtigten »Zwölf Sätze der Studentenschaft« zum öffentlichen Anschlag gekommen. Darin hieß es unter den Ziffern

»4. Unser gefährlichster Widersacher ist der Jude und der, der ihm hörig ist.

5. Der Jude kann nur jüdisch denken. Schreibt er deutsch, dann lügt er. Der Deutsche, der deutsch schreibt, aber undeutsch denkt, ist ein Verräter. Der Student, der undeutsch spricht und schreibt, ist außerdem gedankenlos und wird seiner Aufgabe untreu.

6. Wir wollen die Lüge ausmerzen, wir wollen den Verrat brandmarken, wir wollen für den Studenten nicht Stätten der Gedankenlosigkeit, sondern der Zucht und der politischen Erziehung. ...

11. Wir fordern die Auslese von Studenten und Professoren nach der Sicherheit des Denkens im deutschen Geiste.

12. Wir fordern die deutsche Hochschule als Hort des deutschen Volkstums und als Kampfstätte aus der Kraft des deutschen Geistes.« (Siehe: Deutsche Kultur-Macht, 1933, Heft 9, S. 15.)

Zur faschistischen Aktion der Bücherverbrennung 1933 siehe: Nie wieder Faschismus und Krieg! Die Mahnung der faschistischen Bücherverbrennung am 10. Mai 1933. Berichte 5/1983. Humboldt-Universität zu Berlin. Ferner: »Das war ein Vorspiel nur ...« Bücherverbrennung Deutschland 1933: Voraussetzungen und Folgen. Akademie-Katalog 137 zur Ausstellung der Akademie der Künste (Berlin-West) vom 8. Mai bis 3. Juli 1983, Berlin (West)/Wien 1983.

48 Neuköllner Tageblatt, 12. Mai 1933.

49 Siehe Alfred Baeumler: Männerbund und Wissenschaft, S. 123/124.

50 UA HUB Archivband 905. Undatiertes maschinenschriftliches, von Baeumler unterzeichnetes Papier, Blatt 159–162.

51 UA HUB Personalakte Alfred Baeumler. Schreiben an den Minister für Wissenschaft, Kunst und Volksbildung vom 13. Juli 1933. Betreffend den Erlaß vom 2. Mai 1933 über die Einrichtung des Seminars für Politische Pädagogik.

52 Es handelt sich um die Schauspielerin Else Reinhardt-Heims. Sie war die erste Ehefrau des international bekannten Regisseurs Max Reinhardt. Sie emigrierte nach 1933 in die USA, wo sie bis zu ihrem Tode im Jahr 1958 lebte.

53 UA HUB Personalakte Alfred Baeumler. Dok. Ul. 7347.

54 Siehe ebenda.

55 UA HUB Archivband Nr. 905, Blatt 155. (Im Zeitraum von 1923 bis zum 1. Juli 1931 erhöhten sich die Zahlen der Rundfunkhörer in Deutschland von 1580 auf 3719594. (Siehe H. Weiß: Rundfunk und deutscher Mensch. In: NSMH, 1931, S. 535.) Baeumler beantragte für sein Institut einen »AEG Super-Geador 605 – GLK komplett mit Röhren und eingebautem dynamischem Lautsprecher für Lang- und Kurzwellenempfang vor allem auch ausländischer Sender (Moskau, Amerika, Straßburg).« (Siehe UA HUB Archivband Nr. 905, Blatt 155.) Es war vorgesehen, den Apparat im Hörsaal einzubauen, »mit Lautsprecherempfang im Assistenten- und Direktorzimmer«, wobei Baeumler umsichtig darauf aufmerksam machte, daß wegen der elektrischen Bahn eine Hochantenne erforderlich sei, die aber günstig »von dem staatseigenen Hause Bahnhofstraße 1 nach dem Gartenflügel des Hauses Kupfergraben 7 geführt werden« könne (siehe ebenda).

56 Siehe unter anderem Alfred Rosenberg: An die Dunkelmänner unserer Zeit (1935). – Protestantische Rompilger (1937). – Siehe auch: Matthes Ziegler: Alfred Rosenberg antwortet! In: NSMM, 1935, S. 290–297. – Wilhelm Brachmann: »Protestantische Rompilger«. Zu Alfred Rosenbergs neuer Kampfschrift. In: NSMH, 1937, S. 782–791. – Wilhelm Brachmann: Alfred Rosenberg und seine Gegner. Zur Auseinandersetzung mit den »Protestantischen Rompilgern«. In: NSMH, 1938, S. 2–16 (1. Teil) und in: NSMH, 1938, S. 133–150 (2. Teil).

57 Siehe UA HUB Archivband Nr. 905. III. A 484. Vom Dekan unterzeichnetes Schreiben vom 9. August 1939. – Siehe ebenda, Blatt 16 bis 25: Antrag Baeumlers auf Errichtung einer Konfessionalismus-Abteilung an seinem Institut.

58 Siehe ebenda, Blatt 98.

59 Siehe ebenda, Blatt 129, 137, 39.

60 Siehe ebenda, Blatt 137.

61 Siehe ebenda, Blatt 39.

62 Laut UA HUB Archivband Nr. 905 waren ab 1933 als Hilfskräfte und Assistenten bei Baeumler tätig: Dr. Horst Wagenführ (geht 1934 nach Erlangen), Dr. Werner Berger (zeitweise Sekretär von Wagenführ), Dr. Albert Holfelder (mit Baeumler von der TH Dresden nach Berlin gekommen; bereits am 13.10.1933 ins Ministerium berufen, vgl. Anm. 32), Dr. Steinbeck (1934 bis 1937, mit einem Stipendium des Ministers), Dr. Kurt Utermann (1934 bis 1939), cand. phil. Ernst Lange (Okt. 1937 bis April 1938 bzw. März 1939), Dr. Paul Sedlag (löst Lange ab; promoviert am 14. März 1940 als Leutnant in einem Artillerieregiment der faschistischen Wehrmacht, im Oktober oder November 1941 vor Moskau gefallen), Dr. Friedrich Kopp (löst Utermann ab).
63 Siehe ebenda, Blatt 107.
64 Das Erich Kästner Lesebuch, Zürich 1978, S. 144/145.
65 Eduard Spranger: Mein Konflikt mit der Hitler-Regierung 1933. (Als Manuskript gedruckt im März 1955, geschrieben aber 1945. Zit. in: Léon Poliakov/Josef Wulf: Das Dritte Reich und seine Denker. Dokumente, S. 89/90.)
66 Siehe ebenda, S. 90/91, 92/93.
67 Ebenda, S. 93/94.
68 Siehe Karl Dietrich Erdmann: Wissenschaft im Dritten Reich, S. 11.
69 Siehe ebenda.
70 Karl Christoph Lingelbach: Erziehung und Erziehungstheorien im nationalsozialistischen Deutschland, S. 20.
71 Leipziger Hochschul-Zeitung, 17. Dezember 1934, S. 1.
72 UA der KMU Leipzig, PA 204. Blatt 77.
73 Offenes Visier, 6. Februar 1936; 20. Februar 1936.
74 UA der KMU Leipzig, PA 204. Blatt 79.
75 Siehe ebenda, Blatt 80; Blatt 116.
76 »Das war ein Vorspiel nur ...« Bücherverbrennung Deutschland 1933, S. 338.
77 Seit 1934 fungierte Baeumler auch als Wissenschaftlicher Leiter der Deutschen Hochschule für Leibesübungen in Berlin. (Siehe dazu H. Bernett: Nationalsozialistische Leibeserziehung. Eine Dokumentation ihrer Theorie und Organisation, Schorndorf 1966, S. 225.)
78 Siehe UA HUB Personalakte Alfred Baeumler, Bd. 21/1 u. 21/2.
79 Siehe Alfred Baeumler: Männerbund und Wissenschaft, S. 126.
80 Das erste Heft des ersten Jahrgangs erscheint im November 1936.
81 Mit diesen Worten ist ein Artikel überschrieben, der aus Anlaß des 50. Geburtstages von Alfred Baeumler in den Bremer Nachrichten vom 19. November 1937 erschien.
82 Siehe UA HUB Personalakte Alfred Baeumler, Bd. 21, Dok. WS IX P8/15 (6).
83 Röver war Regierungsdirektor im Reichserziehungsministerium. Siehe UA HUB Personalakte Alfred Baeumler, Bd. 21.

84 Siehe ebenda.

85 Zit. in: Léon Poliakov/Josef Wulf: Das Dritte Reich und seine Denker, S. 99.

86 Ernst Krieck, Dr. phil. h. c. (1882–1947), Pädagoge, der sich als Erziehungstheoretiker und philosophierender Ideologe relativ früh in den Dienst der Nazis stellte. 1900 und 1909 Unterlehrer in verschiedenen badischen Orten, bis 1924 Hauptlehrer in Mannheim, 1922 Ehrendoktor der philosophischen Fakultät der Universität Heidelberg für sein Buch »Philosophie der Erziehung«, 1924 bis 1928 freier Schriftsteller, 1928 Berufung an die Pädagogische Akademie Frankfurt am Main. 1932 Eintritt in die NSDAP (Pg.-Nr. 710670). 1933 als erster NS-Rektor mit der Leitung der Frankfurter Johann-Wolfgang-Goethe-Universität betraut, 1934 Berufung nach Heidelberg. Dort ebenfalls bald Rektor, Ehrenmitglied des Reichsinstituts für Geschichte des neuen Deutschlands, SS-Sturmbannführer. 1933 begründet er das Naziblatt »Volk im Werden. Zeitschrift für Erneuerung der Wissenschaften«, fungiert zugleich als Herausgeber und Autor einer Unzahl von Artikeln. 1933 gemeinsam mit F. Klausing Herausgabe von »Die deutsche Hochschule. Schriftenreihe zur Erneuerung und künftigen Gestaltung des gesamten deutschen Hochschulwesens«, außerdem Herausgeber von »Neue Deutsche Schule«. Ab 1936 Herausgeber von »Weltanschauung und Wissenschaft. Schriftenreihe zur Erneuerung der Wissenschaft«. Er publizierte eine wahre Flut von nazifaschistischen Büchern, Aufsätzen und Artikeln. Siehe Bibliographie in Willi Kunz: Ernst Krieck. Leben und Werk, Leipzig 1942. Dort u. a. notiert: Nationalsozialistische Erziehung (1933). – Wissenschaft, Weltanschauung, Hochschulreform (1934). – Revolution der Wissenschaft (1934). – Dichtung und Erziehung (1934). – Grundriß der Erziehungswissenschaft (1936/38). – Leben (1939). – Menschenformung (1939). – Volkscharakter und Sendungsbewußtsein (1940). – Das Reich als Träger Europas (1942). – Heil und Kraft (1942).

Als sein philosophisches Hauptwerk gilt die »Völkisch-politische Anthropologie« in 3 Bänden (1936 bis 1938). Sie ist der Versuch einer »systematischen« Gesamtphilosophie für das »Dritte Reich« auf extrem irrationalistischer lebensphilosophischer und rassisch orientierter Grundlage.

87 Siehe Helmut Heiber: Walter Frank und sein Reichsinstitut ..., S. 588.

88 Ebenda.

89 Ebenda.

90 Alfred Baeumler: Philosophie. In: Deutsche Wissenschaft. Arbeit und Aufgabe. Zum 50. Geburtstag Adolf Hitlers, Leipzig 1939, S. 32/33: »Philosophie. Das philosophische Denken des Abendlandes ist in den letzten Jahrhunderten aufs stärkste durch die deutsche Philosophie bestimmt worden. Namen wie Kant, Fichte, Schelling, Hegel bezeichnen

Höhepunkte der Weltgeltung des deutschen Geistes. Voraussetzung dieser Wirkung war, daß die deutsche Philosophie sich auf einer Linie bewegte (Kant tat es ausschließlich kritisch), die durch die antik-scholastische Ideenlehre vorgezeichnet war. Die europäische Verbreitung dieser überlieferten Lehre schuf die Vorbedingungen für den Erfolg des deutschen theoretischen Idealismus. Ein einziger Denker wagte es, sich dem nach Platon benannten Idealismus entgegenzustellen und eine von der Überlieferung unabhängige, deutsche (und zugleich vorsokratisch-hellenische) Philosophie zu entwerfen: Friedrich Nietzsche. Es wird immer der Ruhm dieses Kämpfers gegen seine Zeit bleiben, daß er den Mut hatte, die Ideenlehre der Vergangenheit an seinem eigenen Inneren zu messen, und den kühnen Entschluß faßte, etwas Neues an ihre Stelle zu setzen. Die Philosophie des Willens zur Macht ist nie vollendet worden, aber sie wird noch lebendig sein, wenn die geschlossenen Systeme der idealistischen Überlieferung vergessen sein werden. Die geistige und politische Umwälzung, von der Nietzsche ein Vorgefühl besaß, ist freilich in anderer Weise, als er ahnte, durch den Nationalsozialismus herbeigeführt worden. In einem Kampfe von unerhörter Wucht wurden die Parteien vernichtet und das Reich errungen. Mit den Parteien zugleich versanken die Ideenmächte der Vergangenheit. Die überlieferte Ideenwelt hatte die Nation im entscheidenden Augenblick nicht zu retten vermocht, sie hatte die Herzen der Menschen nicht für die Wirklichkeit frei gemacht, sondern sich zwischen den Menschen und die Wirklichkeit geschoben. Nun erfüllte sich an ihr das Schicksal. Das neue Erlebnis der Gemeinschaft, geboren aus den Erschütterungen des Weltkrieges, geformt durch den Genius, maß die eigene Wirklichkeit nicht an der Ideenlehre, sondern die Ideenlehre an seiner Wirklichkeit. So steht am Anfange dessen, was einmal nationalsozialistische Philosophie heißen wird, ein neues Erlebnis und eine neue Auffassung der Wirklichkeit, eine neue Welt-Anschauung. Unsere erste Aufgabe ist, zu erkennen, was die Weltanschauung des Nationalsozialismus von der »philosophia perennis« unterscheidet. Daraus ergibt sich ein Maßstab der Beurteilung für alle subjektiv wohlgemeinten Versuche einer nationalsozialistischen Philosophie. Die Gefahr einer Restauration der überlieferten Ideenlehre ist noch immer sehr groß. Erinnern wir uns, daß schon einmal ein nationaler Aufbruch unseres Volkes durch einen großen Denker (Fichte) auf die geistigen Formeln der alten Ideenlehre gebracht und dadurch seiner revolutionären Stoßkraft beraubt worden ist. Wenn heute viele in dem Verfasser der Reden an die deutsche Nation den ersten nationalsozialistischen Denker sehen möchten, so ist das weniger harmlos, als es aussieht. Es geht um nichts Geringeres als um die Selbstbehauptung des neuen Wirklichkeitsgefühls als Quelle einer zukünftigen Philosophie gegenüber allen Versuchen, einen Kompromiß zwischen dem Nationalsozialismus und dem theoretischen Idealismus zu schließen. Wenn die nationalsozialistische Weltanschauung dem Worte Idee den ersten Platz in ihrem Wörterbuch einräumt, so geschieht das in dem Sinne, der der Überlieferung gänzlich widerspricht. Denn die Idee ist hier auf den Menschen bezogen, der sie hervorbringt, anerkennt und verwirklicht. Sie ist nicht Idee schlechthin (absolute Idee), sondern Idee für mich. In der Sprache der überlieferten Ideenlehre bedeutet das: die Idee wird relativiert, indem sie von einem individuellen und personellen Bezugssystem her definiert wird. Die entscheidende Wendung besteht nun in der Einsicht, daß der Begriff Relativierung nur in bezug auf ein Absolutes einen Sinn hat. Besteht kein Anlaß, ein Absolutes anzunehmen, so fällt auch die Entgegensetzung absolut-relativ dahin. Das nationalsozialistische Wirklichkeitsbewußtsein kennt die Problematik der alten Ideenlehre, die durch einen Ansatzpunkt dazu verpflichtet war, das Relative dem Absoluten, das Bedingte dem Unbedingten, das Endliche dem Unendlichen gegenüberzustellen, nicht mehr. Die diesem Bewußtsein entsprechende Philosophie hat ihre Problematik an anderer Stelle, und zwar da, wo die Frage der allgemeinen Mitteilbarkeit auftaucht. Zur überlieferten Ideenlehre gehört die absolute Logik. Aus dem Ansatzpunkt der nationalsozialistischen Philosophie ergibt sich das Problem einer Logik, die zwar im Umkreis unseres Bezugssystems entspringt, dieses aber zugleich transzendiert. Alle Fragen, die durch die nationalsozialistische Weltanschauung aufgeworfen werden, sind von dem absolutistischen und universalistischen Ansatzpunkt der überlieferten Ideenlehre aus theoretisch und praktisch grundsätzlich lösbar. Es rührt dies daher, daß die ›Idee‹ sowohl in den dualistischen wie in den monistischen Systemen der Philosophie stets den Menschen als einen einzelnen sich gegenüber hat. Das hierin liegende Mißverständnis der Persönlichkeit ist durch die Erkenntnis der Gemeinsamkeit und Beharrlichkeit des rassischen Charakters vom Nationalsozialismus beseitigt worden. Der Mensch ist zwar eine personale Einheit, aber diese Personalität ist nicht eine absolute, die einer absoluten Idee gegenüberstünde oder von ihr umfaßt würde, sondern wir sind als Person zugleich Nicht-Person, insofern wir nur als mit unseren Ahnen und Enkeln in einem schicksalhaften realen Zusammenhang befindlich zu uns selber kommen. A. Baeumler, Universität Berlin.«

Ernst Krieck: Philosophie. In: Deutsche Wissenschaft. Arbeit und Aufgabe. Ebenda, S. 29–31: »Da die Philosophie keinen eigenen Gegenstand, kein abgegrenztes Gebiet hat, sind Übersichten schwierig zu machen: hier greifen die verschiedenen Fachwissenschaften ineinander. Als Aufgabe der Philosophie kann nur die Grundlegung der Wissenschaften von der Weltanschauung her festgestellt werden. Die Philosophie im herkömmlichen Sinn ist gekennzeichnet durch ein universalistisches Prinzip. Da die nationalsozialistische Weltanschauung, wie soeben Reichsleiter Rosenberg durch einen Aufsatz in der Presse festgestellt hat, den Universalismus jeder Art beendet und durch das rassisch-völkische Prinzip ersetzt, müßte folgerichtig die Philosophie, da sie stets am Universalismus hängt, als beendet erklärt und durch eine rassisch-völkische Kosmologie und Anthropologie abgelöst werden. Damit ist der Maßstab für eine Übersicht der seit 1933 unter der Flagge ›Philosophie‹ segelnden Arbeiten gegeben. Die bürgerliche Philosophie des 18. Jahrhunderts hat die bürgerliche Revolution vorbereitet. Die nationalsozialistische Revolution hat die Philosophie ihrer Zeit völlig unvorbereitet angetroffen und daher überrannt. Das hatte zur Folge, daß hier meist eine rückschauende Versteifung eintrat. Man suchte das Weltanschauungsprinzip von Philosophie und Wissenschaft fernzuhalten. Als Mensch und Volksgenosse verpflichtete man sich auf die rassisch-völkische Weltanschauung; in Philosophie und Wissenschaft, die ohnehin in den Händen der Epigonen schon im Niedergang begriffen waren, geriet man dagegen in völlige Unsicherheit, Unproduktivität und Rückwärtsschau. Eine Sektion für Rechtsphilosophie z. B. erließ im Jahre 1935 eine öffentliche Kundgebung, worin als von ihr vertreten etwa alle Richtungen des 19. Jahrhunderts aufgeführt waren, nur das Wort ›nationalsozialistisch‹ kam darin nicht vor. Noch in allerjüngster Zeit verkündet der Schriftsteller eines parteiamtlichen Organs (Bücherkunde) als Beurteilungsmaßstab philosophischer Werke den rationalen Universalismus, wie er etwa dem Werk Fichtes und Hegels einwohnt. Infolge solcher Haltung steht über der Philosophie der Gegenwart in der Mehrzahl der Fälle nicht so sehr die nationalsozialistische Weltanschauung in der Wegweisung, sondern das Epigonentum gegenüber Kant, Hegel, Nietzsche usw. Es lohnte die Mühe nicht, Werke dieser Art im einzelnen aufzuzählen. Erwähnenswert ist nur, daß in jüngster Zeit aus dem ›geisteswissenschaftlichen‹ Lager der Epigonen durch den senil gewordenen Werner Sombart mit seinem Buch ›Vom Menschen‹ ein Vorstoß erfolgen konnte, der sämtliche Positionen der nationalsozialistischen Weltanschauung (das Rasseprinzip usw.) zu unterhöhlen versucht. Diese Haltung ist im übrigen kennzeichnend für weite Kreise der Philosophie, der Naturwissenschaft und der Geisteswissenschaften, wenn man sich im allgemeinen auch besser tarnt. Die Haltung dieser Kreise ist gekennzeichnet als Versteifung im Epigonentum und Rückwärtsschau. Das Jahr 1938 brachte an einer wichtigen Stelle einen wesentlichen Fortschritt, wenn er auch nach außen hin wenig in die Erscheinung getreten ist: der durch mehrere Jahre laufende Versuch des naturwissenschaftlichen Materialismus (meist Haeckelscher Prägung), das Rasseprinzip für sich zu monopolisieren, also Weltanschauung, Philosophie und Geisteswissenschaften materialistisch abzustempeln, ist gründlich abgeschlagen. Der Anlauf mußte schon an der wissenschaftlichen Unproduktivität seiner Träger scheitern. Gute Wissenschaft macht man nicht durch Maßnahmen, sondern aus schöpferischer Zeugungskraft. Wir leiden überhaupt im wesentlichen daran, daß alle Wissenschaftspflege lediglich unter dem Gesichtspunkt der Organisation aufgefaßt wird, während das Schöpferische, das doch das eigentliche Vorwärtstreibende und Gestaltende in der Wissenschaft ebenso ist wie in der Kunst, übersehen, wenn nicht bekämpft wird und also unter den Tisch fällt. Während die Revolution sonst überall, auch in der Technik, gerade die schöpferischen Kräfte heraufgerufen hat, herrscht in der Wissenschaft das brave organisierbare Mittelmaß als Prinzip. Damit wird aber besonders die Philosophie völlig unnütz und unfruchtbar. Der Führer hat in seinen großen Reden von 1933 immer wieder den Sinn und Gehalt der nationalsozialistischen Revolution herausgestellt; er hat um der Erziehung willen das entsprechende Bild vom Werden des deutschen Volkes gefordert und die Grundlinie dieses Geschichtsbildes, darin sich das neue Welt- und Menschenbild vollendet, selbst gezeichnet. Die Revolution im ganzen ist auch mit einem ungewohnten und eigenartigen Geschichtsbewußtsein angetreten. Von ganz wenigen Leistungen abgesehen, kann man leider nicht feststellen, daß die Philosophie diese Aufgabe ergriffen und damit für sich selbst ein neues Zeitalter eröffnet hätte. In dieser Richtung laufen die Werke von Krieck: ›Völkisch-politische Anthropologie‹ (1936/37), ›Leben als Prinzip der Weltanschauung‹ (1938). Krieck hat der Bewegung seit 1932 auch die zugehörige Erziehungswissenschaft mit auf den Weg gegeben. Das alles ist nicht an die Bewegung von außen herangetragen, sondern aus ihr selbst entwickelt worden. Die nötige Auseinandersetzung mit dem Prinzip, das durch drei Jahrhunderte die bürgerliche Weltanschauung beherrschte und die Deutschen in geistige Abhängigkeit vom Westen gebracht hatte, erfolgt in Franz Böhms Werk ›Anti-Cartesianismus, deutsche Philosophie im Widerstand‹ (1937), die Auseinandersetzung mit der Scholastik von der nationalsozialistischen Anthropologie her durch Wilhelm Classen. Baeumler verkündet Nietzsche als geistigen Führer des Nationalsozialismus, was zum mindesten problematisch ist; der alte Hermann Schwarz sucht die pantheistische Mystik für die Bewegung zurechtzumachen, Bergmann ging einen ähnlichen Weg, geriet dabei aber, was nicht weiter zu verwundern ist, in den Feminismus. An mehreren Stellen wird die deutsche Geistesgeschichte als Teil der deutschen Volkswerdung neu aufgegriffen. Unter weltanschaulichen Gesichtspunkten begonnen, wird davon, wie von der Geschichte der Naturwissenschaften, ein erheblicher Gewinn für das Welt- und Menschenbild zu erwarten sein. Der Gesamtdurchschnitt von fünf Jahren ergibt zumeist eine schwache und dürftige Mittellage für die nationalsozialistische Philosophie neben dem toten Epigonentum, das noch in der Mehrheit ist und dem neuen Werden die Bahn sperrt. E. Krieck, Universität Heidelberg.«

91 Helmut Heiber: Walter Frank und sein Reichsinstitut ..., S. 588.
92 Siehe Ernst Krieck: Heil und Kraft. Ein Buch germanischer Weltweisheit, Leipzig 1943, S. 147.
93 Siehe ebenda, S. 148.
94 Siehe ebenda, S. 91.
95 Siehe ebenda, S. 135.
96 Siehe Ernst Krieck: Nationalpolitische Erziehung, Leipzig 1932, S. 17.
97 Karl Christoph Lingelbach: Erziehung und Erziehungstheorien im nationalsozialistischen Deutschland, S. 79ff., 95.
98 Ernst Krieck: Heil und Kraft, S. V.
99 Zur Diskussion um Krieck siehe Karl Christoph Lingelbach: Erziehung und Erziehungstheorien im nationalsozialistischen Deutschland, S. 180–185.
100 Siehe ebenda, S. 184.
101 Siehe Wilhelm Arp: Zum Begriff der Erziehung. In: Nationalsozialistisches Bildungswesen, 1939, Heft 9. (Zit. ebenda, S. 184.)
102 Ernst Krieck: Heil und Kraft, S. VII.
103 Helmut Heiber: Walter Frank und sein Reichsinstitut ..., S. 587/588.
104 Siehe Wilhelm Raimund Beyer: Hegel-Bilder, Berlin 1970, S. 155.
105 Siehe Alfred Baeumler: Männerbund und Wissenschaft, S. 123–137.
106 Siehe UA HUB Personalakte Alfred Baeumler, Blatt 16.
107 Siehe ebenda, Blatt 10.
108 Die Vorlesungsverzeichnisse der Berliner Universität weisen für die Jahre 1933 bis 1945 folgende Lehrveranstaltungen Baeumlers aus: Wintersemester 1933/34: Rousseaus Staatsphilosophie. Übungen über Hegels Rechtsphilosophie. Sommersemester 1934: Nietzsches Philosophie. Politische Erziehungssysteme. Übungen über das Zeitalter des Imperialismus. Wintersemester 1934/35: Philosophie der Geschichte. Faschismus und Nationalsozialismus. Übungen zu Hegels Phänomenologie. Der geschichtlich-politische Rassebegriff. Sommersemester 1935: keine Veranstaltung ausgewiesen. Wintersemester 1935/36: Einleitung in die Politik. Der Volksbegriff bei Herder. Sommersemester 1936: Politische Pädagogik. Nation und Nationalismus seit Rousseau. Wintersemester 1936/37: Philosophie der Geschichte. Politische Pädagogik. Philosophische Übungen zum Begriff der Persönlichkeit. Sommersemester 1937: Politische Pädagogik. Geschichte der Pädagogik seit Rousseau. Übungen zu Hegels Dialektik. Philosophische Übungen zum Begriff der Gemeinschaft. Wintersemester 1937/38: Kant. Philosophische Übungen zum Begriff der Ganzheit. Sommersemester 1938: Übungen zu Herbarts allgemeiner Pädagogik. Geistesgeschichte des 19. Jahrhunderts. Wintersemester 1938/39: Philosophische Übungen. Politisches Denken in Deutschland und Italien (von Machiavelli bis zum 19. Jahrhundert. Grundlegung der Pädagogik. Sommersemester 1939: Übungen über Hegels Philosophie der Weltgeschichte. Wintersemester

1939/40: Ethik. Übungen zur »Kulturpädagogik«. II. Trimester 1940: Geschichte des germanischen Denkens. Übungen zur Philosophie der Geschichte. III. Trimester 1940: Weltanschauung und Philosophie. Der philosophische Begriff der Gemeinschaft. I. Trimester 1941: Nietzsche. Sommersemester 1941: Ethik. Übungen über Herbarts »Allgemeine Pädagogik«. Wintersemester 1941/42: Goethes Naturphilosophie. Sommersemester 1942: Politische Pädagogik. Übungen zur »Kulturpädagogik«. Wintersemester 1942/43: Politische Pädagogik. Übungen zur Pädagogik. Sommersemester 1943: Einleitung in die Philosophie. Übungen zu den Vorlesungen. Wintersemester 1943/44: Kant und Hegel. Sommersemester 1944: Nietzsche. Übungen über Hegels Phänomenologie. Wintersemester 1944/45: Einführung in die Politik. Übungen über Hegels Staatsphilosophie.

109 Siehe Alfred Baeumler: Männerbund und Wissenschaft, S. 123–137. Aufschlußreich für die Position Ernst Kriecks ist die Auseinandersetzung Gehlens mit Krieck in Arnold Gehlen: Der Idealismus und die Gegenwart. In: Völkische Kultur, März 1935. Auf diesen Artikel reagiert Krieck mit einer Antwort unter dem Titel: Halb und Halb. In: Volk im Werden, Oktober 1935. Daraufhin äußert sich Gehlen noch einmal zum Thema: Arnold Gehlen: Noch einmal »Der Idealismus und die Gegenwart«. In: Völkische Kultur, Dezember 1935.

110 Alfred Baeumler: Männerbund und Wissenschaft, S. 137.

111 Almos Csongár: Mit tausend Zungen. Beichte eines wechselvollen Lebens, Berlin 1984, S. 225, 258–261.

112 Armin Mohler: Die konservative Revolution in Deutschland 1918 bis 1932. Ein Handbuch, Darmstadt 1972, S. 478.

113 Siehe Winfried Joch: Theorie einer politischen Pädagogik, S. 27, 113.

114 Siehe: Geheimrede Hitlers vor leitenden Mitarbeitern der Presse am 10. November 1938. Zit. in: Heinz Bergschicker: Deutsche Chronik, S. 267.

Abkürzungsverzeichnis

RMWEV	Reichsministerium für Wissenschaft, Erziehung und Volksbildung
StVF/StdF	Stellvertreter des Führers
NSDAP	Nationalsozialistische Deutsche Arbeiterpartei
SD	Sicherheitsdienst
DHP	Deutsche Hochschule für Politik
DAF	Deutsche Arbeitsfront
VB	Völkischer Beobachter
APA	Außenpolitisches Amt
AV	Amt Vorgeschichte
UAL	Universitätsarchiv Leipzig
PA	Personalakte
HAW	Hauptamt Wissenschaft
HAK	Hauptamt Kulturpflege
DGFPs	Deutsche Gesellschaft für Psychologie
DHLZ	Deutsche Hochschullehrer Zeitung
HJ	Hitler-Jugend
KMU	Karl-Marx-Universität (Leipzig)
HUB	Humboldt-Universität zu Berlin
UA	Universitätsarchiv
NSDDoB	Nationalsozialistischer Deutscher Dozentenbund
NSDStB	Nationalsozialistischer Deutscher Studentenbund
NSDLB	Nationalsozialistischer Deutscher Lehrerbund
BlfdPh	Blätter für deutsche Philosophie
ZfDKPh	Zeitschrift für Deutsche Kulturphilosophie
MASCH	Marxistische Arbeiterschule
APK	Akten der Parteikanzlei
DPhG	Deutsche Philosophische Gesellschaft
IZfE	Internationale Zeitschrift für Erziehung
NSKK	Nationalsozialistisches Kraftfahrkorps
NSV	Nationalsozialistische Volkswohlfahrt

Personenregister

Inhalt